开明教育书系

蔡达峰○主编

教育发展的希望在教师

雷洁琼教育文选

雷洁琼○著

朱永新　吴宏英○选编

开明出版社

"开明教育书系"丛书编委会

"开明教育书系"
总　序

　　中国民主促进会（以下简称民进）是以从事教育、文化、出版工作的高、中级知识分子为主的参政党。民进创立以后，在中国共产党的指引和帮助下，积极投身爱国民主运动，在这个过程中，发挥自身优势，举办难民补习培训，创办中学招收群众，参加妇女教育活动，在解放区开展扫盲教育，培养青年教师。

　　新中国成立以后，民进以推进国家教育事业发展为己任，贯彻党的教育方针，倡导呼吁尊师重教。

　　一方面，坚持不懈地为教育发展建言献策。从马叙伦先生在任教育部长时向毛泽东主席反映学生健康问题，得到了毛主席关于"健康第一"的重要批示，到建议设立教师节、建立健全《教师法》《职业技术教育法》《民办教育促进法》等法律法规、深化教育改革、促进学前教育发展、义务教育均等化、加强教师队伍建设、中小学教材建设、减轻学生课业负担等等，提出了一系列高质量的意见建议。

　　另一方面，坚持不懈地开展教育服务。改革开放以来，围绕"四化"建设的需要，持续举办了大量讲座和培训，帮助群众学习，为民工子女、下岗职工、贫困家庭子女、军地两用人才、贫困地区教师等提供教育服务，创办了文化补习学校、业余职业大学、专科学校、业余中学等大批学校，出现了当时全国第一所民办高中、规模最大的民办高校、成人教育学院、民办幼儿教育集团等；不断开展"尊师重教"的慰问、宣传和捐赠等活动，拍摄了电视片《托着太阳升起的人》；举办了一系列教育服务的研讨会和交流会。

在为教育事业长期服务的过程中，民进集聚了越来越多的教育界会员，现有的近19万会员中，约60%来自教育界，其中大部分是中小学教师。广大会员怀着崇高的使命感和责任感，爱岗敬业、默默奉献、积极作为，在教育事业和党派工作中取得了卓越的成就，涌现出无数感人的事迹，赢得了无数的赞誉，涌现出大量优秀教师、校长和著名教育家、专家学者、教育管理者等，他们共同写就了民进的光荣历史，铸就了民进的宝贵财富，是民进的自豪和骄傲。

系统地收集和整理民进会员的教育论著和教育贡献，是民进会史研究和教育的重要任务，对于民进发扬优良传统、加强自身建设、激励履职尽责具有积极的意义，对于我们深入学习多党合作历史、深入开展我国现当代教育历史研究，也具有重要的理论和现实意义。民进中央对此高度重视，组织编辑"开明教育书系"，朱永新副主席和民进中央研究室的同志们辛勤工作，邀请会内外专家学者共同参与，历时数年完成了编写工作。谨此，向各位作者和编辑同志，向开明出版社，向所有关心和支持本书编撰工作的同志，表示诚挚的感谢。

全国人大常委会副委员长
民进中央主席　蔡达峰

2022 年 12 月

"惟有素质不能引进"

——走进雷洁琼的教育世界

朱永新　吴宏英

教育家小传

雷洁琼（1905—2011），著名社会学家、法学家、教育家、社会活动家。祖籍广东台山，1905年生于广州市。1913年考入广东省立女子师范学校初等小学部，1924年赴美留学，先后在加州大学化学工业科、斯坦福大学国际政治系和南加州大学社会学系学习。1931年应邀回国在燕京大学社会学系任教。

1937年北平沦陷后应江西省政府聘请到南昌参加抗日救亡及妇女工作，先后担任江西省妇女生活改进会顾问、妇女指导处督导室主任、地方政治讲习院妇女班主任、战时妇女干部训练班主任，中正大学政治系教授，并负责南昌市伤兵管理处慰劳工作。

1941年离开江西到达上海，任东吴大学社会学系教授，兼任沪江大学、圣约翰大学、华东大学、上海震旦女子文理学院教授。1945 年 12 月与马叙伦、王绍鏊等在上海共同发起成立中国民主促进会。1946 年 6 月作为上海人民团体联合会的代表之一赴南京和平请愿，在下关车站惨遭国民党特务的暴行。

1946 年秋重返燕京大学，任社会学系教授。1949 年作为民进代表出席政协第一届全国委员会全体会议和开国大典，担任政务院文教委员会委员。1951 年代表中国民主促进会参加中国人民赴朝慰问团。1953 年后任北京政法学院副教务长、国务院专家局副局长。1973 年后任北京大学国际政治系教授、社会学系教授。

1977 年后，历任北京市政协副主席，北京市副市长，国务院学位委员会第一届学科评议组成员，全国妇联副主席，中国国际交流协会副会长，中国社会学学会副会长、名誉会长，欧美同学会名誉会长，北京市社会学学会会长，中国婚姻家庭研究会会长、名誉会长，北京大学社会学系教授、博士生导师等职务。

1979 年当选民进中央副主席，1986 年增选为第六届全国政协副主席，1987 年至 1997 年任民进中央主席，1988 年当选全国人大常委会副委员长，并于 1993 年连任。

2011 年 1 月在北京病逝，享年 106 岁。

民进中央原主席许嘉璐先生在为《雷洁琼文集》撰写的序言中曾经说过："中国民主促进会的每一位创始者都是一本大书，一本本不那么容易读完、读透的大书；作为后来者，应该老老实实地去读。了解了先驱者所走过的路，应该进而深思他们在迈出每一步时是怎样想的——了解其思想的历程。在接过他们传递的接力棒的同时，更要锤炼出他们那样的品格。这是最难的。"是的，在阅读雷洁琼主席的文章和著作，在整理她的教育职业生涯和关于教育的著述时，许嘉璐先生的这段文字引起了我们强烈的共鸣。这里，让我们一起翻开雷老这部大书，走进她的教育世界。

一、具有民主精神的无畏斗士

1905年9月，雷洁琼出生在广东台山的一个华侨之家，父亲雷子昌是举人，思想开明。雷洁琼从小受到新思想新文化的熏陶，阅读了大量书籍，勤于思考、坚强独立，并时常跟随父亲向劳工宣讲文化知识和先进思想，被称为"小小演说家"。

1913年，雷洁琼考入广东省立女子师范学校小学部读书。学校校风民主开明，有多位具有进步主义思想的教师，注重对学生进行爱国主义的教育，学校很多毕业生后来都走上了革命的道路。1919年，年仅14岁的雷洁琼积极投身五四运动，被推选为广东省立女子师范学校学生联合会宣传部长，她和同学们一起走上街头，登台演讲，控诉北洋军阀政府的卖国罪行，怒斥帝国主义列强的强盗行径，号召大家团结一心，反抗侵略。

1924年，雷洁琼远渡重洋，到美国留学。怀抱科学救国的思想，她到美国加州大学学习化工。1925年，震惊中外的五卅运动爆发，祖国的危难和人民的苦难，促使她思考怎样解决中国的社会问题，寻求富国强民的道路。她先是到斯坦福大学国际政治系选修远东问题，后转到南加州大学攻读社会学，希望通过探索中国社会问题的根源，求得医治社会弊病的良方，以自己的才智推动社会进步，为人民谋得福祉。[1]

1931年，雷洁琼硕士毕业，并获得南加州大学"中国留学生最优学习成绩银瓶奖"。她第一时间回到阔别七年的祖国，执教于燕京大学。

---

[1] 参见严隽琪：《斯人已逝 风范长存——在雷洁琼同志追思会上的讲话》，2011年1月14日。

她走出书斋，积极投身到救国救民的时代潮流中。九一八事变爆发后，她与郑振铎、顾颉刚等燕大教授一起组织了燕大中国教职员抗日救国会，捐出每人薪金的百分之五，积极募捐、宣传抗日。1935年一二·九运动爆发，雷洁琼作为燕京大学唯一参加游行的女教师，冒着凛冽的寒风和学生们一起并肩游行，并亲自营救被捕同学。1936年冬，她作为慰问团团长，率领燕大师生赴绥远前线慰问抗战将士，表示燕京大学全体师生会成为前线将士的坚强后盾。

1937年，抗战全面爆发后，在抗日民族统一战线的感召下，雷洁琼毅然放弃舒适安静的校园生活和出国深造的机会，走出象牙塔，来到抗日前线江西，组织和训练妇女参加抗战。战火纷飞中，她担任了地方政治讲习院妇女班的主任，为江西妇女生活改进会培养教员，创办妇女干部训练班，动员广大城乡妇女参加抗战，还写下了大量指导实际工作的文章，在她创办的《江西妇女》等刊物上发表。这一时期，她和周恩来、邓颖超等中国共产党人有了密切的交往。1941年，国民党顽固派发动反共高潮、迫害进步力量，政治形势已不允许她继续留在江西，这才转移到上海，在东吴大学等校任教。她和陈巳生、林汉达、冯宾符、郑振铎、许广平、赵朴初、严景耀等进步人士一起参加了地下党领导的统一战线的外围进步组织"星二聚餐会"，积极参加民族救亡活动。

抗战胜利后，雷洁琼对国民党的独裁统治和内战阴谋深感失望，积极投入到反对内战、争取和平民主的斗争之中。1945年12月30日，在中共上海地下党的支持下，她与马叙伦、王绍鏊等人在上海发起成立了中国民主促进会。她积极撰写发表反对内战、争取民主的文章，参加民主活动，支持上海师生的爱国民主运动。1946年6月，蒋介石破坏双十协定，发动内战，她和马叙伦等164位上海文化界民主人士一起联名上书蒋介石、马歇尔及中共代表周恩来等，呼吁和平，要求停止内战。

6月16日，上海人民团体联合会组成上海各界人士赴南京和平请愿团，她是团中最年轻的代表，也是唯一的女代表。6月23日，上海人民反内战暨欢送和平请愿团赴京大会在上海北火车站举行，雷洁琼登上主席台向5万各界群众发表演讲，感谢上海各界群众的热情欢送。她说："看见这么多人欢送，增加了我反对内战、争取和平的无限的勇气和信心，进一步认识到人民的力量是不可战胜的。"又说："中国不能再打内战了，再打下去，工业、农业、商业以及教育事业就要总崩溃了。我一定不辜负上海人民对我的重托，但是我个人的力量很小，大家团结起来共同奋斗吧。"

在南京下关车站，请愿团遭到国民党特务暴徒长达数个小时的围困、毒打。雷洁琼以瘦弱身躯护卫马叙伦团长、保护代表团文件，奋不顾身，身负重伤。周恩来第一时间赶到医院慰问，邓颖超亲自为她换下血衣，毛泽东、朱德从延安发来电报表示慰问和支持。勇士们的鲜血，使她在光明与黑暗的决战到来之际更加深刻地认识到国民党的反动本质，认识到只有中国共产党才是推动中国和平民主和实现国家强盛的希望，从此更加坚定了跟中国共产党走的决心。

下关事件后不久，由于国民党的迫害，雷洁琼离开上海，北上重回燕京大学社会学系讲坛。她和她的先生严景耀一起，给学生讲解民主政治，鼓励学生参加爱国民主运动，秘密协助中共燕大地下组织活动，他们的寓所成为北平进步人士、燕大进步同学聚会的隐蔽场所，民主青年同盟会常在这里开会，师生的进步书籍藏在这里，被反动军警搜捕的同学也曾在这里躲过了抓捕。

1946年12月24日，美国士兵强奸北大女学生沈崇的事件发生后，雷洁琼积极参加北平学生反对美军暴行的运动。她在燕大学生抗暴集会上大声疾呼："中华民族的尊严在哪里？中国人民的安全又在哪里？美国军队必须尽快撤出中国的国土！"她不顾个人安危，毅然参加到学生的游行队伍中去，并对美国记者说："美国政府必须尽快将侵华美军撤出中国，中国人民绝不允许美国军队在中国领土上制造各种罪恶活动！"

1948年4月9日凌晨，国民党北平当局派出特务冲进北平师范学院绑架学生，制造了"四九血案"。当日，雷洁琼在燕大全校教职员及学生声讨大会上首先发言控诉，会后又与严景耀、翁独健等燕大教职员联合发出《致李宗仁主任》的抗议书。同年7月5日，国民党军警镇压东北流亡学生，雷洁琼夫妇与404名北平各高等院校的教授一起联名发表了《七五血案抗议书》。当年夏天，燕大抗暴游行队伍途经西直门，被反动军警打伤，雷洁琼奋勇救护学生。回忆这一段岁月，1995年12月12日，在中国民主促进会成立50周年庆祝大会上，宣读了中共中央的贺信之后，朱镕基充满感情地表达了对雷洁琼先生的敬意，他在1947年考入清华大学读书，在学生时代就对雷洁琼先生非常仰慕敬佩。他说："……作为当时的学生，我们永远不会忘记。"

1949年1月，雷洁琼夫妇受在哈尔滨的马叙伦的委托，代表中国民主促进会到西柏坡出席中共中央召开的有关民主党派的会议。在西柏坡，他们受到了中共中央领导毛泽东、刘少奇、朱德、周恩来、任弼时等的亲切接见，毛泽东还与严景耀、雷洁琼彻夜长谈。毛主席的讲话使雷洁琼看到了新中国的美好前景，受到巨大鼓舞和教育。

随后，雷洁琼参与了新政治协商会议的筹备，作为民进的正式代表之一，出席了中国人民政治协商会议第一届全体会议。她登上了天安门城楼，与新中国的缔造者们一起参加了开国大典。新中国成立后，她投身于国家建设，在教学研究、政务管理、参政议政等不同岗位，为国家和人民贡献了自己的全部智慧和力量。

作为无畏的民主斗士，雷洁琼在民主运动中的顽强斗争，展现了她热烈的爱国情怀和卓越的独立精神。雷洁琼曾经说过："在我心中，爱国主义是至高无上的，我希望我们的国家再也不会受人欺负了，我们一定要强大起来。"对国家、对人民的热爱，是雷洁琼从事学术和教育活动的出发点和落脚点，作为爱国者在探寻救国之路的过程中形成的民主精神和无畏品格，是她的教育实践和教育思想的源泉。

二、具有家国情怀的社会学家

由于亲身感受到祖国的苦难，经历了中国社会的剧烈变动，雷洁琼和她同时代的爱国知识分子一样，以解决社会问题、促进社会进步为己任，努力研究中国社会的现实问题，将专业研究同社会实践密切地结合起来，致力于使社会学在国家建设中发挥更大的作用。[①]

作为中国社会学的第一代学者，中国社会工作的开创者与奠基人，她特别强调要用社会学解决中国的实际问题。她的研究领域涉及中国人口、妇女、儿童、教育、婚姻、家庭、社会保障、农村和农民等诸多问题，她的应用社会学及社会工作的实践，是其学术教育活动的主要部分，由此形成了她独特的学术与实践之路，也由此取得了丰硕的成果。

如前所述，雷洁琼选择社会学作为终身事业，即是出于其家国情怀，想要研究社会问题，找到解决方法。她的学术之路，最初即始于针对身边所接触到的在美出生华人青少年的文化与社会认同，开展踏实规范的社会学调查研究。雷洁琼回忆："在洛杉矶求学期间，与当地华人有较多的接触，亲眼看到了新一代华人（即在美国出生和成长的华人）在美国社会中的处境，看到了他们和他们的父辈在生活方式、文化和价值观念方面的差异及导致这种差异的原因；看到了他们虽然名义上成为美国公民，但实际上却不被美国主流社会所接纳，除了享受与美国人一样的受教育权利之外，在与外界交往、娱乐、求职等方面，因为肤色和

---

① 参见严隽琪：《斯人已逝 风范长存——在雷洁琼同志追思会上的讲话》，2011年1月14日。

种族之差异，仍然受到种种限制，受到不平等的待遇。同时，我也看到这些年轻的华人因为自己面对的情景所产生的困惑。这触发了我把这一问题当作自己的研究对象的愿望。"她在老师的帮助下，克服种种困难，花了将近一年的时间进行访谈并整理资料，形成了论文。论文着重探讨旅美华人后裔在东西方文化双重影响下的人格成长特点，探讨了两种文化的差异、碰撞及这种差异和碰撞对这个人群的影响。在"结论"一章中，她认为这些现象的存在，决定了美国出生的华人所具有的问题是群体和社会失调的问题，而不是同化和美国化的问题。雷洁琼用社会失调理论去概括他们遇到的问题，并力图从社会调适的角度去解决问题。她的这篇论文，是一篇数据翔实、案例丰富的教育社会学研究文献，至今仍有现实意义。

在雷洁琼任教燕京大学社会学系社会服务专业之前，这一学科教师多为外籍，几乎没有中国教师。雷洁琼教授社会学入门、社会服务概论、贫穷与救济、家庭问题、儿童福利问题、妇女与社会、社会服务工作等课程，主攻现在被称为"社会工作"的学科教学研究，走上了将社会学中国化的道路。这一时期，雷洁琼带领学生走出校门，访贫民窟、进育婴堂、下清河、上定县、到门头沟，社会底层人民生活的悲惨景象使这些来自中上层家庭的学生受到洗礼，从而激发学生的爱国报国情感，引导学生印证社会学理论、认识社会问题并寻求解决之道。这一时期，雷洁琼的著述主要集中在大学女生、儿童福利、农村妇女与社会改进、中国家庭问题等方面，这些问题也是雷洁琼终身关注的焦点。其中一个突出的重点是节制生育问题。1933年，她和清华大学教授陈达，协和医院医师、北平妇婴保健所所长杨崇瑞一起发起成立"节制生育咨询部"。她和陈达担任北平晨报《人口》副刊主编，宣传节制生育。在《社会服务与节制生育运动》一文中，她说："目前我国生育率很高，人口已达到饱和点，现在流行的减少人口的方法是杀婴、堕胎，这是违反人道主义的。"雷洁琼指出，节制生育是降低人口出生率、提高人口素质的根本途径。这是我国最早提倡计划生育的活动之一。

雷洁琼是中国当代妇女运动的重要代表人物，在理论和实践方面都有着非常丰富的经验。她很早就发表过妇女问题的文章，认为民族的解放离不开妇女的解放。全面抗战开始后，又在江西长期投身妇女工作实践。她认为，所谓妇女问题，就是如何使妇女获得在政治上、经济上、社会上和男子完全平等地位的问题，其实质是妇女从对男子的从属关系中解放的问题，在社会制度上解放的问题。妇女应当享有生存权、教育权、职业权、婚姻自主权、母性保护权、政治权、休息娱乐权、年老和失去劳动能力被抚恤权。

作为中国妇女运动的长期参与者、领导者、研究者，1941年，她撰写了《三十年来中国妇女运动的总检讨》，此后又撰写了《妇女与新中国的建设》(1945)、《民主运动与妇女解放》(1946)、《论现阶段的妇女运动》(1947)、《中国妇女之出路》(1948)，把妇女运动与国家命运、时代主题联系起来，运用唯物主义观点进行全面描述和深刻分析。

1949年3月24日，她在中南海怀仁堂参加了中国妇女第一次全国代表大会，并且在4月3日代表大会主席团致闭幕词，提出要以劳动妇女为基础，团结各阶层各民族的民主妇女，担负起时代给予妇女的任务。

新中国成立后，雷洁琼担任政务院文教委员会委员和北京政法学院教授，她讲授和宣传婚姻法，呼吁保护妇女儿童合法权益，发挥妇女的积极性。1977年后，雷洁琼在全国妇联担任副主席等职务，她说："妇女工作第一个作用，就是使家庭中的核心人物妇女有知识与能力。也可以说，妇女工作直接是解放妇女，间接是增进家庭幸福。"她关注女性生活和女性成才，常常为妇女刊物题词写稿，她寄语女性，"作为女性，(要) 永远不息地追求进步"。

作为中国婚姻家庭研究会的首任会长，雷洁琼是较早运用历史唯物主义研究妇女、婚姻、家庭的社会学家。早在1936年，她就在燕大《社会学界》发表了《中国家庭问题研究讨论》，全面总结了我国当时家庭问题研究状况和有关问题。1979年社会学恢复之后，她领导进行国家"六五"重点科研课题"中国城市家庭——五城市家庭调查研究"，并连续发表了《中国的婚姻家庭问题》《新中国建立后婚姻与家庭制度的变革》等文章。她认为，婚姻与家庭制度是社会制度的组成部分，属于上层建筑，随着社会生产方式的发展而变革，意识形态对婚姻家庭的伦理道德有很大影响。新中国成立后，婚姻与家庭起了质的变化。多年来，中国婚姻家庭变革的目标是彻底铲除封建式的买卖、强制婚姻，清除男尊女卑的旧观念，建立民主化的婚姻制度和家庭，成员和睦团结，共同参与社会主义经济建设。她主张要"加强社会主义婚姻道德建设"。

　　儿童保护是雷洁琼毕生关注的另一个重要领域。从北平到江西，从上海到北京，从20世纪30年代到90年代，她一生的各个时期都有专门研究少年儿童问题的文章，她对儿童福利的含义、儿童福利问题、法律应当保障的儿童权益、国家在儿童服务中承担的责任都进行了明确的界定，为我国儿童福利和儿童教育事业的开展提供了重要的理论指导。

　　雷洁琼站在现代文明的高度，强调儿童的天赋权利，强调家庭和国家（社会）的责任，强调要从培养现代公民的角度看待儿童问题，强调困难儿童的救助与儿童身心的健康发展，强调从落后的文化制度和社会福利设施缺失的角度看问题。1935年4月4日，大公报刊载了她的《儿童福利问题》一文，指出："儿童福利，是指儿童的需要能满足，体格智慧情绪有机会充分发展。……儿童地位在社会之重要，家庭虽为直接保护儿童之机关，儿童不独为家庭的分子，且为国家的公民。儿童的福利得保护否，影响国家前途甚大，所以儿童的教养从前是个人的或家庭的任务，现代儿童的教养却是社会和国家的责任。"她认为，儿童福利问题，从儿童个人方面来看，是儿童缺乏正常家庭生活或其他原因，不能满足需要，缺乏机会发展个性；从社会方面来看则是国家对于儿童应予以辅导保护，使其有机会发展，成为健全公民。应该保障儿童的生存权、健康权、教育权、娱乐权、家庭权。实行节制生育，就是要保护儿童的生存权。

旧中国的儿童生存环境十分恶劣，在抗战时期更加艰难。在江西工作时期，雷洁琼等在南昌成立中国战时儿童保育会江西分会，她冒着敌机轰炸的危险，到庐山脚下的德安县抢救难民和儿童，还在永新、赣县和遂川开办托儿所，先后收容难童千余人。抗战胜利后，她在《为中国的儿童而呼吁》(1946) 中痛陈中国儿童一方面被封建思想视为家庭私产，被父母掌握生杀大权，一方面社会未有制度及福利体系以救济补助的残酷现实，她说，"要巩固国家民族的基础，儿童应享的权利必须得到保障。要保障每个儿童的人权，必须消灭失业与贫穷，改善人民生活，提高人民生活水准。要实现这一目标，国家就要切实实行经济的民主。同时政府应该普遍推行儿童福利事业与义务教育。人民生活改善，父母不要依赖子女的劳动力来增加家庭的收入，学徒与童工始能根本消灭。儿童教育权有了保障，教育的内容也应该注意，教育的目的应该是培养健全的人格，……不要儿童盲目地信仰、盲目地服从、盲目地拥护，要启发他们，指导他们，养成追求真理的欲望、科学的精神、民主的作风，他们才能适合做一个'人民世纪'的中国公民。"

1947 年，美国善后救济总署拨专款聘任雷洁琼主持开设儿童福利专业课程，并且代表燕京大学社会学系联合家政等其他相关学系开办了儿童福利站，为儿童进行福利服务，培养儿童福利人才，开我国儿童福利工作之先河。她应邀担任香山慈幼院董事（后为董事长），1949 年，董事会将校址借给劳动大学（即中共中央），雷洁琼当时任该院董事长，她提出要妥善安排在院的 1000 多名学生。在搬进城里后，在中央和北京市政府的关怀下，学校建设了新的校舍，筹建了新的理事会，雷洁琼任理事长，使香山慈幼院延续了 17 年。

中华人民共和国成立之后，雷洁琼以婚姻法的颁布为契机，大力呼吁要废除旧制度，保护儿童合法权益。1980 年，她带领中国儿童工作考察团到瑞士、瑞典、英国和法国访问，学习儿童福利工作的经验。在她的晚年，只要身体允许，总是愿意去中小学、幼儿园，和孩子们在一起。很多孩子都喜欢来看望她，有的是以小记者的身份，有的就是来看望雷奶奶。她为很多学校题字，写来贺信，勉励孩子们健康成长。北京北礼士路第一小学是一所普通的学校，1993 年，她为学校第七次篝火晚会题字，2001 年又为学校 70 周年校庆发贺信，孩子们都称她为"我们的雷奶奶"。她是宋庆龄基金会的特别顾问，基金会每年都邀请很多外国的孩子来和中国的同龄人一起过暑假、过寒假，举办联欢活动。雷洁琼只要身体许可，特别乐于参加。

雷洁琼是冰心奖的创办人，担任冰心奖的评委会主席，亲自主持颁奖大会。1990 年，她在设立冰心儿童图书奖会上的讲话说："儿童少年时代，是他们长身体、长知识、认识世界的阶段，是人生观逐渐形成的阶段。希望作家和出版界要多为少年儿童提供优秀的精神食粮。……为了我国花朵的未来，为了我们祖国的希望，在冰心儿童图书奖的鼓舞下，我相信作者、编者一定会写好书，编好书，出好书。"

雷洁琼尤其关心贫困儿童、特殊儿童的教育。早在 1933 年，她在《儿童福利问题》一文中就提出把儿童福利问题分为正常儿童问题和特殊儿童问题。北京宣武培智中心学校就是在雷洁琼大力支持下建立起来的培养智障孩子的学校。当时学校劳动教育没有设备，学生使用的第一架缝纫机、编织工具等，都是雷洁琼等顾问自费为孩子们购买的。她看到孩子用纸叠的钱包、花篮等手工作品，便每年都将家中用过的旧挂历收集起来，送给孩子们用作训练，节约经费。从学校创办时起，她几乎每隔一年都要来到学校，看孩子们的表演，和孩子们一起活动。每年六一儿童节，她都会给孩子们寄去贺卡、糖果、玩具和书籍。

1995年，北京广渠门中学创办了宏志班，招收来自北京市贫困家庭品学兼优的子女。多年里，雷洁琼对他们的学习和生活十分关心，亲自去看望那里的孩子们，认真观看他们的学习、作业情况，还亲笔题下"宏志班"三个字。她的家中陈列着许多和孩子们的合影，珍藏着许多孩子们亲手做给她的礼物。在她去世后，宏志班的孩子们前来告别，表达了他们的不舍。

雷洁琼非常重视教育社会学的学科建设。作为一位社会学家，她对于教育问题的关注，往往有着社会学的视野。她认为，教育社会学研究的问题有两个方面：一方面，应该从社会对于教育的要求、影响来研究；另一方面，从教育制度和教育工作中的问题对社会产生的影响来研究。她认为教育人员不光是要研究教育学科，怎么样教好一个学生的问题，而且要去了解社会发展的情况，研究怎样使我们的教育制度能够更适应于我们社会发展的需要。她反对片面追求升学率，她认为要为全国提高未来公民素质打好基础，把学生培养成为合格的社会主义公民，同时，她指出这不完全是一个教育问题，更是一个社会问题，同就业的问题很有关系。从社会学的视角审视教育问题，从社会发展、民族振兴的角度对待教育事业，从社会的角度解决教育问题，通过发展教育更好地保障妇女儿童权利。雷洁琼的教育思想和实践充满了时代的温度和仁爱的温情。

三、具有仁爱之心的教育学者

雷洁琼的一生钟情于教书育人，自从1931年留学归来执教燕京大学后，就一直在教育讲坛孜孜不倦耕耘 70 余年，初心不改，桃李满天下。她曾经深情表白："说到底我只是一名老教师，在所有的称呼中，我最喜欢教授这个头衔。虽然做过一些社会工作，但我一直也没有离开过讲台。"

新中国成立前，她曾在北平燕京大学，江西国立中正大学，上海东吴大学、沪江大学、圣约翰大学、华东大学、震旦女子文理学院等校任教，其中在燕京大学社会学系执教时间最长，培养了一大批人才。著名社会学家费孝通先生就是她在燕京执教时的学生。她的课程坚持以实地调查研究为基础，同时将这些课程与解决中国社会的现实问题联系起来，指导学生走出课堂、深入社会、实践调查、服务社会，把学研与服务在实践中结合。

新中国成立后不久，全国高等学校开始进行院系调整，当时由于受到"左"的思潮的影响，社会学系被撤销。雷洁琼调到刚刚成立的北京政法学院（中国政法大学前身）任教授兼副教务长。在这一时期，雷洁琼由社会学转治法学，成为精通宪法、婚姻法的法学家。"文革"期间，她被冠以"反动学术权威"等罪名，被送去"劳动改造"。后来，雷洁琼在周恩来的亲自安排下由安徽宿县回到北京。由于政法学院已撤销，她转到北京大学国际政治系任教，开始了在北京大学执教的生涯。1973 年后，先后担任北京大学国际政治系、社会学系教授。

1979 年，雷洁琼当选北京市副市长，分管民政、宗教等工作，此后又任全国妇联副主席、全国政协副主席、全国人大常委会副委员长等职务。尽管身负繁重的政务，要经常参加社会活动和外事活动，雷洁琼也一直担任北京大学社会学系的教授和博士研究生导师职务，亲自培养学生。她有一张名片，上面只有"北京大学教授雷洁琼"寥寥数字，令人感慨。当她到北大开会，学生问应该怎样向大家介绍她的各项职务身份时，她非常肯定地回答，首先是北大的老师。她亲自培养了不少硕士、博士。2001 年，当她所带的最后一位博士生毕业时，她已是 96 岁高龄。

作为老一辈社会学家，雷洁琼和费孝通等为中国社会学重建付出了巨大的努力。1980 年，北京大学恢复重建社会学专业时，雷洁琼在国际政治学系下设了社会学专业。1982 年，在她的主导下，北京大学社会学系得以恢复。由于社会学教学中断长达 20 多年，师资青黄不接，在这紧要关头，雷洁琼和费孝通等毅然挑起了授课育人的重担，为我国培养了一批又一批的社会服务人才和社会学学者。

在北大社会学系，雷洁琼承担了"婚姻家庭研究"等课程，给本科生们开大课。她一早准备好讲义。为了让学生能够听清，雷洁琼提高声音，绘声绘色，在没有扩音器的情况下，她那略带广东口音的声音，就连坐在最后一排的学生都能听得清清楚楚。后来，许多学生都怀念她的"大嗓门"。

在雷洁琼多年不懈的呼吁下，1987 年国家教育委员会决定在高等院校试办社会工作与管理专业。1990 年北京大学社会学系社会工作专业开始招收本科生，开设"社会工作概论"课程，此时已 84 岁的雷洁琼还曾拟亲自执教，后因身体情况作罢。但她依然带研究生，不仅亲自辅导论文，培养其理论联系实际的学风和严谨的学术规范，还鼓励他们要走进社会、了解社会、服务社会。在她晚年不再带研究生的时候，还关注着社会学、法学的进展，每有学术活动，学生邀请她参加，虽然年事已高，但她总还是乐于参与，并且认真发言，毫不敷衍。她真诚地鼓励每一个学生、后辈的成长，他们的学术和社会活动，只要是有益社会的，她总愿意提供无私的帮助。

1998 年，94 岁的雷洁琼带领中国社会科学院的社会学家一行到苏州调研农村与农民问题，我有幸作为苏州市的副市长接待过她，感受到她对于中青年学者的关爱以及对于中国社会问题与三农问题的关注。她长期担任中国老教授协会的名誉会长，很多老教授都是她的学生。2010年12月12日，北京大学社会学系系友会成立，雷洁琼担任名誉会长，并专门发去贺信，这也是她百岁人生中最后一次参加的社会活动。

雷洁琼不仅是一位著名社会学教授，倾心教书育人，也是一位著名教育家，为教育改革发展鼓与呼。1946年，在《争取民主政治挽救教育危机》一文中，雷洁琼说："教育是人类历史的推进机，因此主持教育的人应该顺应世界潮流，实行教育民主化，先从学校行政民主化开始。教员是教育的基本支持者，学生是教育的对象，办学应以他们的福利为根据，重视他们的需求，不要盲目地执行命令，只知效忠于少数的人。为国家民族前途着想，办学应该是培养人才，并不是为某人某派做势力，而教员学生应该尽各人之所能，扩大正义和民主的思想，启发民众智慧，唤起民众觉悟，改善民众生活，这样的教育就可以有促进民主政治早日实现的能力。"新中国成立后，她谆谆告诫教育工作者，应该关心青年的福利，关心人民群众的疾苦，关心国家的利益；要认真地进行教学改革与思想改造，积极参加贯彻婚姻法运动，积极参加宪法草案的学习、讨论和宣传。

雷洁琼认为，"振兴中华、教育为本""尊重知识、尊重人才"是发展教育的根本支撑点，多次呼吁提高教师待遇、保障教育经费、关注失学青少年。① 她说："现在似乎什么东西都可以引进，但唯有人的素质不能引进。要想提高人的素质，唯有依靠教育事业的发展。""人的素质最终要靠教师来培养。""教师是人类灵魂的工程师，教师是国家的宝贵财富。"

20世纪80年代初，由于受到长期以来的"左"的影响，社会上那种轻视教育、科学、文化事业和歧视知识分子的错误观念还没有完全改

---

① 参见严隽琪：《斯人已逝 风范长存——在雷洁琼同志追思会上的讲话》，2011年1月14日。

变过来，特别是广大中小学教师工作、学习和生活条件比较差，他们的社会地位和辛勤劳动在一些地方往往得不到应有的重视和尊重，甚至凌辱、殴打教师的事件时有发生。雷洁琼为此痛心疾首，她大声呼吁，中小学教师是建设社会主义精神文明的重要力量，应当提高教师的社会地位和政治地位，改善工作条件和生活待遇，发挥他们的专长。

作为国家领导人、民主党派领导人，雷洁琼注重从政策、法律、体制层面上推动教师生活改善和地位提高，这一特点体现在她多年领导民进、从事教育领域的政治协商参政议政和社会服务工作，助推各项教育立法、教育法规政策的落实的工作实践当中。针对当时的教育经费短缺，特别是拖欠教师工资问题，雷洁琼坦率提出批评。1987年，她看到国家审计署公布教育经费有被挪用、挤占的事实后，非常气愤，向报界发表谈话指出："这是一个严重的问题，要求国家教委追查责任，并在报纸上公开批评，让人民群众监督，限期清退。"1993年元旦，她在报纸上看到了一篇拖欠教师工资的报道，这让一向性格温和的她勃然大怒，立刻在《光明日报》发表谈话，表示"教师最为辛苦，工资不容拖欠"，呼吁改善基层教师的生活状况。在民进中央的一次会议上，她再次发声："教师是最辛苦、最光荣的职业，他们为祖国培养人才，其基本生活费用必须得到保证，任何拖欠、挪用教师工资的行为，都应按我国法律和财经纪律严肃查处。"她坚决支持国家教委、人事部、财政部要求各地迅速采取措施，保证教师工资按时发放的通知，并希望今后杜绝类似事情发生。她还要求民进各地地方组织，切实监督和协助当地政府妥善解决这个问题。

同年7月，在《中国教育改革和发展纲要》座谈会上，雷洁琼严肃指出，纲要公布半年来，"把这些认识变成决策，变成切实的措施，还有相当大的差距，还需要各级政府做出巨大的努力。……认识到位，必须体现在投入到位；投入是否到位，关键看效果。现在的效果并不理想，甚至在某些方面、某些地区还令人担忧"。她谈了教育立法问题、教育质量问题，尤其是教育经费不足、德育出现滑坡等现象，呼吁关注基础教育和教师待遇问题。她说："'211 工程'很重要，发展高等教育也需要，但是必须把保证发展基础教育作为前提。""提高教育质量的关键是建设一支队伍稳、素质高、数量足的教师队伍；调动广大教师积极性的根本措施是切实提高教师的社会地位和物质待遇。当务之急，是下决心像解决'白条'那样彻底解决拖欠教师工资的问题。拖欠教师工资和政策补贴是义务教育法所不允许的违法行为。"

雷洁琼认为，受教育是公民的权利和义务，教育的目标在于培养合格公民。她反对片面追求升学率，主张端正教育思想，坚持为社会主义现代化建设服务的办学方向，贯彻德、智、体全面发展的方针，把学生培养成为合格的社会主义公民。她说："目前中小学教育存在的主要问题，是脱离我国社会主义现代化建设实际，脱离少年儿童身心发展的实际，面向升学竞争，形成层层选优、层层淘汰，以适应各级选拔考试需要的'应试教育'、传统教育，有些学校教学内容只注重要考的课程，对学校、教师、学生的评价，只看升学率高低。"她曾和全国政协民进组的委员一起向全国发出了《坚决纠正片面追求升学率的呼吁书》，主张以"三个面向"的思想为指针，使"传统教育""应试教育"逐步向"素质教育""现代教育"转化。

雷洁琼关心学生的德育问题，主张要重视研究新时期学校德育的新情况、新问题，加强和改善德育内容、方法。她分析了当时学校德育效果不佳的原因：一是大的社会环境存在着许多不良影响，不健康的以至黄色的书刊、音像制品的传播，同时对青少年进行知识性和革命传统教育的场所、设施没有发挥应有的作用。二是有的教育者本身素质不高，许多教师起不到为人师表的作用。三是教育思想僵化，教育内容陈旧，教育方法简单，不能适应当前青少年的思想认识实际，也难以解决他们的实际问题，往往事倍功半，甚至劳而无功。雷洁琼强调要联系当前的政治、经济、文化生活中的实际情况开展爱国主义教育，有的放矢。她重视家庭、社会对教育的重要作用，主张学校教育、家庭教育和社会教育要形成一个相互联系、相互沟通的大系统。她说，教学从来都是同育人并进的。她引用叶圣陶的一句话，"教育工作者的全部工作就是为人师表"，强调只有做到这一条，我们的教师队伍才能是合格的队伍，基础教育的质量才能得到保证。教师们必须要认识到教书育人、为人师表是教师的崇高职责，要用自己热爱祖国、热爱中华民族的高尚情操，教育和影响学生。

雷洁琼的目光始终关注着我国的中小学教师队伍，她说："百年大计，教育为本。振兴民族的希望在教育，振兴教育的希望在教师。"雷洁琼重视教师队伍的培养，强调提高教师的政治思想和业务素质。对此她进行过专题调研。1985 年，在雷洁琼等民进领导人的主持下，民进为《中共中央关于教育体制改革决定（草案）》提出中肯的意见，其中就贯彻落实"决定"中有关加强师资力量队伍建设的问题开展调研，组织会内专家和资深教育工作者座谈研讨。1993 年，在《坚持"三个面向" 培育中华英才》一文中，她分析了当时我国中小学教师队伍的情况。当时基础教育的师资不足，人心浮动，教师地位低下，工作辛苦，生活清贫，不少教师弃教"跳槽""下海"投入经济事业；许多教师知识老化，习惯过去的教学方式，未能注重培养学生的能力。雷洁琼对此深表忧虑。对此，建议提高教师的地位和待遇，还要加强培训、进修，提高教师的政治思想素质和业务素质。她说，要提高人才素质，提高受教育者的素质，必须提高教育者的素质。同年发表的《社会主义现代化建设事业的基础是教育》一文中，她又提出："教育发展的希望在教师。要采取切实措施提高教师素质，提高教师社会地位和经济地位，以稳定教师队伍。" 在祝贺《中华人民共和国教师法》通过并公布时，她亲切期望于教师同人："人们习惯用'春蚕''蜡烛'比喻教师，无私奉献的精神是教师的优良传统，也是这个职业的特点。在教师的社会地位和福利待遇还不尽如人意的情况下，在社会主义市场经济的建立过程中，忠诚人民教育事业的奉献精神不是过时了，而是更需要教师们发扬提倡，身体力行。唯有这样，教师才能赢得社会的尊重，也才值得社会的尊重。"她全力支持北京市教委出版《北京教育丛书》，汇集、传播优秀教师的教育思想和教学经验。她亲自到会讲话，还参加了将这些书赠送到全国200个贫困县的400所中小学去的仪式。她是1986年成立的霍英东教育基金会的顾问委员，为基金会资助青年教师成长做了很多工作。

作为教育家，雷洁琼与同时代的著名教育家陶行知、晏阳初、叶圣陶、陈鹤琴、林汉达、吴贻芳、俞庆棠、许崇清、杨石先、雷沛鸿等都有交往。在他们相继过世之后，雷洁琼亲自撰写回忆文章，或为其著作作序，或在有关纪念座谈研讨会上讲话，对于继承和弘扬老一辈教育家的教育思想和优良风范起到了很好的推动作用。她的回忆充满深情，但又很少叙述交游的细微末节，主要是回忆相互启迪、一起奋斗的事实，由此可见雷洁琼的为人做事之道。

1989年10月28日，她和谢冰心、巴金、孙起孟等28位知名人士共同发起成立叶圣陶研究会，学习、研究、整理、宣传、推广叶老在教育文化领域的理论建树和实践经验，让叶老的精神遗产成为社会的共同精神财富。此后她多次参加纪念叶老的活动，在研讨会上致辞，支持"中华圣陶杯"中学生作文大赛和中青年教师论文大赛。雷洁琼多次说过，叶老谆谆告诫我们要"少说空话，多办实事"，雷洁琼自己也是践行这一格言的表率。她带领民进同人为教育事业特别是基础教育的发展做了很多实事。她以"教师"称谓为荣，终生奉献教育，是学生心中永远的榜样，她是中国教育的守望者，是中国广大中小学教师之友，也是民进事业的"教育家"。

四、具有政治智慧的党派领袖

1945 年 12 月 30 日，雷洁琼与马叙伦、王绍鏊等在上海共同发起成立了一个以 "发扬民主精神，推进中国民主政治之实践" 为宗旨的政治组织，定名为中国民主促进会。民进的成员，很多都是当时上海的教育文化出版界的知名人士，如马叙伦、周建人、许广平、郑振铎、林汉达、严景耀、徐伯昕等。雷洁琼是民进的创始人之一。她撰写文章，参加聚会，和先生严景耀一起积极参加民进组织的各项民主活动。1949 年 2 月 28 日，他们出席了民进在北平举行的进入解放区后的第一次正式理事会议。1949 年 6 月 15 日，中国人民政治协商会议筹备会议在北平中南海勤政殿隆重举行，雷洁琼出席了会议，并参与起草《中华人民共和国中央人民政府组织法》。1949 年 9 月 21 日至 30 日，雷洁琼作为民进正式代表出席中国人民政治协商会议第一届全体会议，是大会宣言起草委员会委员。9 月 30 日，根据《中华人民共和国中央人民政府组织法》，会议选举产生了中央人民政府委员会，雷洁琼任政务院文化教育委员会委员。1950 年 4 月，民进第一次全国代表大会在北京召开。雷洁琼向全体代表汇报了出席中国人民政治协商会议的经过。在这次大会上，她当选为民进第三届中央理事会理事。

新中国成立后，根据分工，民进主要联系教育文化出版领域的知识分子，而又以中小学教师为重点。雷洁琼和其他民进领导人一起，带领民进，团结广大会员，在推动教师会员为国家文教事业作贡献中做了很多工作，为发展国家文教事业发挥了作用。她在 1952 年 9 月当选为民进北京市分会第二届理事会副主任理事，1954 年 9 月至 1958 年 7 月担任民进北京市分会第三届理事会主任理事、民进北京市第三届委员会主任委员。

1955 年，民进响应中共号召，对知识分子问题展开调查研究。雷洁琼和王绍鏊、许广平、徐伯昕等民进领导人分赴各地，深入基层，走进学校，访问教师，对他们的生活、学习和工作等方面情况进行深入的调查研究，收集了大量第一手资料，在此基础上提出了应适当提高知识分子特别是中小学教师的工资、改善他们的工作生活条件等八条建议，呈送中共中央和政府有关部门，受到了有关方面的重视和好评。1956 年 8 月，民进第二次全国代表大会上，雷洁琼当选为民进第四届中央委员会常务委员。在 1958 年 11 月，民进第三次全国代表大会上，她又再次当选为第五届中央委员会常务委员。

1976 年 10 月，"文化大革命"结束，民进获得新生。中共十一届三中全会和全国政协五届二次会议后，民进各级组织纷纷召开会议，认真学习三中全会公报和邓小平重要讲话，雷洁琼撰文表示坚决拥护。1979 年 10 月，民进第四次全国代表大会在北京举行，大会选举产生了第六届中央委员会，六届一中全会上，雷洁琼当选为民进中央副主席。1980 年 2 月，她当选为民进北京市委会主委，在这个岗位上一直工作到 1988 年 7 月。1983 年 11 月，民进第五次全国代表大会在北京举行，雷洁琼受中央委员会委托，向大会作了题为《团结奋斗，自强不息，全面开创民进工作新局面》的工作报告。七届一中全会上，她继续当选为民进中央副主席。1987 年 6 月的民进全国代表会议上，雷洁琼代表中央委员会作了题为《加强自身建设，担负起当前新形势下民进的新任务》的工作报告。会上，叶圣陶主动辞去中央主席职务。6 月 11 日，民进中央委员会举行全体会议，一致选举叶圣陶为民进中央名誉主席，选举雷洁琼为民进中央主席。此后，她又在 1988 年 11 月举行的民进六大、1992 年 12 月举行的民进七大上继续当选为民进中央主席，直到 1997 年民进八大才卸任民进中央主席，改任名誉主席，此时她已 93 岁高龄。

作为长期担任民进中央主要领导、深受广大会员敬仰和爱戴的卓越领导人①，雷洁琼带领民进各级组织和广大会员，团结教育领域的知识分子，为我国的教育事业出力。"教师节"的诞生，凝聚了她和民进前辈多年呼吁的辛劳；许多重大问题如义务教育法的制定与实施、教师法的起草、农村教育、中等职业技术教育、师资队伍建设等，都有他们奋力助推的身影。在雷洁琼的主持下，民进深入调查研究、反复讨论，向中共中央国务院或国家有关部门提出了很多政策性、可操作的建议，产生了重要影响。

作为全国人大第七、第八届副委员长，雷洁琼带领担任全国人大常委会委员的民进成员运用各自在教育、文化等领域的优势，在人大常委会制定教育法规及实施情况检查时发挥作用。她为新中国的教育事业和法制建设忘我地奔波操劳，倾尽心血。她说："我们民进是以从事教育文化出版工作的知识分子为主的一个民主党派，有很多具有丰富的教育和教学经验的老教师，今后要进一步发挥这个优势，运用会员的特长，推动他们全面贯彻党的教育方针，培养合格的建设人才，搞好对中青年教师的'传帮带'，提高师资质量，并继续为普及初等教育，改革中等教育结构出谋献策，作出新的贡献。"她言传身教，教导会员在做好本职工作的同时，积极参政议政、学会调查研究、学会建言献策。她说，只要用心去做、全力以赴、秉公办事，就一定能让学术研究、行政工作、参政议政相得益彰，彼此促进。在她的带领和影响下，很多民进成员在教师、教育管理、教育研究、教师培训、创办学校等岗位和工作中做出了很大成绩，成长为具有重要影响力的教育专家，为中国教育的改革发展做出了很大的贡献。

推动"教师节"的诞生，是20世纪80年代上半叶民进在教育领域里开展深入调研和建言献策工作中的一个典型例子和突出成果。早在

---

① 参见严隽琪：《斯人已逝　风范长存——在雷洁琼同志追思会上的讲话》，2011 年 1 月 14 日。

1980 年 4 月，民进就在全会开展了为制定教育计划和教育体制献计献策的活动，将报告和材料报送中共中央书记处。1981 年，在全国政协五届四次会议上，雷洁琼、叶圣陶、方明等民进 17 位政协委员联名提交了《建议确定全国教师节日期及活动内容案》。这是民进首次提出确立教师节的提案。1982 年 4 月，民进中央开展党的知识分子政策贯彻落实情况的调查研究，雷洁琼为组长，会同全国政协工作组，联合邀请高教、科技、中小学、幼教、文艺、出版、财经等方面有代表性的民进会员和所联系的知识分子，连续召开了六次座谈会。民进中央向中共中央书记处呈送了《民进中央关于进一步落实知识分子政策，继续做好知识分子工作的几点建议》，建议进一步提高教师的政治地位和社会地位，改善知识分子的工作生活条件。《建议》提出了 16 条可操作的具体建议，其中包括：建议国务院确定教师节，并早日公布实施，使尊重人民教师成为社会新风尚。这些建议受到了中共中央的肯定。

1983 年 6 月全国政协六届一次会议上，民进中央常委、全国教育工会主席方明和民进 18 位政协委员联名再次提出《为提高教师的社会地位，造成尊师重教的社会风尚，建议恢复教师节案》。在雷洁琼的支持下，经过民进和全国教育工会不断呼吁，1985 年 1 月，全国人大常委会通过议案，确定从 1985 年起，每年 9 月 10 日为教师节。这是在中国教育史上写下了新的历史篇章的大事。闻此消息，雷洁琼深感欢欣鼓舞。她说："建立教师节是党和国家为提高教师的社会地位，形成尊师重教的社会风尚的一项重大措施，我们坚决拥护，并愿担负起共同的责任，为落实这个措施作出最大的努力。" 她带领大家利用这个契机开展庆祝活动，为教师办实事，进一步推动尊师重教。她主张每年教师节都表彰教师的先进事迹，慰问教师的辛勤劳动，各行业都要办些优惠教师的实事。这一年的 2 月，民进中央在春节前就连续开展了三次尊师活动：到京郊门头沟区慰问山区教师，举行慰问教师茶话会和慰问离休退休教师茶话会。民进中央向各地方组织发出《关于组织好第一个教师节庆祝活动的通知》，拍摄了一部歌颂人民教师的电视片《托着太阳升起的人》，与其他单位在中国美术馆联合举办"庆祝教师节书画义捐展"，还隆重举行了庆祝教师节茶话会。第一个教师节来临之际，雷洁琼去上海参加民进上海市委会在市政府礼堂召开的庆祝教师节大会。会上她说，教师面临的任务，就是要为培养有理想、有道德、有文化、有纪律的各级各类合格人才而贡献自己的聪明才智，做到言教和身教相结合，真正成为青少年的表率。她勉励广大人民教师"自学、自强、自爱"，用高标准严格要求自己，在政治上要坚持四项基本原则，更加忠诚于人民教育事业，热爱自己的事业，躬身力行，切实做到五讲四美，为人师表。在业务上要不断更新知识，开拓创新，努力使自己成为学识渊博、专业精深的人民教师，在当前教育体制改革中做促进派，为国家培养出一批又一批的四化建设合格人才。此后每年教师节她都要去各地参加有关方面的庆祝活动和座谈会。例如 1994 年第十个教师节，雷洁琼发表了《贯彻〈教师法〉，维护教师合法权益》的文章，并和葛志成、楚庄等民进领导人一起到河北遵化市，与革命老区的教师们共庆节日，为当地学校带去图书和教学用品，向遵化市希望工程捐款，北京部分文艺界会员还在当地表演了精彩的文艺节目。在雷洁琼的倡导和推动下，每年的庆祝教师节都成了民进各级组织的一项大事，一直延续到今天。

雷洁琼带领民进倡导尊师重教，为教师办实事。她说，尊师重教是一件带有战略意义的大事，哪个国家的智力开发得好，教育事业发达，哪个国家的科学技术就会先进，经济就能腾飞。同时尊师重教也可以说是衡量一个国家是否文明的标志之一。她说："我们相信，只要各级领导重视教育，尊师重教会在全国蔚然成风，使教师工作真正成为全社会最受尊敬的光荣崇高的职业。"她倡导大家要为教师多做实事，不仅是教师节要开展尊师活动，而且持久地贯彻到实际生活中去。雷洁琼说："我们中国民主促进会的会员绝大多数是文教工作者，其中中小学教师占百分之七十左右。对尊师重教是责无旁贷，义不容辞的。今后我们将一如既往，推动各级组织和全体会员，团结广大教师在当前有领导有步骤地进行的教育改革中，积极参加教育改革的行列，为实现教育要面向现代化、面向世界、面向未来献计献策，兴办各类学校和开展智力支边，培养人才，培育和提高普通教育和幼儿教育的师资，并继续协助党和政府落实知识分子的政策，代表广大教师的合法利益，竭力为帮助改善广大教师的工作条件的生活待遇，维护他们的人身权利多办实事，贡献我们的最大力量。"

1989 年 4 月，雷洁琼主席提议，在全会开展"尊师重教一元钱奉献"、建立"尊师重教基金"的活动，这是当时的一个创举。这一倡议得到了广大会员和所联系群众的积极支持，在不长的时间里即募集到 10 万余元。这在那个年代是一笔不小的数目，更可贵的是它是由大家一元一元汇聚起来的。民进成员大多数是中小学教师，那时候工资待遇不高，一个月的工资只有几十元。雷洁琼亲自担任尊师重教基金理事会的理事长，用这笔资金开展尊师重教活动，组织优秀教师暑期来京参观活动。从 1990 年起每年举办一届，雷洁琼总是亲切接见来京教师，与他们交流。她每到一地，只要身体允许，一定会去中小学、幼儿园，了解老师生活和教育的情况，这也成了雷洁琼在民进的调研活动行程安排中的一个惯例。

雷洁琼以战略性的思考带领民进推动中国教育的法制化进程。1982年，在学习新宪法时，她就指出，"要把宪法各方面的原则规定加以具体落实，就必须相应地制定一系列法律、法令、法规等。例如，……有关教育文化方面的就得制定教育法、卫生法、出版法、文物保护法等。"她先后参加了义务教育法、教师法、教育法等法律的制定，并不顾年事已高，亲自率执法检查组到全国各地对义务教育法、教育法、教师法、高等教育法、科技进步法等教育方面的法律执行情况进行检查。

1986年4月,《中华人民共和国义务教育法》颁布。她在民进的会议上指出:"推动和督促有关部门执行《义务教育法》是我们民进参政议政的重要内容也是我们为教育办实事的一个主要方面。民进应对各地区贯彻落实《义务教育法》的情况进行一次深入的调查,了解情况后,再献计献策。"此后,她亲自做了大量的调查工作。1987年9月,雷洁琼到福州参加民进华东地区工作会议,听取了与会同志反映各地执行义务教育法的汇报。1988年9月,她作为中央代表团副团长到银川参加宁夏回族自治区成立30周年庆祝活动。这期间,她视察了宁夏的大中小学和幼儿园,听取了宁夏回族自治区教育情况的汇报。1989年,她到海南省视察时又听取了全省教育工作的汇报,并深入到海南大学以及琼海县、儋县、三亚市中小学进行实地考察。① 在雷洁琼的倡导下,民进中央发动各地组织对义务教育法的实施情况开展调研,各地调查情况汇报中,都反映了义务教育法的许多重要规定未能很好地贯彻实施,许多少年儿童接受义务教育的权利仍未得到法律的保障等问题,特别是中、小学生中途辍学的情况日趋严重,童工、童农、童商大量出现,其中不少人将成为新的文盲;不少地方对提高教师生活待遇,仍缺乏有效措施,教师流失情况严重等,引起雷洁琼高度关注。1989年3月,根据雷洁琼的意见,民进中央向中共中央提出《关于切实贯彻义务教育法,加强基础教育的几点建议》,受到党中央的高度重视。中共中央书记处给民进复函认为"《建议》对教育工作提出了许多好的意见",并表示:"一些重要意见在拟议文件中将予以吸收采纳。"

雷洁琼认为,尊师重教需要思想教育,更需要法制保证。她带领民进为教师法的诞生做出了很多努力。1984年,民进和全国教育工会、

---

① 进晟:《雷洁琼重教育》,《人民日报》1990年6月12日第3版。

全国政协教育组联合调研教师地位以及教师权益的问题，提出必须要立法，依法治校，用法律来保障教师的政治地位、社会地位和合法权益，从根本上稳定教师队伍。在调查的基础上，1986 年 3 月全国政协六届四次会议上，方明等民进组的 21 位全国政协委员联名提出《尽早制定"教师法"案》。民进还会同全国教育工会、中国陶行知研究会、北京市教育科学研究所、北师大教育科学研究所一起起草了《教师法（草案）》，送交有关部门，之后又广泛征求会内外教师的意见，不断修改充实。这一做法得到了广大教师的热情支持，也引起了国家有关部门的重视，对后来全国人大常委会制定通过教师法起了促进作用。[1] 1993年，《教师法》经全国人大通过后，雷洁琼在《人民日报》《团结报》发表文章，祝贺《中华人民共和国教师法》颁布。她说，实施教师法，为建设具有良好思想品德修养和业务素质的教师队伍，促进社会主义教育事业的发展提供了法律保证。首先，各级政府要带头执法；其次，要依法创造一个尊师重教的良好社会环境。要使教师普遍受到社会的尊重，就要使教师享有与其地位和贡献相适应的待遇。教师既要学会运用法律来维护自身的合法权益，又要认真履行应尽的职责。1994 年 5 月，89 岁高龄的雷洁琼率领全国人大师法检查组，对北京市贯彻教师法情况作了为期一周的检查。在探望了几位老师后，她没有休息，又乘汽车，一路颠簸，赶赴 60 多公里外北京西北门头沟山区最远的斋堂镇，和教师们一起座谈，了解教师法执行情况，详细询问教师工资、福利和进修方面的情况，鼓励他们为山区培养更多人才，使山区的教师深受感动。

1995 年 3 月 18 日，全国人大审议通过了《中华人民共和国教育法》，同年 9 月 1 日正式实施。雷洁琼在民进中央举办的教师节活动上

---

[1] 参见：《中国民主促进会简史 1945—2007》，开明出版社 2017 年版。

号召教师们要认真学习教育法，积极宣传、自觉执行教育法。

雷洁琼重视职业教育，反对鄙视职业教育的陈腐思想，90多岁高龄时还视察了浦东、苏南等地的职业教育情况。1996年，全国人大常委会审议通过《中华人民共和国职业教育法》。在答记者问中，年逾90的雷洁琼说："《职业教育法》的颁布实施，充分说明党和政府对职业教育的重视。我们民进有决心、有信心为宣传、贯彻《职业教育法》继续献计献策，作出应有的贡献。"她介绍了这背后民进同人的推动情况。早在1986年4月，受国家教委委托，民进中央就会同有关单位对职业技术教育做了专题调查。调查报告呈送给党中央后，中共中央书记处在有关刊物上予以全文登载。1990年12月，经过半年的调研，民进中央向中共中央书记处送交了《民进中央关于发展中等职业技术教育的建议》。中共中央办公厅在复函中说，"这个《建议》十分重要，所述各项内容均属当前职业技术教育发展中应该加强和解决的重要问题，并已充分吸收，体现在全国职业技术教育工作会议的文件、报告之中"。1991年全国政协七届四次会议上，民进中央作了《全社会都来关心和重视中等职业技术教育的发展》的大会发言。1993年，在全国政协八届一次会议上，民进提交了《尽早制定〈职业技术教育法〉》案。民进还专门与国家教委的同志就此进行座谈，他们表示，民进的这个提案很好，对于教育立法是个促进，提案中的许多意见在法律的制定中应该吸收。

20世纪八九十年代，信息技术尚未普及，人们获取知识的渠道还比较狭窄，特别是在不发达地区，广大基层教育工作者的知识需求尚难以得到有效满足。雷洁琼带领民进广泛开展教育领域的咨询服务活动，举办讲座、现场教学、印发资料、赠送书籍，及时向各地成员传递和介绍教育理论、教育改革、教育教学方法、学校行政管理、培训师资等方面的信息和先进经验，为文教事业服务。民进的文教信息服务中心、开明文教音像出版社、开明出版社，都是在雷老的支持下成立的。

雷洁琼关怀老少边地区的教育文化事业，带领民进开展智力支边活动。在她的支持下，1981 年 6 月，民进首创组织北京、上海、天津、辽宁、江苏等地著名校长和教师赴陕西、宁夏、甘肃等地进行讲学和培训活动，此后又不断组织面向边疆和贫困地区的教育讲学活动，输送知识，培训人才。从贵州毕节、黔西南，到云南普洱地区、山西吉县、河南洛阳地区，到内蒙古、辽宁等地的贫困县……许多地方都留下了民进教育帮扶的印记。民进还牵头港澳台胞和会内外各界人士捐资助学，支援希望工程，帮助贫困学生完成学业。雷洁琼为赵安中先生的传记作序之时两人尚未谋面，此后赵安中先生也加入到民进教育支边的队伍中来，多次助学捐资。

雷洁琼带领民进发挥在教育领域的优势，开展社会办学工作，支持民办教育发展。民进历来有为社会办学的传统，早在 1962 年，广州市委会就成功地创办了长堤初级夜中学。改革开放后，响应中共中央"广开学路，多方办学"的号召，民进各级组织针对待业青年积极开办各级各类业余学校和补习班，缓解求学与教育供不应求的社会矛盾，深受大家的欢迎。八十年中后期起，随着社会的发展，民进办学方向从短期补习培训逐步转向以培训中小学和幼教师资为重点，朝着提高在职员工文化素质的成人教育方向发展。这些学校教学认真，注重质量，深受社会各方面欢迎，很多学校被评为省、市先进集体。

在雷洁琼的带领下，民进中央陆续举办了全国民办教育研讨会、民进教育工作座谈会、民进全国办学工作座谈会、民进咨询服务工作协作交流会、"温暖工程"座谈会、学习《社会力量办学条例》研讨会等多个会议，交流办学经验，表彰办学先进集体和个人，鼓励各级组织积极探索多形式、多渠道办学，积极开办各级各类学校，为社会培养急需人才。雷洁琼关心民办学校的发展，为支持民办教育事业的发展而呼吁，常常为民办学校解决实际困难想办法。

新中国第一所私立高中——浙江安吉县上墅私立高中的创办者汤有祥先生曾经热泪盈眶地讲述了雷洁琼主席帮助学校生存、发展的故事。雷洁琼不仅多次在家中接见他这位普通会员，并亲自为其题写校名、题词，嘱咐民进中央予以宣传，而且在学校最困难的时候，给予了经济上的支持，帮助学校起死回生。在海南调研期间，她了解到一位叫谢仪英的会员办的学校很有成绩，她一定要去看看，还鼓励她把学校办得更好，更好地贯彻教育方针。

1997 年 2 月，全国政协八届五次会议上，民进中央提出了《关于尽快制订〈民办教育法〉，促进民办教育健康发展》的提案，得到有关部门的重视。国家教委对此进行了书面答复："全国人大八届 22 次常务会议决定起草《民办教育法》。目前，这项工作正由全国人大教科文卫委员会牵头，国家教委配合抓紧进行。" "你们提出的四点建议很好，我们将在起草《民办教育法》的过程中注意吸收采纳。" 2002 年 12 月 28 日，全国人大常委会通过了民办教育促进法。此后民进助推中国民办教育协会的成立，积极筹办、主办和参与各类民办教育会议，继续利用各种机会为民办教育健康发展建言呼吁。可以说，这些都是对雷洁琼对民办教育关怀的延续。

多年来，民进作为参政党，一直在为中国教育事业的发展调查研究、建言献策，多方奔走，尽心竭力，也是名副其实的"教育党"。马叙伦、周建人、叶圣陶、雷洁琼、许嘉璐、严隽琪……民进的历任主席全部都做过教师，而且对教育事业充满感情，无限热爱。他们虽然后来都身居高位，公务繁忙，但都没有离开教育战线。以蔡达峰主席为首的民进新一届中央领导集体，几乎也全都做过教师。教育是民进的基因图谱中最为重要的一环，是经历代民进前辈的努力深深镌刻进民进骨髓的永恒主题。

1981 年 6 月，雷洁琼来到北京市景山学校，希望学校成立民主促进会支部，欢迎老师们参加民进。她说："我最喜欢人民教师，我也是老教师。"这温暖亲切的画面，是雷老民进工作中的一个小小片段。寒来暑往，年复一年，年高瘦削的她总是用她的参观、调研、呼吁、讲话、倾听、题词、合影、赞扬、感谢……用那慈祥的笑容、睿智的言谈，还有处处为人着想、事事自己来做的态度，来表达着对每一个支部、每一个会员，每一位老师、每一个孩子的扶植和厚爱。正因有此对人民的热爱，对国家的热爱，对教育的爱，对孩子的爱，雷洁琼才在她的世纪老人的漫长人生中，留下了这样许多的教育篇章，让我们可以跟随她的脚步去追溯百年来特别是改革开放以来中国教育发展的宏大史诗，去聆听一代学人如何在时代的浪潮里不断为教育、为教师、为儿童发出的庄严呼吁。我们相信，读者朋友一定可以通过阅读她的教育文集，获得灵魂的震撼和智慧的启迪。

目录

第一辑　儿童教育与教育改革

第二辑　家庭教育与妇女教育

第三辑　教师教育与高等教育

第四辑　教育序言与教育人物论

儿童教育与教育改革

美国出生的华人的教育状况^①

　　华人充分意识到了教育的重要性，他们雄心勃勃，急切地把孩子送进美国的学校读书。尽自己的经济力量所能让孩子深造，这是大多数华人父母的理想。他们把教育作为获得高等社会地位的手段，因而他们仍然坚信学者和学人的社会地位最高。尽管在一些个案里，父母对子女就学的热衷是出于自私的目的，即希望子女接受教育以后能提高家庭的生活水平，给家人带来舒适的生活。但一般来说，父母对子女教育的热衷纯粹是为了孩子将来自己的福利。因为中国本土为年轻人提供了许多机会，父母们希望子女能够在东方找到终身的工作，同时他们又发现美国的教育体制更加先进，科学知识也更为社会所急需，所以他们急切地把孩子送进美国学校，从小学一直读到大学。当询问一位父亲对孩子未来工作的期望时，他回答说：

　　　无论我的孩子想接受多高的教育，我都将满足他们，我希

---

　　① 这是雷洁琼于 1931 年 1 月在美国南加州大学社会学系获得通过的硕士学位论文《A Study of American Born and American Reared Chinese in Los Angeles》(对生长于美国的华人的一项研究) 中文版节录。

望他们每个人都能学好自己最喜欢的专业。教育能够帮助他们独立，给孩子受教育的机会比给他们钱好得多，钱会毁了他们，而教育能帮助他们成功。（访谈71号）

一位母亲认为教育对孩子的前途十分重要，她说：

我并不在意孩子们玩耍，但如果玩耍的时间太多，就会荒废学习，不受教育就不会有光明的前途，教育意味着一切。虽然我这个寡妇生活得很艰难，但我仍然为他们的教育花了很多钱。我让他们下午从美国学校放学以后就去学习华语，每个星期六学习音乐。我很清楚，同时让他学三种东西很困难，但目前的教育对他们的将来特别关键，而他们的将来对于我和这个家特别重要。年幼时他们必须努力，这对他们没有什么害处。（访谈4号）

还有一个人把学校作为通向幸福的场所，他说了下面的话：

我生活得很艰难，因为年轻时没能读书，所以一辈子都只能干体力活，无论如何不能让我的孩子步我的后尘。我送我所有的孩子去上学，而且一直让他们读到大学。他们毕业后就可以做白领或当政府官员，他们将过上一种舒适的生活。（访谈81号）

我发现父母对子女教育的积极态度也影响了孩子对学习的态度。一个高中女孩写道：

　　他们（父母）对我接受教育的态度就是让我尽可能地多读书，完成整个学业，并最大限度地从中受益。（访谈46号）

中国父母不但鼓励孩子上学，还要求他们用功。一位男孩子说：

　　父母总是要求我在学校里刻苦学习，取得好成绩，要求我手不释卷。他们说如果我在学校成绩好，将来就很容易找到工作，否则没人会雇我，学校成绩成了雇人的标准。（访谈90号）

父母们尽其所能给孩子辅导功课，这是很普遍的现象，下面这段话就反映了这种情况：

　　父母特别关心我的学业。一年级时，爸爸就帮我学习读、写字母。我还记得，我和爸爸一起出去看到广告牌时，他让我把字拼出来并读给他听，这对我认读字母非常有帮助。高年级时，他帮我辅导数学。进了高中以后，尽管他弄不太懂我的功课，但对我的学习仍然特别关心。现在他仍想帮我，但却无能为力了。（访谈68号）

父母通过奖励的方法来鼓励孩子刻苦学习的情况也十分普遍，一个男孩子说：

　　父母一贯要求我在学校成绩优秀，如果我得了"A"，他们就会奖励我钱或给我买东西，所以我特别盼望发成绩单，并希望得"A"。虽然我学习非常努力，但也不可能每次都得"A"，好在我的成绩每次不是"A"就是"B"。（访谈3号）

还有一些例子反映出，由于歧视妇女受教育的传统思想的影响，一些父母反对女孩上学。下面的陈述就反映了这种情况：

> 我爸爸是个老派的华人，他不愿意让女孩上学，认为女孩出嫁后就是别人家的人了，只是在出嫁前暂时住在家里。当我看到别的孩子上学是那样快乐时，我也想去上学，但遭到他的反对，所以我没有上过学，我的英语是从表姐妹那里学来的，那都是20年前的事了。现在华人的态度也改变了，他们把女孩像男孩一样送去上学，现在的女孩的确很幸运。（访谈73号）

另一个女孩谈了家里的情况：

> 我所有的兄弟都是大学生，而我的姐妹们都只念到小学，父母认为女孩不用像男孩那样受那么多教育，女孩的位置就是家庭。我知道如果我想上大学，一定会遭到家里的反对，因为上高中已经阻力重重了。由于进大学的决心已定，我打算用说服的方法让他们改变态度，因为他们爱我，所以我想他们会让我实现自己的愿望。（访谈82号）

有些父母在女儿上学的问题上既不反对，也不支持。一个女孩说：

> 我的父母相对来说是非常现代的，但他们的某些思想仍然很老派，我妈妈尤其是这样，她认为女孩不必像男孩那样受那么多教育。我的小妹妹不愿意读书，我妈妈就随她去，不鼓励她坚持。当我鼓励妹妹继续上学时，妈妈总是说：不去就不去吧，一个女孩子家上学也没有用，她们迟早是要结婚的。但这

种思想并没有妨碍到我，我想上学时，妈妈从来没有阻拦过我。如果我喜欢，可以一直读下去。（访谈 10 号）

对于华人父母的合作态度，学校的老师和管理人员都一致表示赞赏，华人孩子也极少有逃学现象。一位考勤主任谈了华人孩子的出勤情况：

我这个区的华人孩子没有逃学现象，华人学生一般都很优秀。（访谈 88 号）

当访问一位中学校长时，他表示了他的看法：

华人学生聪明、易于管理、非常有鉴赏能力。家长很关心孩子，乐于与我们合作。（访谈 92 号）

大多数孩子都能抓住机会取得很好的学习成绩，唐人街附近的梅西（Macy）小学的校长写道：

华人孩子的智力在学校中属中上等，没有一个华人孩子分在低能发展班或是落后慢班。教师们一致认为，华人孩子比其他外国孩子在学习上更认真、进步也更稳定。（《中国移民的社会态度》，《应用社会学杂志》1923 年 7~8 月号，第 327 页）

这个群体中几乎没有青少年犯罪问题，他们极少在纪律方面给学校惹麻烦。一位中学校长写道：

美国出生的华人孩子都是好学生，他们几乎没有违反纪律的问题，他们的出勤率很高，家长也最大限度地与校方合作。
（访谈91号）

大部分美国出生的华人孩子都喜欢上学，而且多数喜欢学术科目，像数学、历史、地理、科学和英语，也有不少孩子喜欢上艺术和手工课。大学里，他们也倾向于选择各种专业学院，如法律、机械、牙医、制药和商业。进艺术学院的多数是女孩，而且人数有限。甚至女孩子选择志愿时也倾向于专业学院，像教育、医学和商业，一方面的原因是专业人才往往有较高的社会地位，另一方面的原因是中国在重建阶段需要专业人才。许多在美国学成归国的华人都拥有高职位，华人孩子在他们身上看到了机会，希望自己将来如果在美国找不到工作的话，就回中国去。那些想成为法官、内外科医生和牙医的学生希望自己将来能独立创业，虽然这些职业需要委托人和患者来维持，但法官和医生可以拥有自己的事务所和诊所，不必依靠别人雇用自己。

公立学校的师生关系一般很好，老师们几乎是异口同声地称赞美国出生的华人学生对待老师和学习的态度，他们认为华人孩子学习刻苦、尊敬老师。华人孩子也认为公立学校的老师对他们很友善，没有任何种族偏见。他们坦率地表达了自己的看法：

我的老师和校长对我的评价很高，我对他们也有同样的感觉。（访谈46号）
我能记得的所有老师都对我很好。（访谈56号）
小学阶段除个别老师外，老师们让我享受到了最友善的对待，尤其是校长对我特别好。（访谈45号）

在这种惯常友好的师生关系之外，美国出生的华人孩子也发现有些老师对他们与对其他孩子不一样。当对一个高中孩子进行访谈时，他说：

> 除了去年上高中时教我们的数学老师外，所有老师都对我很好。她从来不对我讲话。当我遇到难题向她请教时，她总是要我把问题写在黑板上。尽管她没说过不喜欢我，但我能感觉到她对我与对其他人不一样，我知道她对我有种族偏见。我不在乎她怎样对我，我以同样的态度对待她。（访谈7号）

华人忌讳人们叫他们"支那人"（Chinamen），正像日本人忌讳"日人"（Japs）的称呼一样，他们认为这是一种侮辱。一个上初中的男孩觉得老师叫他"支那人"是对他的不尊重，他说：

> 很明显，学校里的一些老师不喜欢华人，我的英语老师就是其中一个。有一次，她指着一只鼓对我说："快点，支那人！拿好你的乐器。"我不愿意别人叫我"支那人"，因为大人们告诉我这是对华人的侮辱。（访谈5号）

有些孩子甚至认为老师不理解他们，因为在安排课外活动时，老师不能给他们与美国孩子同等参与的机会。

> 虽然老师们对我很客气，但他们似乎并不理解我。之所以这样说，是因为他们从来不让我享有当班长的乐趣。（访谈3号）

调查中没有听到对校长的不良评价，对校长的评价通常要比对老师的好得多，这可能是因为中国学生很少违反纪律，也很少逃学，因此与校长在一起时的经历总是很愉快。一个高中学生谈了他的理由：

> 我的所有校长都对我很好，特别是现在这一位。校长一般都受了更多的教育，眼界自然更为开阔。（访谈 7 号）

同学之间的关系就不一样了，他们发现不同年级的同学对待他们的态度有所不同，小学与初中及与高中的同学态度不同，初、高中与大学或学院同学的态度也不同。一般讲，小学生没有什么种族意识，美国学生对华人学生保持着一种友好态度。而到了中学，无论是初中还是高中阶段的美国孩子则倾向于把华人学生视为一个单独的群体，在某种程度上对华人学生进行孤立。学院或大学里这种孤立现象则更加严重，像兄弟会和姐妹会这样的团体绝不会吸收华人学生参加。我们不妨看看一位女大学生的经历：

> 我们对学校里的老师和校长没有什么可抱怨的，他们从不歧视我们，而同学们则是另一回事了。小学里种族差别的思想就已经存在了，但年龄越小，种族意识也就越少。而高中、学院特别是著名大学里种族意识则越来越强烈，那里的兄弟会、姐妹会特别多，都形成了派系。我从不尝试与那些不愿意理我的人交朋友，我不让他们占上风。（访谈 11 号）

一个有相同经历的女孩写道：

> 小学中没有种族差别，我从没有区分谁是美国人、谁是日本人或墨西哥人，我们都是朋友，总在一起玩。进入中学后，我开始感觉出种族差别了，因为美国的男孩和女孩总聚在自己

的圈子里，而中国的男孩和女孩也是如此。小学时一个美国男孩坐在我后面，我们俩是好朋友，后来我们进了同一所高中，他不再像以前那样与我交谈了，我感觉受到了伤害，我开始意识到美国人并不把我当作朋友。进入大学后发现，那里的种族歧视更加严重，没有一个兄弟会或姐妹会允许中国学生参加。高中时我发现有种族差别存在只是因为美国的男孩和女孩组成了自己的群体，他们也许并不真的歧视我们，但在学院里，这种歧视实实在在，并伴有仇恨情绪，女孩一般比男孩的情绪更强烈。（访谈 10 号）

有些人认为孩子们的种族歧视思想是受家庭影响的结果。一位大学毕业生说：

处在小学年龄段的男孩和女孩都混在一起玩，没有谁歧视谁的想法。到了高中年龄段后，一些家长开始反对这种交往，受他们的影响，一些孩子于是有了种族歧视的思想。进入大学年龄段后，他们的知识积累、他们不断成熟的思考和辨别能力都帮助他们能更好地与其他种族的人们相互理解。但有些人尽管接受了高等教育，但他们放弃了思考，于是表现出强烈的种族偏见。（访谈 80 号）

另一些人的情况正好相反，他们觉得在小学阶段受到美国同学的歧视，到了高中阶段情况则好一些。一个高中的男孩讲了他的经历：

上小学时，同学们常爱取笑我，因为我与他们不一样，我的皮肤是黄色的。从知道我是华人那天起，他们就开始叫我

"清人"或其他外号，我容忍了这些，没有提出抗议，因为我是这里唯一的华人。而进了高中，我再也没有听到"清人"的称呼，也没有人取笑我，也许是因为他们受的教育多了，有了更多的与人为善的思想，愿意结识不同种族的朋友。许多人都向我强调，高中阶段在东方和西方学生之间有明显的分界线，我没有这种经历，也没有人告诉我有谁在私下里歧视我。（访谈 38 号）

华人认为"清人"这个词是对他们的侮辱，小学里美国孩子常称华人孩子为"清人"，其实他们并不知道这个词是什么意思。"清人"这个词最初是指清朝，清朝是中华民国以前的一个朝代。19 世纪末期，美国掀起一股反华浪潮，美国人用"清人"及其他侮辱性的词称呼所有华人，中国的父母和长辈告诉他们的孩子，这是对华人的一种侮辱性的称呼。所以当被称作"清人"时，华人孩子感觉受到了歧视，至少是没有得到尊重。有一个男孩觉得初中的情况要好一些，没人称他为"清人"。他说：

> 上小学时，一些男孩喊我"清人"，升入初中后就没人这样叫我了，我一直跟美国孩子一起玩。我们学校华人孩子很少，虽然美国孩子有时也用一些可笑的字眼称呼我们，但我知道他们是开玩笑，一般来说他们对我很好。（访谈 5 号）

一些人感觉进了高等学校以后，他们受到了友好的对待，因为同学们都受过这样的教育，即不同种族的人都是兄弟。其中一个人这么说：

> 在小学里，一些美国孩子常叫我"清人"及其他一些可

笑的外号，他们通常都不是我的同学，而是一些比我年龄大或是年级高的孩子。当我升入中学后，美国孩子就不这么称呼我了，他们不像在小学时那样取笑我，因为他们被教育说所有民族都是兄弟。（访谈3号）

一些人虽然不把"清人"的称呼当成什么严重的事，但仍觉得不被同学接受：

上小学时我常被同学称作"清人"，我没把它当成一件严重的事，没感觉太不好，我想他们是跟我开玩笑，没什么恶意。上初中时，除了发觉美国孩子不愿意与我交朋友外，也没受到什么不公平的对待。但美国人确实对我们存在偏见，这一点是不容置疑的。在美国人眼里，厨师、裁缝和菜农就是华人的代名词。教育水平高的人能更多地理解我们，初中同学比小学同学对我们稍好一些，高中同学则更好一些。（访谈7号）

在许多个案中华人孩子都提到，美国同学愿意与他们在教室和学校里做朋友，而在公开场合，特别是在校外则不愿公开这种友谊。一个女孩谈了她的经历：

在代数班里，有两个美国女孩是我的朋友，她们对我很好，我们总是一起解难题，一起吃午饭，在学校里我们是最好的朋友。有一天，我在海滨遇到了其中的一个，但是当时她正和一些朋友在一起，她表现得好像羞于与我交谈，她显得局促不安，暗示我要装作不认识她。从那以后，我在校外决不跟任何一个美国同学讲话，除非他们先跟我打招呼。现在我明白了，美国人认为在校内可以跟我们做朋友，特别是在学习上遇到困难需要我们帮助时可以与我们做朋友，而出了校门，就把我们视为陌生人、下等人，不配与他们做朋友。（访谈 79 号）

诸如此类的经历使一些人断言美国人不会成为真正的朋友，于是他们在学校中也避免与美国人交往。一个男孩子说：

除一两个美国人外，我在学校里所有的朋友都是华人，我喜欢和华人在一起，因为我们各方面都是相同的，中国朋友能自始至终把我作为朋友，而美国孩子只是在需要我们时才与我们做朋友，不需要时就形同路人。（访谈 64 号）

一些孩子并不是完全回避与美国同学交往，既然有些美国男孩和女孩不愿与他们交朋友，他们就与那些没有种族歧视的美国同学做朋友：

我们学校里有一些美国女孩特别自大，认为她们就是一切，我从不试图与她们交往，实际上我总是躲着她们。也有些女孩很可爱，我喜欢与她们做朋友。我既跟华人女孩来往也跟美国女孩来往，与朋友在一起，我度过了许多快乐时光。（访谈 86 号）

在一些个案中，华人孩子宁愿与其他种族的人交往，也不愿选择美国人，在这些种族中，日本人是首选，墨西哥人和黑人次之。可能是日本人在体貌上和文化上与华人相似，而且日本人和华人都受到美国人不公正的对待。而中国的父母对待墨西哥人和黑人的态度与美国流行的态度一样，认为自己优于这两个民族，而对待欧洲人的态度则和美国人的态度一样。华人孩子从同学那里了解到，犹太人、苏格兰人和爱尔兰人有独特的民族性格，而英国人、法国人和德国人则口碑不错。一个男孩举了他的例子：

> 我们学校华人极少，但有许多日本人，我与他们交了朋友，我们一起去海滨，一起聚会。一些华人不喜欢他们，但我觉得华人和日本人有些地方很相像。我不喜欢墨西哥人和黑人，但我不介意与他们交朋友。（访谈13号）

一些群体的华人不想与其他种族的群体成员包括华人交往，他们认为除了白人特别是美国人以外，所有其他种族的人都是下等人。这些人一般都住在美国人中间，认为自己是百分之百的美国人。他们只与白人同学交往，尽管他们在白人同学中间有时并不快乐，但他们总想向自己人炫耀，他们能够打破白人和华人之间的界限而与白人融合在一起。一个女孩描述了学校中的这一类人：

> 我们学校有少数华人孩子不参加华人学生俱乐部，老师和管理人员都要求他们参加，但他们就是不想参加，他们甚至不想和我们交往。他们整天跟白人同学泡在一起，认为自己是美国人，而以与我们特别是住在唐人街的同学交往为耻。在每个学校都能发现这类人，总有一天他们会后悔，因为美国人绝对不是华人真正的朋友。（访谈46号）

中国学生在参加一些课外活动如社团活动、文体活动或学生管理时并没有受到学校当局的歧视，也没有法律禁止他们参加任何俱乐部或学生活动，但由于美国同学的封闭态度，他们往往觉得自己不受欢迎，他们的确很深切地感到，美国同学不想把他们接纳进自己的俱乐部。一个高中女孩谈了她的经历：

> 学校并没有歧视我们，老师甚至鼓励我们参加各种俱乐部，但美国男孩和女孩的态度则不同，他们拒绝我们参加，似乎我们对他们不太有用，而我们如果真是不太有用，我们就不会开心。这样，我们即使加入了他们的俱乐部也不会开心，因为他们不把我们作为他们其中的一员。现在，除了华人的俱乐部，其他哪个俱乐部我也没有参加，我更愿意加入自己人的群体。（访谈 89 号）

一些华人孩子还发现，有时他们尽管成了某一俱乐部的成员，但美国同学不愿意他们成为领导者，祖先遗传给他们的身体特征，使他们无法与浅肤色的美国人一起竞争领导职位。访谈时一个男孩说：

> 初中时，我竞选学生会的秘书，如果我是白人，肯定能选上，但就因为我是华人，我被一个浅肤色的孩子击败。他们说他们决不让"清人"做他们的头，甚至我的朋友也反对我。他们制造了一种华人不配当领导人的气氛，我们被当作下等人，与他们竞争我们完全处于劣势。（访谈 56 号）

另一个孩子虽然有同样的经历，但他得到了老师的帮助。

> 老师指定我做了班级的秘书，但有些孩子警告我赶快辞职，因为他们不要"清人"领导他们。我不想惹麻烦，我去找了老师，她不但没有接受我的辞职，反而通过取消奖励来惩罚那些孩子。虽然整个学期我都担任这个角色，但我并不快

乐，我觉得同学们并不喜欢我。（访谈 93 号）

一般来说，被老师或学校管理者指定的职位，比学生们自己选出来的职位要稳固一些。比起社会活动，华人孩子有更多的机会参加学术和体育活动。当一个男孩初中毕业，代表一所大型的高中参加了几场演讲比赛后，他被选为班里的发言人。有些华人孩子在各自的学校里参加了各种运动队、管弦乐队，还有些人参加了各种名誉社团。只有个别高中和南加州大学有华人学生俱乐部，新近在高中成立的世界友谊俱乐部吸收了一些华人学生作为积极分子。在小规模的学校里，这些华人学生更引人注目一些，觉得自己或多或少地被接受了。一个男孩子说：

> 高中阶段是我最快乐的时光。我上的是这个城市中一所小型的高中，我是那里唯一的华人，男孩子们像对待他们中的一员那样接受了我，我参加体育运动、学生活动，总之，学校中几乎一切活动我都参加。我有许多职位，既有同学选举的，也有老师指定的。学校里的伙伴们邀请我去他们家或去参加聚会，他们的父母待我都很友善。但我知道我是一个非常特殊的例子，许多华人孩子没有我这样的机会。在参加学校活动，特别是社交活动如舞会或聚会方面，华人孩子往往遭到美国男女孩子的歧视，但小型学校比大型学校的美国男女孩更友爱一些。（访谈 65 号）

华人孩子在许多事例中都感到了种族歧视的存在，尤其在参加课外活动方面，兄弟会和姐妹会把他们拒之门外。他们很少有机会参加体育比赛，一部分原因是体格问题，而最重要的原因是种族歧视。由于华人孩子的黄皮肤，他们不能在学校管弦乐队里演奏。一位大学生愤怒地写下了他的经历：

> 自从进了大学，我觉得自己更是一个华人。中美学生之间没有友谊，在教室里我们谈论功课，而出了教室，有些人只对我们说"哈罗"，那就是我们和他们的全部友谊。如果功课遇到困难，他们肯定会来找我们，这是事实，我就帮助过他们许多人。而另一个事实是，他们把我们作为一个群体孤立开。兄弟会和姐妹会对我们紧闭大门，我所认识的华人和日本人中没有一个进入他们的社团组织的。名誉社团接纳我们是因为要展示学生的成果记录。按理说，大学管弦乐队应根据学生的音乐才能挑选队员，但我们即使完全符合条件也不被录取。我曾去管弦乐队应试过，当时有 15 个孩子一起考，我是第二名，指挥对我很满意，他发现我们毕业于同一所高中，他很友好地跟我握手、交谈。第二天，他叫我去他的办公室告诉我，如果我愿意，我可以加入乐队，但在橄榄球赛季我不能参加室外演出，因为我是华人，乐队的美国孩子不让其他肤色的人与他们站在一起，认为这样会损害乐队的形象。我很失望，感到厌恶，我把这件事告诉了家人和朋友，他们建议华人学生俱乐部派一名代表向校长反映这件事。（访谈 65 号）

一些人觉得，高中老师一般都鼓励华人学生参加学生组织和各种活动，但在大学，华人学生被忽略了，没人在意他们是否参加了什么组织或活动，最后他们只得待在自己的群体里，不去尝试参加任何活动。下面是一个女孩子的经历：

> 高中时我享有许多乐趣，我是名誉社团及其他一些俱乐部

的成员，老师们鼓励我参加各种社团及其各种活动。但到了大学，我只是每天从家里到班上，再从班上到家里，两点一线。大学里的俱乐部似乎不需要我们，教授和学校的管理人员也对此事漠不关心，现在，除加入了华人学生俱乐部外，我没参加其他任何活动。（访谈 94 号）

在学院和大学就读的中国学生时常感到他们被当作到美国求学的外国学生，而不是被当作土生土长的美国人。

总之，华人父母鼓励在美国出生的孩子念美国大学，他们认识到教育的重要性，虽然没有强制教育法，但对教育持传统态度的父母都自愿把孩子送进美国学校。一些父母出于一种自私的动机而送孩子去接受教育，他们希望孩子读完书后能让他们过上舒心日子。但大多数父母是出自对自己孩子未来幸福的关心，他们希望孩子自己过上富裕的生活。父母不但鼓励孩子上学，而且还竭尽所能辅导孩子的功课，孩子在学校取得好成绩时还经常受到父母的奖励。老年华人通常认为女孩不需要接受教育，虽然现在他们的态度有所改变，但仍有一些女孩受父母的阻拦不能上学。有些父母虽不反对女儿上学，但当女儿对上学不感兴趣时，他们并不鼓励她们坚持。多数美国出生的华人孩子都喜欢去上学，乐于完成作业，而且大多喜欢学术科目，像数学、历史、地理、科学和英语。上大学时，他们也倾向于入读各种专业学院，如法律、医学、工程、口腔医学、制药及商业。

学校里无论是老师还是管理人员都异口同声地称赞美国出生华人学生的学习成绩、学习态度及华人父母的合作态度。华人学生几乎没有逃学和犯罪问题，即使有也是个别的现象，他们极少给学校添麻烦。华人学生一般被认为是有创造力、有判断力、聪明、自立而有礼貌的孩子。他们一般都能获得高额奖学金，与老师的关系也非常好，多数公立学校的老师和大学里的教授都喜欢这一群体的学生。虽然不同学校里总有那么一两个老师对华人学生存有偏见，但大多数华人学生都喜爱他们的老师，尤其与校长的关系更融洽一些，也没有发现对华人学生有偏见的校长。

但是同学之间的关系则另当别论，华人学生发现美国同学对他们有种族歧视，有些人认为低年级种族歧视更强烈一些，而另一些人认为大学里随着年级的升高，种族歧视变得越来越强烈。华人学生强烈地感觉到美国同学不接受他们，因为美国男女学生在学校里也许会与他们做朋友，但到了校外的公共场合则以认识他们为耻。小学里华人孩子被称为"清人"或"支那人"，他们认为这是对自己的侮辱。当美国的男女学生需要华人学生帮助做功课或是做其他事情时，才与他们做朋友，经常有这种经历的华人学生不相信美国人能成为真正的朋友，于是他们不再与美国同学接触而只与华人同学交往。也有些华人学生认为并不是所有的美国同学都歧视他们，有的美国同学很友好，愿意与他们交朋友，于是有些华人孩子避开那些倨傲的美国同学而去结交那些友善的美国同学。有极少数华人学生只与美国孩子交往，他们认为华人地位低下，这些华人一般与美国人住在一起，认为自己比其他华人更美国化。

一般来说，学校在进行课外活动时并不歧视美国出生的华人学生，但华人学生往往觉得自己不受同学欢迎。有些华人学生虽然当上了学生组织的积极分子，但根本没有机会充当领导人。许多事例都表明种族歧视在大学的课外活动中表现得特别明显，除了一些名誉社团之外，他们根本参加不进像兄弟会和姐妹会这样的团体。华人学生被隔离在大学社会活动之外，只能在华人中间活动。此外，美国出生的华人学生在大学里被归类于外国留学生，他们必须像其他外国学生一样受外国留学生办公室的管理，这一切常使他们感到自己只是名义上的美国公民，而非实际上的美国公民。

……

儿童福利问题①

　　儿童福利的意义：儿童的对象就是成人，从生理观点上来说，儿童就是生理上未成熟的男女。从法律观点上来说，儿童就是法律规定未成年的男女。人的成熟有早有晚，各国对于成年人的成龄，没有划一的规定，故很难以一定年龄来规定儿童时期，男女成熟大概在十二岁至十六岁之间，我国法律以十六岁为成年人，那么，儿童可以说是十六岁以下的男女。儿童时期就是人的身心发展时期，人的人格形成时期；一个人将来体格康强否，心理正常否，整个人格健全否，完全视乎儿童时期发展机会怎样，儿童时期实为人生过程的重要时期。儿童福利，是指儿童的需要能满足，体格智慧情绪有机会充分发展。当然，儿童之需要因时代之不同，社会文化之高低而异。上古、中古时代儿童的需要，比现在的简单得多；文化落后民族的儿童，比文化先进民族的简单得多，这因为文化增进，科学发达，社会变迁，社会对于培养儿童的知识加多，对于儿童的态度也改变。从前儿童的需要简单，家庭就足以满足他们的需

---

　　① 1933 年，燕京大学雷洁琼、清华大学陈达和协和医学院北平第一卫生事务所杨崇瑞三人共同发起开展节制生育工作，成立"节制生育咨询部"并在《晨报》出副刊，作广泛宣传。这是我国最早提倡计划生育的活动之一。

要，儿童福利完全在父母手中，儿童只是家庭中的分子；及至近代社会对于儿童之需要由科学进步而有深的认识，同时感觉儿童地位在社会之重要，家庭虽为直接保护儿童之机关，儿童不独为家庭的分子，且为国家的公民。儿童的福利得保护否，影响国家前途甚大，所以儿童的教养从前是个人的或家庭的任务，现代儿童的教养却是社会和国家的责任。欧美文化先进国家，视儿童的需要为儿童的天赋权利，这种权利都受法律的保障，一方面辅导正常儿童使他们有机会充分发展其体格智能情绪，成为健全公民；一方面救济特殊儿童，使他们与正常儿童有同等机会发展个性，适应社会，不致陷于歧途，而养成恶习惯，贻害人群。所谓正常儿童就是有良好遗传，正常体格心理，父母双全的儿童；特殊儿童就是缺乏正常家庭生活，如孤儿半孤儿等，或本身体格心理或行为不健全的儿童。

儿童福利问题从儿童个人观点来说，就是儿童的需要因缺乏正常家庭生活或其他原因而不能满足，缺乏机会发展他们个性的问题；从社会观点来说，就是国家对于一般儿童应该怎样辅导保护，使大多数儿童有机会发展，而成为健全公民的问题。儿童福利问题之发生，是由于现代社会组织复杂，需要身心康强人格健全的公民才能适应。但国家对于培养健全公民的设施缺乏，对于阻碍儿童发展甚至残害儿童的社会风俗制度仍然让它存在，这是必须加以改革矫正的。

儿童福利问题大概可分为正常儿童问题与特殊儿童问题。正常儿童问题包括：一、现代儿童的需要及怎样教养训练才能使他们满足而适应现代社会的问题；二、怎样改良阻碍儿童发展的社会风俗制度，特别是家庭，而使儿童的个性能充分发展的问题；三、社会对于儿童权利保障应有何种设施的问题。

特殊儿童问题包括：一、怎样能使缺乏正常家庭生活的儿童有正常家庭生活的问题。家庭为培养儿童的重要机关，儿童的身心人格发展，多赖乎父母兄弟姐妹间的态度和家庭的环境，要是儿童没有家庭或生于不正常的家庭，人格发展必受恶的影响。二、怎样救济与辅导体格心理或行为不健全儿童的问题。

现代欧美文化先进国家承认法律应该保障的儿童权为：一、生存权；二、健康权；三、教育权；四、娱乐权；五、家庭权。生存权就是无论何人自成胎起，即享有生活于社会的权利，父母亦无夺取子女生命的权威，社会负有保障胎儿或婴儿生命的责任。健康权就是每个儿童应享受好的遗传及合乎卫生原则的培养。为父母的都应有强壮身体与育儿常识，社会有设立卫生机关辅导父母的责任。教育权就是凡是儿童都有享受义务教育的权利，父母都应将学龄儿女送入学校，社会负设备学校之责任。娱乐权就是应该免除儿童的生产劳役，使儿童能利用空余时间发展其合于个性的兴趣；社会负有救济及辅导童工及设备公共儿童娱乐场所的责任。家庭权就是每个儿童都应生长在正常家庭，家庭为养育儿童机关，国家保护家庭，间接即是保护儿童。那么，现在满足儿童的需要，使他们成为社会健全公民，家庭固然重要，社会亦应有种种儿童福利设施，与家庭合作，方能有效。

国家对于儿童福利设施大概可分为三种：一、规定法律，保障儿童权利；二、设立机关研究儿童需要及儿童问题，辅导一般父母；三、设立机关救济孤苦或身心人格不健全的儿童。

保障儿童生存权，消极的要禁止打胎杀婴的恶俗。打胎杀婴在我国虽有法律禁止，但还是常有的事实，这种举动多因父母贫穷，子女太多不能养育，亦因重男轻女的风俗，女婴不为父母所欢迎，私生子在宗法社会多被弃杀。故保障儿童生存权应积极地提倡节育运动，设立节育询问所，使一般人能免费得到节育方法，有选择为父母之权，按父亲进款与母亲身体健康而生育；提高女子地位，改变人民的道德观念与生活程度，间接可以保障儿童的生存权。

保障儿童健康权，就是减低婴儿死亡率，增进儿童健康，我国婴儿死亡率比任何文明国家都高。消极的应当禁止患有遗传病的人生育，以免儿童有恶遗传，一生的健康为之影响。故欧美先进国家都有法律规定，强迫有遗传病的人避孕；对于低能或心智有缺憾的儿童置之特别的机关，完全与社会隔离，不使有与正常人结婚的机会，我国对于这点似还未有人注意。严格地取缔不合资格的接生婆，间接可以减低儿童死亡率。我国近年来已有助产学校之设立，注意助产士的训练，但是各地旧式接生婆仍占很大势力。积极的应该实施婚前体格检查，设立保婴事务所或其他卫生机关，对于孕妇实施免费的产前产时及产后的保护辅导，设立儿童医院及诊疗所为儿童治病及辅导儿童保健事项，研究儿童疾病及死亡原因，学校实施儿童体格检查，随时矫正他们的弱点，防止传染病之蔓延，注意公共卫生的设施及卫生教育，使他们有良好环境，养成良好卫生习惯。

保护儿童教育权，就是使每个儿童都有受教育的机会，消极的应禁止童工学徒奴婢童养媳制度。据中国年鉴所载，1909年的调查，我国童工达五万四千九百余人，占工业劳动者总数百分之六点九。我国的工厂法虽有保护童工的条文，但是因为种种原因未能施行，至于学徒奴婢童养媳的数目未有估计，更无保护之可言。积极的应实施义务教育，设立平民学校，使一般儿童得受教育机会，我国失学儿童，据调查估计有四千余万。欧美先进国家早已实施义务教育，现在且有延长义务教育年龄的趋势，我国小学四年的义务教育，从民国元年直到现在经过多少次的会议，至今还是纸上文章。补习学校与职业学校也是很重要的，一方面使失学青年得以补习，职业指导可以辅助儿童发现他们的特长，使将来有谋生的技能。督责父母遣送子女入学，设法辅助贫苦家庭的儿童读书，这也是实施义务教育所不能忽略的。

保护儿童娱乐权，消极方面，应设法免除儿童生产或服役劳动，使他们能利用空余时间作正当娱乐。近代教育家认定，娱乐于人格发展有很大关系，尤其是在儿童时期。我国"勤有功，戏无益"的传统态度，对于儿童游戏天性完全忽略，从前对于儿童游戏娱乐一无设施，甚至加以禁止，务要养成一般儿童有"年少老成"的风度；近十年来虽有儿童游戏场的设立，但是其数目寥寥无几，实不足以供一般儿童使用。

保护家庭权，就是解决家庭的纠纷及救济破裂家庭的儿童。家庭为直接保护儿童的机关，在社会未实施儿童公育制度以前，家庭是不可缺少的。注意儿童福利不能不注意家庭福利。消极方面，国家应该禁止父母无故遗弃其子女而不加以教养。积极方面，国家应该设立育婴堂孤儿院等机关，收容无家庭的儿童而教养之，对于贫苦家庭的儿童应设法辅助之，设立辅助家庭机关以备家庭有意外事故发生时——如父母死亡或疾病等——施以调处，使其不至破裂，或救济其子女，使得有相当的归宿。欧美先进国家且有家庭法庭或家庭问题咨询处的设立，目的在解决家庭种种纠纷，预防家庭的破裂。父母的教育对儿童教养是很重要的，故欧美近年注意成人教育，使一般父母有相当的家政育儿知识，学校亦有关于婚姻家庭育儿等等课程，以备将来做父母的应用；住宅卫生近年亦为人所注意，儿童生长于家庭，如家庭环境不良，儿童便不能养成卫生习惯。国家应施行平民住宅制，使贫苦人民都有相当的住所，儿童有良好环境，间接实为儿童福利的设施。

关于体格或心智不全的儿童，社会应该设立医院为他们疗治，设立特别机关收养残疾而无希望恢复正常的儿童，视其所能，致以技能，使他们将来能自立于社会。至于行为不健全的儿童，多半因缺乏正常家庭生活，生长于恶环境而至堕落，或因儿童有心智缺憾，不能适应于社会，欧美先进国有儿童法庭之设立，聘请专门社会服务人员，调查其家庭历史，现在环境，个人性情品格，决定其犯罪原因，指导其改过自新，使其回复社会上的地位。

总之，儿童在社会中居很重要的地位，儿童的教养关系于社会前途甚大，欧美先进国家早已注意于儿童福利设施，负起保障儿童权利的责任，故爱伦·凯女士（Ellen Key）称 20 世纪为"儿童世纪"。我国近年对于儿童地位的重要，已渐认识，关于儿童福利的问题，渐为社会人士注意，各地有促进儿童福利机关的组织，中华慈幼协会与上海市儿童常福会的成立可为例证。中央规定每年 4 月 4 日为"儿童节"（编者注：当时国民党政府规定 4 月 4 日为"儿童节"；新中国成立后，按国际通例改 6 月 1 日为"儿童节"），又规定今年为"儿童年"，不过是儿童福利运动的开始，并不是儿童福利运动的成功。我们不独要社会一般人感觉儿童福利问题的重要，并且要继续努力研究儿童福利问题的解决和儿童福利的保障与设施，"儿童年"始有意义。

（本文从儿童福利问题谈到了节制生育，原载于天津《大公报》，1935 年 4 月 4 日）

为中国的儿童而呼吁

　　儿童是人类生命的延续者，社会文化的继承人，国家民族将来的主人翁。因此儿童不应该被视为父母的私用品，家庭的财产；儿童的天赋权利应该受到社会的保障，儿童的教养与福利，应该受到国家的重视与照顾，但是中国数千年来受封建社会伦理观念的影响，家族主义高于一切，儿童一直被视为父母"防老"的工具，所谓"积谷防荒，养子防老"。儿童的教育责任完全由家庭担负，儿童既为父母的私产，父母对于子女自然操有绝对的支配权，所谓"父要子死子不得不死，父要子亡子不得不亡"，儿童的权利与地位根本未为社会所承认。而我国近百年来受帝国主义的侵略，固有农村经济结构崩溃，人民生活方式改变，家庭解组，许多儿童得不到家庭的教养，而社会虽在法律上承认儿童的地位，但实际上未有协助为父母的分负教养之责，又无儿童福利机关之设立，以补家庭的不足，中国儿童尤其是在八年艰苦的抗战中，遇到空前的厄运。

　　人类的生命在精虫与卵子接触后就开始，每一个生命都应该在母胎内生长发展而至于成熟降生，这是人应有的天赋权利，但在八年的艰苦抗战中，有不少未成形的孩子，尚未等到生长成熟，就被其父母用堕胎方法，使他们亡了。根据上海《大陆报》记者的调查（1941 年 11 月 10 日），上海实行堕胎的人数比较"八一三"战事爆发前增加一百分的一百，"又据某产科医生估计，上海医生中兼营不正当事业如堕胎者约有百处，每处每星期平均以二人计算，每年有一万零四百人，用旧法堕胎者尚不计算在内，若合并计之，或者二万个未成形孩子因堕胎而夭亡"。这个数字当然不准确的，在法律禁止堕胎的社会里，没法调查得准确。人类没有不喜欢孩子的，尤其是中国的父母亲视其子女为第二生命，增加人口视为家庭之福，而父母肯冒险不怕犯法的要置其未成形的子女于死地，大多数都为了贫穷的威胁，为父母的想到生产期内的费用，孩子教养的负担，与其将来被孩子所拖累而陷于悲苦之境，不若忍痛于一时实行堕胎，虽然也有为着礼法与羞耻而堕胎的，但其数不致太大，主要原因还是父母的贫穷。

许多孩子能在母胎生长发展而至降生，但一离母胎即遭毒手，或被溺毙或被抛弃，而遭此厄运的全属女婴。这种溺女婴行为，在乡村中贫苦家庭比较普遍，主要原因也是因为贫穷的威胁，而再加上重男轻女的传统观念。女婴被溺毙或被抛弃，准确数字无从统计，但从育婴堂在我国普遍存在情形与其所收容的人数来说，我们可以证实溺女与弃婴的事并不限于发生某地，有些地方已成为风俗，人民司空见惯，已不觉得是不人道的行为了。天主教会在中国二十省都有育婴堂之设立，而所收容的尽是女婴。根据教会的报告，1930 年共收容三万六千五百七十人，十年以后，1940 年共收容六万二千二百九十九人，几乎增加一倍，她们都是被父母抛弃的，主要原因是贫穷，要是没有育婴堂的收容，她们也许早被溺死没有生存的机会了。

许多孩子的生存权虽未被其父母剥夺，但是能够好好活到一岁的不及四分之三。根据陈达教授的估计，中国婴儿死亡率平均为千分之二七五，这就是说一千个出生婴儿中，未及一岁而死亡的约为二百七十五人。这不过是平均数，在贫苦的工农阶层，无疑的婴儿死亡率还要比这个数目字高，很多妇女生了十几个孩子，而能养活到一岁的不及半数。现代欧美先进国家，婴儿死亡率已减缩至一百以下，我国婴儿死亡率还这样的高，婴儿生存机会的减少，对于国家民族损失是非常重大的。有人说这是中国人不讲究卫生的结果，做父母的不是每个都懂得养育孩子，也是事实，但是最主要的原因还是贫穷，还是父母收入不能养活孩子，以至营养不足，社会对于妇婴卫生毫无设备，有病没法医治，只得让他死亡，死后往往因为父母无钱埋葬，只得向马路抛弃。单算上海一区，根据普善山庄报告，1941 年就有十三万一千一百六十具儿童尸体由该庄收埋（《申报》1941 年 10 月 14 日）。后来敌伪统治上海则不许发表这类数字，真相无从知道，无疑是有增无减的，贫苦家庭儿童的命运是这样的悲惨。

孩子幸而生存了，而其教育权亦未为社会所重视，农工阶层的妇女与职业妇女为着生活所威胁，不能不离开家庭而参加社会各部门工作，子女教育的责任自然无法兼顾。而社会上托儿所之设备既付缺如，而幼稚园之数目也寥寥无几，因此这种幼童既失去家庭的照顾，又无机关收容而教育之以为弥补，只好委之于亲友或邻居代为照顾，有年长子女者则付之于子女，使未成年的儿童负教育弟妹之重任。还有，义务教育尚未推行，公立小学未能普遍设立，私立学校又非一般人民经济能力所能担负，加以近年民众赤贫化，就是免费的教育都成为奢侈品，失学儿童日见增加。根据上海教育局的统计，小学生人数目前仅有十八万名，根据民政处最近调查的报告，上海人口为三百三十四万五千八百七十五人，假设十分之一为学龄儿童，则上海应有小学生三十余万名，现在得入学者只占半数强，上海失学的儿童尚且这样多，其他文化落后的地方更可知了。

失学儿童除了一部分协助家事外，多数被其父母送至商店与工厂为学徒与童工，卖报与小贩也成为儿童的职业，一方面为减轻家庭的开销，一方面多少可增加家庭的收入。学徒的数目虽无统计，但普遍地存在于各职业部门，成为一种制度，可无疑异，近来新式工厂亦有收纳学徒以为工人的。根据1933年实业部全国二十二省市之调查，童工约占工人百分之八点二。英文社会科学百科全书则估计中国有童工一百万人。童工与学徒的生活往往每天工作十小时以上，起居饮食恶劣不堪，不独教育权被剥夺了，连儿童应当有的游戏权都失掉了，身心的正常发展都受了莫大的影响，刘半农先生描写学徒的痛苦是非常正确的：

> 学徒苦，学徒进店学行贾，主翁不授书算，但曰"孺子当习勤苦"，朝命扫地开门，暮命卧地守户，暇当执炊，兼锄园圃，主妇有儿……曰"孺子为我抱抚"……呱呱儿啼，主妇震怒，拍案顿足，辱及学徒父母……自晨至午，东买油浆，西买青菜豆腐，一日三餐学侍食进脯，客来奉茶，主翁倦时命开烟铺，复令前门应主顾，后门洗缶涤壶，奔走终日，不敢言苦，足底鞋穿，深夜流泪自补，主妇复惜油火，声声咒诅。

还有失去家庭凭借的儿童，连年因战争的延长与扩大，其数目日有增加，在战区中千万家庭受战事的影响，以至破裂离散，儿童多被遗弃。儿童保育会在战区所抢救的数万儿童，不过是很少的一部分，未被抢救的还不知多少，其中弱小的都已夭亡，坚强的逃亡挣扎，流浪街面，结成帮团，为着生活而与社会奋斗。但他们意志未定，易为社会恶势力所引诱，走上犯罪之路，开始童犯之生活，社会人士亦以罪人视之，无机关收容教养之，使其有机会改过自新，而这种失去生活的不安定，日见增加，问题日趋严重。

有能力进学校读书的儿童应该是最幸福的，但是一般学校的教育又不能满足儿童之需求，大多数学校的设备非常简陋，课室阳光不足，空气污浊，无体育场与游戏场之设备，甚至连空地都没有，儿童竟日困居室内，学校对于儿童之健康毫不注意。知识方面的传递，又多注重灌注式的教授法，对于学生则注重记忆背诵，认真的学校，课程繁重功课紧张，以至儿童穷于应付，不认真的学校，则敷衍了事，学习毫无心得。公民训练方面，因为党化教育的关系，注意信条的背诵，党规的朗读，而忽略了公民训练应从学生集体生活实施之。而近年来，因政治干涉教育，党的宣传侵入学校，小学初中学生也被视为"群众"，因此党政军大员的迎送，庆祝会的举行，含有政治作用的追悼会及示威大游行，一律用直接的或间接的命令使他们参加。要他们站在猛烈太阳之下，听他们所听不懂的训话；要他们饿着肚皮，挤在人群中，看台上成人们表演莫名其妙的把戏；要他们不管太阳下雨，混在成人的队伍中，步行数十里的路程；要他们顺从地随声附和地呼他们不知所以然的口号。学校当局有时只知执行命令，效忠于少数人，对于儿童的兴趣与健康毫不注意与关心，在学校的儿童就成为政治的工具了。

综上所说，中国儿童的地位实际上还未有多大的改变，刑法上虽然禁止堕胎与杀婴，但是儿童的生存权根本得不到保障，到处充满着失学儿童、学徒、童工与流浪儿童，童犯数目日见增加，儿童应有的被父母养育权、教育权、游戏权都无从获得。造成这种现象主要原因是社会经济萧条，人民生活不安定，失业遍地，大众贫穷化，直接影响家庭福利，间接使国家的第二代陷于悲苦之境。

要巩固国家民族的基础，儿童应享的权利必须得到保障。要保障每个儿童的人权，必须消灭失业与贫穷，改善人民生活，提高人民生活水准。要实现这一目标，国家就要切实实行经济的民主。同时政府应该普遍推行儿童福利事业与义务教育，如设立妇婴卫生机关与产科医院，使每个母亲在产前产后与生产期间都得到适当医疗的照顾，间接地保护每个婴儿的健康。设立托儿所、婴儿学校与幼稚园，使农工妇女与职业妇女能将其子女教育责任，委托于该项教育机关，母亲能安心从事工作与职业，孩子得到适当的教养。设立儿童福利机关，收容无家可归的流浪难童，使其不因家庭破裂而失养失教，使其有机会发展，成为社会有用的人才。切实推行义务教育，使每个学龄儿童都一定要入学读书；人民生活改善，父母不要依赖子女的劳动力来增加家庭的收入，学徒与童工始能根本消灭。儿童教育权有了保障，教育的内容也应该注意，教育的目的应该是培养健全的人格，为国家造就人才，学校不应视为党派争取群众训练干部的园地，儿童更不应视为政治斗争的群众，一切教育的设施应该以儿童的兴趣健康与福利为根据。有损儿童天真与有害儿童健康的事情，一律不要他们参加，保持他们童年的活泼与快乐，使每个儿童能有充分自由发展的机会，使每个儿童的身心都能正常地发展。

中国现在正向着民主大道迈进，中国将来的政治一定是实现民主，儿童的训练也应该是民主的，我们不要儿童盲目地信仰、盲目地服从、盲目地拥护，要启发他们，指导他们，养成追求真理的欲望、科学的精神、民主的作风，他们才能适合做一个"人民世纪"的中国公民。同时，教养与保护儿童，也就是保护社会文化的继承人，为将来新中国奠下巩固的基础。

（原载于《人民世纪》第 4 期，1946 年 3 月 23 日）

婚姻法与儿童保护

　　《中华人民共和国婚姻法》已于1950年4月13日经中央人民政府委员会第七次会议通过公布，毛主席发布命令自5月1日起施行。婚姻法的基本精神，就是第一章中明确规定的："废除包办强迫、男尊女卑、漠视子女利益的封建主义婚姻制度。实行男女婚姻自由、一夫一妻、男女权利平等、保护妇女和子女合法利益的新民主主义婚姻制度。"婚姻法是根据目前中国社会的发展以及全国人民的迫切要求而制定的。实施婚姻法的效果，将解除广大妇女在婚姻上与家庭关系上的束缚；将保障夫妻平等合作互爱互助的新的婚姻制度，建立新的家庭关系；将使后一代都得到应有的教养与保护。自婚姻法公布以来，报章杂志的讨论多集中于婚姻问题方面，对于保护妇女利益的作用，注意也不算太少。其实保护子女合法利益同样为婚姻法的重要目的。

　　婚姻法的第四章与第六章一共七条，都是着重保护子女的合法权益的。子女就是社会的婴儿与孩童，每个子女都得到应有的教养与保护，就是新中国的儿童得到健全发展的基础，同时整个民族亦得以健全发展。

　　婚姻法具体规定："父母对于子女有抚养教育的义务；子女对于父

母有赡养扶助的义务；双方均不得虐待或遗弃。"父母子女间的关系是互惠互助的，我国数千年来受封建社会伦理观念的影响，子女一直被视为父母的私用品，家庭的财产。父母对于子女操有绝对的支配权，子女的利益一向是被漠视的。很多父母视子女为"防老"的工具，所谓"积谷防荒，养子防老"。家庭中一切措施都以父母的利益为前提，如父母有虐待子女行为，社会漠视无睹，政府不加干涉，甚至认为合法合理，父母对子女有生杀予夺之权。在国民党反动政府统治下，帝国主义的侵略、封建势力和官僚资本的压迫与剥削，造成人民普遍的贫穷、饥饿、疾病与死亡，在贫困劳动人民中，父母为生活所压迫，虐待与遗弃子女的事实不可胜数。在大城市，以上海为例，产生无数的迷路儿童与流浪儿童。同时溺女弃婴的现象普遍存在。有些地方甚至成为风俗，人民司空见惯，已不认为是一种不人道的行为了。现在婚姻法不独规定父母子女间有互养互助的义务，建立新的社会道德观念，同时禁止溺婴或其他类似的犯罪行为，保障儿童的生存权利与儿童应有的被父母养育的权利。

父母对于子女养育的责任，并不因父母离婚而终止担负。第二十条明确地规定："父母与子女间的血亲关系，不因父母离婚而消灭。离婚后，子女无论由父方或母方抚养，仍是父母双方的子女。离婚后父母对于所生的子女，仍有抚养和教育的责任。"这说明夫妇间因感情破裂可以离婚，脱离夫妇关系，但父母子女间的血亲关系永远脱离不了，父母对于未成年或无劳动力的子女养育的责任不能推卸。至于子女应归父方或母方抚育问题，婚姻法根据子女的利益规定："哺乳期内的子女，以随哺乳的母亲为原则。"哺乳期后的子女，由父母双方协商决定，如双方均愿抚养发生争执不能达成协议时，由人民法院根据子女的利益判决。但目前中国妇女经济能力，大多数还没有发展到经济独立的地步，对于抚育子女责任，多数不能和男方平分。婚姻法规定："离婚后，女方抚养的子女，男方应负担必需的生活费和教育费全部或一部。"同时也规定了子女有权向父母任何一方提出超过关于生活费与教育费的请求。以上规定都是保障父母离异后的子女利益，对于下一代保护的周到，可说无微不至了。"女方怀孕期间，男方不得提出离婚；男方要求离婚，须于女方分娩一年后，始得提出"的规定，直接保护妇女的利益，间接也是保护儿童的合法权益。

养子女的地位，在反动政府统治下的伪民法亦有规定。但是因为帝国主义封建势力与官僚资本的侵略压迫与剥削，不断的灾荒与战争，造成了劳动人民的普遍失业与贫穷，千万儿童失去温暖的家庭，女的被卖为婢女与雏妓，男的被包工者送到工厂为学徒或童工，名为养子女，实则当奴隶，受到残酷的体刑，过着非人的生活，得不到法律的保障。婚姻法规定养父母与养子女相互间的关系，与亲生父母子女相互间的关系是完全相同的。互相有扶助的义务，双方不得虐待或遗弃。这是保护贫苦或失去家庭的儿童的利益，使他们不至通过收养关系而被人剥削，甚至受到虐待与残害，使收养子女完全是为了儿童利益。收养子女的目的应该在于给失去家庭的儿童的保护，使他们得到健全发展的基础。

非婚生子女俗称"私生子"，在婚姻法中得到了合法的地位。第十五条规定："非婚生子女享受与婚生子女同等的权利，任何人不得加以危害或歧视。"过去在旧社会中，私生子的生存权利得不到保障，为着维持杀人不见血的封建礼教，私生子出生后多被杀害。幸免于死的，往往为母亲遗弃，为社会所歧视。婚姻法承认非婚生子女的合法权利，是否会在社会产生坏的影响，产生男女关系的紊乱现象？这些顾虑是不必要的。男女关系的紊乱现象之发生，主要是由于婚姻不自由所造成的。如果实行婚姻自由，男女双方真正满意了自己的婚事，这种现象就可以减少以至于逐渐消灭的。据 1947 年纽约的邮报消息，美国私生子每年超过八万三千名，因之纽约产生婴孩买卖的黑市。这完全是由于资本主义社会婚姻制度商品化所造成的。现在婚姻法保障了婚姻自由，规定"结婚须男女双方本人完全自愿，不许任何一方对他方加以强迫或任何第三者加以干涉"。婚姻关系不是建筑在"门当户对"财与势的基础上，而是建筑在共同劳动生产，与共同志趣基础上，是以真实爱情来维系的。同时也保障了离婚的自由，规定"男女双方自愿离婚的，准予离婚。男女一方坚决要求离婚的，经区人民政府和司法机关调解无效时，亦准予离婚"。因此如能全部正确实施婚姻法，并从教育及培养新社会道德着手，男女关系混乱现象，绝不会因为婚姻法承认非婚生子女的权利而产生。相反的，婚姻法的规定，还可以使男女双方对婚姻更要采取慎重态度，保护了儿童的合法利益。非婚生子女的生父，如经生母或其他人证物证证明者，必须负担其子女的生活费和教育费全部或一部，直至子女十八岁为止，这是贯彻婚姻法父母对其子女有抚养教育义务的精神。

在旧社会里，受到封建习俗的影响，继母虐待前妻的子女，一向都是常见的事实，形成中国家庭很多不幸纠纷。要是子女随着母亲改嫁，家庭与社会都加以歧视，终身受人嘲笑和欺负，这都是很不合理的。同时常常产生家庭不能和睦团结的现象与问题。现在婚姻法规定："夫对于其妻所抚养与前夫所生的子女或妻对其夫所抚养与前妻所生的子女，不得虐待或歧视。"因此做继母的对于前妻的子女，要当自己的子女一样爱护，虐待是法律不容许的。女方离婚后再行结婚，新夫如愿负担女方原生子女的生活费和教育费全部或一部，则子女的生父的负担可酌情减少或免除。寡妇再嫁，其未成年或无劳动能力的子女，继父亦应有扶养与教育的责任。因为婚姻法规定"夫妻有互爱互敬、互相帮助、互相扶养、和睦团结、劳动生产、扶养子女，为家庭幸福和新社会建设而共同奋斗的义务"。

明显的，婚姻法不独保障婚姻自由，男女权利平等，解除妇女在婚姻上和家庭上的束缚，同时对于后一代也特别照顾与保护。这是共同纲领中规定"保护母亲婴儿和儿童的健康"的具体化。我们庆祝六一国际儿童节，要拥护婚姻法，广泛深入地宣传婚姻法，全部正确地实施婚姻法。同时反对一切漠视子女利益，推卸养育子女责任，歧视与虐待儿童的行为，保护儿童的合法权益，为儿童幸福创造基本条件，使新中国的后一代都得到应有的教养与保护，配合新中国的经济建设，逐步改善儿童精神的物质的生活，为儿童创造美好前途，促进整个民族的发展。

（原载于天津《进步日报》1950 年 6 月 1 日）

中国社会学科教育之现状①

一

正好半个世纪以前,我在你们伟大的国家结束了我最后一段的学生生活,回到了灾难深重的我的祖国——旧中国。现在,我怀着无限喜悦的心情,和我的两位同事,应美国全国社会学科协会的盛情邀请,旧地重游,而且有此难得的机会向新泽西教育协会大会简单介绍一下中华人民共和国社会学科教育现状,我感到特别高兴。

二

这次我回到美国,亲眼看到了 50 年来科学技术的巨大发展以及这种发展在社会生活上所引起的巨大变化,美国人民的聪明才智和在科学技术上不断创新的精神,是值得学习的。

同一时期内,在我的祖国,也同样发生了巨大的变化。不过这种变化,不是发生在科学技术的领域里,而是发生在更为深刻的社会制度方

---

① 1980 年 11 月 14 日,雷洁琼应美国全国社会学科协会邀请赴美,在新泽西教育协会大会上所做的讲话。

面，而这种制度的变化所给予社会生活的影响也同样是极为深远的。实际上是一个新中国从半殖民地半封建的废墟里已经站起来了。中国人民在中国共产党的领导下，第一次作为自己社会关系的主人，在努力创建一个社会主义的新社会。在悠久的中国历史上，这是空前未有的一次社会大变革，也是一个伟大的直接关系到亿万人民的实践。一个前所未有的新社会，是不可能从天上掉下来的，也是不可能从任何别的地方移植进来的，它只能从自己固有的历史的土壤里成长起来，这并不排除从外国学习一切先进的东西为我所用，但绝不能无条件地去生搬硬套。我们必须在开辟自己的道路中，摸索前进。在这样的进程中，因为缺乏经验，错误是不可避免的，同时，旧的根深蒂固的习惯势力和外来的干扰和影响，都会成为绊脚石，重要的是能及时总结经验教训，承认实践是检验真理的唯一标准，坚持实事求是精神，不怕挫折，继续前进。

现在新中国刚刚度过了她的三十一岁诞辰，时间不算太长，但是在社会的各个领域里都已积累了不少的经验和教训，这在教育方面，也不例外。总的说来，1949 年新中国成立以来，全国的教育事业已经有了很大的发展。但是从 1966 年开始的"文化大革命"，又给正在发展中的教育事业带来了很大的破坏。"文化大革命"结束之后，举国上下总结经验、继续前进，决心为在 20 世纪末实现社会主义的现代化而努力奋斗，这时我们又认识到为了实现现代化，科学技术是关键，教育是基础。可是经过"文革"，现在的教育状况很不适应现代化的要求。因此大力发展我国的教育事业，已经提到国家的议事日程上来。

今天我要谈的，不是新中国整个教育的现状，而是按照给我的题目，根据自己的有限的经验，谈谈现在中国社会学科发展的现状和自己的一点看法。

三

在中国，Social Studies Education 主要都是在大学里进行的。新中国成立以前，全国大学最多的年份只有 207 所，共有学生十五万五千人。新中国成立后，经过 30 年的发展，全国高等学校已增加到多少所，"文革"后又减少若干所，目前恢复到 633 所，在校学生达 102 万人。在这期间，从 1966 年到 1976 年，也就是"文化大革命"的期间，所有的高等学校在前五年全部陷于停顿状态；在后五年，虽有部分高等学校开始招生，但没有正规的招生制度与学习计划，学生程度参差不齐，教学质量无法保证。一直到 1977 年，高等学校才逐渐恢复到现在的状态。

"文化大革命"的十年，对于整个中国教育事业摧残破坏的严重情况，这里可以不谈，我想主要的还是介绍一下现在高等学校中关于 Social Studies Education 方面的一段情况。

现在中国的 633 所高等学校，有关 Social Studies Education 的系科，主要是设在综合大学里，综合大学一般分为理科、文科和语言科。Social Studies Education 大半属于文科。我所在的北京大学就是一所综合大学。类似北京大学这样的综合大学，在全国 633 所高等院校中只有 35 所。其他高等院校分别为多科性工业大学（37 所），师范大学和学院（167 所）以及单学科性的理、工、农、医、财政经济、政治法律、艺术、体育等各类学院（395 所）。所以从全国高等学校的性质来看，文科所占的比例是很小的。如果从 102 万高等院校学生所属系科的比例来看，文科学生只有 5.6%。对比之下，工科学生最多，占 33.9%；其次是师范科学生，占 30.5%；第三位是医药科学生，占 12.5%；第四位是理科学生，占 6.9%；第五位是农科学生，占 5.7%；第六位才是文科学生。如果算上单一学科性的财政经济和政治法律，合计起来也只有 3.4%。从这里可以看到，文科的学生所占比例是很少的。原因是自新中国成立以来，一直把经济建设摆在最重要的地位，因为国家科学技术落后、工业不发达，优先培养理工科的人才，以适应国家生产建设——特别是工业建设的要求，是完全必要的。而且，为了积极发展教育事业，提高人民的科学文化水平，以及推广医疗卫生事业，提高人民的健康水平，师范教育和医药卫生教育也都必须放在优先地位。相形之下，文科人才的培养就相对地减少了。

目前我国正在为实现社会主义现代化而奋斗，在进行经济建设的过程中，除去培养科学技术的专门人才之外，还必须培养现代化的科学管理人才，只有在现代科学管理之下，才能充分发挥现代科学技术的作用。更重要的是，还必须大力提高全国人民的科学文化水平，进行政治改革和经济体制改革，这是结合自己国家的特点，实现现代化的基础。为此，就必须积极发展 Social Studies Education。这个问题现在已经摆到日程上来，这是实现社会主义现代化的保证。这里，我想以北京大学和在北京的中国人民大学有关 Social Studies Education 系科设置为例，作个简略的介绍。

北京大学是全国最大的综合性大学，也是一所历史较久的大学。社会学科方面设有：历史学系、哲学系、国际政治系、经济学系、法律学系。另外还有地理系和心理系，设在理科。

除去上述各系之外，还有下列几个研究所和研究室是与社会学科教育有关的：亚非研究所、南亚研究所、马列主义毛泽东思想研究所；世界近代史研究室、人口研究室、国际法学研究室、隋唐宋金史研究室、世界经济问题研究室、社会主义经济问题研究室等。中国历史地理研究室正在筹建中。

中国人民大学是新中国成立后新建的一所以社会科学为主的文科大学，以培养马列主义社会科学理论人才、经济管理人才和高等学校政治理论课师资为宗旨。1978 年复校，现设有下列与社会科学教育有关的系：政治经济学、科学社会主义、中国历史、中共党史、法律、计划统计、财政、贸易经济、工业经济、农业经济、经济信息管理等系。

另外还设有与社会学科教育有关系的下列研究所和研究室：清史研

究所、马列主义发展史研究所、外国经济管理研究所、苏联东欧研究所、人口理论研究所、中国经济思想史研究室、劳动经济室、民族殖民地解放运动等研究室。

以上两所大学，只是一般大学中设有文科的例子。新中国成立的时候，大学里曾设有社会学系，在 Social Studies Education，这是至为重要的一个系，可是后来由于盲目抄袭外国被取消了，目前正在恢复中。北京大学将在明年设立社会学系，首先招收研究生，1982 年起招收本科生。心理学系长期以来也没有受到应有的重视，现在也在加强发展中。

除此以外，还应该介绍一下专门为少数民族所开设的高等学校中有关的情况。

我国是一个统一的、多民族的国家，在中国辽阔的土地上，有 56 个民族在这里劳动、生活。其中汉族占全国人口的 94%，其他 55 个民族只占少数。少数民族在长期历史发展中形成一定的聚居区，即在一定地区某一民族占一定人口比例，但民族杂居和散居的情况也很普遍。

新中国成立以来，为了发展各少数民族地区的政治、经济和文化事业，培养各少数民族自己的建设人才，在各少数民族聚居的地区，开办了各级学校。又在北京、西南、中南、西北等地区，开办了高等民族学院和许多中等民族学校。北京中央民族学院是全国重点高等民族学院，当然，少数民族青年也可以投考全国的高等院校，现在各高等院校都有少数民族学生。办学方针为：既大力培养少数民族的政治干部，又要尽可能多地培养少数民族专业技术人才。

学校设立研究部，下分七个研究室（组）：文物室、南方少数民族研究组、北方少数民族研究组、历史研究组、民族政策与民族理论研究组、少数民族语言研究组、世界少数民族语言翻译组。

四

为了提高 Social Studies Education 水平，最近建立了中国社会科学院。它在 Social Studies Education 方向起了重要作用。

中国社会科学研究院是最近三年才从"中国科学院"中分出来的一个独立——也是全国最高等的社会科学研究机构。它的成立，是有利于社会学科教育的一个极为重要的措施。因为它不仅是一个研究机构，而且也设有研究生院，培养研究生，为国家输送有关社会学科研类的高级专门人才。

现在中国社会科学研究院设有 28 个研究所，其中有历史研究所、近代史研究所、现代史研究所、世界史研究所、世界政治研究所、世界经济研究所、法学研究所、民族研究所、经济研究所、财贸研究所、工业研究所、农业研究所、宗教研究所、社会学研究所等，这些研究所都是与社会学科教育有密切关系的。他们结合我们国家的实际情况，调查研究实现社会主义现代化的社会、政治、经济等问题，为高等院校社会学科教育提供资料和教材。

在我国，从事社会学科研究的理论基础是马克思列宁主义，毛泽东思想。马列主义的研究的方法就是辩证唯物主义和历史唯物主义。这里需要说明的是"毛泽东思想"不是专指毛主席一个人的思想体系，而是以毛主席为首的中国共产党的领导人，在长期革命斗争的过程中，把马克思列宁主义的普遍真理与中国的革命实践相结合而形成的。经过长期的实践证明毛泽东思想体系是正确的，是符合中国的客观实际的。它不但在历史上曾经引导我们国家通过种种困难与险阻，取得了革命的胜利，我们确信就是在今后的斗争中，在建设我们自己的社会主义社会的过程中，我们仍然必须坚持马克思列宁主义、毛泽东思想。这是我们走向胜利的保证。

社会主义的新社会不是从天上掉下来的，也不是从任何外国可以移植过来的。我们必须在自己的历史文化发展的社会基础上来开创我们的未来，实现我们国家的现代化。我们既要吸取一切外来的先进的东西，同时还要保持我们自己的民族文化的优良传统。我们的原则是对待自己的历史文化遗产，要采取批判继承的原则，要吸其精华、弃其糟粕，既要"古为今用"又要"推陈出新"。为了能够做到这一点，就必须十分重视社会学科的研究，必须坚持走中国自己的道路。因此，训练社会学科的专门人才，从事广泛的社会调查，都是非常重要的。

在这里，十分重要的一点就是理论联系实际。和我同来的我的同事侯仁之教授是专门研究中国历史地理的，在他的教学中既重视理论的研究，也从事实际调查，在去年庆祝新中国成立三十周年的时候，出版了他的一部重要的论文集题目就叫作：《历史地理学理论与实践》。新中国成立前，他在英国就学于著名的历史地理学家 Prof. H. C. Darby；新中国成立后，他根据 Prof. Darby 对历史地理学的基本概念，运用辩证唯物主义和历史唯物主义的方法，结合中国的实际，一方面进行有关中国古典城市的研究，为当前的城市规划工作提供了一些原则性的科学依据；另一方面又开展了对于我国西北干旱区与半干旱区的研究，阐明两千多年来，一些原来的草原和绿洲，怎样变成了今天的沙漠，从而为改造和利用沙漠提出了一些重要的参考。侯仁之同志就坐在这里，他将有机会谈谈他的研究和教学方法。那些从事经济学研究者，也努力从实际经济情况出发，正在探索社会主义社会的基本客观经济规律；从事社会学研究者，正努力从事社会调查，谋求解决社会存在的问题，探索社会主义发展的规律。

最后，我殷切希望中美社会学科的教育工作者的这次聚会，仅仅是我们彼此之间互相交流经验和进行友好合作的开始。今后，我们应该通过留学生的交换和专家教授的相互来往、轮流讲学，来进一步推动我们两个国家之间社会学科教育的发展！

（1980 年 11 月 14 日）

用社会学的观点来研究教育问题

从社会学的观点来看，教育社会学可以说是社会学的一个分支，因为社会学是研究人类社会本身结构中的一定的系统或体系的，同时也研究社会的变迁，是一个总的学科。但是社会系统中有各种制度，如政治制度、经济制度等，教育制度是其中的一个构成部分。教育学是一门独立的科学，教育社会学则是用社会学的观点来研究教育问题，从整个学科来讲，教育社会学是一个边缘学科；从社会学的观点来看，是社会学的一个分支。因此，教育社会学研究的问题有两个方面：一方面，应该从社会对于教育的要求、影响来研究；另一方面，从教育制度和教育工作中的问题对社会产生的影响来研究。

对于片面追求升学率这个问题，叶圣陶老先生很担忧。他感觉片面追求升学率已经成为一根指挥棒，指挥了教育行政人员，指挥了教员，指挥了家长，指挥了学生。因此，他在《中国青年》杂志上写了《我呼吁》这篇文章。他向与教育有关的人进行呼吁。这个问题不光是教育问题。叶老也讲，这个问题也不是教育部门独家所能解决的。它涉及就业的问题，只有百分之四至五的学生能考上大学，其他百分之九十五考不上的人就要待业，这样，家长自然很担心。因此社会上对于中等学校的评价，就以多少学生考上大学作标准。升学率低的学校觉得没有面子，教员也受到许多方面的压力。许多特级教师、模范教师，都被当作"把关"教师。"把关"就是一定要保证学生能升大学。他们说，我们当"把关"教师非常担心，考不上，我们受到的压力就更大，家长指责，行政人员指责。至于学生，更是拼了命去争取考上大学，考不上人家看不起。再加上新闻报纸把考上的人的相片也登上，叫"状元"。本来考上大学只是通过一个关口，但是报纸吹起什么什么"状元"来。因此，有"状元"的学校就光荣，没有"状元"的学校就非常失望，被人看不起。出版界对别的青少年读物不想印，就想印复习题，结果印了一大堆。高中二年级常常停课来学这些复习题。所以，从这一点看，片面追求升学率不完全是一个教育问题，而是一个社会问题。这种思潮的形成，同就业的问题很有关系。另外，前几年盲目地发展普通高中，这种学校出来的学生，除了考大学外，没有别的路可走，他们没有一技之长。当然，现在已在改了，很多地方成立了职业中学，但要办很多职业中学，也不是一下可以做得到的。所以片面追求升学率是很多原因造成的。这对于我们社会的影响确实是很大的。这个问题教育部门当然解决不了。这个有关教育的问题可以说已影响到整个社会。

现在很多人提到重点班、重点学校的问题。成立重点学校，搞重点班，有它的原因和历史背景，这也不完全是一个教育问题，而是一个严重影响到社会的问题。因为把小孩分在不同的班上，在差班的学生就会产生自卑感。教员也是这样，在重点学校，教重点班，就觉得很光荣，而在非重点学校，教差班，就觉得很难看。我们调查了一下，好多犯罪的青少年，都是非重点班的，因为他有一种自卑感。上海有一个例子，在"四人帮"横行时期，一个学生是红卫兵，很活跃；粉碎"四人帮"后，他很努力，成绩也很好，后来，把他分在非重点班上课，他就自暴自弃，以至走向犯罪的道路。这不是个别的现象。我们有时到工读学校看一看，有很多小孩是从非重点班出来的。所以，这也不完全是教育的问题。为什么呢？因为一个孩子不能被选到重点班进行培养，就会影响到社会对他的评价。现在有几个省、市提出来，要取消重点小学，取消中学重点班。这个问题也要很好地研究、解决。

也要看到，有些社会问题也影响到教育。比方，顶替制度，就影响到教员、学生。以前在年轻人中间流传一种说法："学会数理化，走遍全天下。"现在说："学了数理化，不如有一个老爸爸。"读书无用论在这批青年人头脑里又起了作用。有一个具体例子：上海有两个女孩，一定要还没有到退休年龄的母亲退休，家庭的矛盾非常之大，结果母亲只好退了。母亲退休后，两姐妹就打起来了，争着去顶替。所以顶替制度，我感到也对我们的学校教育有影响。还有，有的好教员，因为怕自己的子女没工作，没有到年龄就退休。这样，影响学校的工作，因为儿女不能顶替父母去教书。据说，这个现象农村里很严重。当然顶替制度开始是为了解决一部分待业问题，但是这个制度却产生许多副作用。所以这次政协会上我们许多人提出必须废除顶替制度。

还有一个问题，是我们一直沿袭下来的，学校办社会，而不是社会办学校。我记得马寅初同志跟我说过：我们北大除了监狱和法院之外，什么都有。现在我到北大一看，确实是这个情况。这样，行政人员哪有力量去抓教学、科研呢？所以，一个学校要八个书记，八个校长，从幼儿园托儿所，到小卖部，书记、校长什么都要管。不是社会办学校而是学校办社会，这也是同整个社会的问题有关系。

听说要建立教育社会学，我觉得非常好。将来，教育人员不光是研究教育学科，怎么样教好一个学生的问题，而且要去了解社会发展的情况，研究怎样使我们的教育制度能够更适应于我们社会发展的需要。

我们现在提倡职工教育，这很好。因为我们实现"四化"，工人没有一定专业知识是不行的。初中毕业，甚至初中还没毕业就去当人企业的工人,是不能胜任的。从前途来看,要真正实现"四化",培养有专业知识的工人非常之重要。我去年到美国,特别参观了他们的职业学校。我们一讲职业学校,恐怕只是把一些废旧的机器给它们。但我参观的两所美国职业学校,他们使用的机器、仪器是最新式的。因为这是培养工人的场所,青年人在那儿学习后,就立即可以到工厂工作。假使把破破烂烂的机器给他们,他们学习完了到工厂还是不顶用。当然,他们的制度和我们不同。他们说,这些机器大部分是资本家捐的,因为资本家要雇佣这些工人。我参观一个小城市的职业学校,这所职业学校要为十三个中学服务。学生一边在中学学文化,一边来受职业训练。我们现在开始对中等教育结构进行改革,我觉得我们应该研究这个问题,使我们的教育适应经济的发展。

美国的大学也这样,是根据社会的需要来改变的。我念书的时候,美国刚刚成立地区大学,两年毕业。因为那时青年们升学、就业的压力很大,需要学点专业,办两年制大学就是为了解决这个问题的。这次我去看,这种地区大学已经变为老年的工人补习、进修的场所,晚上的学生比白天的学生多。晚上上学的都是在职的人。因为技术的革新,使过去所学的不适用了。这些学校晚上都是开的技术课,而白天则是为一般青年开文化课。所以,我感到,教育的制度应该根据社会的发展来作适当的改变,不能老是十年一贯制。

(原载于《教育研究》1982 年第 3 期)

谈谈宪法的实施保证问题

　　目前，我们民进的同志都在学习五届人大五次会议通过并公布的新宪法。大家认为新宪法是新中国成立以来最好的一部宪法，是我国新时期治国安邦的总章程，都表示衷心的拥护。在学习过程中，也比较普遍地反映了这样一个问题：新宪法能否切实实施？有什么具体的保证？这个问题是大家都很关心的。有的同志说，1954年的宪法也写得很好，可是运动一来宪法就成为一纸空文。我们不少同志在"文化大革命"中被抄家、被批斗，甚至随便被关押专政，失去人身自由，因而产生究竟宪法实施有没有保证的问题，这种心情是可以理解的。

　　我学习了新宪法之后，觉得现在的情况与过去不同了。这部宪法是总结了新中国成立三十多年来正反两方面的历史经验，特别是在吸取了"文革"时期社会主义民主和法制遭受严重破坏的惨痛教训之后制定出来的，新宪法的许多条文正是吸取了"文化大革命"的教训才能写得这么明确具体。这部宪法在理论上完全清理了1978年宪法中"左"的思想影响和错误政治观点，把社会主义民主和法制，推向了新的阶段。我以为宪法的实施是有保证的。

　　为了说明这个问题，我们不妨回顾一下历史。我国出现"无法无天”的反常现象，是从“文化大革命”开始的。党的六中全会决议，肯定“文化大革命”的指导思想完全错了，这个错误指导思想，就是所谓“无产阶级专政下继续革命”的理论，把“文化大革命”说成是“一个阶级推翻另一个阶级”的“政治大革命”，是“共产党同国民党长期斗争的继续”。这个指导思想是同社会主义法制不相容的。因为我们国家现在的法律是取得胜利、掌握国家政权的统治阶级的意志的表现，是反映全国各民族人民的共同意志和根本利益的。从历史上看，人民起来革命，就是要推翻原来的统治阶级，当然不会承认统治阶级的法律，所以农民起义，造封建皇帝的反，那种“无法无天”是正义的革命行动。国民党时期，我们搞民主革命，也是“无法无天”，造国民党反动派统治阶级的反。但是，人民取得政权之后，自己成了统治阶级，法律的阶级属性起了根本变化，它成了人民的共同意志和最高利益的集中表现，人民就要利用国家机器维护法律的尊严，保证法律的实施，巩固人民的政权。而“文化大革命”一开始在“造反有理”的旗帜下，公检法很快被砸烂，出现“无法无天”的局面，实际上是自己造自己的反，搞乱自己，而不是什么“乱了敌人”。而今天的情况完全不同了，从党的最高领导到人民群众，都接受了“文化大革命”的惨痛教训，经过拨乱反正，新宪法明确地宣告我国的根本任务是集中力量进行社会主义现代化建设，把我国建成高度文明、高度民主的社会主义国家。党中央确立了正确的指导思想，这种“无法无天”的反常现象不会重演，也决不容许重演。新宪法的实施有保证还可以从以下几点来说明：

（一）新宪法本身有许多明确的规定，能够保证实施。

首先，在《序言》中写明：“全国各族人民、一切国家机关和武装力量、各政党和各社会团体、各企业事业组织，都必须以宪法为根本的活动准则，并且负有维护宪法尊严，保证宪法实施的职责。”《总纲》

第五条也规定"一切国家机关和武装力量、各政党和各社会团体、各企业事业组织都必须遵守宪法和法律。一切违反宪法和法律的行为，必须予以追究。任何组织或者个人都不得有超越宪法和法律的特权"。以上这些规定是以往宪法所没有的，鲜明地表达了维护宪法尊严，保证宪法实施的原则精神。

其次，在宪法的第三十三条、第四十一条和第五十三条里，又从公民的基本权利和义务的角度，规定任何公民既有享受宪法和法律规定的权利，又有必须遵守和履行宪法和法律的义务，都有权控告或检举任何国家机关和工作人员的违法失职行为。这些规定说明，全国的每个公民都有保证宪法实施的权利和义务，也是每个公民的神圣职责。

最后，在宪法的第六十二条和第六十七条里，又规定全国人大和它的常委会都有"监督宪法的实施"这个职权，第九十九条也规定地方各级人大应在"本行政区域内，保证宪法、法律、行政法规的遵守和执行"。全国人大和它的常委会是最高国家权力机关，行使国家的立法权。过去的宪法只规定全国人大负有监督宪法实施的责任，但人大每年才开一次会，要它来监督实际上是较困难的，而这次新宪法则规定人大常委会来负责监督，能够经常执行监督宪法和法律实施的职权，使《序言》和《总纲》里的原则精神得以落实。同时又规定各地方人大要保证宪法在本行政区域内的实施。可见从中央到地方有了一个比较严整的实施宪法的监督体系，只要认真按照以上这些规定去做，就能够使新宪法的实施，得到有效的监督。

（二）必须建立一整套社会主义法律的完备体系，以保证宪法的实施。

要保证宪法的实施，仅仅依靠宪法本身的规定是不够的，还必须依靠一整套社会主义法律的完备体系。因为宪法是国家的根本大法，它只能原则地、概括地规定国家根本制度和根本任务以及一切组织和公民活动的根本准则，它不可能规定得很具体，很复杂。要把宪法各方面的原则规定加以具体落实，就必须相应地制定一系列法律、法令、法规等。例如，有关经济方面的，就得制定土地法、森林法、矿产资源法、财政法、税收法等；有关教育文化方面的就得制定教育法、卫生法、出版法、文物保护法等。各方面制定相应的法律，既要以宪法为依据，又要同宪法相配合，只有这样，才能使宪法的重要内容得以具体落实，也才能具体地监督宪法的实施。

过去由于我国的社会主义法律不健全，立法工作长期停顿，以致在单位之间、个人之间发生各种纠纷，往往无法可依、无章可循。近几年已经制定了不少新的法律，加快了立法工作的进度。新宪法规定，全国人大常委会也有制定和修改法律之权，目的就是加强立法工作，使我国的社会主义法制能逐渐较快地健全和完善起来，彻底改变那种无法可依、无章可循的情况，使宪法的实施有各种法律的保证。

（三）必须依靠从中央到地方的全部国家机构，健全社会主义法制，加强各级公、检、法，做到"有法必依，执法必严"，才能保证宪法实施。

宪法的具体落实，需要相应地制定各种法律，因而宪法的规定是否得到实施，还要看各种法律是否也得到实施。这就需要运用全部国家机构来保证和监督宪法和法律的实施。宪法规定"一切违反宪法和法律的行为，必须予以追究"。究竟谁来追究？不可能设想，所有违法行为都由一个监督宪法实施的最高机构来处理，而是要根据违法行为的性质和情节轻重，由不同的国家机构来依法处理。这里主要是依靠各级公安部门、各级检察机关和各级人民法院。宪法规定法院是国家的审判机关，检察院是国家的法律监督机关。它们依照法律规定独立行使审判权或检察权，都不受行政机关、社会团体和个人的干涉。同时又都对人大负责。这说明我国的司法机构既有它的独立性，又是在国家权力机关监督下工作，这也是我们国家政治制度的特点，在人大统一行使国家权力的前提下，又明确划分国家的审判权和检察权，这样分工合作，相互配合，就能够协调一致地对宪法的实施，进行更好的监督。

（四）党的领导是维护宪法、实施宪法和加强法制的最根本的保证。

党是否尊重和遵守宪法，这是宪法能否实施的关键。过去由于党内的民主生活不正常，搞一言堂，许多重大问题，往往第一书记说了算，因而出现"以言代法""以权代法"等不正常现象，那种"县委大还是法律大"的说法也是听到过的。但是，这种不正常现象正在逐步改变，今天的党中央加强了集体领导，决不容许任何党员凌驾在法律之上。党领导人民制定了新宪法，也决心要同全国人民、各民主党派和各人民团体一道来共同维护宪法的尊严和保证宪法的实施。党的十二大报告指出："特别要教育和监督广大党员带头遵守宪法和法律。新党章关于'党必须在宪法和法律的范围内活动'的规定，是一项极其重要的原则。从中央到基层，一切党组织和党员的活动都不能同国家宪法和法律相抵触。"所以党中央的态度是非常鲜明的，党有严格的纪律，决不容许党员，特别是领导干部带头破坏宪法。

在党与法的关系上，还存在许多糊涂观念。如"不得以法抗党""党的意志便是法律""不能以法来束缚党的手脚"，等等。这些说法都是把党的领导同社会主义法制对立起来。宪法和法律都是在党的领导下制定的，党代表了人民利益，体现了人民的意志。维护宪法和法律正是为了捍卫人民的利益，实践人民的意志。任何党员领导干部个人都不是党的化身，任何党员领导干部也没有超出宪法和法律范围之外的任何特权。法律面前人人平等，任何人犯法，都要做到"有法必依、执法必严"。所以，我们要相信党，有党的坚强领导，宪法的实施也就有了根本的保证。

（五）加强对宪法的宣传教育，提高广大人民群众的法制观念，人人知法、守法、护法是保证宪法实施的最有力监督。

宪法第二十四条规定，国家要普及法制教育，这是很必要的。过去由于我国的社会主义法制不健全，广大人民群众法的观念很淡薄，尤其是青少年更不懂得什么叫犯法。所以现在要大张旗鼓地进行有关宪法和法律的宣传教育，务使宪法的精神实质和具体规定，为广大干部、群众和青年学生所熟知，做到家喻户晓，养成人人知法、守法、护法的习惯。现在实施宪法的阻力，有来自蓄意破坏社会主义法制的敌对分子，这是少数，更多的是来自人民内部中某些缺乏法制观念的习惯势力，所以要人民起来维护宪法。彭真同志的报告最后说："十亿人民养成人人遵守宪法、维护宪法的观念和习惯，同违反和破坏宪法的行为进行斗争，这是一个伟大的力量。"我们民进的同志大多数是教育工作者，不但要自己学好宪法，奉公守法，为维护宪法的尊严和保证宪法的实施，作出应有的努力；而且要加强对青少年的道德教育、五爱教育和法制教育，把他们培养成为有理想、有道德、有文化、守纪律的一代新人。

（原载于《民进》1983 年第 2 期）

解放思想，发挥优势，
开发智力，培育人才

——学习党的十二届三中全会文件的一点体会

党的十二届三中全会通过了关于经济体制改革的决定。这个决定根据马克思主义基本原理同中国实际相结合的原则，阐明了经济体制改革的必要性、紧迫性，规定了改革的方向、性质、任务和各项基本方针政策，是指导我国建设有中国特色的社会主义现代化强国的纲领性文件。三中全会决定指出，经济体制的改革，以加快城市的改革为重点。城市是我们国家的经济、政治、科学、技术、文化、教育的中心，是我国现代工业同工人阶级集中的地方，在社会主义现代化建设中起着主导的作用。近几年我国农村的改革已取得了重大的胜利，但是城市的改革还仅仅是开始。过去城市经济体制没有从根本上消除严重妨碍生产力发展的种种弊端，"铁饭碗"和"大锅饭"远没有打破，经营管理存在着不少缺陷，经济效益还很低。文化教育的改革更是缓慢。因此，只有坚决、系统地进行改革，城市的经济才能兴旺繁荣，才能适应"对内搞活、对外开放"这个政策的需要，才能推动国民经济更好、更快地发展。

这次三中全会的决定，对城市的改革，从理论到实践都有明确的论述，可以说是现代中国的政治经济学。要全面理解文件，弄清它的精神实质，是需要下功夫的。我们首先要认真进行学习，很好地消化文件，而不是停留在一般表态上。我们要通过学习，进一步解放思想，清除思想上的旧框框，增加改革的勇气和信心，敢于冲破阻力，投身到改革的行列中去。

学习决定，联系到我会的工作对象和工作任务要特别深入学习第九条。邓小平同志最近在中央顾问委员会全体会议上的讲话中说：决定的十条都很重要，但其中最重要的是第九条，就是"尊重知识，尊重人才"，概括起来就是这八个字。事情成败的关键是能否发现人才、提拔人才。胡耀邦同志在各界人士座谈会上也强调说，要使我们国家和人民富裕起来，搞好中华民族的第三次腾飞，主要靠三条：一要靠正确的政策，调动起十亿人民的积极性；二要靠健康的政治生活，把两千一百万干部的聪明才智发挥出来，群策群力，做到大家和衷共济，息息相通，肝胆相照，荣辱与共；三要靠富有远见的长期打算。特别要重视科技教育，要把众多的后起之秀、优秀人才提拔起来，培育好后一代。关于尊重知识，尊重人才这个问题，自从粉碎"四人帮"以来，小平同志等中央领导人在历次讲话中都反复强调这一点。《邓小平文选》中就有好几篇文章专谈这个问题。这个道理是显而易见的，因为社会主义的根本任务就是发展社会生产力，就必须依靠科学技术和教育的发展，所以必须尊重知识，尊重人才。可是，在实际生活中，那种轻视知识，歧视知识分子，埋没和浪费人才的现象，还没有得到根本改变。直至今天，在首都竟还发生殴打中学教师的严重事件，可见要肃清"左"的思想影响是多么的不容易。我们还需要大造舆论，还需要党内党外的共同努力。

我们民进是知识分子的政党，是一个智力集团，对"尊重知识，尊重人才"负有重大的历史使命。我们在改革教育、开发智力、培养人才方面是可以大有作为的。这几年来，我们在对教育改革献计献策，在社会办学、智力支边、咨询服务，在培育下一代以及落实知识分子政策等方面，工作是有成绩的，为四化建设作出了积极的贡献。面对城市改革全面展开的新形势，我们要进一步调动会员和所联系的知识分子的积极性和创造性，鼓励他们在城市改革，特别是教育、科技、文化的改革中，发挥聪明才智，做改革的促进派。同时，我们也要看到，在民进会员和所联系的知识分子以至专职干部中，都有很多人才。这几年各地发展一大批中青年的新会员，既有教师，又有编辑、作家、演员、医生、工程师，等等，许多人是政治上的先进者，业务上的尖子。我们要通过工作，在他们中间发现人才，推荐人才，提拔人才。我们可以推荐给有关部门，建议提拔到一定的领导岗位上，也可以吸收到我们会的各级领导班子和工作班子里，充实干部力量，解决各级组织的领导和干部的老化问题。今后，我们决不能仅仅停留在口头上，而要落实到行动中去。

前些时候，我们到广东去学习参观，在二十天内走访了广州、深圳、江门、佛山、台山、湛江等地。我们亲眼看到，不论是农村或是城市，到处生机勃勃，一片欣欣向荣的景象，确实感到国家兴旺、人民富裕了。我们还看到特区建设中，人们干劲之足，办事效率之高，是使人十分赞赏的。青年职工的学习政治、钻研业务的空气也是十分浓厚的，大家都在努力学习，积极工作，一心奔向四化。实践证明党的路线、方针、政策是正确的，城市改革是有强大威力的。

在广东几个城市里，我们也亲身体会到，那里的建设速度之所以这样快，办事效率之所以这样高，都是和尊重知识、尊重知识分子分不开的。他们到处招聘人才，求贤若渴，把一大批有文化、有技术、有开拓精神的中青年干部放在各方面的领导岗位上，大胆信任，放手使用，使英雄大有用武之地，确实做到了人尽其才，才尽其用，发挥了知识分子的创造性和积极性，保证了经济建设的高速发展。

重视人才，不仅要重视搞自然科学的人才，而且要重视搞社会科学的人才。要在我们国家建设有中国特色的社会主义，没有现成的模式。以经济体制改革来说，它涉及许多马克思主义政治经济学的理论问题。过去由于长期受到"左"的思想影响，在人民群众中，很多人对社会主义经济与资本主义经济的区别，不那么清楚。例如把发展商品生产同资本主义生产看作一码事，担心让一部分人先富起来会导致两极分化。过去往往把计划经济同市场经济对立起来，认为计划经济不能讲价值规律。对竞争也认为只有资本主义才有，竞争就是"大鱼吃小鱼，小鱼吃虾米"，因此社会主义只能搞"只此一家，别无分店"，由国家包办一切。这些问题这次决定都从理论上作了很好的回答，所以我们必须重视对社会科学的研究，不断探讨经济理论问题，那种"重理轻文"的倾向是应当改变的。

总之，改革经济体制，实行对内搞活对外开放的政策，目的是加快四化建设的步伐，这就需要各方面的人才，全社会都要热心于人才的开发、智力的开发工作，继续落实知识分子政策，这是当务之急。我在上面已经说过，我们民进应当为尊重知识、尊重人才出力，今后一定要按照三中全会决定指出的方向，结合我们民进的实际，进一步解放思想，发挥优点，开发智力，培育人才，不断开拓新路子，开创我们工作的新局面。

（原载于《民进》1984 年第 11 期）

就独生子女和大龄青年问题答记者问

记者：您对当前的独生子女的教育问题有哪些想法？

雷洁琼：一个人的健康成长主要是品德的塑造。因此，对于独生子女教育，首要的问题是父母亲对孩子的教育方法、教育目的要协调一致，不能一个严，一个松，如果不一致，就很难教育好孩子。其次，家长对孩子不能过于溺爱，不能要什么给什么，仅仅物质上给予满足。更重要的是不能放松对孩子的好的品质的培养，要用科学的教育方法去教育孩子，否则，孩子就会称王称霸。最后，孩子要过集体生活。独生子女的特点就是没有兄弟姐妹，要培养孩子好的品德，就要让他交往，过点集体生活，而且越早去托儿所、幼儿园越好。

记者：请您谈谈对恋爱、婚姻特别是大男大女问题的看法。

雷洁琼：恋爱、婚姻的首要问题是要广泛交往。过去男女授受不亲的旧观念，至今在许多人心目中依然存在，这是男女交往的阻力。男女之间不交往，怎么进行选择？一见钟情没有爱情基础。爱情必须是一种友情，通过慢慢地交往，取得互相爱慕，这种爱情才能坚固。以貌取人的爱情只是表面的，经不起时间的考验。爱情主要是双方要有共同的理想，不一定是同行，或同一爱好，或共同的兴趣，不是一见面一下子就成功的，必须经过一个阶段、一段友谊，才能慢慢地发展成爱情。这种以爱情为基础的婚姻，才能幸福、持久。

我不赞成对大男大女的婚姻问题，采取大轰大嗡的方法；我也不大赞成通过婚姻介绍所和看男女录像的方法，这不就是鼓励人们以貌取人吗？根本不是鼓励爱情。当然，社会上也要为这些大男大女多多地创造一些条件，诸如思想交流比较深刻一些的座谈会、读书会，等等，办法靠大家想。

我在北京与一些大龄青年男女谈心，他们也不满意社会对他们的婚姻采取大轰大嗡的作法。他们恳望社会能理解并尊重他们对婚姻的不同态度和要求，不愿意大家对自己品头论足，这样做有失他们的人格和自尊心。其实，他们年龄大了未结婚，本人倒未认为怎么样，只是来自社会舆论的压力太大。因此，希望社会各方面多做具体细致的工作，千万不要损伤大龄未婚青年男女的自尊心和人格。

记者：据我们调查，大男大女并不是男女比例失调，女的过剩，而是男女条件上的悬殊，男青年有学历的比女青年少，个头比女青年要求矮，但是许多女青年仍不愿意降低条件，最终是否会出现独身主义的趋势？

雷洁琼：独身主义有什么不好？没有合适的不结婚有什么不好？如果两个人凑合着结合了，早晚要离婚，还要带来社会问题。

一个国家的进步、社会的进步，并不是以大家都要结婚为标志的。一个人是否结婚、什么时候结婚，是一个很复杂的问题。社会上不能有"过了二十八岁不结婚就是有问题"的偏见，人们到了一定年龄不结婚，总有许多原因，有些人事业心很强，把毕生精力都倾注在他所钟爱的事业上，做出了大学问，对社会有用，又有什么不好？林巧稚就是为了事业一辈子没有结婚。当然，我也不是倡导都去搞独身，对大男大女的事不要管了。

　　记者：怎样看待离婚率上升这一社会现象？

　　雷洁琼：这是一个复杂的社会问题，不能仅仅看其表面现象，就作出某些结论，一定要做深入细致的调查研究，要多分析为什么离婚绝大多数是妇女先提出来的，这不也是妇女解放的一个标志吗！旧社会，妇女没有地位，哪里敢提离婚，无非是丈夫不要了，这叫休妻！

　　离婚本身对于社会或一个家庭来说，并不是一件好事，但是，如果两个人确实没有了感情，连朋友都不能相待，又怎么能过好共同的夫妻生活？婚姻法规定了婚姻自由，就是强调要婚姻以爱情为基础，死亡的婚姻还要维持它干什么！这样的婚姻对社会、对家庭、对子女都没有什么好处，解除这种婚姻，对减少因此而产生的犯罪也有一定意义。

　　据有关调查资料，美国两对夫妻中就有一对夫妻离婚，苏联是三比一，中国是百分之五。我国第一部婚姻法颁布后，社会上一时出现离婚率上升的趋势，不久就下来了。最近又颁布了新婚姻法，又出现了离婚率上升的现象，但这两年又开始下降了。这里有没有规律，是个怎样的规律？需要探索。

　　另外，农村实行承包责任制以后，许多妇女在家庭经济生活中占据了举足轻重的地位。然而，农村妇女起诉要求离婚的却比城市妇女少，到底是什么原因？这个情况也需调查研究。

（原载于《今晚报》1985 年 6 月 29 日）

老龄问题及其对社会发展的影响①

　　我向大家谈谈老龄问题。我今年已是八十岁的老人了，以老年人的身份来谈老龄问题，当然会有一些切身体会。不过，过去我并没有做过老龄方面的实际工作，对实际情况了解不够。最近一个时期，又没有看到有关老龄问题的文件，因此只能就个人平时接触到的一些问题来讲，不当之处，请批评指教。

　　我讲两个问题：一是老龄人问题，一是人口老龄化问题。这两个问题，在老龄问题中既有联系，又有区别。

一、老龄人的问题

　　老龄是人生的一个阶段，也是人生的最后一个阶段。我们每个人都要经历婴儿时期、幼儿时期、青少年时期、中年时期和老年时期。老龄人是我们社会的一个年龄群体。婴儿、幼儿、青少年、中年都有他们的特点和问题，老龄人自然也有他们的特点和问题。什么是老龄人的标准呢？根据人类平均寿命的增长和人们衰老过程的延缓，老龄的标准在逐

---

① 这是 1986 年 4 月在北京市政协举办的报告会上的讲话。

渐发生变化。在旧社会，中国人的平均寿命只有三十五岁，现在人均寿命已达六十九岁，北京已达到七十多岁。古语说"人生七十古来稀"，现在用上海的俗语说"七十多来兮，八十不稀奇"，人均寿命提高了，标准也就提高了。现在，联合国规定老年标准是六十岁。六十岁就是老龄人了。我国过去称"花甲之年"为老年，"花甲之年"就是六十岁。中华人民共和国成立后，法定退休年龄为男六十岁，女五十五岁；在某些重工业领域，法定退休年龄为男五十五岁，女五十岁。一个人达到退休年龄就算是老龄人了。我国现在也采用联合国规定的六十岁以上为老龄人的标准。

老龄人的特点是什么呢？随着个人年龄的增长，体力逐步衰退，这是自然规律，是不以个人意志为转移的。我个人也体验到，工作效率七十岁不如六十岁，八十岁不如七十岁。这就说明随着年龄的增长，体力和工作效率在逐步下降，这是老龄人同婴幼儿、青少年不同之处。因为婴幼儿、青少年随着年龄的增长，体力和工作效率是逐步增长和提高的。有些老龄人还到了丧失劳动能力，甚至个人生活不能自理的程度。这些老人就要依靠他人赡养、照顾。这是老龄人的共同特点。

衰老的主要原因是由生理因素决定的。但是社会条件也影响人的衰老进程。例如，经济生活条件差，缺乏营养，生活环境受污染，传染病流行，天灾人祸等，这些都会不同程度地影响人们的衰老。一个人的精神生活状况，对衰老也有很大影响。如家庭关系不好，生活不愉快，心情不舒畅，情感得不到满足，等等。此外，不能做到劳逸结合，过度劳累，也都属于社会条件。由此可知，衰老的原因首先是生理决定的，另外，也受到经济条件和社会条件的影响。

老龄人有共同的愿望和要求。第一，希望抗衰老，延长寿命。第二，希望家庭和睦，有丰富的精神生活，欢度晚年。第三，希望根据个人的健康情况，力所能及地发挥余热，为社会服务，为社会贡献一分力量。

在老龄人中，也有几种不同情况的群体。第一种是退休职工；第二种是"三无"（即无子女、无经济生活来源、无劳动能力）的鳏寡孤独老人；第三种是离休干部，这是在我国一定的历史阶段中产生的，离休和退休所享受的待遇不同。这三种群体各有他们的特点和问题，也各有他们的要求。

首先谈谈老年退休职工问题。中华人民共和国成立后，我国就建立了退休制度。在国家机关、社会团体和企事业单位，规定男六十岁、女五十五岁可以享受退休待遇。某些特殊工种，男五十五岁、女五十岁就可以领取退休金。退休金额根据其工龄和其他条件而定。退休制度的建立，解决了老年职工老有所养的问题。据初步了解，目前退休职工全国已近一千万人，据说北京已有四十多万。目前国家每年支付退休金已超过七十亿元。随着每年退休职工的增加（每年约增一百二十万人），退休金支出也将相应增加七亿元。这些数字也可能有些出入，但就此可以说明国家目前对退休职工的财政负担。老年职工领取退休金虽然解决了老有所养的问题，但也还存在一些其他问题：第一，职工退休金是固定不变的，但由于物价不断调整，致使退休职工生活受到影响；第二，有的退休职工领取了退休金，物质生活虽然有了保证，但他们是没有子女亲属照顾的孤寡老人，生活上还需要社会照顾，特别是患病时需要有人护理，这些人精神上无寄托；第三，妇女职工反映退休年龄过早，因为妇女结婚后要生孩子，差不多到四十岁左右才能全力从事她们的事业。但此后的工作时间仅十余年，到五十五岁或五十岁就要退休。因此有人建议女职工的退休年龄应和男子相同。另外，现行退休制度中有关职工退休费的分配形式也存在一些问题。目前国家的发放办法是由企业提前提取和分配给职工。但企业发生亏损，便无力支付，退休职工生活则不能保障。老企业的退休职工逐年增加，与在职职工的比例逐年增高，从而加重了企业负担，影响在职职工的利益。此外，对退休职工的管理尚没有一个统一的机构，现在是由组织人事、民政、劳动等部门和工会分别管理，存在分散多头管理的情况。

"三无"的鳏寡孤独老人，绝大多数都是劳动人民，一部分是旧社会过来的。他们在旧社会三座大山的剥削压迫下，破产、失业、流亡、家庭破裂，有些人一直未能结婚。这部分人完全要依靠社会救济。中华人民共和国成立后，一些城市和农村也有一些生活困难的孤寡老人。这些人无依无靠，缺乏劳动力，根据我国 1983 年的调查统计，全国城市有二十一万多孤寡老人享受国家定期救济。民政部门在各城市举办的社会福利院，收养有二万三千余名孤寡老人。现在有些城市在开展群众性的敬老活动，许多街道居委会组织孤寡老人包户组，为孤寡老人服务；并发动学生、青年帮助老人料理生活，发动商店为老人送货上门。在农村，据了解，有二百六十万五保户，近三百万名孤老户，由集体保吃、保穿、保住、保医、保葬。有些供给五保户有困难的贫社队，则由国家给予临时或定期救济，使五保户有切实的生活保障。农村实行联产承包责任制以后，也采取了多种有效措施保障五保户的生活。据 1983 年统计，全国仅敬老院就已开办了一万四千五百多个，收养了十七万多五保老人。

随着农村经济的发展，一些条件比较优越的农村，也实行了退休制度。据报道，北京、辽宁、上海、宁夏等二十三个省、自治区和直辖市，目前共有六十六万农民享受退休养老金的待遇。其中，上海市去年享受养老金的农民比上一年增加了百分之二十八点八。这说明在城市和农村的孤寡老人的老有所养问题，得到了国家和社会的重视。这是贯彻我国宪法关于"公民在年老、疾病或者丧失劳动能力的情况下，有从国家和社会获得物质帮助的权利。国家发展为公民享受这些权利所需要的社会保险、社会救济和医疗卫生事业"的规定，逐步建立的社会保障制度。"六五"期间，国家用于抚恤和社会救济的费用达一百一十四亿五千万元。

离休干部在我国占有相当重要的地位，在中国革命史上，他们作出了重大贡献。中华人民共和国成立后，他们又担任过一定的领导职务或重要的工作，他们有丰富的工作经验。这些同志从工作岗位上退下来以后，物质生活待遇和离休前没有很大差别，但个人生活发生了很大的变化：即由面向事业转为面向生活；由面向社会转为面向家庭；由工作型生活方式，转为休息型生活方式；因而精神生活感到不习惯。这需要有一个逐渐适应的过程。有些人对离休缺乏思想上、心理上的准备，就更感到心情不好，精神不愉快。也有些离休干部的身体还健康，离休后愿意为四化建设发挥余热，但苦于没有机会。为了充实、丰富离退休老年人的精神生活，目前我国已采取了多种措施：如举办老龄大学（目前全国已办起七十三所老龄大学），他们通过学习，增进知识，丰富精神生活，也为再就业创造条件。还有不少老龄人组织了各种学会，如老人教育协会、老年书画研究会、老人文物研究会等，进行交流经验、学术研究和咨询工作。此外，国家和社会还成立有各种文艺俱乐部及文化室，以供老人娱乐、消遣。离退休人员中还有不少具备各种技术专业及行政管理的人才，如何发挥这一部分人的社会作用，使之老有所为，是应该进一步研究和探讨的问题。

二、人口老龄化的问题

人口老龄化是指社会总人口中老龄人口绝对数与相对数的增加。老龄人口的比重不断上升的趋势，使老龄人在总人口中所占的百分数加重。人口的结构同经济及社会的发展有着密切的关系。如果老龄人过多，就要影响经济和社会的发展。社会经济的发展要与人口的发展相协调；人口的年龄结构也需要同经济、社会发展相协调。人口老龄化是人口结构的问题。根据目前联合国的标准，六十岁以上的老龄人口占总人口百分之十以上的地区或国家，就称为老龄化的地区或国家。

人口年龄结构的变化是受各方面影响的。比较来讲，直接和主要的影响，是人口出生率和死亡率的变动。一般地说：人口出生率的高低直接决定少年儿童比重的大小。人口出生率高，少年儿童的比重就比较高；人口出生率低，少年儿童的比重就低。这个比重的变化，也相应地决定了老龄人口比重的变化。少年儿童比重大，老龄人的比重就小；少年儿童比重小，老龄人的比重就大了。但是，出生率降低，并不能使老龄人的比重立即增加，因为六十岁才是老龄人。因此需要经过一个阶段。这个阶段，我们称它为劳动适龄阶段。劳动适龄阶段，一般是指二十岁至六十岁，或是二十五岁至六十岁，共四十年或三十五年。处于这个年龄阶段的就是劳动适龄人口。出生率上升或下降，首先影响劳动适龄人口，其次影响老龄人口的比重，这是出生率对人口结构的影响。

死亡率对人口结构的影响，又有所不同。正常的死亡，就是我国俗语说的"寿终正寝"，这是因老、病的死亡。不正常的死亡，是指由战争、瘟疫、天灾等所造成的死亡。不正常的死亡率是没有规律的。因此，人口结构的波动不好预测。例如，经过一场大的自然灾害，死亡率就要重新研究。它是波动式的。其次是婴儿死亡率，婴儿死亡率是指孩子出生后一年内死亡的数字。婴儿死亡率下降，成活率升高，就增加了青少年在人口中的比重。婴儿死亡率高或低都对儿童成活率有影响，都会影响人口的结构。而老龄人的死亡率逐渐下降，则说明人口平均寿命的延长，从而导致老龄人口的增加，在总人口中的比重加大。

我国人口的变动，经过了三个阶段。过去，在旧中国出生率高，死亡率也高，因此，自然增长率较低。一般来说，过去的人口自然增长率为百分之十左右。有些妇女生七个、八个孩子，而死亡的有五个、六个，这种情况，过去是常见的。新中国成立后，人民生活得到改善，经济条件、社会条件和医药卫生条件都发生了很大变化。人口出生率提高了。特别是 20 世纪 50 年代、60 年代的出生率猛升，而人口死亡率却不断下降。根据 1965 年调查统计，自然增长率从旧社会的百分之十增长到了百分之二十八。这说明了中华人民共和国成立后我国人口的迅速增加。以后，我国实行计划生育政策，1983 年出生率下降，死亡率也下降，自然增长率也随之下降。我国人口结构的变化，经过这样三个阶段：由高生产率、高死亡率、低自然增长率，变为高生产率、低死亡率、高自然增长率，又经过近几年来实行计划生育政策，使人们的生育观有所改变，我国人口得到了控制，出生率、死亡率、自然增长率都降低了。

上面讲到老龄人口在总人口中的比重受出生率和死亡率的影响，而出生率和死亡率也受社会条件的制约。如我国医药卫生条件的改进，计划生育政策的实行，对出生率和死亡率都有很大的影响。我国目前是否属于老龄化国家？根据联合国的报告：1950 年全世界有老龄人两亿左右，1957 年约有三亿五千万人，预计到 21 世纪将有五亿九千万老龄人，到 2025 年，即四十年后，老龄人口将增至十亿二千万。它反映了老龄人口的增长趋势。老年人口的比重已达到百分之十的国家，1950 年有十五个，现已达到五十个，这说明在五十个国家中六十岁以上的老年人已超过百分之十。1953 年我国老年人口约占百分之七，1982 年统计约为百分之八，预计到 2000 年将达到百分之十一。那时，我国即进入老龄型国家。到 2025 年我国老年人将占总人口的百分之二十，即每五个人中就有一个老年人。这是预测。根据这些数字来看，无论世界各国还是我国，老年人的增加都比人口增加得快。现在我国尚不属于老龄型国家，但是进入 21 世纪，我国老龄化问题便会突出起来。目前，我国有些大城市已属于老龄型地区了。据最近《光明日报》报道：上海市六十岁以上的老年人，现已达到一百四十万，占上海市总人口的百分之十一点五，已构成老龄型的地区。目前北京老年人口占全市总人口的百分之九，预测 1990 年北京老龄人也将超过百分之十，那时北京也将进入老龄型地区。到了 20 世纪末，北京老龄人将达到百分之十四点七。

人口老龄化，对社会、经济的发展将带来一系列的问题。因此，人口老龄化问题，必须引起社会各方面的高度重视，积极开展人口老龄化问题的研究，以解决人口老龄化所带来的问题。老龄人本身面临的问题，和人口老龄化所带来的社会问题是不同的。老龄人的特殊需要，必须由社会创造条件来解决，使老龄人能够安度晚年。而人口老龄化问题，就需要国家制订人口政策，经济和社会发展计划，进行经济和社会体制改革来加以解决。这两个问题既有联系也有区别，但这两个问题都属于老龄问题。

人口老龄化对社会经济发展的影响，有以下几个方面：

一、老龄人在总人口中绝对数与相对数的增加，会直接引起社会消费结构的变化。因为老龄人的需要和青年、中年人不同，必须发展老龄人所需要的商品。如设立老人商店，开办老龄人服务行业，以适应老龄人的需要。这就会引起投资的转移。消费结构的变化，也必然会影响生产结构的变化。

二、人口老龄化影响社会劳动就业和劳动生产率的提高。因为中年人减少了，即劳动适龄人口减少了，而老龄人口增加了。这对就业和劳动生产率必然有影响。现在美国和苏联已成为人口老龄化的国家，由于缺乏劳动适龄人口，已延长了退休年龄，同时重新任用退休人员。将来我国的劳动适龄人口减少，老龄人口增加，也将要影响我国的劳动生产率，影响我国生产力发展的速度。

三、增加国家财政开支。现在退休金的支出已达七十亿元，预计不久将增加到三百多亿元（包括医疗费）。据有些医院统计，退休老人的医疗费是一般人的四倍，因为老龄人多病。除医药费、保险费以外，还要增加一些为老龄人服务的机构，这些都增加了国家的开支。据调查，日本为养老的支出：1981年为二十七亿日元，占国民收入的百分之十三点五；美国占百分之二十五；苏联超过百分之十；西欧几个称为福利国家的如瑞典占百分之三十六；西德占百分之三十。由此可见，解决人口老龄化问题，必将大幅度增加国家的财政支出。

四、人口老龄化对社会、文教、医卫等事业提出了新的要求。有些老人身体健康，寿命延长，要求学习进修，更新自己的知识，以便更好地为社会服务，发挥余热。因此今后的教育设施，不只是要面对幼儿和青少年，还必须为老龄人设置，举办老人大学和成人教育。据说日本现有四千所老人大学。美国有一种地区大学，晚上专供老龄人学习和进修。今后我国教育制度不仅是对幼儿、青少年进行普通义务教育，也要实行包括对老龄人进修的终身教育，使老有所学，以实现"活到老，学到老，做到老"。与此同时，也要扩大老龄人的就业机会，使他们有机会发挥余热，继续为社会发挥作用。

五、老龄人闲暇时间增多。社会上需要开办各种文艺、娱乐设施，以满足他们精神生活的需要。同时也要为老年人兴办各种福利设施，为老人服务。

老龄人问题和人口老龄化的问题是最近提出来的新课题。联合国决定1982年为"老人年"，并于同年7月在维也纳召开老年人问题世界会议，我国也派代表团前往参加，并成立了中国老龄问题全国委员会。老龄问题开始引起全国各方面的重视。人口老龄化是人类发展的必然趋势。根据六十岁以上老龄人口占百分之十以上的国家，便属于老龄型国家的标准衡量，欧洲绝大多数国家都已发展成为老龄型国家。预测发达国家在1950—2025年，六十岁以上老人将增加二点三倍，发展中国家此期间六十岁以上老人将增加五点八倍。联合国老年人问题世界会议称21世纪为人口老龄化时代。我国目前虽尚未进入老龄型国家，但局部地区已出现人口老龄化问题。我们应当重视和研究因人口老龄化所带来的一系列问题。目前，老有所养的问题，我们是采取以家庭为主，集体和国家共同负担的办法。在我国现在生产力的条件下，如完全依靠国家把退休人员包下来，会产生许多矛盾。今后必须研究和建立形式多样、项目不同、标准有别的社会保障制度，还要大力发展社会福利事业，使家庭保险逐步发展为社会保险。尊老、养老是我国的传统美德，在逐步建立新的社会保障制度的同时，要继续发扬我国家庭、亲友和邻里间互助互济的优良传统。

建立社会保障制度，发展老龄人的社会福利事业，制定老龄法，应从我国当前的国情、国力出发。因此，必须进行调查研究和培训专业人员。老龄问题范围很广，研究老龄问题涉及许多学科，如老龄医学、老龄心理学、老龄经济学、老龄法学及老龄社会学等。老龄社会学应着重研究老龄人的社会地位和社会作用。人口发展所以出现老龄化问题，是人口生育率和死亡率下降，平均寿命延长所形成的，这种情况是社会和经济发展的必然结果。我国目前家庭结构发生了很大变化。家庭变化对老龄人有什么影响？老龄人在家庭中的地位和作用有什么变化？也是社会学应该研究的课题。社会学界还应研究影响老龄人早衰的问题。人的早衰是生理问题，是医学需要研究的问题，但同时也受经济和社会条件的影响，社会学应研究影响老龄人早衰的经济和社会条件。

根据我国宪法规定，国家和社会对老龄人物质生活和精神生活的保障要制定政策和立法，发展老龄人的社会福利事业，使他们老有所养、老有所医、老有所学、老有所为和老有所乐。我国政府已和联合国人口活动基金会达成协议，制定一项协议书：开展以制定政策为目的的老龄问题研究活动，从 1985 年开始，到 1989 年告一段落。经费全部由联合国资助。中国老龄问题全国委员会为执行和实施机构，同日本家族计划国际协力财团共同合作进行研究。这是我国有计划研究老龄问题的开始。通过研究，发动有关老龄问题的各学科的专家、学者和为老龄人服务的工作人员，进行调查研究活动，交流经验，以便为党和政府制定政策和法律提供资料，提供参考意见，这是解决老龄问题的有力措施，同时也将使老龄学成为一门新的学科。

（作于 1986 年 4 月，后收入北京市老龄问题委员会编印的《老年学及老龄工作讲座汇编》一书）

发展职业教育　加强职业道德建设

　　《中共中央关于社会主义精神文明建设指导方针的决议》进一步阐述社会主义精神文明的战略地位和根本任务，指出在新的历史时期社会主义精神文明的根本任务是为了适应社会主义现代化要求，培养有理想、有道德、有文化、有纪律的社会主义公民，提高全民思想道德素质。社会主义精神文明包括思想道德建设和教育科学文化建设两个方面。近年来，随着我国经济体制改革和教育体制改革以及两个文明建设的开展，职业教育正在全国各地蓬勃发展，这是可喜的现象。但是目前社会上人们对职业教育还缺乏认识，鄙视职业教育的陈腐思想普遍存在。这对全社会办学——发展职业教育是一股阻力。据有关方面统计，1987 年我国初中毕业生高达 16.5 万人。根据我国目前高等教育发展情况来看，不可能吸收这个数量的高中毕业生升入大学。大力发展职业教育，使一部分初中毕业生升入职业高中是目前教育改革的迫切任务。另一方面在我国进行现代化建设的今天，各行各业急需专业技术骨干，尤其是中层职业技术干部，培育和提高各个层次技术干部也是当务之急。

　　职业教育是社会主义精神文明的组成部分。我国是一个社会主义国家，人和人之间是社会主义的新型关系，各行各业要加强职业道德建设。首先，党和国家干部要树立全心全意为人民服务的思想，要忠于职守，大公无私，反对以权谋私，弄虚作假。其他各行业，如医生与患者，售货员与顾客，售票员与乘客要相互尊重，相互理解，相互信任，这样才能建立起和谐、文明的新型关系，人人为我，我为人人，正是社会主义新型的关系。

今天，在我国进行现代化建设，进行全面改革，进行教育改革的新时期，在开展社会主义精神文明的进程中，大力宣传发展职业教育，加强职业道德建设，坚持社会主义方向，是全社会必须关注的迫切任务。

（1986 年 11 月 12 日）

我的幸福观

什么是幸福？古今中外，还没有定论，每个人由于历史条件、生活环境、文化教育以及社会影响不同，对人生观、幸福观的理解和认识也各不相同，综合起来，可以分为两种类型，一种人是把幸福建立在利己主义的基础上，一切以我为中心，他们为了满足个人的欲望，追求个人名利，不惜损害他人和国家的利益，他们陷入了个人主义的深渊，这种人的幸福观认为满足个人的欲望就是幸福。

另一种人却相反，他们为了他人，为了集体，为了人民，为了国家的利益，甘愿或多或少的作出自我牺牲，自己从中得到满足，得到快乐，从而得到人们的尊敬和爱戴，我认为这是最高的荣誉，是最大的幸福。

马克思说："那些为大多数人们带来幸福的人，经验赞扬他们为最幸福的人。"今天，在我们建设社会主义的新时代，在我国各个角落，默默无闻，忘我无私为人民为国家作奉献的人们，是最受人们敬重的。我认为他们是最幸福的人。只有为人民，为社会，为国家不断奉献的人，才能真正领悟到人生的价值。理解人生价值的人，才是真正幸福的人。

不断地追求，不断地奉献，从而得到满足和快乐，这就是我最大的幸福。

（原载于《幸福》1989 年第 2 期）

在救助贫困地区失学少年
实施希望工程座谈会上的讲话

"百年大计，教育为本"，社会主义现代化建设必须依靠教育，基础教育是提高民族素质的基础，也是各级各类教育的基础。我们必须积极创造条件，有步骤地实施义务教育法。发展教育，提高国民素质非常重要。20 世纪 80 年代以来，国际竞争正由争夺军事优势逐步转向争夺综合国力，特别是经济、科技力量的优势。这种竞争，归根到底是人才的竞争，是民族素质的竞争。从这种意义上来说，谁掌握了面向 21 世纪的教育，谁就能在未来的国际竞争中处于主动地位。

我国有二亿二千万文盲，全世界每四个文盲中就有一个我们中国人，我国有二亿二千万学生，其中只有三分之一能读完小学，全国平均受教育程度不足五年（日本早在 1907 年就普及了六年制小学教育）。近年来，我国贫困地区中、小学生流失量仍呈上升趋势，他们的失学都是因为家庭贫困，他们的失学，将成为新的文盲。不能为贫困地区的发展提供优秀的人才资源，还会拖住贫困地区甚至全国腾飞的后腿，解决贫困地区青少年失学问题，已到了刻不容缓的时候了。

为了救助贫困地区品学兼优又因家庭贫困而失学的青少年，共青团中央、中华全国青年联合会、中华全国学生联合会和全国少先队工作委员会联合创办中国青少年发展基金会，实施希望工程，对贫困地区失学青少年进行有计划的救助，这是为青少年健康成长做的实事，这是真正关心青少年发展、利国益民的事业。关心失学的青少年，就是关心祖国的教育事业。中国要富强，民族要兴旺，科技要发展，社会要进步，就需要有文化的新一代。为提高我国青少年的文化素质作出贡献，是崇高的事业，值得全国人民赞助而推广。

（1990 年 4 月 18 日）

在设立冰心儿童图书奖会上的讲话

同志们：

　　为了繁荣出版事业，为了鼓励优秀少年儿童图书的创作和出版，北京少年儿童图书研究社设立冰心儿童图书奖。这是一件有意义的大喜事。

　　目前，我国出版界经过治理整顿，深化改革，书刊市场发生了明显的变化，但是，好书还是不多，尤其是适应广大少年儿童的好书更少。

　　近年来，社会上、学校里，家长和教师都注重儿童智力的开发，学校教育片面追求升学率，因此市场上知识类的图书数量上升，而有关思想教育、德育的读物锐减。据有关方面统计，近年来，全国三十多家少年儿童出版社，每年出版儿童思想教育的读物种数，仅占出书总数的百分之一。

　　儿童少年时代，是他们长身体，长知识，认识世界的阶段，是人生观逐渐形成的阶段。希望作家和出版界要多为少年儿童提供优秀的精神食粮。这是关系到培养什么人的问题，是关系党和国家前途的大事，要有计划、有目的地出版少年儿童读物，为培养"有理想、有道德、有文化、有纪律"的社会主义时代新人而努力。

现已九十高龄的冰心，是我国现代文学史上一位才华横溢、成绩卓著的女作家。她热爱少年儿童，十分关心少年儿童的成长，七十年来为儿童文学的发展辛勤耕耘，作出了卓越的贡献。

我热烈祝贺冰心儿童图书奖的设立。

为了我国花朵的未来，为了我们祖国的希望，在冰心儿童图书奖的鼓舞下，我相信作者、编者一定会写好书，编好书，出好书。

（1990 年 5 月 26 日）

在推进社会发展与进步
座谈会上的讲话

社会发展是否协调主要是看经济与社会发展是否协调，经济发展是社会进步的物质基础，但经济发展并不等于社会进步。社会包含很多方面，从教育方面看，教育的发展和经济的发展就不太协调，义务教育法已通过五年了，有些干部对于"教育为本"的重要性没有足够的认识，讲生产很在行，谈到教育就不积极了。

有同志谈到了经济发展的四个要素是资源、技术、资金和劳力。我认为还有一个很重要的问题就是提高整个民族素质。现在很多社会问题都涉及民族素质，如现在进行的治理"六害""三乱"以及"扫黄"等社会问题都涉及全民族素质，提高全民族素质要依靠教育的普及，只有促使教育和经济协调发展，提高全民族素质的许多社会问题才能得到解决，经济也才能有更大的发展。

这几年国民经济有了很大的发展，中央也注意到把社会各方面的发展同经济的发展协调起来，"六五"计划就增加了社会发展的内容，"七五"计划提出建立社会主义保障制度的雏形，最近"八五"计划的建议又提出要加强社会主义精神文明建设，强调两个文明一起抓。社会主义精神文明建设的根本任务，是培养有理想、有道德、有文化、有纪律的社会主义公民，提高整个中华民族的思想道德素质和科学文化素质。教育科学文化建设与思想道德建设相互促进，共同推动着物质文明建设的发展。实行社会主义民主与法制很重要，只有加强社会主义民主才有利于调动人的积极性。

对于社会保障制度的改革问题，我完全同意刚才几位同志的意见，社会保障体制的建立是与国家的经济和社会发展相适应的，随着我国经济体制改革，带来新情况和新问题，社会保障体制必须适应经济体制的改革。"八五"的建议明确指出努力推进社会保障制度的改革。实行理论与实际相结合来决定我国的社会保障体制的发展。

（原载于《中国社会报》1991 年 3 月 29 日）

共享社会文明的成果

中国是一个发展中国家，处于社会主义的初级阶段，正在进行经济、政治、社会的全面改革，人民生活普遍提高。但是，在人口结构中还存在特殊困难群体，如人口年龄结构日趋老龄化，60 岁以上老年人口已逾 9000 万，65 岁以上的人口超过 5500 万；残疾人 5000 多万，占总人口的 5%；智障儿童约占儿童的 1%。

中国一向有尊老爱幼、怜助弱者的传统。"老吾老以及人之老，幼吾幼以及人之幼"是中国优秀的文化传统。尊老爱幼、帮助弱者主要是家庭承担的职责。

中华人民共和国成立后，我国政府重视老年人的赡养问题，全民和集体单位的劳动者普遍享受退休养老、公费医疗、工伤残补的社会保障，使老年社会劳动者能够享受老有所养、病有所医的生活。对残疾人的保护我国政府也很重视。1982 年通过的《中华人民共和国宪法》对老人、妇女、儿童、残疾人的权益作了明确规定。最近，国务院又批准通过了《中国残疾人事业五年工作纲要》。这些都为维护残疾人的合法权益提供了法律上的保障，使残疾人能以平等的权利和机会参与社会生活，共享社会文明的成果。另外，我国积极发展特殊教育，为残疾人增进身心健康、参与社会生活、适应社会需要创造条件。这些都是我们履行社会主义人道主义的体现。

但是，我国现阶段生产力水平还比较低、经济不发达、人口众多，国家仍无力量完全承担起所有养老和残疾人的社会保障。但是，随着社会的发展，核心家庭的增多，以及由此引起的人们思想、观念的变化，养老和残疾人的保障走向社会化是一个必然趋势。努力发展社会保障事业，使老有所养、残有所助、病有所医、灾有所补、贫有所扶是我们的努力目标。

现代社会保障制度需要现代化的社会工作，现代社会工作需要具有现代知识和技能的社会管理人才和社会工作服务人才。发展现代的社会工作教育是做好社会工作、建立现代社会保障制度的必要步骤和措施。

为适应这一要求，1988年初国家教委批准、民政部资助北京大学社会学系建立了社会工作与管理专业。北京大学社会学系为国家承担培养社会工作与管理方面的专业人才的重要任务，既感到担子的沉重，又感到光荣。

要搞好社会工作教育，教师队伍的培养、课程的设置、教材的建设都是十分重要的。在这方面，我们虽有前燕京大学培养社会工作人员的经验可资借鉴，但是，要使社会工作教育较好地符合现代社会的要求，就必须学习当今世界上社会工作教育的先进经验，并使之与中国的现实相结合。现在，亚太地区各国、各地区的一批有造诣的社会工作教育专家聚集在这里，交流、研讨社会工作教育的经验，探讨、展望社会工作教育的发展趋势，对于我们来说是一个很好的学习机会。毫无疑问，这种交流和探讨对于我们搞好社会工作教育具有直接的借鉴意义和推动作用。我们十分高兴有这次机会互相交流经验，向各位代表学习先进方法。

（1991年10月）

基础教育要先行必须落在实处

各位委员：

　　我代表中国民主促进会中央委员会就坚持优先发展基础教育问题作一发言。

　　党的十四大作出的建立社会主义市场经济体制，进一步改革开放的英明决策，给我国的现代化建设带来了勃勃生机。基础教育在这场深刻的变革中既获得了难得的发展机遇，同时也经受着不容忽视的冲击。现在，不少地区出现了许多不正确的论调，诸如"经济要大上，教育顾不上""教育热过了，应该冷一冷""财力有限，要给经济让路"，等等。这些说法反映出有些部门和地区的领导人在新形势下对教育工作的认识的片面，把发展教育和发展经济对立起来的思想和"说起来重要，做起来次要"的实际情况。这样，势必妨碍对基础教育的发展做出正确的决策，思想认识不到位，已经使许多现行政策无法到位。比如，一些地方长期拖欠教师工资，有的时间长达半年以上，金额高达上亿元，令人震惊。究其原因，仅仅是财政困难吗？我们以为并非如此。地方各级政府本年度财政预算已由同级人民代表大会通过，在执行过程中教育经费出现缺口，主要是由于经费挪作他用，因而出现了这样的怪现象：全国财政补贴县有决心举债确保教师发工资，而财政状况好得多的地方却拖欠教师工资；机关干部的工资分文不少地照发，而教师工资却被长期拖欠；一方面拖欠教师工资，另一方面超过实际财力的投资屡劝不止。拖欠事件并不自今日始，只不过"经济热"的 1992 年尤其严重罢了。事实证明，有些领导对尊师重教"口惠而实不至"。如果教育受到冲击只是由于财政困难，没钱还可以挤钱，钱少可以攒钱，关键是有没有"教育必须先行"的观念。我们坚决支持国家教委、人事部、财政部最近发出的要求各地切实保证教师工资按时发放的通知，并高兴地看到许多地方已经抓紧落实。但是不从认识上解决问题，今年发放了，明年还要拖欠。拖欠、挪用教师工资的行为都是违反了《中华人民共和国义务教育法》，严重者应该受到法律的处罚。

当前，还出现了一些中小学名目繁多的收费一涨再涨的现象，也是基础教育战略地位不落实的一种反映。面对名目多无休止的各种收费使许多家庭无力承担，迫使越来越多的儿童、少年失学。现在一方面是"希望工程"使数以万计的儿童回到学校，另一方面，乱收费、高收费又把更多的孩子推出校门。如果刹不住这股风，就谈不上实施九年制义务教育，各级政府不可等闲视之，必须采取切实可行的措施使义务教育名实相副。解决这一问题的关键是下决心增加教育投入，确保学校所必需的办学经费。一些学校被迫向学生收取取暖费、纸张费，就是因为学校生均公用费用太少无力支付的缘故。

在市场经济的浪潮中，中小学教师外流日趋严重，弃教改行的人越来越多，这是基础教育受到的另一个冲击。教师弃教改行有多方面的原因，最根本的是待遇太低。我国中小学教师平均工资比工业企业职工低11% 以上；人均住房面积也低于全国城镇居民的平均水平；医疗费报销难、子女就业难、职称评定难，已经到了非痛下决心解决不可的地步。可以预见，如果在提高教师地位、改善教师待遇方面再没有大的举措，随着人事制度的深化改革，人才市场的逐步形成，中小学教师弃教改行还会大量增加，队伍稳不住，素质提不高，这将是整个民族的灾难。教师不但是教育后一代的，而且是国家文明的基础。我们有千难万难，也不能不下决心提高教师的待遇，逐步使它成为令人羡慕、受人尊重的职业。

《中国教育改革和发展纲要》指出，20 世纪 90 年代基础教育发展的目标是：在全国范围内基本扫除青壮年文盲，基本普及九年制义务教育；全面贯彻党的教育方针，全面提高教学质量。概括地讲就是"两基""两全"。要实现这些目标，我们就不能不重视目前基础教育所面临的困难和问题；就不能不重申优先发展基础教育的战略方针不可动摇；就不能不采取切实可行的措施来解决这些困难和问题。优先发展基础教育要真抓实干。

一、在加强经济建设的同时，要保证发展教育这一手也不软，关键是依法治教。义务教育法规定："实施义务教育所需事业费和基本建设投资，由国务院和地方各级人民政府负责筹措，予以保证。""国家用于义务教育的财政拨款的增长比例"要实现"两个增长"。"国家对经济困难地区实施义务教育的经费，予以补助。""国家保障教师的合法权益，采取措施提高教师的社会地位，改善教师的物质待遇，对优秀的教育工作者给予奖励。"每个政府的工作部门，特别是财政部门都应检查自己的工作是否符合上述规定。各级人大应依法加强监督，对于严重违反义务教育法的行为，主要负责人应当依法受到处罚。典型案例应公之于众，以案释法，以案论法。

二、优先发展基础教育就必须下决心，有措施，不断增加经费投入。据预测，2000 年我国基础教育所需经费约 1000 亿—1200 亿元，而 1991 年实际投入 440 亿元。也就是说，今后必须保证每年以 18%—20% 的比例增长。这是一个严峻的百分比，没有一定的经济实力办不到，没有坚定的决心也办不到。我们希望不只是"力争"也不要"到 20 世纪末"，而是在 20 世纪 90 年代中一定要使国家财政性教育经费支出占国民生产总值的比例达到 4%。我们还希望各级人大在审议、通过当地社会、经济发展规划时，对给教育，尤其是基础教育的投入是否合理，是否体现了优先发展的原则给予特别的关注。

三、提高教育质量的关键是充分调动教师的积极性，调动教师积极性的关键是切实提高教师待遇。应当承认，现行工资制度没有体现出教师是令人羡慕的职业。现在广大教师殷切期望工资制度改革能够在提高教师地位、改善教师待遇方面有新的举措，有大的步子。要把国务院批准的在"八五"期间基本解决城市中小学教职工住房问题的文件精神落在实处。教育部门、建设部门、财政部门要及时总结各地优先为教师提供廉价住房的好经验，把一时一地的做法变成可行性政策，规定一些硬性指标促进各级政府加快解决中小学教职工住房的步伐。

四、进一步解放思想，加快改革，使基础教育的发展更具活力。扩大学校的办学自主权是目前基础教育管理体制改革中的一项需要认真对待、切实解决的问题。首先要转变两种观念，即学校不仅是教育行政部门的基层单位，而且是通过教书育人为社会提供服务的实体；校长也不仅是教育行政部门的基层干部，而应该是具有教育理论修养、能够全面贯彻国家教育方针、办学有特色的教育家。只有在这样的思想指导下才能尽快提高校长和教师的水平，才能加快中小学内部的各项改革，才能使基础教育和本地区的经济发展和人才需求相适应。我们希望在当前政府部门转变职能的大形势下，教育行政部门也应解放思想，实事求是地加快自身的改革，简政放权，以保证学校的办学活力。

各位委员，"经济要发展教育要先行，教育要发展基础教育要先行"是我们中国民主促进会的一贯主张，我们希望这一主张能成为各级政府和社会各界的共同认识和共同行动。

我的发言完了，谢谢。

（1992 年 10 月）

新春贺词

　　新春之际，江泽民总书记和中共中央的各位领导同志与我们欢聚、座谈，总书记还热情地讲了话，通报了情况，使我感到很亲切，很受鼓舞。

　　1992年全国人民经历了两件大事，一是小平同志南行并发表谈话；二是中共召开了第十四次代表大会。在小平同志建设中国特色社会主义理论的指引下，国家在经济建设和精神文明建设中都取得举世瞩目的成就。在新的一年里，我们既面临着大好形势，也肩负着艰巨的任务。当前，我国经济正面临着调整结构、提高效益、加快发展的重大任务。提高劳动者素质，培养大批人才显得更加重要，而这一切必须依靠大力发展教育。我们民进历来十分关心我国教育的改革和发展，在这里我想就基础教育中的几个不容忽视的问题谈点个人的意见。

　　（一）校长办学的自主权问题。民进中央和一些地方组织曾经通过专题调查、研讨会、座谈会等形式广泛听取中小学校长的意见，深深感到他们共同关注的一个主要热点，就是企盼有更多的办学自主权。他们为上级"婆婆"太多而苦恼，为名目繁多的报表、会议而苦恼，为应接不暇的检查、视察而苦恼，归根到底，为不能把主要精力和主要时间用于教育、教学工作而苦恼。他们强烈呼吁，在政府部门转变职能的大好形势下，教育行政部门也要简政放权，切实理顺行政部门和学校的关系，转变两种观念：一是学校不是教育行政部门的基层组织和工作部门，而是根据社会需求自主办学的实体；二是校长不是教育行政部门的基层干部，校长不仅要贯彻执行上级的指令和任务，同时又是有办学自主权，有自己独到的教育主张的教育家。他们建议，在选用教材、制定课程、聘任教师、招生、筹措和使用办学经费等方面，中小学校应该有一定的自主权。

（二）教师的流失问题。最近，不少校长、教师反映，在商品经济的冲击下，基础教育的师资队伍再次出现不稳定，而且中小学老师弃教改行之风愈演愈烈。《人民日报》有一份调查报告指出，1991年广东省有4 600多名中小学教师另谋出路，其中调出普教系统的有4 500多人，他们大部分是30~40岁之间的中青年教师。人员大量外流，造成本来就数量不足的教学力量变得更加薄弱了。我会昆明市委会反映，该市一所小学由于教师缺编，史、地、自然等学科都以搭配的形式摊派给老师兼任，而且经常换人，严重影响了教学质量。造成教师流失严重的原因是多方面的，但长期以来中小学教师生活待遇低，后顾之忧多是一个不容忽视、亟待解决的主要原因。前不久披露的一些地方政府拖欠教师工资的现象，应当引起高度重视，这是严重违反义务教育法的行为，是有关政府没有认真履行实施义务教育法职责的表现。拖欠的工资要及时归还，更重要的是要采取切实措施，今后杜绝类似事件，切实维护人民教师的合法权益。

（三）小学生的收费太多，许多儿童被迫辍学。现在，一方面是"希望工程"救助失学儿童，另一方面，学校高收费又把一些孩子推出校门。我们辽宁省的一位教师会员写来书面材料反映，他所在的那个地区，每个学生每学期要交的各种费用，光是张榜公布的在60元至100

元之间，更何况还有许多巧立名目或没有名目的收费。造成乱收费的原因，一是办学经费匮乏，学校只好让学生家长掏钱。比如，这个老师所在的区，每年国家拨的取暖费仅是小学实际开支的 1/3，不足部分靠学校自筹解决，于是就有了取暖费等多种名目的收费。二是把招收议价生、高价生作为"勤工俭学"的渠道。这种学生的收费标准有的高达 5 千元以上。许多适龄儿童、少年在不断高涨的学杂费面前，因家庭无力支付而含泪辍学。他们应当享受的受教育权利被剥夺了，也拖了提高整个民族科学文化素质的后腿。

以上意见很不成熟，有不妥当的地方，望大家指正。

去年 12 月间，民进召开了第七次全国代表大会，中共中央向我们致了热情洋溢的贺词，大家深受鼓舞。在新的一届领导班子里，我们增加了一位 50 多岁的副主席。现有的九位副主席都是教育、出版、文化、经济和科技等方面的专家学者，可以说人才荟萃。代表大会之后，我们召开了两次主席会议，认真研究了民进今后的工作。大家一致认为，要把建设有中国特色的社会主义的基本理论和民进的实际结合起来。为此，我们调整和加强了机关工作机构，增设了议政调研部，加强全会在国家政治生活中的参政议政作用；还有一个社会服务部，负责全会的咨询服务、智力支边、科教扶贫等工作，更好地为经济建设服务。民进中央成立了一个尊师重教基金理事会。从 1989 年开始，我们在全会开展了"尊师重教一元钱奉献运动"，得到广大会员的响应，目前筹集了 10 多万元基金，用于每年组织近 30 位中小学优秀教师会员赴京参观游览。这项尊师重教活动已经进行了三年，在教育界会员中起到了很好的鼓励作用。我们制订了今年的工作计划要点，决心继续推动广大会员和各级组织，为加快改革开放和现代化建设步伐多做实事。

（1993 年 1 月）

社会主义现代化建设事业的基础是教育

在"两会"召开前夕，中共中央、国务院印发了《中国教育改革和发展纲要》，提出了20世纪90年代乃至21世纪初教育改革和发展的目标、方针、政策和措施。这是贯彻落实中共十四大精神，加快改革开放和现代化建设的一项重大措施，是全社会的一件大事。

我们中国民主促进会多数会员是从事文教工作的，我们要发挥优势，发动会员和所联系的知识分子，认真学习，充分理解，广泛宣传，掌握纲要的基本精神和内容，精心实施。这是我们民进中央和各级地方组织的一件大事，我们一定要抓紧抓好。

基础教育是整个教育的奠基工程，大力加强基础教育，是我国教育发展的一个重要战略思想，是提高全民族素质的根本措施。90年代，我国教育发展的基本要求是基本普及九年义务教育，基本扫除青壮年文盲，全面贯彻教育方针，全面提高教育质量，使全民教育水平明显提高。教育部门的广大干部和教师要进一步转变思想、转变观念，勇于开拓创新。

纲要提出政府办学为主，社会各界共同办学的新体制。江泽民同志在中共十四大报告中指出："鼓励多渠道、多形式社会集资办学和全民办学，改变国家包办教育的做法。"民进各地方组织采用多种形式办学，取得了一定成绩. 开办各类学校 135 所，举办各种培训班 1700 多个。1992 年年末，民进中央表彰了 37 所办学有成绩的学校。最近，民进北京市委会正在积极筹办一所寄宿制完全中学"英才学校"，民进中央要继续推进"尊师重教运动"促进全社会树立尊师重教的风尚，"把教育摆在优先发展的战略地位"要成为全民共识。

贯彻、落实纲要是一项艰巨复杂的任务，要依靠各级政府和社会各界力量共同努力，才能完成这项光荣使命。教育发展的希望在教师。要采取切实措施提高教师的素质，提高教师的社会地位和经济地位，改善教师的工作、学习和生活条件，以稳定教师的队伍。

人大代表和政协委员都是非常关心教育事业的，通过这次大会，必将对教育事业产生重要影响，从而提高全民族的政治、文化素质，以适应 21 世纪宏伟事业的要求。

（原载于《光明日报》1993 年 3 月 12 日）

发扬爱国主义传统
加强爱国主义教育①

　　爱国主义是一面旗帜，在我国历史上，它曾动员和鼓舞全国人民团结奋斗，在维护祖国统一和民族团结、抵御外来侵略和推动社会进步中，发挥了重大作用。爱国主义已成为我国各族人民共同的精神支柱。有了这个精神支柱，我们的国家和民族自强不息，产生了伟大的凝聚力和生命力，爱国主义是中华民族凝聚力的重要体现。

　　爱国主义是一个历史范畴，在社会发展的不同阶段、不同历史时期，有不同的具体内容。在当前我们进入建设有中国特色社会主义的新时期，爱国主义被赋予新时代的内容，需要联系建设有中国特色社会主义的理论，主要表现为献身于建设和保卫社会主义现代化的事业、献身于促进祖国统一的事业。

　　爱国主义不是一个抽象的概念，也不是一句口号，而是一个民族和一个公民的思想道德素质和精神面貌的具体表现，是充满实际内容的思想与活动。在新民主主义革命胜利、社会主义制度建立以后，社会主义

---

① 这是在中共中央宣传部召开的爱国主义教育座谈会上讲话。

现代化建设成为全国人民共同奋斗的目标。改革开放的目的是为提高社会主义的生产力、增强综合国力、提高人民的物质文化生活水平，是坚持社会主义制度的自我完善。爱国主义与改革开放是一致的。爱国就要维护国家的声誉和尊严。维护国家的声誉和尊严，应该成为每个公民和干部应尽的义务和自觉行动，损害国家的声誉和尊严，就是违背了一个中国人的起码道德。爱国就要维护祖国的统一。对于背叛国家、出卖民族的人，要严加惩处，他们是民族的败类，是永远得不到人民的原谅的。

爱国主义和社会主义在本质上是统一的，当前全国人民越来越自觉地认识到，社会主义是中国人民的历史选择，是中国走向现代化的必由之路，只有社会主义能够救中国，只有社会主义能够发展中国。正如邓小平同志所指出的"中国人民有自己的民族自尊心和自豪感，以热爱祖国，贡献全部力量建设社会主义祖国为最大光荣，以损害社会主义祖国利益、尊严和荣誉为最大耻辱"。这是对我国现阶段爱国主义特征的精辟概括。我们要始终高举爱国主义和社会主义这两面旗帜，沿着建设有中国特色社会主义的道路不断前进。

当前思想工作的重要任务是加强爱国主义的教育。在进行此项思想教育的时候，需要联系当前的政治、经济、文化生活中的实际情况，有的放矢。进行爱国主义教育要从小抓起，首先要摈弃崇洋媚外的思想。爱国主义与崇洋思想是对立的，尽管我们国家现在同世界上发达国家相比，在经济实力和人民生活水平上还存在差距，但是我们有优越的社会主义制度。中华民族是以聪明、智慧、勤劳、勇敢著称于世界的，以邓小平同志为总设计师的党和国家领导集体，提出了建设有中国特色社会主义的理论、路线和方针政策，找到了一条由穷变富、由落后变先进的社会主义道路，沿着这条道路前进，中国的面貌发生了欣欣向荣的可喜变化。实践告诉人们："坚持一个中心、两个基本点"的基本路线，热爱有中国特色的社会主义制度，就是最实际、最根本的爱国主义。

在学校进行爱国主义教育，核心要有一支高素质的教师和思想政治工作队伍。教师要以身作则，用自己热爱祖国、热爱中华民族的高尚情操，教育和影响学生。现在的青少年是 21 世纪的主人，是国家的前途和民族的希望。对他们进行爱国主义教育非常重要，从小培养他们爱祖国、爱人民、爱劳动、爱科学、爱护公共财物、爱父母、爱老师的观念，树立一代新风。爱国主义教育要从现在做起并着眼于未来。

全国人民特别是广大青少年，要认真学习和了解祖国的历史，尤其是中国近代史和现代史，这是中国人民爱国主义的斗争史、创业史。在不断的学习中会增强民族的自豪感和凝聚力。

进行爱国主义教育要在新的历史条件下继承和发扬爱国主义的传统，要体现在实际行动中。国家要有计划地建设各级各类图书馆、展览馆、文化馆、美术馆等，免费对青少年开放，通过形式多样、丰富多彩的活动，对青少年进行爱国主义教育；在名胜古迹和旅游地区，也要渗透爱国主义的内容，使青少年和全国人民既饱览了祖国的大好河山，又潜移默化地受到爱国主义的教育。通过对名人故居的建设，使人们学习到历代爱国主义英雄人物的思想精华，学习那些献身于社会主义现代化建设的模范人物的高尚品质和爱国主义精神，从而树立起爱国、爱民的高尚情操，立志为祖国的繁荣昌盛贡献力量。

中国民主促进会和其他民主党派一样，具有光荣的爱国主义传统。在中国共产党的领导下，走过了近五十年的战斗历程，始终高举爱国主义和社会主义的旗帜，在社会主义革命和建设中，作出了自己的贡献。民进是以从事教育文化出版工作的知识分子为主要成员的参政党，从事教育工作的会员占大多数，民进各级组织要调动广大会员的积极性，广泛深入地进行爱国主义教育，同时结合自己的工作和特长，为开展各种形式的爱国主义教育活动献计出力，为社会普及爱国主义教育多做实事。

（1993 年 4 月）

坚持"三个面向" 培育中华英才①

1983 年 9 月，邓小平同志为北京景山学校题词："教育要面向现代化，面向世界，面向未来。"至今已近十年了，十年来，全国广大教育工作者在"三个面向"战略思想指引下，积极进行教育改革，教育工作进入了一个崭新阶段。

1983 年，正是我国进入全面开创社会主义现代化建设新局面时期。我们又面临世界范围新技术革命的挑战。在这样新形势下，邓小平同志以极其简明的语言，概括了新的教育观。"三个面向"，指明了新的历史时期整个教育工作的战略方向，也指明了教育改革的正确道路，既有充分的理论根据，又是切中时弊的英明决策。它的提出是中国教育发展史上的一个战略性的转折。

"三个面向"的题词体现了邓小平同志一贯重视教育的战略思想，我们要不断学习，深刻理解它的精神实质。教育要面向现代化，就是要使教育更好地为社会主义现代化服务，为我国社会主义建设培养各方面的人才。教育本身也要现代化。教育要面向世界，就是要打开眼界、放

---

① 为纪念邓小平同志"三个面向"题词十周年而作。

眼世界。教育要培养能参与国际竞争的社会主义中国的现代公民。教育自身不能脱离国际竞争和国际教育形势。教育要面向未来，就是教育的规划要有超前性，要为未来的社会和经济发展培养人才。要考虑未来的需要，要使教育与世界范围内科学技术发展相适应。还要考虑未来共产主义大目标，加强共产主义思想品德教育。"三个面向"是一个统一体。统一于一个目标，这就是为实现社会主义现代化培养人才，创办有中国特色的社会主义教育。

我国中小学教育如何按照"三个面向"的战略思想进行改革？目前中小学教育存在的主要问题，是脱离我国社会主义现代化建设实际，脱离少年儿童身心发展的实际，面向升学竞争，形成层层选优、层层淘汰，以适应各级选拔考试需要的"应试教育"、传统教育，有些学校教学内容只注重要考的课程，对学校、教师、学生的评价，只看升学率高低。我们今天进行中小学整体改革，就是要按照 21 世纪我国社会主义现代化对人才素质的要求，向学生实施"全面发展、发展特长"的教育，也就是"素质教育"。要以"三个面向"的思想为指针，使传统教育、"应试教育"、逐步向"素质教育""现代教育"转化。"三个面向"的教育，就是要使办教育的人教育思想和教学思想现代化。要提高人才素质，提高受教育者的素质，必须提高教育者的素质。受教育者的主要领域是学校，学校的主要教育者是教师。

当前我国中小学教师队伍的现状和素质是：

（一）数量不足、师心不稳

要实现提高全民族素质的目标，必须有一支强大的教师队伍。我国目前师资力量和国家需要出现尖锐的矛盾。基础教育的师资远远不能适应我国教育事业的需要。除师资短缺外，更严重的是在教师队伍中出现人心不稳的现象。教师地位低下，工作辛苦，生活清贫。当前随着市场经济的发展，人才、劳务走向市场，有不少教师弃教"跳槽""下海"，投入经济事业。据悉 1992 年仅北京市东城区各校中小学教师流失高达一百九十六人（大多数在四十岁以下），北京市通县中小学由于教师流失和离退休，全县七千余教师中，代课教师一千五百人，占教师总数百分之二十以上，有丰富经验的骨干教师，随着年龄的增长而离退休。师范院校毕业的新教师，教学能力的培养有待时间，不少新教师不安于教学岗位，怀着改行的心理，教师队伍的整体素质必然受到影响。

（二）文化水准低，知识老化，能力不足

我国对小学、初中、高中教师的学历要求分别是中师、大专和大学本科毕业，但据资料说明，我国教师队伍达到国家学历标准者，高中为百分之三十九点三，初中为百分之二十七，小学为百分之六十二点八，与标准有很大差距。目前许多中、小学教师面临知识老化的问题，习惯过去的教学方式，未能注重培养学生的能力。"三个面向"的意识薄弱，不能培养高质量现代化人才。

面对当前我国中小学教师的现状和素质，要以"三个面向"的战略思想为指导，培养 21 世纪我国社会主义现代化的人才：

第一，提高教师社会地位及待遇。

教师社会地位及待遇的提高为教师素质的提高和师心稳定创造了条件。工资的高低不单是对一个人劳动的报酬，也是社会、群体对个人工作认可程度的表现，优秀教师理应受到社会的尊重，这样才能激励教师不断提高自身素质。

第二，加强培训、进修，提高在职教师的素质。

在我国今天发展社会主义市场经济的形势下，随着科学文化的进步，教师必须在新形势下不断学习和进修，接受继续教育，吸取新知识，使教师素质不断提高。学校还可聘请社会各界有专长的优秀人才教学，以加强教育与社会的沟通，培养具有新知识、新技术"三个面向"的新人才。

贯彻"三个面向"的方针。除了提高主要教育者——学校的教师以外，还要按照"三个面向"的思想，促进学校教育与家庭教育、社会教育的联系与协作。在人生的各个阶段、各个场所都要受教育。学校、家庭和社会要共同担负起教育下一代的任务。学校教育、家庭教育和社会教育要形成一个相互联系、相互沟通的大系统。目前我国有些地区已创办社区教育委员会，也有一些学校成立了家长委员会。这是未来教育发展的一种趋向。

全社会要树立教育"三个面向"的意识。全国广大教育工作者要坚持"三个面向"，深化教育改革，随着我国社会主义市场经济的发展，培养为社会主义现代化建设服务的各条战线所需要的人才。

（原载于《未来与教育》1993 年第 9 期）

学习和了解祖国历史
增强民族自豪感和凝聚力

　　爱国主义不是一个抽象的概念，也不是一句口号，而是一个民族和一个公民的思想道德素质和精神面貌的具体表现，是充满实际内容的思想与活动。爱国主义与改革开放是一致的。爱国就要维护国家的声誉和尊严。爱国就要维护祖国的统一。

　　当前思想工作的重要任务是加强爱国主义的教育。在进行此项思想教育的时候，需要联系当前的政治、经济、文化生活中的实际情况，有的放矢。进行爱国主义教育要从小抓起，首先要摒弃崇洋媚外的思想，爱国主义与崇洋思想是对立的。尽管我们国家现在同世界上发达国家相比，在经济实力和人们生活水平上还存在差距，但是我们有优越的社会主义制度，中华民族是以聪明、智慧、勤劳、勇敢著称于世界的，以邓小平同志为总设计师的党和国家领导集体，提出了建设有中国特色社会主义的理论、路线和方针政策，找到了一条由穷变富、由落后变先进的社会主义道路，沿着这条道路前进，中国的面貌发生了欣欣向荣的可喜变化。实践告诉人们：坚持"一个中心、两个基本点"的基本路线，热爱有中国特色的社会主义制度，就是最实际、最根本的爱国主义。

在学校进行爱国主义教育，核心要有一支高素质的教师和思想政治工作队伍。现在的青少年是 21 世纪的主人，是国家的前途和民族的希望。对他们进行爱国主义教育非常重要，从小培养他们爱祖国、爱人民、爱劳动、爱科学、爱护公共财物、爱父母、爱老师，树立一代新风。爱国主义教育要从现在做起并着眼于未来。

全国人民特别是广大青少年，要认真学习和了解祖国的历史，尤其是中国近代史和现代史，这是中国人民爱国主义的斗争史、创业史。在不断的学习中会增强民族的自豪感和凝聚力。

进行爱国主义教育要在新的历史条件下继承和发扬爱国主义的传统，要体现在实际行动中。国家要有计划地建设各级各类图书馆、展览馆、文化馆、美术馆等，免费对青少年开放，通过形式多样、丰富多彩的活动，对青少年进行爱国主义教育；在名胜古迹和旅游地区，也要渗透爱国主义的内容，使青少年和全国人民既饱览了祖国的大好河山，又潜移默化地受到爱国主义的教育；通过学习那些献身于社会主义现代化建设的模范人物的高尚品质和爱国主义精神，树立起爱国、爱民的高尚情操，立志为祖国的繁荣昌盛贡献力量。

（原载于《人民政协报》1993 年 5 月 21 日）

在《中国教育改革和发展纲要》座谈会上的发言

　　《中国教育改革和发展纲要》(下文简称《纲要》) 已经公布近半年了，全国都在贯彻落实。今天能参加这个座谈会，很高兴，谈几点自己的设想。

一、认识问题

　　关于教育的重要性，已经讲得非常透彻了，比如"百年大计，教育为本""必须把教育摆在优先发展的战略地位"，等等。又比如，《纲要》规定，到 20 世纪末实现"两个基本"，这都是非常正确、有远见的认识，非常鼓舞人心的规划目标。但是把这些认识变成决策，变成切实的措施，还有相当大的差距，还需要各级政府做出巨大的努力。没有"宁肯牺牲点儿速度，也要把教育搞上去"的决心，没有"优先发展教育"的措施，《纲要》规定的各项目标都会落空。经济建设上不去，国家没希望；教育上不去，国家同样没希望。许多同志对于教育的现状，以为到了非痛下决心来研究解决的时候了。

　　认识到位，必须体现在投入到位；投入是否到位，关键看效果。现在的效果并不理想，甚至在某些方面、某些地区还令人担忧。不仅中小学校，而且高等院校；不仅贫困地区，而且经济较发达的城市和沿海地区，都不同程度地面临着教育经费严重不足的困难。在我们民进组织的调研活动中，一些校长谈起没钱维持学校的正常开支，伤心得泣不成声。教师队伍不稳，流失严重现象由来已久，近一两年更是越来越严重。我们民进北京市委做了一个调查，现在外流教师不仅数量增加，而且2/3以上是青年教师、骨干教师；不辞而别的人逐年增多。更值得重视的是，"人在曹营心在汉"的教师占了相当大的比例。"隐形"流失已经造成师德水准下降，教育教学质量下降的后果。种种现象表明，现在教师的地位离"令人羡慕""令人尊敬"还相差甚远。可见，对教育的认识问题还远远没有解决，教育的战略地位还没有落实。我们殷切期望，各级政府，特别是中央政府真正把教育作为生产性投入，充分认识到没有教育就没有人才，没有人才就没有经济的发展。还有一个对基础教育和职业技术教育的认识问题。现在发展教育的重点，应该是基础教育，特别是义务教育，还要大力发展职业技术教育，因为这是提高劳动者素质的基础。劳动者素质提高了，才谈得上提高劳动生产率，提高经济效益。"211工程"很重要，发展高等教育也需要，但是必须把保证发展基础教育作为前提。

二、教育立法问题

《纲要》要实施，必须有法律来保证。

1. 教育立法要抓紧抓早，比如《教育投资法》《教师法》《职业技术教育法》，都有必要早一点儿制定颁行。

2. 教育法规要符合国情，把可以监督检查的指标规定成法律内容，真正做到有法可依、有章可循。比如"税不进校""30年教龄的退休教师享受全额工资的退休金"，等等。另外，目前义务教育阶段有些办学标准定得太高，脱离实际，不但无法实现，而且弄虚作假应付检查的现象时有发生。

3. 加强宣传，现阶段尤其要宣传好《纲要》，做到各级政府都重视，全社会都重视。

三、教育质量的问题

现在社会舆论比较多的集中在经费、师资等问题上，这是必要的，但是掩盖了教育质量这个根本问题。不少同志认为，教育质量有所下降的现象不容忽视。

1. 教育仍然没有摆脱片面追求升学率的不良影响。从幼儿园起，中小学直至大学都还处在应试教育的阴影之中。要坚持改革的精神，不断完善初中升学办法（即就近入学）；继续调整中等教育结构，发展职业技术教育；进一步改革高考制度。只有这样，才能使教育最终摆脱高考指挥棒，转向素质教育。

2. 德育出现滑坡，要重视研究新时期学校德育的新情况、新问题，加强和改善德育内容、方法。目前，学校德育效果不佳的原因，一是大的社会环境存在着许多不良影响，不健康的以至黄色的书刊、音像制品的传播，都不利于青少年的成长。与此同时，对青少年进行知识性和革命传统教育的场所、设施往往没有发挥应有的作用。比如，中国革命军事博物馆居然因为经费不足，不得不长期举行家具展销搞创收。二是教育者本身素质下降，许多教师起不到为人师表的作用。三是教育思想僵化，教育内容陈旧，教育方法简单，不能适应当前青少年的思想认识实际，也难以解决他们的实际问题，往往事倍功半，甚至劳而无功。

3. 提高教育质量的关键是建设一支队伍稳、素质高、数量足的教师队伍；调动广大教师积极性的根本措施是切实提高教师的社会地位和物质待遇。当务之急，是下决心像解决"白条"那样彻底解决拖欠教师工资的问题。拖欠教师工资和政策补贴是义务教育法所不允许的违法行为。对于挪用教育经费又不及时纠正的责任者，一定要严肃查处，严重的还要绳之以法。在设法提高教师待遇的同时，要加强师德教育，不断提高这支队伍的思想素质和业务素质。

最后，有一个问题也希望引起重视，就是现在对基础学科，对文、史、哲类的教育和研究十分轻视，这是一种没有远见的做法。

（1993 年 7 月 28 日）

在民进办学工作同志座谈会上的讲话

同志们：

在北京美丽的金秋季节，今天和来自全国各地民进办学工作的同志们，欢聚一堂，共叙民进办学取得的丰硕成果，令人愉快和振奋。刚才听了几位民进办学工作同志的发言，我也受到感染和启发。在这里，谨向到会的同志们，并希望通过你们，向参与民进办学工作的教职员工，表示亲切的问候和良好的祝愿。

民进中央对搞好我会的办学工作是重视的。1991 年 6 月，会中央召开民进全国社会服务工作会议，充分肯定了民进各级地方组织在搞好参政议政的同时，积极开展包括办学在内的社会服务工作，为两个文明建设作出了积极贡献。为了总结经验，肯定成绩，进一步推动我会办学工作蓬勃发展，1992 年下半年，在民进七大即将召开之际，会中央评选并表彰了 20 个省、自治区、直辖市民进办学先进集体。其中，授予 20 所学校"民进全国办学先进集体"的光荣称号，并对 17 所学校予以"办学育人成果显著"的表彰。1993 年，民进中央议政调研部和社会服务部承担了中央教科所一项"八五"课题"社会力量举办职业技术教育"中的一个子课题，叫作"民主党派举办职业技术教育"。希望通过这方面的深入调查研究，向党和政府提供有关的决策参考。这也是我会在教育改革和发展中参政议政的一项重要工作。

我会办学工作取得的成绩是十分喜人的。我会各级组织在当地党和政府有关部门的支持下，根据自身优势和社会需要，多形式、多渠道办学。据不完全统计，截至1993年底，我会共举办各级各类学校192所，各种短期培训班74个，在读学员近10万人。历年累计培训学员94万人，其中，1993年当年结业学员76 000人。我会的办学工作紧紧围绕经济建设这个中心，为社会培养了大量急需的人才，作出了突出的贡献。

根据我会办学工作的实践，我想着重讲四点意思。

第一，民进办学工作坚持贯彻党的教育方针，教书育人。刚才不少同志的发言体现了这一条基本的办学原则。同志们在办学中开拓进取的精神是十分可贵的。在社会主义市场经济的条件下，如何更好地贯彻党的教育方针，培育四有新人，需要我们积极探索，不断总结，使我们的办学工作沿着正确的方向前进。

我想说的第二点意思是，在办学工作中要进一步发挥民进的政治优势和智力优势。我会在教育领域有一定的优势。我们的教师会员热爱党的教育事业，有比较丰富的教育、教学经验和认真负责的精神。有许多离退休教师会员在民进办学工作中是骨干和中坚力量，并且起到了模范带头作用。通过我会的办学工作，扩大了民进的影响，赢得了广泛的赞誉。

第三点，要继承发扬艰苦奋斗、无私奉献的办学精神。民进办学，在许多地方是白手起家。从一间一无所有、简陋的房子，发展到一所设施较为完备的学校，付出了多少辛勤的汗水！而学校发展了，艰苦奋斗的精神不能丢。我会参与办学工作的同志只求奉献、不讲索取，我会的办学工作以服务为宗旨，注重社会效益，因而获得党和政府的肯定和宝贵的社会信誉。

我要讲的第四点意思是，民进各级组织切实重视并加强我会办学工作的领导，是我会办学工作不断迈上新台阶的重要保证。我会开展办学工作产生了日益显著的社会效益，是我会团结广大会员及所联系的知识分子，发挥优势，为我国现代化建设积极作贡献的一种好形式。我会工作要继续坚定不移地服从和服务于经济建设这个中心，在搞好参政议政的同时，进一步搞好我会的办学工作。我会的办学工作以及民办教育事业，在发展中不可避免地遇到某些问题和困难。例如，资金不足，租用校舍的经济负担日益沉重，教育、教学和学校管理的整体水平有待进一步提高，以及"生源大战"、无序办学的不正常现象，和在某些地方旧的教育体制残存下来的"统"得过死的干扰，等等。这些问题都要在深化教育改革的实践中，不断探索，逐步解决。

民进中央参与举办这次"民办教育研讨会"，就是要进一步学习、宣传、贯彻今年全国教育工作会议精神，交流办学经验，深入研究存在的问题，并提出意见、建议。民办教育在我国改革开放事业中是新生事物，它的成长需要有一个健康、宽松的环境，而保证民办教育活而有序发展的根本措施，是制定必要和完善的法律、法规。民主党派要依法办学，政府部门应依法管理。

同志们！

大家从五湖四海、四面八方来到北京，来到民进中央，就是回到了家里！

在这里，我再一次衷心祝愿同志们健康、愉快！

祝愿同志们在民办教育研讨会上获得丰收！

祝愿民进办学工作再上新的台阶！

谢谢同志们。

（1994 年 10 月 29 日）

人的素质是经济社会发展的重要因素

当前，我国的经济建设正在快速发展。在发展的过程中，全国逐渐取得了一个共识，这就是江泽民同志所讲的，要把经济建设工作真正转移到依靠科学技术和提高劳动者素质的轨道上来。在当前的实际生活中，我们时时感到，人的素质已经成了制约社会发展和经济建设的重要因素。可以这样说，没有很高的民族素质，就没有国家的现代化；如果现在我们再不以极大的力气提高全民素质，我们的经济建设不但不会持续、稳定、快速地发展，而且，已经取得的成就、改革开放的大好形势还可能丧失。现在不少人经常感叹人的素质下降，各项工作滑坡。单是抱怨是没有用的，重要的是大家一起动脑动手，多做些对于提高民族素质有益的实事。

人的素质包括了道德素质、文化素质、身体素质等相互依存不可分割的各个方面。当然，其中最重要的还是道德思想素质。可是，如果没有较高的文化素质也就无法接受高尚的思想品德的陶冶和教育，这在现代的社会里尤其明显。因此可以说，提高民族的文化素质是全面提高民族素质的不可缺少的条件。

提高全民族的文化素质，要靠社会、家庭、学校三个方面一齐努力，相互配合，彼此协调。而学校是对人进行系统的、全面的、更为科学的培养训练的场所，因而搞好学校教育，是提高民族文化素质的主要途径。在加强教育工作的过程中，软件建设的迫切性日益突出来。实际上，教育的最重要的问题还是让学生得到高质量的现代科学的教育。这就需要大批高素质的教师和管理人员。

我国有大约 1 000 万教师。从总体说，这支庞大的队伍基本上是适应当前社会的需要的。但是，如果我们着眼于 21 世纪，着眼于参与全世界的竞争，着眼于中国未来可能面对的风风雨雨，就要看到，我们的教师和教育管理人员的素质还亟待提高。我希望有更多的同志来研究提高现有这支队伍的素质，培养高水平的未来的教师问题，并且尽力为此多做些实实在在的工作。

(原载于《光明日报》1994 年 12 月 4 日)

致孤独症研讨会的贺词

　　热烈祝贺全国儿童孤独症研讨会的召开！这次研讨会由北京市社会学会社会福利研究组联合北京市孤独症儿童康复协会和北京医科大学精神卫生研究所共同举办，这象征着社会工作正在和家庭、社区以及医学专业相结合，而且这三个单位中有两个志愿社会团体，标志着民间组织开始兴起，并且自发地肩负起帮助有困难的人、解决社会问题的高尚使命，这是一个可喜的现象。

　　儿童孤独症是一种严重的发育障碍疾病，不但影响儿童的全面发展，而且影响家庭的幸福和社会的安全。在当前改革开放、国家腾飞的形势下举行这次研讨会是十分需要且合乎时宜的。会议邀请海外学者专家前来讲学，还有国内有关专家的报告，一方面学习先进经验，同时开展多学科交流以及现场示范观摩。我相信这次研讨会对于我国儿童孤独症的研究、诊疗，以及对患儿的教育和康复事业的迅速发展，将起积极的推动作用。

　　预祝研讨会圆满成功！

（1995 年 10 月 30 日）

在纪念义务教育法颁布十周年
座谈会上的讲话

《中华人民共和国义务教育法》颁布、实施已经十周年了！这十年，在我国实施九年义务教育的历史上创造出了值得记载的辉煌篇章——人们不会忘记义务教育法颁布后兴起的人民办教育的热潮；不会忘记中小学办学条件所发生的历史性变化；不会忘记基础教育的一系列改革和取得的可喜成就……十年在历史长河中只是短暂瞬间，但这十年中，各级政府依法治教，人大、政协等部门依法督教，全国人民热情支教，使我国基础教育发生了巨大变化。十年来，基础教育事业的改革发展所取得的巨大成就，显示了贯彻实施义务教育法的威力，为 20 世纪 90 年代乃至 21 世纪初叶我国教育的改革和发展奠定了良好基础。

义务教育法是确保基础教育事业发展的法律依据。实施义务教育，是全面提高中华民族素质、进行社会主义现代化建设的根本大计，也是我国实施"科教兴国"战略、实现经济体制和经济增长方式两个根本转变的奠基工程。在我们这样一个人口众多、各地区经济发展和文化教育基础差异很大的国家普及九年义务教育，今后的任务还非常艰巨。目前，我们的基础教育工作还存在许多困难，尤其在农村和边远、贫困地区，实施义务教育的两大必要条件——师资和办学经费问题仍然十分突出；一些地方还有不切实际、盲目攀比、搞形式主义的倾向；有些地方存在着有法不依、执法不严、违法不究的现象。面对这些问题和困难，我们必须进一步贯彻落实义务教育法，增强法制观念，严格依法治教，这是我们克服困难的根本保证。

20 世纪 90 年代的最后五年，是实现我国经济和社会发展战略目标的关键时期，也是确保到本世纪末全国基本普及九年义务教育和基本扫除青壮年文盲目标实现的决定性阶段。在前不久召开的八届人大四次会议上，李鹏总理在所作的报告中，把实现基本普及九年义务教育，基本扫除青壮年文盲方针列入了"九五"计划目标和 2010 年远景目标，表明了党中央和国务院确保"两基"目标实现的信心和决心。我们要紧紧抓住本世纪内的最后五年时间，依靠各级政府和全社会的共同努力，继续深入贯彻执行义务教育法，进一步落实教育优先发展战略地位和义务教育"重中之重"的地位，为促进我国义务教育事业在本世纪末迈上一个新的台阶而奋斗！

（1996 年 4 月 15 日）

就职业教育法颁布答记者问

5月15日，八届全国人大常委会第十九次会议审议通过了宗旨是为实施科教兴国战略，发展职业教育，提高劳动者素质，促进社会主义现代化建设的《中华人民共和国职业教育法》。职业教育法的颁布实施是我国职业教育发展史上的重要里程碑，为职业教育的发展与改革提供了有力的法律保障，赢得社会各有关方面的拥护与支持。因此，记者田波就职业教育法的颁布实施，采访了中国民主促进会主席雷洁琼。

记者：雷主席，作为中国民主党派之一的中国民主促进会，多年来一贯积极宣传倡导大力发展职业教育，职业教育法的颁布，您一定感触很深吧。

雷洁琼：是的。职业教育法已颁布，并将于今年9月1日起正式实施；最近又召开了全国职业教育工作会议，我们民进广大会员深受鼓舞，拥护这些决策和部署。

记者：雷主席，请您谈谈民进是如何为发展我国职业教育工作进嘉言，献良策的。

雷洁琼：多年来，民进十分关心我国职业教育工作，并把为这项教育事业的改革与发展献计献策，作为全会参政议政工作的重要内容。早在 1990 年，民进中央就对发展职业教育的问题开展了专题调研，发动全会各级组织，依靠会内外的有关人士调查情况，研究问题，征询意见和建议，历时半年之久，形成了民进中央关于发展中等职业技术教育的建议书，报送中共中央。1991 年全国政协七届四次会议上，民进中央已故副主席葛志成代表民进中央作了"全社会都来关心和重视中等职业技术教育的发展"的大会发言。在全国政协八届一次会议上，民进提交了《尽早制定〈职业技术教育法〉》案。

记者：雷主席，请您介绍一下民进中央是如何围绕职业教育发展的目标和任务，针对发展过程中遇到的困难与问题，提出意见和建议的。

雷洁琼：概括起来分这样几个方面。第一，提高认识。首先是提高各级党政领导对发展职业教育重要性的认识。在 1990 年的建议中提出，发展职业教育"应该是各级政府领导班子的整体责任，特别应该成为主要负责人目标责任制中的一项重要内容；考核、评估工作实绩的标准之一"。其次是提高企业、行业支持、依靠职业教育的自觉性。要做到这一点，既要加强宣传和教育，更需要运用政策导向和法规手段促进企事业单位主动承担应尽的职责和任务。第二，理顺和加强管理体制。葛志成副主席在政协大会发言中强调，应逐步实行办学、考核、录用相互制约又相对独立的管理体制。指出，职业教育，特别是中等职业教育主要是地方事业，要加强地方的统筹、领导。第三，建立和完善提高专业教师队伍素质的机制。民进多次建议，建立适应职业教育的教师职称系列，实施教师职称和相关专业的技术职称并行的"双职称"制度。第四，建立和健全与职业教育发展相适应的服务体系。这个体系应当具有教材建设、师资培训、信息咨询以及科学研究等职能。

记者：雷主席，在职业教育法制定过程中，民进中央做了哪些工作？

雷洁琼：加快立法，促使职业教育走上以法治教的轨道，是民进的一贯主张。民进不但一再呼吁职业教育要立法，而且对立法的原则、法律的主要内容等方面都提出了具体意见。民进中央在历次重要的参政议政活动中都得到中共中央、国务院以及国家教委的支持和鼓励，提出的许多意见和建议得到肯定。比如，中共中央办公厅在对民进中央《关于发展中等职业技术教育的建议》的复函中提到，国家教委"认为这个《建议》十分重要，所述各项内容均属当前职业技术教育发展中应该加强和解决的重要问题，并已充分吸收，体现在全国职业技术教育工作会议的文件、报告之中"。

职业教育法的颁布实施，充分说明党和政府对职业教育的重视。我们民进有决心、有信心为宣传、贯彻职业教育法继续献计献策，作出应有的贡献。

（原载于《教育与职业》1996 年第 9 期）

"三个面向"

——我国教育改革和发展的一面旗帜①

今年国庆节，是邓小平同志为北京景山学校题词"教育要面向现代化，面向世界，面向未来"发表 15 周年。小平同志的这个题词不是一般的题词，它是邓小平理论的重要组成部分，是整个我国社会主义建设事业的指导思想，而对教育来说则更有其特殊的意义，是邓小平教育思想的核心和精髓，是具有中国特色和时代特征的马克思主义教育理论，是面向 21 世纪中国教育改革和发展的战略方向和指导方针。

从 1978 年中国共产党的十一届三中全会以来，改革开放的实践证明，邓小平理论是指导中国人民在改革开放中胜利实现建设有中国特色社会主义现代化事业的唯一正确的理论。同样，从 1983 年"三个面向"发表以来，我国的教育事业焕发了蓬勃生机和活力，取得了举世瞩目的成就，实践证明，"三个面向"是中国教育改革和发展唯一正确的战略指导思想，是把建设有中国特色社会主义教育事业全面推向 21 世纪的

---

① 本文是为北京景山学校出版《在"三个面向"旗帜下》所写的文章。

行动指南。

当今，我们正处在世纪之交的重要历史时期，为了迎接 21 世纪的挑战，为了使我国的教育全面适应现代化建设对各类人才培养的需要，我提出几点希望：

首要的是结合学习十五大报告，全面领会、深刻把握"三个面向"的精神实质，这是学习和实践邓小平理论的一项重要任务，是解放思想、更新教育观念、深化教育改革的思想保证。第二是要从社会主义现代化建设战略全局和中华民族前途命运的高度，千方百计地把教育优先发展的战略地位真正落到实处。正像邓小平同志说的那样，"我们要千方百计，在别的方面忍耐一些，甚至牺牲一点速度，把教育问题解决好"。这是真正实现"三个面向"和"科教兴国"的经济保证。第三，要以"三个面向"为指针，全面贯彻教育方针，全面提高教育质量，面向全体学生，全面推进素质教育，从根本上克服"应试教育"的弊端，把我国的教育事业全面推向 21 世纪。

（原载于《中国教育报》1998 年 10 月 3 日）

给北京市的小朋友们的贺信

北京市的小朋友们:

　　你们好!

　　听说你们在首钢聚会,接受首钢捐车仪式,开展"捐献回收废旧书报杂志钱,还大地绿草绿树"的绿色承诺行动,我很高兴。我很想到你们中间去,和你们一起参加活动,无奈年事已高,所以不能如愿。今天,我特写了这封短信,来表示我对你们的衷心支持。

　　记得在 20 世纪 50 年代和 60 年代初,当时,我们的国家还没有发展起来,生产力水平还较低,人们的生活也不富裕。但是,那时的自然环境却是很美丽的:天空是蓝蓝的,夜空上的星星总是亮亮的,城里城外的小河沟里的水总是清清的,你总能看得见鱼儿游来游去;那时的草木都是绿油油的,鸟类也很多。

　　社会发展了,人们的日子也好过了。但随着工业化的推进,我们生活的环境也出现了一些不良现象。有的地方水脏了,树林减少了,大气质量下降了,物种也灭绝了不少。

　　为了能让我们在一个清洁、优美的环境中学习、工作、生活,也为了让我们人类能世世代代地在地球上健康生存和发展下去,我认为,我们每一个人都应该参与到绿色承诺行动中去，都应该自觉地从自己做起，从现在做起，认认真真地去做好每一件保护生态环境的事情，为人类的可持续发展献出自己的一分力量。

　　小朋友们，你们开展的行动很有意义。保护环境是每一个人都应该尽的义务和责任。你们小小年纪能主动地去做这件事，说明你们很有见识，我为你们而骄傲，我为你们的行动热烈鼓掌！

（2001 年 6 月 19 日）

唯有素质不能引进

——答《光明日报》记者孙献韬问

记者： 您曾担任过许多重要的社会职务，哪一种工作是您最喜爱的？

雷洁琼： 说到底我只是一名老教师，在所有称呼中，我最喜欢教授这个头衔。虽然做过一些社会工作，但我一直也没离开过讲台。前两年还在为北大社会学系带博士生呢。这两年老了，带不动了。

记者： 一边当教师，一边以国家领导人的身份参加重大事务决策，您怎么看教育在国家发展中的作用？

雷洁琼： 1993年，国务院颁布实施《中国教育改革和发展纲要》，我在你们《光明日报》上发表了一篇文章，题目就叫《教育是社会主义现代化建设事业的基础》。

改革开放之后，似乎什么东西都可以引进，但唯有人的素质不能引进。要想提高人的素质，唯有依靠教育事业的发展，依靠教师的培养。所以我总是对他们讲，教师是国家的宝贝，一定要想办法让教师拥有很高的社会地位。振兴中华，教育为本。

记者： 在北京广渠门中学的楼顶上，有您题写的"宏志班"三个字。您怎么看贫困家庭子女的教育问题？

雷洁琼：广渠门中学的"宏志班"开了个好头，我还专门去看过那些有志气的好孩子。现在全国各地都有"宏志班"，解决了许多穷孩子的上学问题。但要解决所有贫困孩子的读书问题，那就要靠全面贯彻实施教育法了。

我记得 1995 年教育法颁布实施以后，全国人大及政府部门相继推出了高等教育法、职业教育法、教师资格条例、教育督导条例、中外合作办学暂行规定等配套性法律法规。只要各地能够不折不扣地按照教育法的精神来办教育，相信所有的孩子，包括贫困家庭子女，都能得到很好的教育。只要长期坚持实施全民义务教育，中国人的整体素质就会一代更比一代强。

记者：您现在还是北京大学教授、博士生导师，您能讲讲带研究生方面的情况吗？

雷洁琼：从 1982 年北大社会学系恢复以后，到现在我一共带了十几个研究生，最早的两个现在已经是社会学系的教授了。我的社会工作比较多，但我还是要抽出时间来指导他们，特别是在对妇女、家庭的研究方面讲得多一点。最后一个博士生已经在 2001 年毕业。现在北大社会学系领导还来找我讨论一些问题，让我给系里的教学工作提点建议。

记者：看到您老身体这么好，我们都很高兴。顺便问一句：您愿意把养生之道讲给《光明日报》的读者听吗？

雷洁琼：我哪有什么养生之道？这都是年轻时打下的好底子。很小我就会骑自行车了，这在当时可是个了不得的大本事；在美国留学时，我还学会了骑马。所以啊，年轻时加强锻炼很重要；不要等老了，再去练这个功那个功。现在锻炼是谈不上了，就是要求自己经常思考点问题，只要脑子不出毛病，其他"零件"的机能也都可以保持得很好。平时看看书、读读报，对脑子也是一种锻炼吧。

（原载于《光明日报》2003 年 7 月）

家庭教育与妇女教育

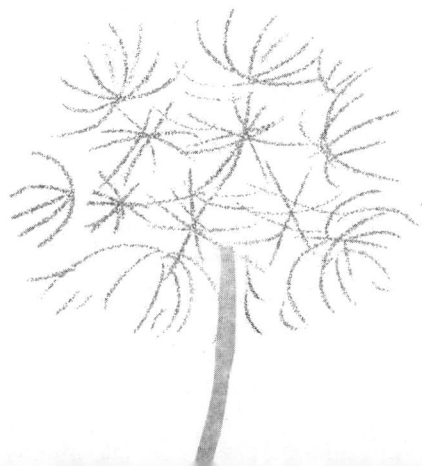

中国家庭问题研究讨论

　　我国海禁未开以前，社会组织基于农业生产与手工业，家庭为自给自足的单位，家庭制度为一切社会制度的中心；社会上一切活动，都集中于家庭，社会上一切行为，都以家庭福利为标准。社会一切事业，无不由家庭的意义扩而充之，家庭为社会的缩影具有政治经济教育宗教等功能。个人的社会地位因其家庭的地位而决定。个人若不见容于家庭则不能生存于社会。故个人对于家庭的义务责任，比对于社会任何集团为重要。个人的行为，视乎能否维持家庭的和谐、声望与继续，而定其善恶。所以孝为我国最高道德，"万善以孝为先"的观念，成为一般人行为的规范。故中国社会，个人实为家庭的附庸，家庭始为社会的单位。

　　自海通以来，我国与西洋国家发生关系。沿海都市渐趋于工商业化。手工业不能维持其固有地位，农村经济崩溃日渐严重，我国固有经济基础为之摇动。同时由于西洋社会思想与家庭观念传入的影响，我国固有家庭制度因之不适于时宜，不满于人意。"五四"时代，国人对于固有家庭制度，批评不遗余力。旧家庭制度的弱点，暴露无遗，尤其是提倡新文化的《新青年》与《新潮》，对于我国固有家庭制度，攻击尤甚。认为固有家庭制度束缚了个性思想发展，违背了自由平等原则，阻碍了社会改造。

青年受此种思想影响，往往不满意于家庭，而社会种种制度，惰性甚深，改革不易。在这种情形之下，青年代表社会一种新势力，家庭制度代表社会一种旧势力。这两种势力的冲突，造成中国很多家庭问题。

近年苏俄革命成功，苏俄社会思想传入我国，苏俄家庭观念与西洋家庭观念不能调和。西洋国家家庭问题的严重，引起国人对于西洋国家小家庭制度的怀疑。关于我国新家庭制度的采纳，意见分歧，有主张采纳西洋式的小家庭制度，有主张苏俄式社会化的家庭制度，有主张废除家庭制度，有主张折中家庭制度。（参看潘光旦《中国之家庭问题》，上海新月书店，1928 年 3 月，115 至 123 页。——原注）对于家庭制度既有不同的主张，社会未能得到共同承认的标准。各以个人主张为行为标准，各行其是。从近年来国人举行婚礼的种种不同仪式，可以表现社会对于家庭观念之纷乱。旧的行为标准失其固有意义，新的行为标准未得社会认可。人的行为失了共同规范，各以其个人的伦理观念为标准。家庭分子每因个人经验教育的不同，对于家庭观念各异。家庭分子间如夫妇或父母子女不能调适，家庭因之解组而至破裂的不可胜数。

家庭制度实为社会制度之一种，其他经济政治教育宗教制度与家庭制度均有密切关系，家庭制度改变足以影响于其他社会制度，经济政治教育宗教之改变，亦足以影响家庭制度。盖社会组织之形成，由于各种社会制度的一贯与调适，故一种社会制度改变，其他社会制度也因之而改变。要是一种社会制度改变了，而其他制度不随之而变，则社会制度失调，产生社会问题。我国与西洋文化接触后，政治经济教育宗教制度急变，社会组织经济基础崩溃，我国固有家庭制度却不能随之而改革，家庭制度不能调适于其他社会制度，固有家庭制度因之发生问题。

总括言之，中国家庭问题发生：一由于固有的大家庭制度不调适于变迁中的社会。具体一点说，农业社会的家庭制度，不调适于趋于工业商业化的社会。二由于家庭分子间人格不适调而至家庭解组家庭破裂。前者为失调家庭问题，后者为破裂家庭问题。（失调家庭就是不能调适社会的家庭，如贫苦家庭或家庭内部不能调适的家庭；破裂家庭就是家庭因离婚、死亡而家庭分子离散的家庭。——原注）家庭问题实为我国的一个重要问题，前面已说过，家庭为我国社会组织的中心，家庭不调适，则社会不能安宁。家庭为人的情感寄托机关，家庭分子间的密切关系，给人以愉快生活经验，满足人的基本欲望。但是这种密切关系如不能调适，人的情感无所寄托，不独陷人于痛苦之境，减低人的工作效率，且影响人的精神健康。据美国一位精神心理学家的研究，美国很多精神病人为家庭之不固定，家庭生活之不满意，以至情感无所寄托或情绪不调适所致。因家庭纠纷而至犯罪自杀的亦不少。据最近中国统计，自杀的各种原因中家庭纠纷约占百分之二十五强。（国民政府主计处统计局编《中华民国统计提要》。——原注）。由此可知家庭之不安定影响于社会安宁甚大。家庭又为人格的养成机关，尤其是中国儿童教养机关落后，如婴儿院、幼稚园、托儿所等缺乏，儿童教养的责任全由家庭负责。儿童健全人格的养成，全赖乎生长于良好家庭。所谓良好家庭就是父母能和谐合作，认识社会时代之需求，明了儿童的天性，家庭生活能使儿童长大时适合于社会，有贡献较大的社会生活。家庭若不调适于社会，家庭分子间若有纠纷而至家庭解组或破裂，子女品格方面必受影响，子女教养必发生问题。可见家庭问题之不解决，足以影响国民的道德与人格。我国家庭问题，近年来从各城市报纸的记载，从作者自己的观察与亲友的报告来看，日渐严重，社会因家庭问题而发生种种不健全的现象。作者相信我国家庭的不调适于社会，家庭内部种种的纠纷，实为社会紊乱及社会秩序动摇的一个原因。欲谋社会问题之解决，国人当谋家庭问题之解决，采纳新家庭制度使之调适社会，并减少家庭冲突。故对于家庭问题当作系统的客观研究。

研究我国家庭问题必先明了固有家庭组织的基本观念与家庭的功能与结构，并须探究今日家庭的实况。然检阅我国近年出版书籍，民国九年始有专书讨论家庭问题，直至民国二十四年止，据作者所知，以专书论述我国家庭的连翻译的计算在内，尚不及三十本。（讨论家庭部分问题如结婚恋爱等问题的书籍不算。——原注）除易家钺、罗敦伟合著的《中国家庭问题》，潘光旦的《中国之家庭问题》，李景汉的《北平郊外的乡村家庭》，麦惠庭的《中国家庭改造问题》，陶希圣的《婚姻与家族》，吕诚之的《中国宗族制史》及言心哲的《农村家庭调查》，Su sing Gin's *The Chinese Family system*，H. P. Wilkunson's *The Family in Classical Chinese* 和 S.O. Gumble's *How Chinese families live in Peiping* 十本讨论关于中国家庭制度及家庭问题外，其余的都是讨论普通的家庭制度。至于我国家庭实况的调查，直接的有李景汉的《北平郊外的乡村家庭》，言心哲的《农村家庭调查》及 S.O.Gumble's *How Chinese families live in Peiping*；间接的有调查农工阶级生活程度的各种报告。而上述诸作偏重于家庭经济调查，略而不详（关于农工阶级生活程度调查报告，现已出版九十余种。参看言心哲《生活程度研究方法讨论》，《社会学刊》五卷一期。——原注），实不足为我国今日家庭实况调查的文献。近年以来讨论家庭问题的文字，见于报章杂志的甚多，唯多数为不注重家庭实况，只凭理想或主观偏见的言论，或关于家庭改造方案或家庭改良办法的文字。总之关于研究我国家庭制度与讨论家庭问题的有价值的文字，殊觉缺乏。国人对于家庭制度没有研究，对家庭问题没有认识，无怪我国家庭问题近年之愈见严重。

我国现在家庭，大概可分两大类。一为沿海都市的家庭，直接或间接已受西洋或苏俄社会思想所影响，多数已采纳或趋于采纳西洋小家庭制度。一为中国内地的农村家庭，未直接受西洋或苏俄思想所影响，仍保持固有家庭制度观念。家庭环境不同，组织与生活不同，其问题当然不同。故研究我国家庭问题，必先了解都市家庭与农村家庭的同异及这两种家庭的现实情况。我国固有家庭制度，为父治父权父系与家长制的家庭制度。维持家庭分子间的关系赖乎孝顺贞节与容忍的观念，普通家庭观念全国大致相同。然各地风俗习惯不同，家庭组织与生活因之而异，故非就各地选择范围研究，不能得悉我国家庭实况，更无从发现其问题。如沿海都市家庭，我们都知道因外来文化影响与环境不同而变迁，然而家庭的功能与结构如何变迁，变迁到什么程度，变迁的趋向如何，家庭分子能否调适于变迁过程中的家庭，社会对于家庭变迁的态度如何，都待研究。农村家庭多数未直接受外来文化影响而改变，唯近年来农村经济破产，需要注意农村固有家庭制度与生活是否能调适于现代国家社会；近来交通方便，乡村与都市接触较易，农村家庭是否随着家庭的趋向而变迁，在这变迁过程中发生什么社会不调适现象。盖家庭问题发生于家庭功用与结构的变迁，故研究家庭问题必须实地客观研究家庭组织实况与变迁。

家庭人口为家庭组织要素之一。家庭人口的多少关系于家庭福利，社会经济，民族品质甚大。家庭人口适度问题视乎社会经济组织与文化程度而定。我国家庭素以大家庭制度闻于世。故说到中国家庭的结构，就以"九世同居""五代同堂"一类的文字来描写，以为中国家庭都是几代同居。但是根据近来研究人口的学者调查农工阶级生活程度的报告，我国家庭人口数目在四口至六口的占最大比例。家庭三代同居的甚少，而三代同居的家庭家主又多为寡母。这种结论当然不过是一种平均数目。再从我国生育率与婴儿死亡率来看，根据人口学者的研究，我国生育率与婴儿死亡率都比世界任何国家为高。（参看陈达《人口问题》。——原注）由此推想，我国家庭所生子女数目甚高，唯家庭现存子女数目不见得很高。家庭人口不如我们想象的这样大。那么问题不是家庭人口太多，而是生得多死得多，几代同居的家庭日趋减少，家庭对于亲属的责任问题，尤其是子女对于老年父母赡养问题，孤儿寡妇经济能力不足的人救济问题尤其严重。但是这种现象是否普遍于各种家庭？曾受教育阶级的家庭与未曾受教育阶级的家庭有差别否？不同职业阶级的家庭有差别否？职业妇女与职业妇女的家庭有差别否？子女数目在各种家庭之增加与减少的趋势如何？对于节育观念如何？婴儿死亡率的情形与原因如何？这些皆与家庭大小有关系，研究我国家庭大小问题的都当注意。现代我国大小家庭制度并存，研究我国家庭的大小当注意家庭的定义：如以自然家庭为家庭，当注意家庭子女数目，就是每对夫妇所生子女数目，与现存子女数目。如以经济家庭为家庭，则当注意家庭人口组合，就是家庭内同居共食人数。明了家庭人口实况，始知我国人口是否过多或过少，解决问题始有所根据。

家庭经济状况，亦为家庭组织的基础。家庭经济状况当然与社会经济状况有密切关系。我国贫穷普遍，生活程度低，多数家庭入不敷出，可无疑异。近年以来关于劳农阶级家庭的收入支出情形亦有各种调查。劳农家庭生活状况，从数字可以认识，估计四分之三人民是入不敷出，在贫穷线下生活。（参看柯象峰：《中国贫穷问题》。——原注）然贫穷家庭的详细生活情形及其问题实非从数字可以明了。研究家庭的经济基础，家庭的收入支出相抵情形，当然先要调查。然家庭分子的生产消费活动分配，要有详细调查，始能发见家庭问题之真相。家庭入不敷出的原因是社会经济情况致使工资太低，个人生产力的效率低，抑或家庭人口太多，当对于个别家庭作详细研究。妇女对于家庭的经济贡献，从前与现在不同情况如何？妇女从事职业，是否由于家庭的收入不足？从事职业的妇女对于育儿治家如何调适？从事职业的妇女对于家庭态度如何？子女对于家庭经济是否都负有责任？未成年的子女是否要被迫作工以辅助家庭？何种亲属对于家庭有经济贡献？家庭经济入不敷出时，补助办法有几种，影响于家庭怎样？

家庭收入的分配，因社会阶级而不同。贫穷家庭与中上家庭的收入不同，分配自然不同。对这种收入分配不同的家庭作比较研究，可知社会阶级不同的家庭生活的差别。贫穷家庭尽其所入维持最低生活还不够，谈不到过剩资财分配。据调查劳农家庭生活程度的报告，我国劳农家庭收入百分之八十至八十五消费于生活必需品如衣食住水火等，所余百分之十五至二十消费于杂用［参看 L. K. Tao：*The Standard of Living among Chinese Workers*（摘要），Problems of the pacific 1931，The University of Chicago Press，Chicago，1932，pp 52—58。——原注］，而杂用内很多也是生活上必需的东西。中上阶层家庭，除维持生活必需费用外，尚有余财为其他消费。如能详细调查家庭消费种类，则可知我国家庭文化的程度。我国中上阶层家庭消费于迷信婚丧礼仪与无谓应酬不正当娱乐的数目不算少。社会生活高低，每以家庭收入分配而定。生活必需品占收入分配百分数高，生活程度低；生活必需品占收入分配百分数低，生活程度高。反过来说，杂用占收入分配百分数高，生活程度高；杂用占收入分配百分数低，生活程度低。但是一家庭生活高，不一定是文化程度高。要是杂用内包含迷信婚丧礼仪无谓应酬，与不正当娱乐的消费，而非消费于教育、健康与正当娱乐，杂费占家庭收入分配无论如何高，不能说这个家庭文化程度高，故只知家庭收入如何分配，不足以明了家庭经济实况。

至于家庭收入分配之权，属于家庭内何人，更宜详细调查。家庭收入分配是否全握于家长手中，由主妇主持管理，由家长主妇双方共同管理，抑由家长之父母或尊辈掌管，其他家庭分子许可有私有财产否？明了家庭财政管理权之分配的转移，则可知家庭结构的变迁趋向及其产生的问题。社会经济制度变迁，家庭不能不顺变而调适。家庭经济基础因社会经济制度变迁而摇动，家庭功用与结构改变，问题因之而生。总之家庭人口与家庭经济是相关的。家庭人口数目超过家庭生产能力，家庭贫乏，不足以维持最低生活。家庭经济入不敷出，往往可以限制家庭人口，造成溺婴卖子女种种不道德行为。这两种情形都普遍存在于我国社会。

家庭除了要求人口与经济基础调适外，还要求家庭分子间的调适。家庭分子间的调适实为家庭对于社会文化的调适。家庭分子间的关系为当时当地文化所限定，在渐变的社会中，家庭中各人有各人的地位，各人有各人的职务，其应享权利与应尽义务都是很明显的。那么，家庭分子间冲突甚少。我国社会素重伦常，父子夫妇兄弟及其他亲属的关系都有详细规定，为国人历代行为的规范，家庭组织全赖传统思想社会风俗以维持。传统思想与社会风俗在我国有一致性。人民的家庭概念大同小异，家庭分子的行为有共同标准。故家庭分子间失睦事如夫妇失睦、父母子女间的冲突不甚多见。且我国有"家丑不外扬"的明训，家庭虽有失睦事亦甚少宣扬于社会。而家庭又为个人赖以生存的唯一社会机关。个人无家庭则不能生存于社会，故虽有失睦事，个人对于家庭不满意，尤其是子女或妻，不敢反抗，亦不轻易离开家庭而使之破裂。在于急变的社会中，家庭中各人的关系，根据每个人的家庭观念而定其地位。家庭分子间往往因社会背景教育经济的不同，家庭观念因之而异，失去行为共同标准，家庭分子间失睦事必多。我国自受西洋文化与苏俄社会思想的影响，产生社会对于家庭种种不同的态度，交通工具发达，个人与社会接触机会增加。家庭分子往往因各人的教育与经验不同，态度与兴趣差异，致不能调适，家庭分子间的失睦，事见于报章或闻之于亲友，无日无之。父母子女间冲突、婆媳冲突、兄弟冲突、妯娌冲突、姑嫂冲突、夫妇冲突，而致离婚、分居、遗弃种种家庭破裂现象，日见增加，问题日趋严重。

家庭分子间的种种冲突，多数都是个人人格间冲突或文化与人格冲突。故研究家庭冲突问题，对于家庭所在地的文化背景如风俗习惯必须相当明了。对于人的基本欲望与人性的形成与发展，必须有相当知识，观察时始能分析冲突的社会原因与个人原因。前者如社会种种变迁，家庭不能调适社会而引起家庭分子间冲突，如社会生活程度提高，家庭收入不能调适于社会；家庭分子因而对家庭不满意；或家庭分子间对于收入重新分配的不能同意。后者如家庭分子的品性、习惯、嗜好、思想之不能调适而至冲突，这两种原因互相影响，有时极不容易分析，如家庭分子态度思想的不同，往往为社会变迁影响的结果。家庭分子间关系愈复杂，冲突纷争可能性愈多，故在大家庭内，有父母子女、婆媳、兄弟、妯娌、姑嫂、叔侄、叔嫂等冲突，在小家庭内只有父母与夫妇的冲突。

父母子女间冲突在都市家庭比在农村家庭多。我国近年工商业在都市发展，国家主义思想逐渐发达，社会对于父母子女关系之观念已改变。从前子女为父母私有产财，生杀由之。子女对于父母有绝对服从的义务，不服从父母就是不孝顺的子女，不孝顺的子女就是社会的大罪人。子女对于父母如何不满意，父母对于子女如何压迫，子女不敢反抗，社会不加干涉。现在父母于子女为社会委托监护人。子女为国家的公民，具有公民种种权利，父母不能侵犯。要是父母不履行其职务或滥用其权威，子女得起而反抗之，国家行而干涉之。我国现在很多为父母者，未能接受这种新观念，仍以从前地位自居，以从前手段对付子女，而子女受新思潮之浸染，往往不肯如从前的绝对服从父母。同时交通方便接触社会机会较多，不能见容于家庭的子女仍然能自存于社会，故父母子女间冲突比前日增。父母子女间因属于不同时代，思想不同实为父母子女间冲突的主要原因。但是父母子女间冲突，多发生于何种家庭？何种父母？父母子女间冲突的对象多属于什么？父母子女间冲突取何种方式？父母子女的个别态度兴趣如何？都当以个案方法，从事个别家庭研究，始能对于父母子女冲突问题有相当认识。

婆媳冲突、兄弟冲突、妯娌冲突、姑嫂冲突、叔侄冲突等在农村家庭比在都市家庭多。我国农村仍多维持大家庭制度，唯近年来农村经济破产，大家庭不容易维持，而都市的家庭新观念，又渐渐传播入农村。从前以容忍为美德的，现在为个人求生存不能顾及了。从前以"家丑不外扬"为明训的，现在要求个人解放。妇女解放的声浪也渐渐传入内地农村社会。媳妇不甘为婆婆压迫，公然地起而反抗；婆婆尽力保持其固有威权，因而引起冲突。我国遗产制度常引起兄弟叔侄冲突，妯娌姑嫂间同属一辈，每欲争欢宠于主妇而引起冲突，得欢宠者骄气凌人，失欢宠者怨恨妒忌。研究大家庭分子间种种冲突，因家庭分子间关系复杂，非与家庭接近或身处其间，调查整个家庭的背景与现实状况，不足以知其真相。我国大家庭制度，因社会经济状况变迁，渐趋崩溃，可无疑异。唯在这变迁过程中，这种冲突现象，影响社会甚大。研究家庭问题的都当注意。

夫妇冲突问题，都市家庭与农村家庭都很普遍。夫妇冲突并不是现代家庭问题，不过现代夫妇冲突问题比以前更为严重。夫妇关系亲切，接触繁密，包含生活各方面活动，夫妇间冲突似不能全免。从前夫妇多由家庭父母代为选配，男尊女卑的观念，视为当然不变，夫妇冲突很少公开的。家庭很少因之而分裂，夫妻感情虽已消失，夫对于妻仍负同居赡养责任。且妾制为社会所公认，夫对于妻没有感情时，可随意娶妾。妻对于夫绝对服从，不敢反抗。丈夫对于妻的生活不负责任时，夫家亲属代为设法维持。总而言之从前夫妻不调适完全是丈夫厌弃妻的问题。妻要倚赖丈夫然后能生存，无论什么事情不敢与之争论，无所谓冲突，只可谓之失睦。而夫妇失睦不一定致家庭分裂，被厌弃的妻，仍有家庭地位，生活上不致无人维持。

现代夫妇两方面自己选配的渐多，尤其是在都市。夫妇关系的旧观念已渐改变。夫妇关系赖乎两方面的态度与兴趣能否融洽调和。近年来社会变迁，妇女地位提高，对于婚姻态度改变，妇女要求解放，不甘屈服于男子，受丈夫的压迫。而社会上对于妇女态度，未能随之改变，以至夫妇间往往不能调适。夫妇冲突问题日渐严重。夫妇冲突问题与妇女的社会地位变迁有密切关系，不能否认，唯夫妇冲突原因颇为复杂。夫妇的种族不同或文化背景不同，则生活习惯不同，调适自不容易。如社会对于一方面的种族有歧视心，则调适更难，中国人与外国人结婚，往往发生甚多问题，皆由于夫妇的文化背景不同有以致之。夫妇为家庭经济的收入与分配，而至冲突者亦不少。一方面因贫穷而至失望或埋怨对方，很容易引起夫妇冲突。至于家庭经济如何分配，夫妇每因各人家庭背景不同，消费习惯各异，一方以为有价值的，对方未必同意，因而引起纷争。性生活之不调适，亦为夫妇冲突的原因，一向为人忽略，近年心理学发达始渐为人注意。然夫妇的性生活多守秘密，不容易调查。据现所知者，性生活不调适，实为夫妇冲突重要原因。有时夫妇冲突原因，不在结婚之后而在结婚之前，甚至因为童年时代养成某种态度而至不能调适于家庭生活。故夫妇冲突并不是偶然的，是由夫妇间人格互相交感发展产生的。研究夫妇冲突问题，一方面要研究夫妇个别的生活发展历史及其家庭背景，一方面要研究夫妇结合经过及其现实生活情况。夫妇生长于不同的家庭，其文化背景往往不能一样，因之人生态度、愿望、习惯、嗜好自然不同，行为标准亦因之而各异。夫妇结合就是两方面人格调适成功的表现，夫妇冲突就是两方面人格调适失败的表现。研究夫妇冲突的原因当追溯两方面结合的经过与冲突发展过程，始能明了其真相。夫妇冲突多在何种家庭发生？冲突对象多属何类事情？夫妇冲突如何影响两方面人格及其子女，都当详细调查。

离婚、遗弃、分居与死亡都是家庭破裂的方式，离婚、遗弃与分居都是夫妇冲突的结果。离婚为夫妇双方经法律上手续解除婚约，脱离夫妇关系。遗弃则是一方面未得对方同意而离开家庭，不负家庭责任。分居经夫妇双方同意离异，但婚姻仍有效，夫妇关系仍在。从前中国离婚是一方面的，男子不满意于妻子，男子则有出妻的权利。故有"七出""三不去"的规定，男子具有"七出"理由之一很容易把妻送回其母家，但出妻为社会风俗所轻视，又有妾制为之补救，而女子从一而终的观念很强，故夫妇很少离异。现在离婚已为社会所公认，离婚观念已渐改变，离婚妇女不复如前的被人轻视，妇女的职业机会较多，能谋经济独立，妇女亦有提出离婚的权利。离婚数目日见增加。不独都市如此，农村亦然，但是离婚数目之增加并非从前夫妇比现代夫妇和睦快乐，实因社会近年对于离婚态度的变迁。离婚并非家庭破裂的原因，实为夫妇冲突的结果。研究离婚问题不能忽略夫妇冲突问题。离婚的法律原因往往非离婚的真实原因。研究夫妇冲突的发展经过，始能发见离婚的真因。

我国遗弃问题与美国遗弃问题有点区别。美国遗弃问题多发生于贫穷家庭。美国离婚手续繁，费用大，贫人夫妇不能调适，往往经济上不能离婚乃取遗弃办法，所以称为"贫人的离婚办法"。我国遗弃问题多发生于保守家庭。我国从前婚姻多由父母主办，又多早婚，很多男子结婚后继续求学，对方既多为旧式女子，结婚后更无机会求学上进。男子学成后感觉妻的教育程度思想意志相差太远，有时心目中已另有爱人，对于婚姻不满意，但提出离婚不容于父母或不许于妻，遂遗弃而不顾，这就是我国从前"停妻再娶"的办法。有时丈夫尚想及对方的生活问题，赔偿多少赡养费，有时竟置之不顾，不负责任，对方既无经济独立能力，生活遂发生问题。这种现象，尤以曾受教育男子较多，在此过渡时代，实为严重社会问题。分居既为双方同意离异，影响较少，况这种方式，我国采纳的尚少，不足成为问题。

家庭因家主或主妇死亡而致破裂，则产生鳏夫寡妇问题。鳏夫再娶重组家庭，调适较易，如有子女遗下，继母与子女不能调适，则发生家庭问题。我国民间故事，有不少关及继母虐待子女的。寡妇再醮，素为风俗所轻视，至今仍未完全改变。故我国中上阶层寡妇再醮者甚少，下层阶级因生活关系寡妇再醮者较多。寡妇既有维持家庭生活责任又负子女教养责任，有时还有情绪的调适。盖大家庭制度崩溃，亲属不能如从前负维持寡妇生活的责任。而社会对于寡妇又无机关或恤金救济，寡妇之不能调适社会，亦为我国家庭问题之一。

总括言之，研究家庭破裂问题，当注意夫妇冲突，家庭解组而至家庭破裂的过程。家庭破裂不是偶然的，是夫妇双方人格互相交感发展的结果。破裂家庭的实况，破裂家庭之影响于家庭各分子，如夫妇个别的情绪与经济的调适，子女人格的发展亦当注意。

子女教育问题，亦为家庭问题之一。我国儿童教养机关缺乏，学龄前儿童教养责任，完全由家庭负责。我国大多数家庭生活不适于教养儿童。一般父母对于训育儿童知识非常缺乏。现在社会对于子女地位观念虽已改变，儿童非为家庭私有品，乃国家未来的公民，然一般父母教养子女目标，仍注重家庭而轻国家。一般为父母的，缺少公民教育，国家观念非常薄弱，视子女们为家庭私有品，故大多数家庭养成的子女人格，不适合于现代社会生活。还有劳农阶级的家庭，父母为生活终日奔忙，连子女生活都不能维持，更谈不到教育。儿童为民族的继承者，国家的主人翁，家庭之不适于儿童教养，实为社会严重问题。

以上提出的家庭人口问题，家庭经济问题，家庭关系调适问题与子女教养问题，都是我国社会近年急变过程中产生的，家庭问题是整个社会问题。在整个社会问题未解决前，家庭的不调适现象，不容易完全解决。但是家庭不调适社会，家庭内部关系不能调适，社会秩序无由固定。解决家庭问题，必先分析家庭问题发生原因与真相。家庭问题甚为复杂，非经有系统的客观研究，无从明了其各方面的关系，更无从谋根本解决方法。研究家庭不调适现象，更足以明了社会的变迁。家庭问题发生于社会变迁。认识家庭问题的真相，则可明了社会变迁之趋向，故研究家庭问题当先注意社会经济文化背景。选择范围以个案方法作个别家庭研究。实地详细调查与研究个别家庭历史与现实情况，始能对于家庭问题真相有所认识。

（原载于燕京大学《社会学界》第9卷，1936年）

江西怎样组训农村妇女[①]

绪　言

在这民族解放的抗战中，保证最后胜利的主要条件，就是发动全国民众，参加抗战后援工作。妇女在全民中占了半数，动员妇女参加抗战，就成为目前的重要工作；而妇女中的最基本队伍，就是农村妇女。仅就数量上讲，全国四万万五千万人民中，农民占了三万万五千万，农村妇女有一万万七千五百万左右，占全国人口总数的四分之一强。在妇女方面来讲，全国二万万妇女中，农村妇女就占了百分之八十五左右，要是她们都动员起来，这是国家一支雄伟的力量。

再从农村妇女关系于国防经济来说，农村妇女不但协助男子从事农业生产，并且是农村手工业的主要生产者；在这抗战中，她们可以协助男子，甚至接替男子，加紧农事工作，从事耕种，开垦荒地，增加生产，开展手工业，增强全国作战的物质力量；在沦陷区内，她们可以防

---

①抗日战争开始后，雷洁琼放弃了燕京大学的教师工作，投身到抗日救亡的火热斗争之中。她到江西，在省妇女生活改进会、省妇女指导处工作，动员和组织妇女参加抗战活动。在这条战线上，雷洁琼一直艰苦奋斗到 1941 年，并撰写了一系列指导实际工作的文章。

止粮食和原料资敌，削弱敌人的物质基础。

但是这种雄伟的力量，必须加以训练和组织，才能发生伟大的作用。江西自抗战以来，在"组训民众增强抗战力量"的口号之下，对于组训农村妇女参加抗战，特别注意。省府不独在省县设立领导机关设计筹划，规定组训妇女实施办法，并且指定经费，配合地方政治力量推行。一年多工作范围扩展到十三县，动员妇女七万余人，在这全国军事政治经济文化都在急速进步的大环境中，我们的工作还嫌进展太慢，但是我们在工作中，得了不少的经验，遇了很多的问题，值得把它写出来，贡献给从事动员妇女群众的同志参考。

组训农村妇女的机构

省设立妇女生活改进会为全省妇女领导机关，唯最近经省务会议决定，将改组为省妇女指导处，直隶于省府。县设立妇女指导处，直属于县府，设主任一人，指导员二人至三人，甲等县三人，乙、丙等县二人，领导全县妇女组训工作，经费俱由省府拨付。

组训农村妇女的步骤

（一）从短期训练中提拔各级妇女干部，干部在训练民众工作中占着重要的地位，所谓干部决定一切，干部是群众中的酵素，是领导群众活动的轮轴；因此，在进行组训妇女以前，提拔妇女队各级干部是第一步的中心工作。基层的干部依妇女队组编而分四级，就是县干部、乡镇干部、保干部与甲干部，依其级层分别提拔。县干部与乡镇干部的提拔，就是采用公开登记与保送两种办法，每乡遴选一人为原则，集中县城训练十五天，用小组讨论，座谈会等方式，灌输抗战常识，讨论工作方法与实习工作技术。在训练期间，工作人员（工作人员指县妇女指导处主任与指导员及妇女生活改进会派往各县的辅导员。——原注）与受训练妇女生活打成一片，受训妇女的智力品格，工作人员都能认识清楚，训练完竣后，合格而列入最优等的，委任为区队附，每区一人；合格而列入优等的，委任为乡镇队附，每乡镇一人。县与乡镇干部受委后，暂时并不回各该区及乡镇工作，随同工作人员分队下乡协助训练甲干部，从工作中继续受训。甲干部提拔，是采用家庭拜访方式征选或保甲长选送方式，每甲遴选一人，集中乡镇训练七天，经过团体生活、个别谈话、小组讨论、唱歌、游戏的多方面接触，受训妇女的热情与能力，都充分表现出来，从这些受训妇女中，遴选优秀分子为保干部，每保一人，委任为保队长，其余的分任为班长，保队长要切实领导一保的妇女种种的活动，需要较丰富的常识与组训技术，故再集中区里，训练十天，偏重讨论妇女队的编组与领导妇女队的方法。

这三次短期干部训练，主要目的是分别提拔各级干部，因为干部在群众中发挥的作用很大，必须广集全县人才，谨慎遴选适合之人充当。集中妇女施以短期训练，一方面灌输抗战常识，提高民族意识，以实际集团生活，来解释妇女组训的真意，打消民众对工作人员的疑惧与隔膜；一方面使工作人员有机会接近妇女，在共同生活中，清楚地认识个别妇女的热情与能力、学问与品性，分别遴选为各级干部。这样遴选出来的干部，比完全依赖行政人员挑选的坚强得多了，因为他们信赖工作人员，明了自己的任务。

（二）在各级干部委任后，即开始第二步中心工作，配合保甲制度编组各级妇女队。妇女队是依靠保甲制度而编组的，先由保甲长编制名册，然后按保召集妇女，一甲内十六岁至四十五岁的妇女编为一班，设班长一人；一保编为一保队，设保队长一人；一乡或镇编为一乡或镇队，设乡或镇队附一人；一区编为一区队，设区队附一人；为使妇女队和地方行政配合起见，乡或镇队长与区队长由乡镇长与区长分别兼任，全县编妇女队、壮丁队与少年团为县战时民训总队，县长兼任总队长，县妇女指导处主任兼任一副总队长，专负领导妇女队的组训与活动。

组训办法：先在一区内成立妇女班与保队，联合备保队成立乡或镇队，联合乡镇队成立区队，然后由各区队组成妇女队。唯因时间的限制，也有在县与乡镇干部训练完竣后即成立妇女队，以后逐渐成立各级队部与妇女班的。

这样机械化的、由上而下的编组方式，妇女队不过是一个空架子，仅具形式，缺乏内容，不能有所作用，发生力量，但是为着要在很短时间广泛地把全县妇女联合起来，使农村妇女群众组织在一个团体中，借助政治的力量，依据保甲制度来编组，比较容易收效，并且农村妇女对于保甲组织的系统，已有相当认识，容易了解也容易接近。因此，可以通过原有的基层行政机构，将全县妇女编成妇女队。

（三）从推行活动中加强妇女组织，要妇女队成为有组织的群体，要以活动来充实它的内容，领导妇女参加各种活动是最重要的。这就是我们第三步的中心工作。根据各人的兴趣，生活环境，文化水准的不同，鼓励与领导她们各自参加教育、卫生、生计和战时服务等各种团体活动。在具体工作的进行中，分别组织识字班、讲报会、缝纫班、手工班、母亲会、救护班、助产员训练班、慰劳队、垦荒队、纺织队、合作社等小单位。在统一组织整个计划之下分工合作，运用这些小单位领导妇女，共同学习，共同工作，共同娱乐，参加社会活动，由这有意义的团体生活中，养成一致的意志与行动，妇女队组织就会一天一天由此健全起来。

妇女活动中心工作，根据各县的客观环境与妇女的能力与需求而确定：逼近战区的县，对于战时工作，如负伤将士的救护与慰劳，过境将士欢迎招待，难民的救济与辅助等，应特别注意。接近战区后方的县，设立救亡室，进行各种宣传与社会服务的活动，吸引大量群众，提高民族意识与抗战精神。接近皖南浙东交通方便的各县，对于教育卫生生计与战时工作四种活动，都能同样地注意，平均地发展。散在后方的各县，注重于抗战教育、妇婴常识与生计技能的训练，动员优待出征将士家属，制造战时用品，征募与慰劳工作都成妇女的经常活动了。

领导活动方法，当然要看群众对象而决定，经常先由受训妇女的介绍举行家庭访问，帮助她们解决日常生活上的困难，代为治疗疾病，教育她们的子女，使她们发生好感；然后再进一步开始领导她们在家庭之中，做些室内救国工作，如捐输慰劳品，写慰劳信、缝制寒衣及制其他战时用品，慢慢地再把她们由家庭中解放出来，如清洁检查，往医院慰劳负伤将士，欢送出征壮丁，欢迎过境军队，参加各种纪念会。从我们实际经验证明，这样由活动中产生出来的组织，能紧密团结，发生伟大力量。

（四）从有组织的活动中训练妇女，领导妇女参加活动并不是用命令方式去指挥妇女工作，而是要从活动中去教育妇女。在开始活动的时候，召集妇女讨论活动进行的步骤和方法，给她们发表意见的机会，在讨论中去说服群众，要妇女明白了解这活动的目的，对于她们本身与抗战的关系；计划的决定与工作的分配，也要经过大家讨论来规定，使她们在讨论过程中，学习怎样发表意见，怎样依着次序说话，怎样守开会规则，怎样实施以少数服从大多数来决定一切的原则。这样她们才感觉得所做工作是自己的工作，所属团体是自己的团体，同时可以增强各个人对于工作的责任心。打破个人的狭隘观念，并养成集体生活的习惯。

基层的干部也是从活动中培养起来的，基层干部在妇女中发挥很大的作用，她们都是本地妇女，她们能用实际生活的实证去诱导妇女，她们能用自己的话去打动妇女，她们能以自己生活作实验作模范以打开风气。但是农村妇女文化水准太低，过惯了散漫的家庭生活，从短期训练中提拔出来的基层干部如班长保队长及乡镇队附，多数都不能负起领导的责任。从工作中来培养干部，就是工作人员与干部经常共同工作与举行集团讨论，在工作中遇到困难问题，用集团讨论方法来解决，养成集团讨论的精神和能力；同时顾到个人的兴趣和能力，分配适合的工作使其负责进行培养她们自动精神和独立工作的能力；利用时事讨论会，实施自我教育，提高她们的政治教育，运用工作检讨会，实行自我批评，增加她们的认识与能力。在各县工作人员努力下，健全的基层干部制度，在活动中慢慢地成长起来了。

组训妇女所遇到的问题

组训妇女是一件艰巨的工作，组训农村妇女尤其艰苦。农村妇女家族观念异常浓厚，生活习惯非常散漫，而农村社会的封建思想与传统观念依旧有很大势力，因此，虽然地方行政人员多方协助，工作人员刻苦努力，但其所遇到问题之多，值得检举出来以为讨论资料。

一、集中问题

（一）家庭分子的牵制与阻止，实为妇女不能离开家庭来受训的重要原因，有时妇女本身愿意出来受训，常因丈夫或公公婆婆的阻碍不能摆脱。他们觉得妇女不应离家庭一日，妇女的职务只是担任厨房和小孩子的事，他们生怕妻子或媳妇受训后，不满意于家庭。同时家中一切繁重琐碎的家务须要她们去照顾，一方面妨碍丈夫在田中的工作时间；一方面加添了婆婆的事务，这当然会使他们不高兴的。因此妇女集中训练，常为家庭不谅解而引起种种纠纷，发生阻碍。此外儿女的牵制也是一个重要的问题，虽然规定了受训妇女的资格为"无乳儿及一岁以下的幼儿者"，但一岁以上的幼儿也常因为母亲受训乏人看护而成问题，同时受训妇女也因为惦念着她的幼儿而不能专心受训，常要告假回家。

（二）家庭环境贫苦，也阻碍一部分妇女来参加训练。有的家境清贫，举家共用一被，膳费虽由政府供给，但因为找不到一张被而不能来；有的对于家庭生活有重大的责任，如赣南妇女不独有家务重责，而且参加一切农事工作，担负下田耕种挑担砍柴等事，不能离开家庭，以至有心无力，只能对于有机会受训妇女，表示羡慕的情意。

（三）妇女本身不觉悟，以为受训是不体面的事情，尤其富户妇女，她们觉得妇女是在家的，离开家庭是失了身份，她们不知有国家也不知有世界，她们生长于古老的乡村中，耳所闻目所睹，总不出自己家里的那块小小的天地，最大的也不过一个村子。因之外面的事件，陌生的人物，会引起她们的疑惑，她们怕丈夫的遗弃，更怕人陷害永不能生育，她们没有意识到她们也是一个人，对于国家社会有应享的权利，与应尽的义务，因为她们不认识和没有觉悟，因此她们对于受训要多方躲避。

（四）保甲长不了解训练妇女的意义和价值。受训妇女的召集，原由工作人员先召开保甲长会议，解释训练的意义。当召集妇女受训时，有的保甲长不但没有把集中训练妇女的意义，向民众宣传，反而制造无稽谣言，作训练妇女就是"征女兵""抽女丁"，帮助打仗服侍伤兵的反宣传，使妇女相率避往娘家，或逃入山里；有的保甲长还从中受贿舞弊，买人顶替怪象层出不穷，此外他们不依照规定受训妇女的资格标准，有时挑送不合条件的妇女，如怀孕、产后有乳儿、患疾、残废等的来敷衍。

二、训练问题

（一）受训练妇女教育程度不齐。县与乡镇干部的受训妇女教育程度有文盲也有中学毕业的，保甲干部受训妇女，多数目不识丁，也有初小高小毕业的，把这样程度参差的妇女集中教导，教材太浅，程度高的不发生兴趣，教材太深，程度低的又难明了，工作人员人数不足分配，不能按程度之高低分组教导。

（二）受训妇女生活环境不同，其兴趣与学习能力，就因之有浓淡强弱之分别。多数家庭经济困难和有子女牵挂的妇女，则心常以家庭儿女为念，兴趣甚淡，学习力不会强，但求能早日结束回家；反之环境较佳而无子女牵挂的，兴趣甚浓，唯恐受训期间太短，热望能延长时间。此外因阶级不同，而分派别，中等阶级妇女，轻视贫苦妇女，要是有不良妇女混在这里，必遭全体受训妇女反对排挤，向工作人员密报，非使其离开不甘休。还有妇女乡土观念甚深，一保的妇女常叙在一块，不容易与别保妇女来往交谈，互相存有彼此之心，有的还有客籍与土著妇女之分。

（三）指导者语言隔阂。训练时间甚短，而受训妇女又多为文盲，教学方面不能用课本或讲义，须尽量用活的讲话方式来灌输她们的常识与改变她们的旧观念。但是工作人员多来自外县外省，江西方言复杂，言语上的隔阂，有时要通过翻译始能使受训妇女明白，这样，影响到教学的效率。

（四）训练时间短促。十五天的县与乡镇干部训练，七天的班长训练与十天的保队长训练，都觉得时间太短，而要她们学习的课目太多，但是为她们将来工作的需求课目又不能减少。这样，她们都不能把学习的课目好好地消化，应用到实际工作上去。

三、编组问题

（一）妇女家庭环境之悬殊，使她们阶级观念甚深，公务人员和士绅的家属，每不愿与民众妇女参加同一组织，她们感觉到有失身份。所以为应付客观环境，除了纵的组织外，横的组织，以职业兴趣意志相同为结合的组织，也实有建立的必要。

（二）基层干部制度之不健全。基层干部虽经短期训练提拔出来，然多数目不识丁，没有独立工作的能力，不能在各保甲独立进行编组，而因为每县工作人员人数太少，又不能一甲一甲一保一保地切实指导，有时徒靠名册，以为编组的根据，不能准确。

（三）户籍之不准确。基层组织未上轨道，户籍未有切实办理，以至各地户籍凌乱，各保适龄妇女的人数，无确实的调查，编组唯一的根据名册，有时还要费了不知多少力量，多少时光，才能请保甲长造成一全保适龄妇女的名册。

（四）村落之散漫。保甲划分，不以村庄为单位，有时一保的几个村庄，相距三里甚至于五里，要将这散居各村庄的适龄妇女编成一队，集中殊为困难，领导活动就不容易，除非基层干部有独立工作能力，负起领导之责，分别在各村庄进行，否则所谓保队又不过徒负空名。

四、推行活动问题

（一）妇女家事繁重及受儿女的牵制，有时妇女对社会活动发生兴趣，但她却不能牺牲儿女的养育而投身社会，献身于工作，还有她们经不起社会的讥评，有的基层干部怕人家称她为"保甲婆"，而不肯出来参加活动。

（二）基层工作干部的缺乏及不健全，不能胜任领导之责任，常使工作不能普遍和深入地展开，而每县工作人员太少，又不能常常切实地在一保里协助推行活动。以下一段是一个工作人员的经验："往往是一个人在一个方圆百里的地区中活动，忙得像走马灯一般，顾此失彼，刚在一保工作得有点头绪，又不得不跑到别的保去安置一下，等回头的时候，这保工作已经冷却了，终不能使工作生下根来，在这种情形下，我们真是恨分身无术啊，假如我们注全力在一保，妇女的心理又怪得令人生气，她们活动是要看着别人的，若别保妇女未动，只叫她们动，她们就觉得像受了压迫，一定要挣着不肯动。"这是值得我们注意的。

（三）没有实权解决妇女问题。建立妇女的信仰，是使活动能够顺利推动的一个主要原因，妇女对于我们迫切要求的，就是本身痛苦能够得到适当的解决，例如婚姻问题、家庭问题等。但我们工作人员对于她们遭遇到的痛苦与困难，除了实行治标的调解方法外，没有实权去执行治本的方法，因此常会失去妇女对我们的信仰心，同时我们还未能做到从妇女本身利益上去发动妇女，就是不能从改善妇女生活的基础上去动员妇女。中国妇女一向被封建势力紧缚着，在政治和经济的压制下失去了激烈性和自由性，我们如果要把她们引进抗战的潮流中去，必须将她们从生活的围困中解救出来，才能使她们发挥出伟大的力量。妇女们对我们的迫切的要求也在这里，而我们对她们的要求却多偏重于国家而忽视了她们本身的利益，因此，对我们的说话她们往往觉得格格不入，因为离开她们的实际生活太远了。

（四）社会封建势力的浓厚。中国农村社会还停滞在封建势力高涨的阶段，封建传统观念还强烈地影响农村民众的思想，妇女一向被视为男子附属品，关在家里，管理家常事务，养育子女，服侍丈夫，做厨房里的工作，此外什么国家大事，社会事业，好像是都与妇女无缘似的。在这关系之下，丈夫婆婆对于她们出来参加社会活动，不能谅解而予以强烈的阻止，妇女数千年来在封建桎梏下，也惯于那深居简出的奴隶生活，不愿参加社会活动。

（五）行政人员对于妇女工作的轻视。妇女工作一向被视为与男子对立斗争的运动，也有人误会妇女工作是妇女时髦化破坏家庭招摇是非大出风头的事，很多基层机构行政人员也未有深刻认识。在抗战中要动员一切力量争取最后胜利，对妇女工作的价值与重要性，因为不了解不认识，很多行政人员不但不协助鼓动妇女参加社会活动，还常加以种种恶名妄加讥评，使惯于屈服的妇女，裹足不前。更有进一步的，怕妇女动员起来，对他不利，横加阻止，竟有保长殴打妇女保队长的事发生，保甲长之不健全，于妇女工作影响很大。

（六）政令不能实施推行。很多政令是保护人民利益而制定的，尤其是战时饬布的法令如兵役法，优待出征军人家属条例，惩治汉奸条例，等等，如能切实依法执行，民众就能得到保障。但因为政治经济社会种种原因，很多政令都是纸上文章，失了人民对于政府的信仰心。如兵役运动最有功效的，是普遍的宣传优待出征军人家属条件，使壮丁知道为国家牺牲是光荣的，他的家属是有保障而受着优待的。工作人员虽努力向妇女们宣传，但是事实上很多出征军人家属，不独受不到保障与优待，有时反被人欺凌与压迫，工作人员对于这些不幸者的痛苦，只有感叹心有余而力不足，无从帮忙，因此不能建立妇女们的信仰，更无从解除民众与政府的隔阂。

（七）妇女工作未能与其他民众组训工作取得适当的配合。社会是男女两性组成的，而妇女工作决不能单独地进行，它必须与其他民众组训工作适当配合起来，才能顺利地展开。现在有的只是妇女单方面的动员，而且受到未有动员的男子牵制，以至没有良好的成效。还有，妇女工作在中国是一种新的事业，各县妇女指导处在县政机构中又是一个新的部门，在这开端的时期，必得到社会各方面的扶持与协助，才能使它逐渐成长壮大起来。但有时客观的环境还使它得到一个相反的效果，那就是部分社会人士不但不协助，反而实行破坏，而这种现象也时常发生在下面的政治机构中，有时地方社会势力的摩擦，使妇女工作也直接间接受到不少的影响。

（八）农村经济的破产。中国农村经济，因帝国主义的侵略，已告破产，加以在这抗战时期，农村市场的破坏，农产物运输的困难，以及农村放款的骤然紧缩，派捐和抽丁之负担，自然直接影响到农业生产和农民们的生活。目前农村经济已经潜伏着许多很严重的危机，农民只能维持最低限度生活，农村妇女们处在寄生虫的地位，生活更为痛苦。工作人员不能看着妇女们忍受饥饿和冻馁而要她们出来认书识字，强迫她们讲求卫生，因为物质基础的贫乏，连最简单的卫生条件——一人一条洗面手巾以免传染沙眼——都不能要她们遵守实行，其他活动需要她们时间或增加担负的更可想而知。实际工作证明：农村妇女并不是没有热情，不爱国家，而是她们生活太忙太苦，负担太重，不能离开那紧缚她的家庭，也是事实。因此，若非相当地改善农民生活，要动员民众，是很困难的。

组训妇女所得的成效

组训妇女所遇到的困难，虽然不易完全克服，但是我们工作人员，忠诚地、勇敢地、刻苦耐劳地为开发那潜伏的伟大力量，而深入农村，并不是毫无效果的。农村妇女虽然还未曾因为工作人员的热情与坚强意志，而起质的变化，但是事实上，她们已逐渐地动员起来，参加到抗战建国阵线中去，同时她们的变化也影响到她们的家庭与社会了。

一、妇女方面：从妇女的行动上，可以看出妇女已在变化中。经过短期训练，妇女们知道她是一个人，家庭以外还有国家还有世界，我们国家正在为着独立解放，英勇抗战。她们从活动中，表现了妇女们的能力和热情，她们是愿意开辟新的生活园地，尽她们为人的义务和职责的。

（一）妇女观念的改变。"女人也是人"，对于一般农村妇女是陌生的，她们受了数千年的奴隶教育，习惯于被压迫，失了自信，现在觉悟了，男女都是人，一样的都要学习本事，知道国家的事情，为国家尽力，她们兴奋起来了。虽然只有短短的七天、十天、十五天的训练，但是她们来时疑惧的心情和局促的态度，换成了希望的表情和活泼的姿态。她们在训练期间，抢着发表意见，高声地唱着抗战歌曲，灵敏地参加游戏赛跑，勇敢地对民众演说，她们的自信心加强了，老师也是女人（农村妇女称工作人员为老师。——原注），女人有本事也一样可以管众人的事，对于她们留下一个很深刻的印象。她们立志要学本事和求独立的心情，流露于言表。她们也明了疾病不是鬼神之作祟，命运之注定了，她们知道好清洁和讲卫生，就可以免除疾病，有些回家真的实行起来了。她们了解人的命运，是可以由自己努力而改善的。

（二）学习能力之表现。农村妇女文化水准很低，但是她们并不是没有学习之能力。大多数受训的妇女是文盲或受教育程度很低，但是受训几天，听讲，饮食起居，行动一切都能依工作人员的指导进行。她们对于陌生的人名和地名都能很容易就认识，对于新的观念，都能了解接受，由她们表现出来的坚强学习能力，我们深信妇女要是有机会受教育，进步一定很快。

（三）进取精神之表现。在训练期间，她们有剩余时间就学认字，练习唱歌，常常要老师多教生字，多教新歌，多讲前方战事，她们还常常要求延长训练的时间，这样地有兴趣与肯努力，都表现出她们的求知欲因受工作人员的影响而增高了，有的还要随老师投身社会去工作，扩大她们的生活范围，为国家服务。瑞金、弋阳，还有妇女要求当兵上战场和鬼子拼命的，这种进取精神，是工作人员意外的收获。

（四）生活习惯的改进。农村妇女并不是我们想象那样的保守，有利于她们本身的新生活习惯，她们很容易采纳实行。每次举行训练，妇女们看见了教师们短发的方便，要求工作人员替她们剪发的人数不少，指甲也剪干净了，痰也不随便乱吐，房舍也常常打扫，不一定等过年时才去大扫一次。开会能守时刻到，说话不再低头望地，也不一齐争着来说，总之，她们的习性已逐渐革新了。

（五）对于抗战建国的贡献。她们的民族意识提高了，她们自动出来热烈参加各种纪念会，与群众同声高呼"中华民族解放万岁"的口号。她们协助征募慰劳品，自己捐输鸡蛋、咸菜、粽子、肥猪等物，她们往医院慰劳负伤将士，为前方将士缝制寒衣，访问出征军人家属。弋阳与贵溪妇女还发动了数百自愿兵，她们欢送出征壮丁，欢送伤愈将士重上前线，组织洗衣队、缝纫队与救护队，为负伤将士服务。弋阳还成立了垦荒队和割禾队，开垦荒地，协助秋收。有些妇女愿去战地服务，有些妇女愿参加生产事业，协助国家经济建设。这些事实证明，要是社会给她们机会，她们对于抗战建国的贡献一定更为伟大。

二、社会方面：妇女组训后，因为在行动上表现了她们的能力，对于她们的家属、行政人员和乡村民众都产生了好的影响。

（一）家属的疑虑消散：在妇女开始来训练时，家属心里存着疑虑和惶惧，生怕会把妇女诱逃似的。有些丈夫送着妻子，有些婆婆送着媳妇，用惊疑的眼光注意着工作人员，有的恳求不要把人带走，看其情态可怜又复可笑，有的依依不肯回去，做了训练班的旁听生，直到妇女受训后安然回家，他们才知受训不是什么不体面的事情。而且妇女们学会了唱歌，听见了很多前所未听过的事，见了很多生疏的人物和地方，老师不像他们所想象的那样可怕，就信任起来了。由受训妇女进而打入其家庭，作各种宣传以改变其家庭中丈夫及婆婆等的旧观念，同时妇女把学到的和听到的也宣传给他们。他们也开始改变了。

（二）地方行政人员之改变：妇女对国家贡献了她们的力量，使一般行政人员对于妇女起了新的观念，注意到妇女的能力和力量；同时妇女经过组训后，对政府推行政令尽了很大的助力。例如兵役运动，因为妇女的宣传和鼓励，减少了很多抽壮丁的困难；有的且能协助训练壮丁，辅助催粮运动。还有工作人员的刻苦耐劳精神，都使地方行政人员对于妇女工作比前重视起来了。

（三）乡村民众的反应：妇女出来受训，参加社会活动，有的受到县政府的委任，给乡村民众们一个新的刺激。"女人也要受训了""女人也和男人一样出来做事了""女人也能做保甲长了"，她们对于女人的老观念开始略为转变了，女人不但是会做家庭的事，也有能力到社会上参加众人的事。因此，一般民众对各级妇女干部产生了相当的尊重心，妇女的地位，无形中提高了。

组训妇女所得的教训

组训妇女民众工作要理论与实践配合进行，没有理论的指导，实践每易陷于盲动，不从实践去体验事实，理论每失于空泛。我们基于理论和实践的配合，工作一年多，工作人员遭遇了很多问题，碰到了不少困难，在问题和困难摩擦中，挤出了很多的经验和教训，很可供动员农村妇女的同志们参考。这里仅择要提供一二。

一、关于训练：遴选妇女，其资格标准不能定得太高，因为农村妇女多数是文盲。不能求其知识充富，只能求其天资聪敏，富有常识，体力强壮，有热心，负责任，能离开家庭服务，在社会得人信任。训练之前，必须用宣传力量，打破无稽的谣言，说服男子或家属的反对阻碍与妇女本身的不觉悟，还要分散到各保甲去，多方切实协助基层行政人员来遴选，始能得到适当的人才。

教材要单纯化具体化。农村妇女头脑单纯，文化水准低落，对复杂的事体，抽象的理论，最不容易了解，为要使讲的内容在她们脑中留下记痕，内容一定要单纯和具体，文字要通俗化与故事化。农妇文化程度低落，非用通俗浅易的词句不易了解，所以一定要避免抽象的文字，最好用具体的生动文字写出来，像故事一样。此外要配合着生动的图画，有时用文字不能显示，非用图画不能使意义明显，所以说图画可以帮助文字的解释。内容要简明扼要，否则在短时间的训练中是不能消化的，避免术语，少用名词，免费时间解释，必须用的名词，须在每讲后，附加注解，并备有复习问题以为讨论的根据。讲授时，可依据教材编写而定，最好在开始讲话时，首先从她本身生活问题说起，引到正文，这样才可引起她们的注意力。

训练方法，生活管理采用军事化。农妇散漫成性，从未有过团体生活，不知守纪律，非用军事管理，不足以养成守纪律的习惯。但是同时要建立活泼的有组织的集体生活，妇女一向在家庭中生活，只知道有个人而不知道有社会，现在看见了数十人的大集合，给了她们一个新的刺激。我们要借这个机会，养成她们集体生活的习惯，使她们知道任何事情的成功，绝不是一二人所能担任起来的，必须用集团的力量才能获得成就。

教学方面采用启发性的讨论方式，多用小组谈话，个别谈话与问题讨论。在短时期的训练班中，是不能灌输多少东西的。加以多数受训妇女都是文盲，我们只能利用耳朵教育，而我们讲的东西，只有利用讨论的方式，才能使她们熟记在脑中。我们还要注重实际工作的学习，训练后是要她们参加实际工作的，我们所讲的一套理论，是要她们应用到实际工作中去的，所以应多给她们学习的机会。例如要她们在训练班中担任适当的职务，来锻炼她们的责任心；在其执行职务时，我们要随时地认真指导，多用积极鼓励，少用消极惩罚方式，发扬她的优点，奖励她的成功。

二、关于编组：在弋阳曾用过四个不同的方法来编组保队，可为参考。

（一）各保保长协助妇女乡队附按户口册编组。采用这个方法，要是户口不准确，保甲长敷衍，则组织不健全；要是保甲长认真协助办理，结果尚佳。

（二）由保长协助妇女乡队附召开保妇女大会，但一保适龄妇女每不能全数到会，只能乘这机会宣传，不能完成编组。

（三）用家庭拜访方式，挨户宣传编组妇女的意义，妇女被说明编入队后，要她随同工作人员去挨户拜访家庭，向其他妇女宣传，最好在开始时即先选拔该保一两个较为认识清楚而又精干的妇女，多作宣传。待全保适龄妇女参加后，集中全保队员开会，再讲述组织意义同时介绍各级干部人员。

（四）首先召集保甲长会议，解释编组妇女队的意义，要他们协助召集一保适龄妇女，同时请妇女的家长出席；然后召开全保妇女及家长会议，开会时由区长授委任令予保队长和班长；最后进行家庭拜访，由保长、保队长及各班班长带领工作人员挨户编队。

根据各县报告，多采用第一法；第二法因事前未有宣传，妇女不肯到会，困难较多；第三、四法从实际工作经验证明，成效较大。除纵的组织外，还须按妇女生活文化水准的不同而建立横的组织，以推行活动。

三、关于推行活动：从改善妇女生活基础做起，对于妇女的问题须想办法解决；对于她们的需求亦须注意，设法使她们生活得到改善；活动不要偏重于国家方面，而应同等重视她们本身的利益，建立她们的信仰，这样才能把她们的力量引到抗战中去。同时工作必须先确定计划，按步实施，但计划不要过大，而至于一无所成，多宣传，多鼓励，利用各种竞赛方法，时常予以新的刺激，建立严密的督察制度，视各级干部执行职务和领导活动情形，对努力的要予以奖励。

四、关于干部：干部应当由群众中产生，才能得群众的信任。优良的干部很少是由短期训练班中培养出来的，要在工作中、困难中、实际生活中去锻炼她们。但是同时要把自己化作群众中的一个，不能以居高临下的态度来指挥她们，发扬她们的优点，奖励她们的成功，遇有困难问题，用集体讨论的方式解决，实行自我批评自我教育，这样她们一定可以在工作中壮大和坚强起来。

这一个简略报告，是本会各县工作人员一年多来经验的结晶。江西的农村妇女，因为工作人员的努力与热情，经过组训以后，已逐渐动员起来，参加抗战建国战线，为本身解放为民族解放而活动。动员农村妇女，确是艰巨的工作，但是，从我们实际工作证明，工作人员要是有最大的决心与耐性，以艰苦工作的精神，来克服所遭遇的困难，这伟大的潜伏力量，是可以发动起来的。希望我们这一点点的经验，可以引起各地对于组训农村妇女的重视，加紧理论探讨和实践活动，使农村动员工作，更高度地在全国开展。

（原载于《江西妇女》创刊号，1939年3月8日）

妇干班三个月的简报

妇干班是 6 月 12 日开学的，到今天刚好是十二周了，这三个月就是本班实施基本教育集中训练的时期，也就是本班训练计划的第一个阶段。今天院本部举行第二期学员结业典礼，也就是本班第一个阶段的训练计划完成的日子。为使社会明了妇干班的情形，现在将妇干班三个月的概况简报于后：

筹备经过

本班组织大纲在 1939 年 3 月 21 日经第一一六二次省务会议通过的，因南昌撤退省府迁移，直延迟至 5 月才开始筹备。

5 月 1 日聘定潘玉梅为教导长及周涵真为主任干事并文书会计事务员共五人，办理招生与总务事宜，班址由讲习院余文华主任代租借赣县第一区中心小学校舍之一部分，并与四友实业社订合同，修理内部，同时进行购置学员服装用具及本班各种家具。

6 月 1 日聘定专任教师、军事教官、护士各一位及兼任教师十三位，6 月 8 日又聘定杜隆元校长为训导委员会主任委员，杨漱敏与高景之为训导员。

本班招考学员计分上饶、南城、吉安、赣州四处，报名投考者共一百五十名，原定 5 月 8 日考试，后因报名者不甚踊跃，因而赣州考期展至 5 月 15 日，上饶、吉安、南城展至 20 日，27 日甄审员会合于赣州，评阅试卷，结果报名者一百五十名，正取六十名，备取五名，6 月 12 日学员报到开学。

训练目的与计划

本班目的在培养妇女干部人才充任县妇女指导处之主任与指导员的职务，为要使学为所用，用为所学，本班训练针对学员工作而确定以下目标。

一、使学员了解必要的抗战理论及知识。

二、使学员有独立工作的能力与开展工作的技术。

三、使学员对抗战有充分的自信心与对工作有高度的积极性及热心。

四、使学员养成吃苦耐劳的习惯，能负起组训妇女民众与领导一县妇女工作之责任。

本班训练期为六个月，为求"学做合一"及理论与实践一致，分全期时间为三段，首期三个月为基本教育训练，第二期两个月为妇女工作实习，末期一个月注重实际工作经验讨论，以研究工作中困难问题之解决和新方法之探讨。

在基本教育训练期中，注重学术、认识、体格与生活四方面之训练。学术方面，通过讲授、自修、与分队讨论方法，使学员在教师领导之下，养成个别研究之习惯，集体讨论之精神。认识方面，通过座谈会与读书会，以鼓励学员多读书，多观察，多学习，多练习运用思想，使学员常识丰富，认识正确，并养成自动继续学习之精神。体格方面，运用军事术科，游戏，运动，远足，劳动服务，卫生习惯之实施及清洁检查，以锻炼身体，增进健康。生活方面，实行军事管理，使学员行动纪律化，一切课外活动，通过分队组织，使学员生活集体化，以培养公勇之精神。

实习期中，注重训练学员对于社会环境之调查与认识，工作计划拟定与实施的学习，使学员有应付社会环境，独立工作的能力与技术，通过工作检讨会，解决工作困难问题，养成自我批评克服困难与勇于负责之精神。

在实际工作经验讨论中，注重各学员实际工作经验之交换，解决实习中的问题与探讨工作之新方法与方式，使学员能应用理论与实际经验共同讨论，以解决实际社会问题，养成研究的兴趣与民主之精神。

教务概况

本班课程是针对训练目标而定的，科目共二十二种，分精神教育、战时常识与技术训练三类。精神教育科目如"三民主义""抗战建国纲领""国民精神总动员"，战时常识科目如"国际情势""本国近百年史""本国政治制度""中国农村经济""中国农村教育""法令要议"与"妇女问题"等，都是使学员了解抗战理论及知识，培养正确的政治观念。技术训练的科目偏重于组训农村妇女的方法与方式，如"社会调查""宣传技术""战时妇女组训"与"本省妇女工作"四科是注重于工作技术的讨论的，因为县妇女指导处主任与指导员是地方行政人员，特设"公文程式"与"行政管理"两种科目，"卫生学""救护学""妇女生计"与"军事常识"都是将来在农村工作上必要的常识，"军事术科"是天天都有的。

各种课程讲授程序，按教务计划规定先讲精神教育科目，然后授战时常识与技术训练科目，使学员的研究精力可以集中，但是本班教师多为兼任，同时多数也在院本部授课，常常因职务关系，不能按规定时间来班，因此不能按规定程序的先后而编排课程；也因为教师时间的关系，未能把分队讨论题目与各种课程配合起来。不过教师担任的课程都是他们所专长的，工作技术科目都由妇女生活改进会派有妇女工作经验的人来讲授，故课程内容充实而具体，注重现实问题之解决，没有太理论化、原则化与条文化的通病，三百一十三小时的课程，能依计划完成。

教育实施除教师讲授课程外，更注重学员自发自动的学习精神，通过分队讨论，读书会与时事座谈会，鼓励学员多读参考书，养成学员自修自学的习惯，提高学员研究的兴趣。

训导工作

本班训导方针悉遵院本部训导方案规定，加强民族意识，养成新生活习惯、组织能力与自治精神，实践院训，培养公勇的服务精神。

生活方面，实行军事管理，但是学员所遵守的规则是她们自己定的公约，使纪律建立在自觉遵守的基础之上。禁闭在学员奖惩规则上是有规定的，但从来没有实行过。每两星期举行生活检讨会一次，总结两周来团体的或个人的工作，行为与学习，检讨方式最主要的是自我批评。

每天早晨举行朝会，每星期日举行纪念周，朝会由教师轮流训话，纪念周则请长官训话，注重于青年修养的指导，个别谈话则随时举行，注意学员的特长与特性，加以个别指导。

一切活动都通过学员大队组织，使学员生活集体化，在有组织的团体生活中，养成处群的生活习惯与能力，克服个人主义及浪漫习气的弱点。为培养自治的精神，给学员充分的民主机会，师生联席会议，每月举行一次，由全体学员选举代表五人参加，共同讨论班务进行问题。膳食委员会也由师生共同组织，每星期开会一次，讨论膳食问题。学员大队每星期有三次会议：分队会议、营部会议与分组会议，检讨行为、研究学科与讨论大队行政事务。

为培养公勇的服务精神，学员除接受训练外，还努力为社会服务，参加社会活动，如纪念"七七"与"八一三"，学员协助慰劳负伤将士与出征军人家属，募捐，宣传，献金，捐输，出壁报与写慰劳信。协助县府调查户口，慰问被难同胞，参加疏散人口物资宣传大会，协助推行识字运动与肃清汉奸运动。

通过劳动服务、旅行、爬山与同乐会等活动，以培养刻苦耐劳的习惯与友爱团结的精神，每两星期举行清洁运动，由学员分队负责清扫寝室、厕所、洗浴室、贮藏室、图书馆与教室，旅行每月举行一次，同乐会每两星期举行一次。同时，教师与学员生活上是打成一片的，"生活即教室"，耳提面命的谆谆教言，远不及教育者以身作则的实际生活的感染，培养成青年刻苦的生活习惯，尤不是空洞的说教所能为力的。

学员概况

考取学员虽有六十名，而开学后报到的只有四十七名，后因身体有病或因升学而退学的共九名。现尚有学员三十八名，现将学员年龄、籍贯、教育程度与服务经验略述于后：

年龄以二十岁的为最多，占全体学员百分之五十，其次为二十一及二十二岁各占百分之十五，年龄最高的为三十岁。

学员年龄统计表

年龄	20	21	22	23	24	25	26	27	28	29	30	总计
人数	19	6	6	2	2	2					1	38

籍贯多为江西，共二十八名，占全体学员三分之二，代表十八县，其余十名代表六省：江苏、安徽、广东、浙江、河北与湖北。

学员籍贯统计表

籍贯	江西省																		安徽省	江苏省	湖北省	浙江省	河北省	广东省
	南昌	新建	高安	九江	彭泽	鄱阳	婺源	贵溪	南城	南丰	黎川	萍乡	泰和	莲花	兴国	宜丰	赣县	上犹						
人数	5	1	1	3	1	1	1	1	3	1	2	1	1	1	1	1	2	1	2	4	1	1	1	1
总计	28																		10					

教育程度有高等师范毕业的，有专门学校肄业的，有师范学校毕业的，有职业学校毕业的，有普通中学毕业的。师范学校毕业的占多数，其次为普通中学毕业的。

学员教育程度统计表

程度　学校	高等师范	专门学校	师范学校	职业学校	普通中学	总计
毕业	1		19	3	13	38
肄业		2				

有服务经验与无服务经验的，约各占一半，有服务经验的曾任以下六种职务：邮务员，书记，军队服务，妇女工作，小学教师与小学校长，而以曾任小学教师的占最多数。

服务经验统计表

曾任职务	小学校长	小学教师	妇女工作	军队服务	邮务员	书记	未任过职务	总计
人数	3	13	1	2	1	1	17	38

从以上的分析，妇干班的学员都是一群受过中等教育的优秀女青年，虽然有的曾服务过社会，但很多是刚从学校里毕业出来的，她们都是纯洁而有热情的黄帝子孙。为了要负起这大时代中的使命而来受训，她们的可塑性很大，在这短短的三个月中，经过集体生活的熏陶，很多散漫的生活习惯改过了，动作的确比前敏捷得多，身体锻炼得比前结实，求知欲望也增高了，在这第一阶段的计划结束后，她们就分发到五个县份去实习，在实习期中，她们一定更清楚地认识社会的现实，从实际工作中再进一步地学习。

妇干班三个月的工作，不能说没有它的缺点，但是教职员的热情与努力，学员的抱负与合作，始能形成妇干的前进精神而无颓废的表现，是值得妇干同人引为自慰的。

（原载于《江西妇女·妇干特刊》，1939年）

女学生与妇女工作

妇女工作与干部

妇女工作就是增进妇女的知识，加强妇女的能力，改善妇女的生活，与动员妇女参加抗战建国的事业。妇女不但是全民族一半以上的国民，而且是每个国民的母亲。如果国民的母亲都是无知无识，过着那非人的生活，不能为国家民族作有效的服务，国家民族要受到如何的影响！同时，两年余抗战经验证实，支持持久战的主要条件，是动员全体民众参加，不动员妇女，就谈不到动员全国民众，妇女不起来参加神圣的民族解放战争，抗战的胜利就没有把握。因此，广泛地推动妇女工作，无论站在妇女自身利益上，站在社会福利观点上，还是站在中华民族解放的立场上说，都是迫切需要的。抗战以来，妇女工作的重要性，随着战争的进展而被社会人士所重视了，妇女工作也因之日益发展与扩大了。

但是我们不能不承认，除了在特殊区域内，妇女工作还未配合军事的进步而广泛的开展。这固然由于客观方面，中国封建势力的阻碍，但是主观方面，我们妇女，尤其是知识妇女，未有尽最大的努力担负起时代给予的使命，成为开展妇女工作的桥梁，唤醒广大的妇女群众，动员起来参加抗战建国工作，这个缺点就成为妇女工作干部恐慌的问题了。在抗战中，各种工作都在急速进步中开展，干部恐慌是前方后方都有的现象，但妇女工作的干部恐慌问题尤为严重。有许多工作是可以开展的，但是因为缺乏干部，使工作因之停顿或开展缓慢，以至妇女工作不能得到应有的进步。

妇女干部与女子教育

妇女工作是妇女本身的事，妇女的痛苦，妇女的问题，妇女了解得较深刻，妇女解放的实现，必要靠妇女自身不断地努力，不断地争取，用自己的力量挣脱自己身上的锁链。同时，因为"男女授受不亲"的传统观念仍支配着广大妇女群众的思想，男子是不容易接近她们的。因此，妇女工作必须妇女去干，没有妇女干部，妇女工作不能推动，没有众多的妇女干部，妇女工作就不能有更大的发展和更大的进步。妇女干部的质量和数量，可以说是决定妇女工作能否开展的重要因素。

造成妇女干部恐慌现象的原因，就是女子教育的不普及，女子学校数目不多，女子受教育的人太少。但是，很多知识妇女不了解妇女解放和民族解放的关联性，轻视妇女工作，不愿意做妇女工作，也是干部恐慌的原因之一。同时，妇女工作是艰苦的，广大的妇女群众受了数千年来旧礼教的束缚，旧习惯旧观念，宿命论的人生观，自私自利只知有家而不知有国家民族的思想，根深蒂固地支配着她们，一时要她们改变过来，打破旧礼教的束缚，接受新思想，实行新习惯，动员起来为国家效劳服务，确实不是容易的事。很多知识妇女受了传统的教育，不能胜任担负起妇女工作的艰巨的任务。

女学校与妇女干部

现在广泛开展妇女工作，要增加妇女干部的数量与改进妇女干部的质量，一方面要普及女子教育，增设女子学校或妇女识字班，鼓励女子求学，奖励妇女识字；一方面要改进现在女子教育。学校的主要任务是为国家社会培养人才，在这样伟大的革命的民族解放的战争中，女子学校教育一定要适应抗战建国的迫切需求，实行战时教育，负起训练妇女干部与培养妇女干部的责任。

首先，教育方针方面，要切实执行抗战建国纲领所规定的："改订教育制度及教材，推行战时教程，注重于国民道德之修养，提高科学的研究，与扩充其设备"与"训练妇女，使能服务于社会事业，以增加抗战力量"的条文，以培养学生成为抗战中的动力，新中国的建设者。

其次，教育内容方面，要加强政治教育提高政治水平使学生了解必要的抗战理论及知识，对于中国政治与国际情势有正确的认识；要积极地领导学生参加社会活动；要研究妇女问题，使学生注意妇女运动的特质、任务与动向，能胜任领导妇女群众的工作；要培养学生有公勇的服务精神，并有独立工作的能力与开展工作的技术；要锻炼学生身体，实行劳动服务，使学生养成吃苦耐劳的习惯，不怕艰难，勇于负责。这样，学校才可以培养出大量的优秀妇女干部，供应给国家民族，战时教育的任务才算达到。

女学生与妇女干部

学校中的女学生必要清楚地认识，我们的抗日战争已经踏进最艰苦的相持局面了，国家民族对我们知识妇女的要求是如何的迫切，广大的妇女群众需要我们去启发去领导，现在是我们贡献出一切力量的时候了，我们要为抗战建国而读书。女学生一般地说来是具有较高的文化水准，我们应该在妇女工作中起着骨干作用，根据前数年教育部的统计，一万个妇女中才有一个中学生，反过来说，每一个中学生要担负启发与领导一万个妇女，才算尽了我们的任务。因此，女学生在这大时代中是不能推诿的，应该肩负起做开展妇女工作桥梁的责任，我们一定要做到：知识妇女，必须要像使麦粉变成面包的酵母一样，深入妇女大众中，在妇女大众中起发酵的作用。

要肩负起妇女工作的艰巨任务，首先要认识妇女解放乃民族解放的一环，妇女解放固然要在民族获得解放以后才有实现的可能，而真正的民族解放也必须在妇女解放达到后，才算完成。妇女解放的目的是要消极地革除足以妨碍妇女，压迫妇女的不良社会制度；积极地提高广大妇女群众的社会地位，只有妇女群众得到解放，妇女解放才能成功。

其次，要从实践中认识广大妇女群众的力量，表现我们的能力。数千年来，我国受了封建社会思想的影响，不但一般男子鄙视女子，即女子本身也鄙视女子，以为女子只能管理家常事务，养育子女，服侍丈夫，做厨房里的工作，此外什么国家大事社会事业，妇女是无力量担负的。但是抗战以来，很多事实，使我们认识了广大的妇女群众中潜伏着伟大的力量，她们对于国家民族的贡献已有表现，我们只有在实践工作中，与广大妇女群众共同生活，才能体会到这潜伏力量的伟大，而这雄伟的力量，需要众多的女青年有最大的决心与耐性，从事实际工作，接近她们，才可以发动起来。同时，在实践中我们可以锻炼自己的能力，表现自己的能力，以取得人们的信仰，提高我们的地位，我们要从实际行动中改变社会轻视妇女的错误观念。

再次，要从实践中学习良好的工作作风。态度方面，要同情妇女群众，不要瞧不起妇女群众，表现出骄傲自大的神气，以为自己什么都懂，对方什么都不行，我们要虚心倾听妇女群众的意见，向妇女学习，去了解妇女的问题，留心妇女群众对于我们的批评，我们不要做妇女的领袖，我们要为妇女服务。生活习惯方面，要朴素，要与当地民情风俗相配合，才能接近妇女群众，才能取得妇女的信仰。精神方面，要能吃苦耐劳，从生活上锻炼自己，我们能过舒适生活，也能适应于简陋的生活，不嫌粗茶淡饭，不怕风吹日晒，不以劳动为耻，不以走路为苦。工作技术方面，要学习待人接物的本领，有伟大的胸怀与气魄，能识人与容人，能与各种人进行合作。这样，才能把广泛的妇女群众团结起来，组织起来，气量狭窄，目光如豆的人，固然不能成就大事，而"落落寡合""洁身自好"的人也许是非常清高的，但也终不能成就大事。

再次，要通过活动与兴趣加强学生会的组织，有组织才能发生热，才能发生力量。我们在学生会组织中，必须自己提高自己的责任心，把自己看作是整个组织推动的中心，这并不是把自己看作是那组织的唯一的领导者，而是把自己看作那组织的坚强的干部，"以工作来推动组织，以组织来增加工作的效能"，学生会的组织与地方上已有的妇女团体，取得密切联系，若没有妇女团体，可联络地方当局，同学生家长、地方长官眷属、女职员、女界负有资望者，共同参加抗战建国的活动。学生会应该负起推动、开展、号召的作用和责任，同时，本身有了组织才能组织广大妇女群众。

末了，在革命的民族解放抗战过程中，动员广大妇女群众起来参加，是迫切需要的。动员广大妇女群众，要有众多的妇女干部，学校中的女学生是不能推诿的，应该肩负起妇女干部的责任，踊跃地参加妇女工作，只有大量女学生认识妇女工作的重要性，肯牺牲个人的舒适生活，从事妇女工作，妇女工作才能更高度地在全国扩大与开展。

（原载于《江西妇女》第 2 卷第 6 期，1940 年 2 月）

论抗战中妇女职业问题

欧美资本主义各国，妇女职业问题的主要内容已经不是妇女应否参加职业，而是怎样改善妇女的职业环境了。但在现阶段中国的妇女职业问题，却仍停留在妇女应否参加社会职业的讨论中，其实梁任公在戊戌维新运动时代，便早已认识了妇女职业的重要性，他曾说："女子二万万，全属分利而无生利者，唯其不能自养而待养于人也，故男子以犬马奴隶蓄之，于是妇人极苦。唯妇女待养，男子不能不养之也，故终年劳动之所入，不足以赡其妻孥，故男子亦极苦。"他以为女子应寻求职业，不独是为女子本身求解放，且可分担男子之忧劳，为全民族谋幸福。同时中国在帝国主义侵略之下，民族资本的发展，经过了清朝末叶的民族革命与"五四"文化革命以后，妇女在生活的压迫之下，与本身的觉悟中，非但在工业方面女工日益增多，而且一部分妇女果已谋得了职业。

中国国民党在第一次代表大会宣言中有经济上确认男女平等之原则的规定，在第二次代表大会上又有开放各行政机关容纳女子职员（乙·三）与各职业机关开放的具体决议（乙·四），妇女职业在法律上似乎已得了解放，妇女的职业权利，似乎没有问题了。

但是，照中国现在的情形说来，女子还没有达到经济完全独立的地步，妇女职业的范围也是非常狭小的，妇女从事职业的种类不外乎女工、女佣、教员、店员、机关职员、会计、看护、医生、记者、律师、电影从业员、舞女、歌女、女招待、模特儿、电话接线生、女书记、打字员、小贩等二十余种，比之欧美各国，真是相差天渊。美国在三百一十二种职业之内，绝对不用女子的只有九种，俄国职业的各部门除了证实有损害妇女健康者外，都有妇女参加。至于我国妇女在职业上的收入，也是非常低微的，甚至还有不能维持个人生活的。许多地方的封建思想还依旧存在着，社会上对女子陈腐的偏见，仍未曾消减，一般人以为家务与育儿是妇女分内的事情，这就是妇女的职业，所以想出种种办法限制妇女的职业范围，把妇女们赶到职业门外去。我现在节录下面一段，便知现在妇女职业的情形了：

首先，我们看一看社会上用什么办法限制妇女的职业范围？甚至干脆地消减妇女的职业地位？据我个人能知道的（我想一定有更多的我所不能知道的巧妙办法）有两种方式：一种是公开的，像交通部想限制既婚妇女的就业，邮政局要把所有的女职员停业——现在已经由女职员的联合斗争而取消了——和有些政府机关的负责者，公开表示他不愿用女公务员，以不用女公务员作为他的优良的政绩，甚至把不用女职员订在纲领里作为信条，还有私人的企业机构、工厂、商店，更有力地拒用女职员。另一种是无形的，像银行里已有的女职员，用收歇、紧缩等等的名义，首先把女行员停职，他们用种种办法安插因收歇紧缩而遭淘汰的男职员，他们有雄厚的行员的福利基金，可以动用与办其他事业，作为安插因战事被歇业的男职员，可是他们毫不顾惜地裁撤、淘汰女行员，甚至有计划地把女行员逐批裁撤，女行员固然没有权利过问自己的福利基金，就是为行员而动用福利基金所兴办的事业，也不得参加。更有许多政府机构，招考会计人员，章程上是男女兼收，但录取的结果，非但女的数量少，而且干脆就不取女生。曾有一次，某机关招考会计人员，其中有一位会计技术很高的妇女，自信可以录取，但结果并没有录取，曾向当局责问，要评看考卷，主考人不得不把"奉令不取女生"的苦衷吐露，以解其窘。有些机关里的女职员，常常受上司及同事的冷讥热笑，故意削弱她们的职权与事务，使她们枯坐办公室，无所事事，对外说的时候，都抹杀事实，说妇女能力不够，不会做事，甚至说她们是来混饭吃，当花瓶的。在这种情况之下，刚直而热心工作的妇女，不得不愤而辞职；生活困难的妇女，不得不忍气吞声，尸位以延残喘！更有些机关，雇用女职员，目的既不在提高妇女职业地位，也不是为了工作，差不多是为了好看，所以那里的女职员，常常与高级的职员闹桃色纠纷。这中间自然也有许多头脑清楚、意志坚决、不被环境所迫的女职员，但这些女职员，都要受人的诽谤与排挤，不得不弃职流浪，有的困于生活，不得不委曲忍受，当然也有生性放荡，纸醉金迷的女子，甘心堕落。但总说一句，在抗战期间，社会上给妇女们的是残忍的虐待和无情的打击，职业妇女们已经到了啼笑皆非，忍无可忍的地步了。

女子职业受到种种的限制，确是事实，而出乎意料的，就是在抗战时期，国家正需要人才以应付抗战建国工作的当儿，对于女子职业的限制反而有增无减。海关的旧例一向是不录用已婚妇女的；不料1939年邮政储汇局以妇女诸多不便为借口公布了辞退已婚妇女及不招收女职员的新章程；昆明邮政总局曾有限制任用女性职员、已婚妇女即行裁退的规定，虽然经各方面的妇女据理力争，更兼宋美龄女士的援助，总算收回成命，可是影响所及，有些其他职业机关也在暗暗地效尤，除了原有的女职员，暂时不好意思辞退外，招考新职员时却不让妇女报名，甚至已经报了名的都被除名，即使不除名，也可以借故不录取。1940年3月各报又登出内政部新订"女子职业限制的办法"的消息，现在将原文录在下面：

"战事发生后，吾国人才，分散各地，自国府鼓励开发西南后，无论男女，前往西南者，颇为众多。前据西南来人谈：最近内政部为调整用人行政，已拟订女子职业限制办法，内容完全为在提倡女子职业着想，唯为促进工作效能起见，对已嫁女子限制极严，甚至有已嫁女子不得再任原职，考其用意，据谓经多次测验者，因女子嫁后对工作效能较未嫁前减低达十分之七八以上，此种办法，西南若干地方已遵令实行之。"

这个办法虽未见内政部明令公布，而发生的影响是很大的，半年以后（1940年9月）据作者所知的闽省府通令省公营事业机关，除救护及纺织厂、火柴厂、家庭商业工厂、托儿所等需用妇女外，其他一律不用女职员，并停止政干团及高级商业中学招收女生。由以上几种文件，可见在抗战期间，妇女在各种职业部门里，非但争取不到新的地位，连旧有已经开放的部门，也在关闭，也在限制中。职业妇女在不断地被淘汰和被限制的状态中。这样使在业的妇女，心里增长着失业的恐怖，使无业的妇女，无所投向，终日在生活的压迫下过活，而战争所带给人民的痛苦，使妇女从事职业以谋生活的要求日益迫切，这种矛盾所酿成的恶果，已经到了非常严重的阶段。

反对妇女从事社会职业的理由是多而复杂的，主要的就是认定治家育儿是女子的天职，没有余力从事于社会的职务。有些以妇女结婚后工作效能减低为理由；有些以女子身体衰弱，能力不如男子为借口；又有些以女子从事职业有伤社会风化而反对；更有些男子以为自己的妻子从事社会职业则表示自己无能力养活其生活为耻辱；还有人企图使中国政治模仿德意，事事都以德意来做标准，因此也提出妇女回厨房的口号。生育儿女为女子的天职，这是没有人否认的，但妇女应否把家事和育儿作为一生的专职，这是值得讨论的，美国居尔曼夫人（Gilman）在她的《妇女与经济》一书指出男子因为经济地位上的优势，有权力，有自由，他们的心智体力日有发展，妇女在屈从抑服的关系中，被关在狭隘的家庭里尽传续种族的责任，失去了舒展活动的机会，在身心各方面都见退化。她们的心理素质变为多愁善感的，失去了坚强的意志与判断力；她们的体格状态，变成纤小萎弱的，失去了原始时代的矫健活泼之姿态；她们所发生兴趣的主要是关于日常家务之类的事情，因而她们的知识也变为非常狭隘，许多社会变迁的现象全不在她们的注意之中。在这种情形之下，她们的思想也仅能发展到最简单的方式，要她们给予儿童良好的教育，是完全不可能的，由此可知使人类中的半数的妇女离开了社会生产活动，不特影响她们本身心智体力的发展，而且不可能要她们合理地去尽她们的天职，社会的幸福要受到如何大的损失。现阶段，妇女结婚后受了家事儿女的牵累，以致工作效能较前减低也是事实，但是这不是妇女本身的过错。这是由于国家对于妇女没有保障，要是认定子女不是妇女私有的，家事和育儿都社会化，有公共食堂托儿所等的设立，则妇女可以解放出来到职业界里，谋得经济的独立，这样非但可以不减低妇女工作效能，还可以增加社会的生产。至于妇女的能力弱于男子，主要的是因为她们没有学习的机会，能力是从经验得来的，既不给妇女们以做事的机会，能力自然也无从训练。自然，女子中甘愿当"花瓶"的也未始没有，但在数量上比较起来总是少数，而"花瓶"也是环境造成的。鲁迅说得好："除女工，为的是她们工钱低，又听话，因此为厂主所乐用的不算外，别的就大抵只因为是女子，所以一面虽然被称为'花瓶'，一面也常有'一切招待，全用女子'的光荣广告。"各机关雇用女职员的动机，确要负责的，假使每一个机关的主管人员，用人不以性别为标准而以人才为取舍的标准，那么"花瓶"自然不能立足了，同时所谓有伤社会风化问题也不会存在。妇女的社会地位如何，每每成为国家进步或退步的尺度。进步的政治，必然保护妇女的权利，提高妇女的地位；同时，因为妇女的解放力量发扬增大，自然加强了社会的进步。相反的只有落后的国家与反时代的法西斯国家，才会束缚妇女，压迫妇女，限制妇女，中国为什么不以进步的国家来做标准，而要模仿反时代的德意呢！

前美国驻丹麦大使罗斯·路得指出：主张限制或减少已婚女子从事职业的人们，是由于下列各点的错误：

1. 以为全体丈夫都能工作（忽视了病弱的和没有能力的人）。

2. 以为全体丈夫都是愿意工作的（忽视了放浪不肯做事的人）。

3. 以为全体丈夫都有赚钱能力，足够维持她们的家庭（忽视了逆转环境使几百万人失去了赚钱的能力）。

4. 以为一个结了婚的女子，除了供养她的孩子，不会再有依靠她的人（忽视了父母兄弟姊妹或许会需要她的帮助）。

5. 以为已婚女子工作只是为了满足好奇的幻想，但统计数字都明白地表示着，这几乎全是为了经济的需要。

女子参加社会职业，大多数确实是为了经济的需要，不是为了兴趣，尤其是现在工薪制度的社会，很多男子的职业无保障，而薪金往往不足以养活一个家庭，女子从事职业成为必要的。因为她参加工作才能维持适当的生活程度，尤其是在抗战期中，多少从战争中逃出来的妇女，失去了家庭的供给，抗战军人家属，失去了生活的依仗，有些还要负担一家的生活。要是职业的门在女子面前紧闭着，直接和间接影响社会是非常重大的，很多社会问题如娼妓问题，买卖妇女问题等由之而发生。因此，社会应该给予女子参加职业的权利，她应不应参加，只看她个人的环境来决定，国家不应该限制女子的职业机会与范围。在一个自由民主的社会里，每一个公民无论男女都应该能够选择她自身所喜欢的生活方式，而社会用人的唯一标准或需要，应该看这人的工作能力，不应顾到性别，或已婚未婚种种情形。

在理论上，在实际需要上，开放各职业的部门接受妇女，已经是无可非议的了；但在现阶段的中国社会里，事实上却存在着女子就业的困难与障碍。第一是家事与儿女的束缚，使妇女不能离开家庭；第二是封建意识的存在，对于女子就业，直接地间接地加以种种阻碍；第三是国家生产事业远未发展到适应社会需要的程度，以至有人浮于事的现象，不特女子无业可就，无数男子也陷于失业与无业的困苦中，同时有一部分的女士对于业务视同儿戏，企图以色相与权力来维持职业地位，以至贻人以口实。

总之，中国现在妇女职业问题，在具体规定与实现上，消极的是如何要求政府取缔一切机关限制女子职业的法规；积极的是如何争取妇女职业平等权的法律，使女子得享受职业自由平等的权利。至于如何改革社会环境，培养妇女干练的能力，创办托儿所及公共食堂等机关，以增进妇女工作效能，减除妇女就业的障碍，都是妇女解放的重要问题，妇女们应该联合起来，一致地为彻底解决这些问题而努力。

（原载于《江西妇女》第 4 卷第 4 期，1940 年 12 月）

三十年来中国妇女运动的总检讨①

我们要正确地理解我国妇女运动的过程，一定要先明了它的经济的、政治的，以及社会的背景，因为妇女问题是社会问题之一环，社会的变迁及发展，直接影响妇女运动。我国过去是封建社会，妇女处在"男尊女卑"的传统思想支配之下，"男子治外女子治内"被奉为天经地义的信条，既没有妇女问题，更没有妇女运动。我国的妇女运动，是随着民主主义思想的发展而发生的，同时也是随着革命运动的潮流高涨或低落而高涨或低落的。

19世纪中叶，西欧资本主义正在向东亚发展，积极找寻销售商品的市场与殖民地；中国领地的广大，人口的众多，天然物产的丰富，就成为西欧资本主义侵略的最好对象，因此酿成了1840年至1842年的鸦片战争。鸦片战争是新旧中国的转变点。鸦片战争以来，西欧资本主义的商品经济，渐次支配了我国封建的农业经济。这样，一方面社会的封建经济基础在急剧转变；一方面我国民族资本在强制资本主义化的过程中，得到了生长与发展的机会。迨至19世纪末20世纪初，我国民族资

---

① 这是雷洁琼在江西妇女指导处写的一篇论文，总结了我国从辛亥革命到抗战期间的妇女运动。

本企业与现代产业的建设更随着资本主义生产的扩展而更有基础，民主主义与自由主义的世界观也渐渐地传入了我国，无能的封建清政府，便成了民族资本企业发展的最大障碍物，于是开始了戊戌变法的改革运动，继之以反清的民族革命运动；妇女解放思想在戊戌变法以后，随其他文化思想，渐渐地传入我国，那时女学在萌芽时期，少数的知识妇女，在这初期民族革命意识之下，参加了民族革命运动，这可以说是我国妇女运动的萌芽时期，到现在已三十余年了。

辛亥革命前后的妇女运动

戊戌变法失败后，清政府已不能再给人以维新的希望。革命思潮，日益高涨，一方面固然由于先觉的知识妇女渐渐增多，一方面又因为革命工作需要妇女协助，故各种鼓吹民权的刊物，都附带地鼓吹女权。但专门为妇女而作的，则以 1903 年金一君所著的《女界钟》为始，这本书阐述男女平权的理论颇为详尽，影响颇大。1905 年秋瑾女士创办《中国女报》，宣传妇女革命思想，不过那时女子中读书识字的人太少。据美人林乐知在《五大洲女俗通考记》说，1902 年我国女子入教会学校读书的不过四千三百七十余人，入本国学校的当较此数更少。因此，女权思想虽已输入，而专为解决妇女本身问题的妇女运动尚未出现。因此，辛亥革命以前的妇女运动只是个别先觉妇女的活动，而没有妇女运动。虽然这个时期的妇女活动，完全是限于少数的先觉知识妇女个别参加民族革命运动，没有组织，没有群众的基础，没有找出鲜明的妇女解放的目标，但是因为她们的努力与成绩，改变了社会对于妇女的观念，开阔了我国妇女将来求自由解放的路。

康梁提倡放足与兴女学也给妇女运动很大影响。1882 年康有为先生创不缠足会于广州，甲午战后上海又有不缠足会的组织，放足运动广布于沿海各省，解放了妇女肉体上的苦痛，恢复了一部分女子健全的体格。梁启超先生以"强国保种""相夫教子"的道理，主张兴办女学，结果在 1907 年学部命令各省设立女子师范学校，打破"女子无才便是德"的传统观念，妇女遂获有受教育的机会，妇女得了体力与智力上的解放，奠定了妇女运动主观力量的基础。

辛亥革命的时候，我国妇女运动在热烈的民族革命运动的氛围中，发芽而滋长起来。那时，妇女除以有组织地协助私运军火、通传谍报、联络同志外，还组织了女军，如浙江女子军、女国民军、女子决死队、女子暗杀队、女子北伐队、女子军事团、同盟女子经武练习队等，参加革命。辛亥革命成功，南京组织临时政府，下令解散女军，于是女子北伐队改组为神州女界参政同盟会，同盟女子经武练习队改组为女子同盟会。此外尚有平津女子参政同盟会、女权运动会，上海的女子参政同志会、女子共和会与男女平权维持会等，当时提议实行男女权利平等，实行普及女子教育，改良家庭习惯，实行一夫一妻主义，废蓄妾婢制等具体方案，并要求在临时约法上"中华民国人民一律平等"句内加入"男女"两字，明文规定妇女的参政权利。但是这个要求遭到参议院的拒绝，当时勇敢的女权运动先觉者，遂采取暴力手段，捣毁参议院的窗户与什物。后来临时大总统孙中山先生允向参议院提议增修，这是妇女运动的开始。到了 1913 年，北洋军阀首领袁世凯就职大总统后，即力谋集中大权于一手，对于国民党肆施压迫，使人刺杀国民党健将宋教仁于沪上，复向五国银行团大借外债，国民党反对甚烈，于是有"二次革命"的发生。然当时代表旧势力的北洋军阀拥有政治权与军权，革命势力卒为北洋军阀以武力所镇压，于是轰烈一时的初期女权运动，亦随着民主主义运动的消沉而消沉了。

妇女运动在这阶段中，为民主主义运动的一翼，带有民权革命的性质，其主要任务是反封建的。但是第二次革命的失败，表明当时的民族资产阶级尚未能发展到统治全国的程度。封建大小军阀又和帝国主义互相利用、互相勾结，而形成反革命的势力，整个社会还处于封建势力支配之下，同时女权运动的主观力量亦甚薄弱。第一，女学尚未发达，女子得受现代教育的甚少，因此女权运动给予妇女的影响极有限度。第二，女工与职业妇女的数目尚在少数，因此缺少妇女运动的群众基础。第三，妇女运动的领袖只有热情，而缺少理解妇女问题的基本知识，没有明了妇女问题的本质与发展过程，她们的中心思想总以为表面上能做到和上层的男子相像，即可提高妇女的地位，能与男子平等。因此事事模仿男子，"她们要做职员，要做官，要谈吐豪爽，行为浪漫，举动粗鲁，服装古怪"，这种现象在今日看来虽觉幼稚可笑，然当时她们能以最大勇气冲破了浓厚的封建阴霾，树立了新的风气，展开了妇女解放运动的途径，却不能不算是有极大贡献的。

"五四"时期的妇女运动

1914年帝国主义世界大战爆发，英、法、俄、德、意、美等列强既倾全力于战争，不能以政治经济的力量大规模地向中国侵略了，我国民族资本便得到发展的机会。同时日本帝国主义乘机扩大其对华侵略，而中国内部因袁世凯的帝制运动而分裂。我国民族资本的飞跃发展，引起了被称为文艺复兴的五四运动。久已销声匿迹的妇女运动，也随五四运动活跃起来。

五四运动是我国民族资产阶级的民主主义运动，我国的新文化运动亦以"五四"为启蒙时代，所有文学革命的开展，科学思想的进展，反礼教运动的发端，都带有资产阶级的启蒙性质。妇女解放运动当然也不会例外。这时期妇女运动的主要纲领，要打倒封建礼教，主张女子的人权，要求恋爱及结婚自由与教育法律职业参政等男女平权。女权运动者在各地组织妇女团体，发行刊物，唤醒妇女群众，主要的有《妇女杂志》月刊。在"五四"时代的妇女运动是女权运动的高涨时期。

当时的主要刊物《新青年》，自二卷六号（1917 年 2 月）起特辟"女子问题"专栏讨论妇女问题。这时妇女在思想上是有着大的变化，因为受着《新青年》倡导的"自居征服地位，勿自居被征服地位"及"尊重个人独立自主之人格，勿为他人之附属品"的思想影响，要求个人独立人格的解放，主张妇女参政，寡妇再嫁，社交公开，经济独立，小家庭制度等。她们不像辛亥革命时期的女权运动者，事事模仿男子，挤入男子队伍中以求平权，而是以妇女的姿态，以妇女同具"人格""人权"的理由向男子要求平权。她们当时所提出的大致是：（一）财产均分权；（二）选举与被选举权；（三）教育同等权；（四）职业平等权；（五）婚姻自决权。

在这五种要求中，教育同等权与婚姻自决权似乎较有成绩。1911 年学部举行中央教育会议虽订有初等小学可男女同学的规定；1912 年教部成立时，通电申明宗旨，其中亦有初等小学可男女同学的训示；1915 年则规定高等小学男女同校者须各编学级；这就是说在小的地方不能举办女子小学时，女生可入男校另编学级。但是直至 1920 年时，男子小学校之容纳女生，女子小学校之容纳男生，始渐普遍。因此，我们知道男女同学的实现，还是"五四"以后的事。女子正式得进大学受高等教育的机会也是从"五四"开始的。"五四"以前我国并没有自己办的女子高等教育机关，女子高校都是由教会办的，北京有协和女大，南京有金陵女大，福州有华南学校。1917 年北京女子师范学校开办国文教育专修科一班，次年又办手工图画专修科一班，那时教育部虽有将该校改为高等师范的准备，但还没有成立。1919 年女生要求北京大学开放女禁，那时因为考期已过，只能准许旁听，审查合格允许旁听的共有九人，这是女子得受高等教育的开始。不久南京高等师范也招收女生，北京女子高等师范学校也告成立。那时除交通税务外，全国的大学都实现男女同学了。据中华教育改进社的调查，1922 年全国受高等教育的女子，除教会学校的不计外，已有六百六十五人了。

婚姻自由的观念，在知识妇女中似乎已经普遍地接受了，没有爱情的婚姻是不道德的思想代替了"父母之命媒妁之言"的信条。但是社会的封建势力仍很浓厚，这种新思想常为父母视为大逆不道，遭家庭的反对，那时不知多少青年女子为着争取恋爱与婚姻之自由而奋斗而牺牲。因此社会上的顽固者，常唾骂妇女解放运动者百无成就，只会伤风败俗，感叹世风日下，这固然是有点无理的诬蔑，但也可作妇女在婚姻方面成功的反证。数千年来传统的婚姻观念，卒被冲破了，婚姻自由的权利在知识妇女中已为社会所承认了。

职业机会方面，因为民族资本主义生产的发展，工商业的发达，很多妇女得参加劳动生产，商店与机关也开始录用妇女，但是范围非常狭小，对于妇女参加职业限制殊多，而待遇又往往不与男子平等。财产均分权虽已有人实行，但法律上的规定则是国民政府成立以后的事。

妇女参政运动也不算很有成绩。1921年国内政权分崩的现象渐渐显现，联省自治的呼声很高，各省起草省宪，仅湖南一省妇女兼得选举及被选举权，四川浙江规定妇女有选举权，广东妇女虽举行示威运动而只获得参与市政的权利。1924年孙中山先生北上，主张召集国民会议和废除不平等条约，上海及各地先进妇女，都奋勉参加促成国民会议的运动，组织女界国民会议促成会，各派代表到北平去参加国民会议的促成大会，同时成立一个全国各界妇女联合会于北平。1925年在促成国民会议的高潮中，各地齐集北平的妇女代表，对于当时所拟定的国民代表会议条例的草案，关于选举权的规定"凡中华民国男子年满二十五岁具有相当知识者有选举权与被选举权"的条文，一致抗议，游行示威，并包围临时执政政府，其时军警奉令干涉，禁止集会，因而使一般妇女的态度更为激昂，提出"打倒帝国主义，打倒军阀政治，同工同酬，确定一夫一妻制，女子有结婚离婚的绝对自由，反对片面虚伪的贞操，女子有择业的自由，废除娼妓，禁止贩卖妇女"等口号，自然在反动的北京政府统治之下，国民会议促成会并没有获得具体的效果。

妇女运动在这一阶段中仍为资产阶级民主主义运动的一支流。不过那时苏俄的革命思想，影响我国甚深，社会主义的启蒙运动亦在这时代开始。知识妇女开始感染了社会主义思想，因此从要求女子参政权到要求经济权，甚至明白提出要从改革社会制度着手。同时因为民族资本的飞跃发展，女工及职业妇女的人数大增，因而有了群众基础；加以女学渐次普遍设立，知识妇女人数，亦大见增多，因此妇女运动在此时期，有着空前的发展。但是这时期妇女运动的目标，只是向男子争权，只希望从男子的手里解放出来，没有了解到中国已变成帝国主义的次殖民地，全国男女民众都处在水深火热之中，虽然女子受着比男子更厉害的双重痛苦，但单向男子进攻，一定达不到解放目的。所以那时的妇女运动，除少数知识妇女得了一些成绩外，大众妇女的生活并未有改善，妇女问题依旧未能解决，妇女解放还是无法得到。

国民革命时期的妇女运动

1925—1927 年的国民革命，乃是半殖民地的中国反帝国主义反封建势力的民族革命。五卅运动可算是国民革命的序幕。自 1924 年以后，西欧帝国主义各国，已经克复了战后的疲敝，进入相当稳定的时期，因重整旗鼓，对半殖民地的中国加紧侵略。因为帝国主义国家间的矛盾，国际资产阶级在中国的冲突日益尖锐化起来，以致造成循环不息的军阀争霸战。这样加剧了中国农村破产的危机，整个国民经济窒息于外国资本的侵略中，中国民族资本经不起外国资本的竞争，逐渐衰落下去。一般民众，开始认识了国际帝国主义是中华民族解放的主要敌人，不推倒帝国主义在华的统治，中国的枷锁是永远不能解除的。五卅运动就是当时广大民众反帝国主义及反对封建势力的具体表现，开辟了中国革命的一个新阶段，国内反帝国主义反军阀浪潮高涨，实现了工人农民参加民族革命运动。当时北方封建的军阀统治虽然在帝国主义庇护之下力图苟延残喘，对革命镇压不遗余力，然革命浪潮毕竟无法遏制，所以当国民革命军出发北伐后，在广大的革命民众拥护之下，遂势如破竹地向前进展了。但是因为社会环境关系，革命未能完全成功，帝国主义与封建的残余势力仍未能扫荡无遗。

国民革命既然是反帝国主义反军阀的民族革命，妇女解放运动也随着革命的潮流而改变了动向。那时妇女认识了压迫她们的并不全部是男子，而是帝国主义、军阀和残余的封建势力。于是放弃了男女对立的斗争，而参加了反帝国主义反封建的革命运动。那时妇女到处活跃地组织妇女团体，中央党部以至各地党部都有妇女部之设，上海成立各界妇女联合会，许多知识妇女和女学生都直接参加到革命队伍里从事革命活动，军队、侦探、运输、救护、宣传以至政治工作随处有她们的足迹。劳动妇女也开始以英勇的姿态出现了。"五卅"五十万的上海工人职工中，女工人竟占了二十余万，这是妇女运动以来所未有的现象。从事革命活动的妇女，不仅限于都市，更深入了农村，农村妇女民众在南方许多乡村里也踊跃参加了一切政治活动。但是那时并没有轰轰烈烈的女权运动，因为在1924年1月国民党第一次代表大会宣言已明白地规定"于法律上、经济上、教育上、社会上，确认男女平等之原则，助进女权之发达"。1925年国民党第二次全国代表大会上又有如下的决议案：

甲、法律方面：

一、制定男女平等的法律；

二、规定女子有财产承继权；

三、从严禁止买卖人口；

四、保护被压迫而逃婚的妇女；

五、根据结婚离婚绝对自由的原则制定婚姻法；

六、根据同工同酬保护女性及童工的原则，制定妇女劳动法。

乙、行政方面：

一、切实提高女子教育；

二、注重农工妇女教育；

三、开放各行政机关容纳女子职员；

四、各职业机关开放；

五、普设儿童托寄所。

因为革命运动需要男女共同参加，男女在各方面都几乎已完全平等，共同致力于反帝国主义反封建的革命工作，那时妇女运动确有了新的转向。可惜受着政治环境变动的影响，随着革命的潮流又消沉下去了。

后来，国民会议于 1931 年 5 月 5 日在南京举行，妇女为争取妇女代表，各省市妇女会有人到南京联合起来向政府及中央党部请愿，结果只有二三个妇女代表列席，没有发动起广大的运动。女子财产承继权在 1930 年 12 月立法院通过并经政府明令公布了。1932 年在新刑法修订的时候，关于夫妻互负贞操的义务与纳妾是否通奸问题，立法当局争论颇为激烈，引起社会广泛的讨论，而妇女运动的先进和主张男女应该平等的学者，毕竟得到胜利，结果修正刑法第二三九条"有配偶而与人通奸者，处一年以下有期徒刑，其相奸者亦同"得以通过，承认夫妻有互负贞操的义务与纳妾为通奸的行为。但同时社会还有一部分人士受了德意法西斯主义的影响，不明了国情，在提倡新生活运动的高涨中，东南及华北各省甚至有人提出"妇女回厨房去"的主张，提倡"节妇宴"，"良母节"，以及组织"礼教维持会"等等运动，有些省市甚至有禁止男女同学，禁止男女杂坐看戏，禁止男女一块游泳，取缔奇装异服等等训令。1936 年 5 月 5 日公布的宪法草案关于国民大会代表的选出，并无妇女名额的规定，各地选举结果，亦无妇女代表当选。那时妇女运动被黑暗笼罩着，成了畸形的发展。

妇女运动在这一阶段，已深入工农妇女民众，广大的工农妇女民众表现了她们的力量，加深了她们的自觉。辛亥革命时期的妇女运动，只限于极少数的先觉知识妇女；"五四"时期发展到了中产的知识妇女；而这时期已到达了工农妇女民众。因此，所提出的口号，如切实提高女子教育，注意工农妇女教育，开放各机关容纳女子，筹设托儿所，保护女性，打破奴隶女性的礼教，赞助劳工妇女的组织等，确足以表现这阶段妇女运动的特征，比前两阶段为进步了。可惜终以社会的变动，未能进一步开展，为黑暗所笼罩，而反有向后退的趋势。

抗战以来的妇女运动

自从 1931 年东四省（指奉天、吉林、黑龙江、热河四省。新中国成立后，1956 年撤销了热河省。）沦亡之后，国势危急；日本帝国主义要灭亡民国而独霸东亚的野心日益显露。吞并东四省后，接着就威胁华北，制造冀东傀儡政府，唆使绥远伪军作乱，在各海关口大事走私，在全国各地豢养汉奸为其服务，扩充海陆空军，造成"七七"卢沟桥的事变；我们展开了"八一三"民族解放战争，中国历史又转入了新的阶段。妇女运动冲破了长时期的沉寂而复苏活跃起来，妇女们认识了男女平等，必须在民族解放胜利后，才能实现，民族解放没有妇女参加，就不能完成。因此战争一开始的时候，我们的前后方，都有无数女子参加工作了。

首先在宋美龄女士领导之下，成立了中国妇女慰劳自卫抗战将士总会。在这个总会的领导下，各省妇女运动有了统一的方向。次年 5 月宋美龄女士又在庐山召集了十三省妇女领袖共五十多人举行了一个妇女谈话会，在这会中产生了《动员妇女参加抗战建国工作大纲》，正确切实地认定了动员妇女的先决条件是：提高妇女文化水准，改善妇女生活，确立妇女经济独立基础，组训妇女发动启蒙运动，并决定以新生活运动总会妇女指导委员会为全国妇女工作最高指导机关，各省成立妇女工作委员会，建立妇女工作机构的体系。政府对于妇女运动也积极地提倡，如抗战建国纲领中明文规定"训练妇女，俾能服务于社会事业，以增加抗战力量"，中央颁布的战时国民军事组训整备纲领，也有妇女队组织的规定。第一届国民参政会特设女参政员十席，至第二届后增加六席。各省参议会亦皆有妇女参加。最近七中全会决议中央党部增设妇女部以为领导全国妇女运动的总枢纽。

在抗战的过程中，从妇女的工作成绩，显示出妇女伟大的力量。第一，在全国各地有四十处以上组成了妇女慰劳会的团体，征募和输送到前方的捐款和物品达数百万元，由后方部队和医院里的慰劳，直走上前方火线工作，更进而组织战地服务团，以协助军民合作。第二，由参加后方的一般战时动员的工作，进而参加武装的训练。大量的女青年、女壮丁、农村妇女都受到军事训练，在游击区许多妇女都手执刀矛和其他武器加入游击战，或者负起警卫放哨的任务，保卫家乡，配合军队作战。第三，由于抗战环境的需要，使妇女运动展开着新的事业，这就是光荣地保卫民族的后代——抢救战区的儿童加以保育。战时儿童保育会，现已有着四十个以上的保育院，养育着数万的儿童。另一方面是组织广大的农村妇女和家庭妇女参加工业和农业，努力发展生产事业。广泛地设立识字班，发展启蒙运动，提高妇女文化水准。第四，在妇女的组织方面不仅各省有慰劳会，妇女工作委员会，与儿童保育分会的组织，而且有各种名称和形式的抗敌救国与自我教育的组织。江西妇女运动领导机关，已正式成为行政机构的一部门。定期妇女刊物增加至二十余种，这些著作中主要的是工作经验的报告与工作技术的讨论，同时反映妇女运动的动态，发动妇女抗战力量，多少有天才的女青年作者与艺术家都得了机会展露了才能。自第四次国民参政会通过了定期召开国民大会制定宪法实行宪政以后，全国妇女热烈地讨论"五五"宪章草案上所规定的妇女权利条文，并推行宪政运动，争取宪法上保证妇女地位与男子平等的规定与实现。

抗战以来，妇女运动是进步了，无论是在全国动员抗战的工作上，或是在妇女团体普遍的建立与全国妇女的团结统一上，都有着显著的进步。因为抗战以来，妇女运动的出发点以及所走的路线是正确的，她们抛弃了只限于上层妇女的权利争取运动，而转向动员全国各阶层妇女以争取民族解放的运动。以抗战建国为工作对象，实际努力于经济、政治、文化、各种事业的建设。妇女运动的机构已有统一的趋向，而且政府方面已给予妇女运动有力的提携。妇女运动者本身也起了质的变化。她们发现了自己的力量，锻炼了坚强的体格与大无畏的精神，放弃了个人的利害，艰苦地守住自己的岗位努力奋斗，以往的人生观、道德观完全重新经历了一次估价。

三年以来的妇女运动是进步的、向上的，但也不容否认的有它的弱点。最大多数妇女还没有组织，目前许多地方妇女运动还是一种畸形的发展。有的是没有组织的妇女群众，有的是没有群众的光杆组织，空有其名而无工作。妇女本身团结得不够，时常会发生不必要的摩擦，妨害了许多工作的进行，而全国性的领导机构还未彻底建立，新运总会妇女指导委员会只是从旁影响指导，却不是正面的指挥，所以许多地方的妇女不能紧跟它前进，有些地方甚至还寂然不动。工作还是太表面，不彻底。农村妇女还未动员，而工作成绩也实在太少，对于妇女生活的改善方面还没有积极进行。有些地方工作方式太偏重于形式，不会采取民主方式共同商讨进行工作。妇女干部太少，未能很有力地发展工作，没有使妇女运动发生更大的影响，使社会各阶层的人们了解妇女运动的意义。所以有些人还在固执地阻挠妇女工作，不会完全紧密地与一切动员工作配合，不能彼此互助互策。有些人反而歧视妇女工作，因此工作上常发生些不必有的困难。不曾有计划地在敌人后方开展妇女工作，没有把中国妇女运动与国际妇女运动密切地有计划地联系起来，共为人类幸福而努力。

总之，三十年来我国妇女运动，由争求个人的自由平等权利，进而趋向于争取国家民族解放，这个动向是合理的、正确的。但是它所表现的成绩，还离我们的理想很远。少数的妇女似乎已经从封建势力中解放出来了，然而还有大多数的妇女仍然受着重重的束缚与压迫，如无数的童养媳、妾、婢、妓女、农村女与劳动妇女，差不多没有过人的生活，辗转呻吟于封建桎梏之下，无从发挥其能力以服务国家社会。以后我们应当认定，妇女运动在现阶段中是要发动广大妇女民众参加抗战建国工作；但动员妇女必须注意改善妇女大众的生活，妇女解放虽要在民族解放中去争取，但是妇女本身的利益断不容漠视，因为妇女生活不改善谈不到解放，妇女得不到解放，整个民族也绝不能达到解放的境地。故从改善妇女生活的基础上去进行妇女运动是必要的，同时要有组织、有系统、有计划地进行。而妇女解放运动是与整个民族解放及社会运动不可分离的一个有机组成部分，故又必须严密地与整个政治社会运动联系起来，配合着社会的各方面进行。妇女运动不光是妇女的事业，也是男女应该共同努力的事业，男女能共同的努力，配合着民族解放运动进行，我们相信我国今后的妇女运动是有着辽阔光明的前途的。

（原文陆续刊载于《江西妇女》，1941 年）

妇女与新中国的建设

　　八年来妇女对于抗战的贡献是不可埋没的。抗战开始的时候，妇女即征募、输送捐款和物品到前方去，后来由后方部队和医院里的慰劳，直走上前线工作，更进而组织战地服务团，以协助军民合作。同时由参加后方的一般战时动员的工作，更进而参加武装的训练，大量的女青年、女壮丁、农村妇女，都受到军事的训练，负起警卫放哨的任务，保卫家乡，配合军队作战。她们还抢救战区的儿童加以保育，以保卫民族的后代，还有千万的女工努力工作，增加战时生产。

　　但是，八年的艰苦抗战过程中，妇女所受的压迫与痛苦，又非笔墨所能形容出来的。在沦陷区，多少妇女同胞被敌人强奸与屠杀；多少妇女丧失了家庭，颠沛流离；多少妇女为着经济的压迫，曾被人作商品般的买卖着；多少出征军人家属，被逼着去改嫁或卖淫；多少妇女失掉了靠养的人，必须担负起维持一家大小生活的重任。

　　的确，抗战以来，妇女的社会地位有了很大变化，妇女因为有机会参加各种社会活动，她们发现了自己的力量，锻炼了坚强的体格与勇敢的精神。同时妇女因为受了种种的痛苦，她们痛恨敌人的残暴，深刻地认识国家与个人关系的密切，坚决地要求国家民族自由与解放，增强她们奋斗反抗的精神。

现在抗战胜利，妇女在复兴与建设富强新中国过程中的力量是不容忽视的。但是要发挥她们的能力以服务国家社会，消极方面，必须把社会对于妇女的束缚解除，使她们能有机会，尽量发展其能力；积极方面，必须有各种社会设施，培养她们服务社会的能力，使对于新中国成立有所贡献。

因此，为了适应妇女的新需要，以后政府必须使妇女有与男子受同等教育的机会。妇女教育方针，应当注重于智能的发展、公民的训练、专业的学习与学术研究寻求真理的精神；至于家政常识育儿方法等课目，每一个妇女都应学习的，但是妇女教育不要只限于家政的训练与贤妻良母的养成。

妇女职业的机会，同样的，要达到与男子平等。除了极少数确有妨碍妇女健康的工作外，妇女应该根据其个人兴趣与能力，自由选择，参加社会各部门职业；务使限制妇女参加某种职业的法令或方法完全消除，扩大妇女职业范围，切实执行同工同酬的原则；保护母性，确定职业妇女生产例假期，普设托儿所，使妇女不要为着生育第二代国民而不能服务社会。

法律的保障，也是妇女一致的要求。中国现在的法律，对于妇女权利的规定，可以说是进步的。但是，社会习俗与传统的势力，现在还超过于法律，很多妇女仍然受着不合法律的待遇，受着种种封建的束缚与压迫。例如妇女人口的买卖，在很多农村里，还普遍实行；杀女婴、童养媳、妾婢卖淫等制度依然存在，农村妇女与劳动妇女过度劳动的非人生活，辗转呻吟于封建桎梏之下，得不到法律的保障，何能发挥其能力以服务国家社会。以后必须使法治精神能达到全国各角落去，每一个妇女都能获得法律的保障，享受合法合理的生活，她们才能共同担负起复兴与建设富强新中国的重任。

　　妇女又必须深刻认识，新中国成立的工作是艰苦的、政治的改革，经济的建设，社会的革新都必须不分男女，各人都站在自己岗位努力合作才能成功的。我们必须具有丰富的学识与经验，专门的技能，坚强的体格与刻苦的精神；享乐心与虚荣心都应该扫除，有名无实的工作，都应拒绝参加；靠着亲属友谊关系而滥竽充数，获得不能胜任的职位，应该引为耻辱；希望以色相媚人而获取社会荣誉的行为，应该努力改正。在新中国成立的过程中，必须要从切实的工作中表现我们的力量，以优良成绩争取社会地位与荣誉，这样，才能得到社会的尊重，社会地位才可提高。

　　总之，富强新中国的复兴与建设，是不容忽视占人口一半的妇女的力量的。但是，要发挥妇女的力量，一方面必须解除社会对于妇女的种种束缚与压迫，以免阻碍她们自身的发展。换句话说，要实行国民党第一次代表大会宣言的规定："于法律上，经济上，教育上，社会上，确认男女平等之原则，助进女权之发达。"一方面妇女们必须切实担任起复兴与建设新中国的责任，不独要争取服务社会机会，还要利用社会机会，表现我们力量，达到优良成绩，使能有所贡献于新中国的成立。

　　　　　　　　　　　　（原载于《妇女》杂志《庆祝胜利特刊》，1945 年）

论现阶段的妇女运动[①]

妇女运动是为解决妇女问题以求达到平等与自由而产生的。中国过去是以农村经济为主的封建社会，男耕女织，男子治外女子治内的分工，奉之为天经地义。家庭是妇女的园地，数千年来她们过着从父从夫从子的依赖生活。经过百年资本主义经济的侵略，中国固有的农村经济基础已根本动摇，家庭组织随之发生了大的变化，八年抗战后继续一年多的内战，无数家庭为战争所破坏所摧毁，千千万万妇女失去了生活的安全与保障。她们无独立谋生的技能与准备，而在社会经济崩溃过程中，工商各业萧条，职业范围愈来愈狭，职业之门又并未为妇女而全开放，为着生活的压迫与驱使，只有出卖灵魂出卖肉体以求残存。据上海警察局发表的统计，上海合法妓院有八百余所，登记舞厅有二十八家，而在一千五百八十八名舞女中，有五十八人曾受高等教育（《大公报》2月28日），不合法的私娼向导女按摩女等无从统计；其他的出路就是犯法与自杀，上海去年十个月内八百三十九起自杀案件中，女性占四百九十一人。幸而有职业的妇女，职微薪薄，在双重任务压迫下挣扎，目

---

① 1946 年秋雷洁琼回到北京，任燕京大学教授。

前社会除了极少数的幸运者，大多数的妇女都陷于悲惨的厄运。

妇女运动应该针对目前现实的问题，确定方针，发动妇女以谋实践的解决。但是，目前内战正在弥漫全国，经济崩溃，政治腐化，社会充满了矛盾与对立，人权得不到保障，女权何能伸张？当大多数人民生活于水深火热之中，个人的生存已受到威胁时，谁能保证每一个女婴都不会因其父母重男轻女或贫穷而遭杀害或抛弃？独裁专政与党权高于一切的政治之下，非法的拘捕与囚禁，可以随时随地举行。谁能保证每一个妇女都能有人身信仰与思想的自由。一切民意机关，不过是政治上的装饰品，女参议员女参政员女国大代表都不过是装饰品的点缀物，在这种假装民主政治之下来争取妇女参政权，不特毫无意义而且无补于事。在失学与失业之人数日益增加中，要求教育机会平等与职业机会平等，是一种不对症发药的奢望。在大多数妇女无能或无法以谋独立生活，不合理的婚姻制度是无法完全禁止与铲除的，以金钱来保证爱情，与以爱情来换取金钱的婚姻普遍地存在。婚姻既不建筑在男女互爱基础上，婚姻的纠纷自然不断地产生，一夫一妻的制度无法巩固，在迷信武力者的心目中，内战高于一切，要求实践母性保护与儿童福利的政策更是一种幻想。

因此，目前妇女悲惨的厄运，只有社会经济政治问题得到合理的解决后，始有所补救。现阶段的妇女运动应该配合其他社会运动以谋社会之革新，达到民主生活社会的实现，封建的帝王统治社会或垄断专制所控制的法西斯社会的妇女，不会获得自由与平等的权利，只有民主生活的社会，才能保证妇女的权利。

民主生活社会，应该具备以下的条件。第一，确立女子与男子同为社会劳动本位的概念，宪法上应该保证妇女的权利，规定在政治上经济上、文化上、社会上男女平等。第二，政治的民主，建立民有民治民享的政府，使普选制为全体人民所享受，没有财产、性别、居住和教育条件的限制。根据人民对于职务所应有的资格，都有参加政府工作的平等权利，对于政府有发表意见的平等机会，言论与集会的自由得到保障。军队成为人民自己的代表。第三，经济的民主，实施国计民生的计划经济，限制官僚资本，善用外国资本，提高生产力，改良生产方法，消灭失业，保护农工民众，提高人民生活水准，改善人民生活；各种职业的酬报，根据能力而不分性别；一切经济机关，都给人民的管理权利。第四，教育社会化，实行普及的强迫的免费的教育，使国民无论男女只要有求学的能力，就有求学的机会，普遍地设立博物院、图书馆、科学研究机关、职业补习学校，使有志求深造的人民都有修学研究的机会，促进社会文化。第五，医药社会化，建立公共卫生与集体保健制度，普遍地设立医院、疗养院、诊疗所、医务询问处等机关。医务人员都受社会的雇用而为人民服务，人民健康得以保障，人民疾病得以免费治疗。第六，社会保险制度与社会机关的设立，最重要的如建立疾病与灾害的保险制度，使人民有疾病与遇灾害时，能照常领受工资；设立养老恤金的制度，保障年老人民的生活；孕妇生产前后有休假的规定，以及推广产科医院，托儿所与其他儿童福利机关的设施以保障母亲与儿童的利益，普遍地设立公共膳堂、公共洗衣社等社会服务机关，使家庭社会化，妇女在家庭的职务，得以减轻而从事于社会活动。妇女解放只有在这样的民主生活的社会，才能彻底实现。

中国妇女运动是随着辛亥革命同来的，随着民主思想的发展而发展，同时随着革命运动的潮流高涨或低落而高涨或低落，妇女运动与民主运动存着密切的关系。现阶段妇女的任务，应该一方面充实自己，使每个人都有独立生活的能力与准备，另一方面站在自己岗位上实际地参加民主运动，争取民主的实现。民主运动没有妇女的参加是不会胜利的，试翻开中国最近五十年的历史，哪一次社会革命运动没有妇女参加？尤其是在八年抗日的战争中，妇女确已发挥了很大的作用，其对民族解放的贡献是不可埋没的。目前的民主运动尤需有广大的群众基础，因此动员妇女参加民主运动，争取民主的实现，也是现阶段妇女运动的任务。

（原载于《燕京新闻》1947 年 3 月 10 日）

分析教育当局对于男女分校的用意

目前中国的教育，随着政治的混乱与经济的崩溃，已面临破产的危机。很多严重问题正待解决，如普及教育、扫除文盲、减少失学、充实设备、提高教职员待遇、安定学生生活，等等。而教育部在目前百废待举、百弊待革的时候，特别于2月通令各省市教育当局严格实施男女分校。根据其训令所指示，除有法令依据外，理由为："……男女分校，因材施教，于适应个性差异之中，原寓力谋机会均等之意，比年来新兴国家，即如苏联者，亦已采行此项制度，自系于适应上力求合理之发展。"(《教育通讯》三卷五期)

中等学校男女分校的法令依据，就是1928年第一次全国教育会议的决议案。中等学校男女分校或分班之原则既在1928年已规定，而苏联在1943年才规定在七年制及十年制之中等学校中实施男女分教，可知教育当局此种措施并非受苏联的影响而采行的。至于施行男女分校制度，是否能促进男女机会均等，以现在中国教育情形而论，稍有常识的都知道是一种强词夺理的诡辩，与事实完全不符，而结果适得其反。所谓因材施教，适应个性差异，似乎言之有理，适合教育原则，然对于社会科学或心理学稍有研究者都知道，两性间之差异，远不如两性本身间各个分子互相差异之大，故要达到因材施教适应个性差异，则应采用个别教学法，道尔顿制、能力分组、弹性升级等制度，男女分校制只能达到因"性"施教而已。

　　然则教育部在今年 2 月重申男女分校之令，其用意何在？中等学校学生以男女分校为原则，既是 1928 年第一次全国教育会议之决议，为彻底明了此次决议的真相，对于该原案的内容有检阅之必要。在这次会议中有人提"确立教育方针，实行三民主义的教育建设以立救国方针案"，由大会修正通过，中等学校实行男女分校便是该案的一部分。其原文本为"中等女子学校应独立设置"，后改为"中等女子教育应有特殊设施"，其理由认为"女子教育须确认培养博大慈祥之健全的母性，为救国保民之要图，优生强种之基础"为要旨。"中等女子教育之教材，须注重养成女子特有之社会职分，加入关于处理家政教养儿童等学科及训练。女子德行之涵养，应注意于艺术的陶融及体育。"很明显的，当时主张男女分校的主要目的是要男女分别受不同的教育，而女子教育因直接负有生育第二代国民的职责，则只限于灌输狭义的贤妻良母的常识，科学的知识与生产的技能对于女子是不重要的，因为女子在文化上之天职，不尽同于男子，这种思想随着法西斯主义的日益抬头而变本加厉。1935 年不独教育部训令施行男女分校，同时提出"妇女回厨房去"的主张，提倡"节妇宴"与"良母节"，以及组织礼教维持会等等运动，有些省市，甚至有禁止男女杂坐看戏，禁止男女一块游泳等等的训令。抗战期中，全国不分男女老幼集中力量，为民族兴亡奋斗图强之时，政府当局碍于客观环境，虽不能严格施行男女分校之规定，而仍累翻划分男女教育的陈案。从朱家骅先生在 1904 年发表的《女子教育与学校党务》与《妇运之回顾与瞻望》二文内容来看，可以明确政府当时对于女子教育的主张，他说："女子教育应该特别注意于健全母性的培养，发挥女子仁慈博爱的特性，使我们将来的家庭组织，切合国家民族的需要。家庭能够健全，国家就会强盛，因为家庭和国家是同一的混合体，不是两种对立的个体，所以培养女子治家的能力同时也就是培养女子社会的能力。"他认为"妇女人人来参加政治活动是不必要的，而且有害的"。据朱先生说，善于理家即能参政，原意是"妇女对家庭社会之责任不容偏废，善于理家之妇女，亦必能管理众人事，亦即能参与政治"。1942年政府召开全国妇女教育会议，其主要任务为"划分男女教育之界限，规定妇女教育之程序，以及讨论妇女在家庭与社会之地位问题"，并特以增加人口生殖率为讨论妇女问题时之基本原则。从朱先生这种言论主张与全国妇女教育会议的主要任务来推测，则不难豁然贯通这次重申男女分校训令的真正目的了。所谓因材施教，适应个性差异，不过是掩饰动听之词，骨子里是要使已死去的法西斯思想在我国复活，是要实行妇女回厨房去的主张，是要剥夺女子教育的权利，以恢复男尊女卑的观念，是要降低妇女的地位，要窒息社会文化的进步。

然而教育当局是否受了新兴国家苏联采行男女分校已有成效的影响，而急起直追地重申男女分校之训令呢？苏联采行男女分校制度，谁都知道是在革命后男女合校实行了二十五六年后才提出来的，经过二十五六年的男女平等教育，女子文盲的问题已不存在，女子文化水准已大大地提高，男女不平等的观念已经消除。吴清友先生清楚地提出"苏联男女分校的提出动机，是在社会各方面都平等之下，更进一步地推进"。回顾我们目前的妇女教育情形，妇女文盲人数占全国妇女人口百分之八十五至九十，女子受教育的机会，因社会传统观念与社会经济状况，还是少得可怜；而男女不平等的观念深刻人心，女子处处遭受歧视，在这种情形之下实行男女分校，结果女子教育的机会更减少，女子文化水准更降低，男女间的区别日益加深，造成男女更不平等的地位，因此在各方面都落后的中国来实施男女分校，简直是开倒车的办法。还有一点，苏联采行男女分校制度，并不是使女子与男子受不同的教育，苏联男女学校的教育纲领与教材内容是大致相同的，女子仍被视为社会生产建设的参与者与国家的公民，并不专教以"为女为妻为母之道"，更不认为"培养女子治家的能力，同时也就是培养女子社会服务的能力"，女子仍然有获得科学知识与生产技能训练的权利。然而中国教育当局要严格施行男女分校，目的是要使女子受一种特殊教育，认为"女子的服务，应该以家庭的服务起点"，女子教育的内容，特别注重母性的培养与管家技能的学习，以养成贤妻良母的人生观。由此可知我国施行男女分校制度与苏联的采行男女分校是风马牛不相及的，教育当局在其训令中特提出"比年来新兴国家，即如苏联者，亦已采行此项制度"为理由，以为其采行男女分校制度之借口，很明显的是一种掩护，是一种花言巧语的哄骗，是一种不符事实的诡辩，其实要采行的不是苏联的男女分校制而是不合潮流的日本贤妻良母为中心的教育制，德国的"离开商店和办公室，回到厨房里去"的教育制。

以目前中国教育情形而论，男女分校的规定要是依照训令的严格施行，女子受教育的机会一定会被剥夺，并不是言过其实危言耸听的。根据1932年的统计，中等学校男女生人数为四与一之比，男生四四二三〇九人，女生一〇三九〇三人，女生人数仅占中等学校全部学生人数百分之十九，女子能有机会受中等教育的为数甚少。又根据1935年度二十八省七市的统计，全国有中等学校三千一百六十所，而其中女子学校占五百三十所，由此可知大部分女生是在男女兼收的男校而获得升学的机会，未有增设女校，而谬然训令要男女分校，这就等于排摈已有机会受教育的女子于学校之外，减少一般女子受中等教育之机会。此种措施，明显地违背了孙中山先生男女教育机会均等的主张，破坏约法上"中华民国男女教育之机会一律平等"的条文，而与民主政治背道而驰。

男女分校施行后，不独减少女子受教育之机会，而且对于女子教育质的方面一定会发生变化，使妇女社会地位降落，根据历年来教育当局的主张，女子教育应该特别注重于健全母性的培养，女子教育内容当然就是那些狭义的育儿与家务管理的课程，结果女子所受的训练，不能进专门的学校，以求深造发展其智能，故而在社会无从谋业以求独立生计。教育当局虽认为"专门教育，其目的在养成特殊之学术与技能，一切科学的研究，更不因男女而有异"，但女子在中等学校既受一种与男生不同的特殊教育，其学识才能都受了限制，何能进大学以研究高深学问？我们希望女子能于科学方面有成就，于生产技能方面有成绩，真是缘木求鱼，痴人说梦。目前大学所以尚有五分之一女生，是因为一般较好的中等学校，兼收女生之故，男女分校之后，许多优秀女生，不能再进这些较好的学校，大学中女生所占的比例，无疑地将必递减，社会很多职业之门亦随之对女子关闭，女子自然受到社会的歧视，男女不平等的观念永不能消除。这种社会现象，也许正是现在主持教育者的理想，因为他们还坚持着"男子治外女子治内"是天经地义的，高深的学问与社会的活动，女子是不应该过问的。但是社会的经济与政治的变迁，使家庭相对地失去安全性，男女关系起了相当的变化，"女子无才便是德"的理论，已不复发生作用，这种男女分校的倒退主张，适足以增加社会男女间适应之困难，形成严重的社会问题。

根据以上的分析，我们要坚决地反对男女分校的措施，目前中等学校为数不多，女子学校有其存在的价值，我们反对男女分校，并不是要完全取消女子学校，男女分校与男女同校可以共同并进，但我们要坚持在目前的中国，男女同校为正常合理的制度，两性所受的教育应该是平等的，要是教育当局关心到女子教育问题，目前女子教育的焦点不是男女分校，而是如何普及教育，扫除妇女文盲，增加女子教育机会，解决失学问题，提高女子教育文化水准以求民主政治的实现，早日走上合理的社会生活。

（原载于《现代妇女》第 9 卷第 5 期，1947 年 8 月 5 日）

三十六年来的妇女运动①

首先我们讲什么叫妇女运动，为什么它会产生。

我们知道任何社会运动，都是针对社会问题而产生的。某一社会问题影响到大多数人，于是大多数人有一种组织的行动，就成为社会运动。妇女运动由于妇女问题而产生。但妇女问题之发生，并非妇女本身有毛病，有问题，而是由于男女关系问题，这是传统的男女关系对已变的社会经济情形不能配合的结果。

过去中国社会是建基于农业与手工业结合的经济基础之上的，以家庭为主要生产单位。在家庭里，男治外，女治内。女子在视男尊女卑为天经地义的情形下，忍气吞声，要求人权，但是社会上没有可能让她反抗，让她争取人权。没有社会问题，也就无所谓妇女运动。

西欧的妇女运动产生于工业革命之后，那时工厂建立，大部分妇女进厂工作，参加社会生产，于是才觉悟到自己社会地位的不平等，因而起来争取做人的权利。中国方面，自西洋资本主义入侵后，农村破产，工商业没落，造成劳动过剩，生产萎缩，贫穷等现象，妇女在这时所受

———————————

① 这是在北京大学女同学会主办的演讲会上的演讲节录。

压迫与痛苦更甚于男子，于是产生妇女问题。最初，在康梁维新时代，康有为提倡天足，梁启超本着强国保种明夫相子的宗旨而提倡女学。但这时女子本身并没有觉悟，只是康梁等因国难而注意到富国健民，因为富国健民而注意到妇女问题罢了。

辛亥革命时，因为许多秘密工作，如运输炸弹等由妇女做比较便于掩护，所以要求女子参加革命，结果就有好些女子参加了。但当时不过是觉醒的知识分子的女子的个人行动，如秋瑾，没有什么群众基础，更谈不上有组织的妇女运动。

妇女运动始于1912年。那时因为参议会之临时约法对选举权的规定是"中华民国人民一律平等"，有些人要求加入"男女"二字，把条文规定得更清楚一点，参议会拒绝。于是，一部分妇女领袖就领导群众大闹参议会，成为有组织的暴力举动。这在今日看来虽然未免觉得很幼稚，很平常，但在当时大多数妇女都无声无息的时候，居然有几个人敢如此，实在不易，对社会影响也很大。

妇女运动一直不曾与中国的民主运动分离过，民主运动高涨时，妇运亦高涨，低落时，妇运也低落。妇女运动原本就是整个社会运动不可分之一环。所以辛亥革命后有妇女要求修改临时约法而产生暴力运动；而后来袁世凯要做皇帝时，革命运动受到压抑，妇女运动亦消沉。及五四运动产生，妇女运动又起来了。但"五四"时妇运并不在争取参政权或斤斤于条文之修改，却与新文化运动配合，反封建礼教。所以1917年《新青年》特开《妇女问题讨论》栏时，其中大部分是讨论婚姻与家庭问题的。当时亦有许多女子为争自由恋爱和为了家庭的问题而死，像李昂博士因为婚姻不能自由，在赴美途中投洋而死，就是很著名的一个例子。但当时觉醒的，只限于上层的知识妇女，虽然当时的民族工业已经兴起，大批妇女参加工厂工作，而她们并未觉悟。"五四"时参加妇运的没有劳动妇女，农村妇女更谈不到。

第三个妇运的高潮就是"五卅"惨案时。上海"五卅"大罢工，工人半数为女工。同时"五卅"革命运动中大部分妇女已了解中国在半封建半殖民地状态下，实在谈不到男女平等。所以"五四"时妇运对象是男子，要反对男子；这时则主要的是反帝国主义，晓得妇女之所以不能得到自由平等，并非完全受男子压迫，因为许多男子亦同样的没有自由平等。于是大批的知识分子参加革命，发动农工妇女，同时她们亦了解妇运如无广大农工妇女之群众基础，则纵使几个妇女得到完全解放亦无用。这是主观方面的进步。客观情势上，国民党的几次宣言与决议也都明言女子于社会政治……上平等，而且还在各级政府机构中设置妇女部，以发动农工妇女参加革命。妇女运动至此踏入一新阶段。

随后北伐成功，而北伐的目的未完全达到，于是妇运亦随而低落。妇运不但没有什么进展，甚至在1932、1933年时竟有许多反妇运的命令与行动了，如男女不能同学，不能同看戏、同游泳等都来了。最明显的，就是提倡"妇女回到厨房去"，这种口号，从教育、社会、法令上都分明表现妇运沉寂。

抗战一起，妇运再次蓬勃。妇女在社会各部门工作中与男子并肩合作，以求民族之解放。大家都了解要求妇女解放必先求民族解放。所以尤其是抗战初期武汉撤退之前的一段时间里，无论哪一部门的工作都有妇女参加。此外更有妇女特创之工作，以协助抗战，如儿童保育等。

但到抗战第四年，妇运又消沉了，很多的工作都不能开展，很多工作人员受到极残酷之待遇。当时本人在江西，就眼见许多辗转各战场，参加战地服务团的劳工妇女受到许多压迫与摧残。

胜利至今两年，妇女运动也始终在求中国政治经济之平等。妇女们都了解在人权未得保障时女权不能得保障；因为妇女也在"人"之内，人不能得到人之权利，妇女自然亦不能得到保障。

三十六年来的妇女运动，可分两个阶段，起初是女权运动，争参政权、教育权、职业权等等，对象是男子，要打倒男子；但后来妇女对社会认识加深，于是妇运就从争女权的运动转为与国家民族争自由平等解放相配合之运动了。

其次，我们讲三十六年来妇女努力之成果，这可分几方面来看：

一、参政权。最初争条文之规定，第一次是 1912 年，上面已说过了。第二次在 1921 年，那时军阀割据，有所谓联邦自治，每省制订省宪，几乎没有一省的省宪对女子之选举权及被选举权有所规定的。于是，四川、湖南、浙江、广东等省都有妇女之示威运动。结果除了湖南争到选举权与被选举权外，浙江、四川只争到选举权，而广东女子只有市参政权而无省参政权。1925 年国民会议规定："凡男子年满二十者有参政权"，于是北平、上海等处妇女便起来要求取消"男子"二字，终无结果。国民会议中无女代表，斗争结果只有两三个女子能列席。1940 年重庆各地纷纷组织宪政讨论会，讨论宪政，妇女亦争取参政权。参政会成立之初，有十名妇女代表，后来历届都有增加。目前举行大选，男女一律参加，表面看来，似乎已争到参政权了，但实质上女子参政权内容如何，颇值得思索，近期某杂志说这次参加大选的多是不识字的，故选出来的代表可代表广大民众的说法一样的颇值得思考。在国家政治未曾真正民主时，参政权的得到也只是御赐的代表。

二、教育权。1907 年明令成立各省女子师范学校，这是女子教育的开始；1909 年，又下令初小男女可同校。1915 年明令如无女校，高小男校可兼收女生，如无男校，女校亦可兼收男生，但要分班。1919 年，北大始开女禁，收了九个旁听生，这是大学中男女同学之始，后来渐渐才有中学的男女同学。1917 年，北京女子师范设国文专修科，后来又有图画手工专修科，这是国立专科女校之始。但至 1928 年，反妇女教育的潮流又兴起来了，那时第一次全国教育会议决定中学男女分校，订明女子教育宗旨在养成贤妻良母，1935 年教育部明令各省实行这决议，但不久抗战开始，问题就压了下去。到 1941 年全国妇女教育会议，又讨论男女分校、女子教育程序和女子在家庭与社会之地位。今年 2 月，教育部又重申男女分校之命令。政府要员，尤其是负责教育机构的，常发言说女子教育应着重贤妻良母之养成，应加重女子家政教育，甚至说要在上海设家政大学。我个人并不反对女子学家政，因为人大概都要结婚，懂得一点家政并不坏；也不反对有教养孩子的知识，但说家政即女子教育的全部，则不敢赞同。女子是否只能学家政呢？这很可考虑。又，男女受教育的比例，据战前的统计，是十与一之比，可见女子受教育机会少。今日我们是否有可能设立多数女校呢？如有，我不反对男女分校；否则便无疑是减少女子受教育的机会。

三、职业权。北伐时国民党第一、二次宣言都保证女子职业平等。但抗战时，对女子职业的种种限制都出来了，1939 年福建禁止政府机关（包括国、省营机构）用女职员。同年邮局不招考女职员，逾年又限制女职员。后来虽然得到宋美龄女士的帮助，限制取消，但这只是有形的取消掉罢了，无形的限制却多着，多少机关暗地里规定不用女职员！这种种一部分固然由于个人偏见使然，但一部分亦因国家经济萎缩，人浮于事，男子亦普遍失业，则女子自然更不易找到职业了。

四、婚姻自由权。就知识阶级方面来说，都市中婚姻自由已达到相当程度，但实在说来，在经济能力男女不平等时，自由结婚只是理想而已，很多婚姻都由经济因素决定的，形式是自由恋爱，内容却并非这么一回事。自由婚姻一定要经过一段友谊，双方深切了解才结合。自由结婚已经是不可多得，至于自由离婚就更难了。社会上因经济关系而致婚姻不能自由离合，发生了多少悲剧！如最近天津的"箱尸案"就是一个例。1943 年（或 1944 年）刑法规定男子纳妾亦犯重婚罪。但这只是条文的规定而已，事实上如真的实行，那真是不晓得要增建多少监狱才成！

五、财产承继权。1934 年（或 1935 年）立法院规定男女有均分财产权。但这只与有产者有关而和大多数人无关。

但三十六年来最大的成果，不在上列五点，而在于妇女中觉醒的日多，参加妇女运动的群众日增。虽然人数仍太不够，但进步现象却明显可见。

此外，在工作中训练了许多干部，尤其是抗战，多少小姐因参加工作使自己认识和能力都加强了。如果没有妇女运动，她们就永远关在家庭里面，而现在这么一来却为改良社会，建立新中国训练了许多干部。这也是三十六年来妇运之成果与进步的地方。

最后，讲对妇女运动之期望。

客观地说来，妇运有许多困难，这是由于社会经济条件决定的，尤其是农村妇女受封建之压迫厉害。妇运的不能开展，与中国民主运动的不能开展有关。

但主观地说来，妇女本身亦有缺点。妇女分布在各个阶层，于是常因利益的不一致而使团结不够强。各人经验、认识、立场不同，乃影响到团结。

此外，领导妇女运动的人认识不够，多半凭情感冲动，而情感是很容易变的，环境可影响情感的改变。特别是我们这些从中上阶层出身的知识分子，虽然有正义感，恨恶黑暗，但同时又有虚荣心，不愿放弃个人利益，不肯自我牺牲。如此，因认识不够深，便在矛盾中往往改变目标。

我们应实行自我斗争，使自己坚强起来。要坚强，要改造自己，并非关起门来读书就可做到的，得从工作中，从团体生活中改革自己。我们要在工作中认识社会，再在主观上加强自己，才能建立起新人生观，才能训练出工作技能。

同时我们要与男子并肩合作，争取社会之经济、政治平等。

（原文连载于 1947 年 12 月 23 日和 1948 年 1 月 6 日的天津《大公报》）

中国妇女之出路

"三八"是国际妇女日，三十八年前（1910年）蔡特金夫人提议规定"三八"为国际妇女节，是希望全世界的妇女联合起来，共同为妇女自身谋求解放，争取平等与自由。中国妇女在1924年才开始在广州开会纪念这个有意义的国际性节日，今年已经是第二十五次，每逢"三八"各地妇女都开会纪念，每年都决定有关妇女解放的中心工作。但是我们彻底地检讨一下，在这二十五年中，妇女生活是否已经改善？妇女地位是否已经提高？

从表面上观察，比较以前来说，不能否认一部分妇女已获得相对的平等与自由。在教育上，各级学校从婴儿园至大学都已实行男女同学；在文化学术成就上，有女作家、女艺术家、女教育家等；在职业上，有银行经理、工厂经理、校长、教员、医生、护士、助产士、律师、社会服务员、机关职员、店员、电影从业员等；在婚姻上，已获有婚姻自主权，法律承认夫妻有互负贞操的义务，重婚与纳妾被认为违法行为；在政治上，有飞黄腾达的国府监察委员、立法委员、国大代表、省市参议员等。妇女的平等地位，政府不独在历次的演讲与宣言中保证，并于最近在宪法上明白规定了。

但是，从社会的深处看，从全国妇女人口数量来说，这一部分已获得平等与自由的妇女，实占全国妇女极少的百分数，而她们的荣誉与高贵，又实不能掩盖大多数妇女生活在水深火热中的悲惨局面。相反的，这正暴露了社会的矛盾。各级学校虽已实行男女同学，但是男女学生人数比例还是相差很远。根据教育部的统计，女生与男生的比例：初等教育约为一与七之比，中学教育约为一与四之比，高等教育约为一与八之比，在留学生中，约为一与四之比，可见女子受教育者还不如男子多。同时根据教育部二十五年度的统计，全国在校受教育的人数不过占全国人口百分之五强，这样，女子有机会入学校受教育的人数实在少得可怜，在这两年失学的人数日益增加，女子失学人数一定还要比男子加倍。在教育目的和内容方面，当局自 1928 年第一次全国教育会议有"中等女子教育应有特殊设施"之决议后，不断地训令施行男女分校，加强关于处理家政教养儿童等学科及训练，要达到男女分别受不同教育的目的，使女子教育只限于灌输狭义的贤妻良母的常识，无形中降低了女子文化水准，减少女子受教育之机会。教育当局对于女子教育从不鼓励生产技能之训练与科学之研究，女子能在文化学术上有成就的，都是经过个人刻苦奋斗，始能成功，而其数量之少，真是凤毛麟角。

妇女在职业上似乎占有相当地位，但是妇女职业范围狭小，比之欧美苏联先进国家，真有天渊之别，妇女缺乏生产技能之训练是不能否认的，然社会种种限制，使女子无从就业也是事实。社会限制妇女的职业范围有两种情况，一种是公开的，如邮局对于妇女的限制，"女性录取名额不得超过百分之二十"。另一种是无形的，如章程上是写明男女兼收，但暗中已有"奉令不取女生"的决定，借故不录取，而表面则敷衍与应酬。这种无形的限制，花样层出多如牛毛。除了通过社会特殊关系者外，女子就业或维持职业地位，都遇到莫大的困难与阻碍。然而有几种职业特别是为女子而设的，这几种职业都是供人玩弄供人点缀供人消遣代人做广告的，如妓女、舞女、女招待等。女子参加这几种职业的资格是色，其功用就是作人的工具，而其所得酬报是社会的贱视与侮辱，政府当局曾用"节约"与"维持风化"等好听名词，企图限制与禁止。谁都知道，没有买淫的嫖客，哪里会有卖淫的娼女，问题还在买淫的社会根源。但是正人君子暗地里犯了罪，却硬把罪名放在女人身上，更可耻的，还口口声声说必须"维持风化"。其他如工厂的女工，为的是她们工资低，又听话，故而为厂主所雇用，因此雇用女工最多的，就是工资最低，工作时间最长的纺织业。家庭的女佣也是妇女的一条出路，但当了女佣就要离开自己的家庭抛弃儿女。社会有很多正人君子，反对女子从事职业，理由是足以影响家庭，但他们从来不为女佣着想而提出任何抗议。在抗战期间，内政部曾为调整行政用人，有已拟订女子职业限制办法的消息，胜利以来，虽未见公布实行，但面对职业妇女的困难与阻碍，并未有任何设施协助解除。现有的劳工妇女托儿所与职业妇女托儿所等机关，大多数由私人集资或外国捐款设立的。

在大多数妇女无能或无法谋独立生活，不合理的婚姻制度是无法完全禁止与铲除的。女子因为不能独立生活，对于婚姻的选择，自然专视经济因素，视婚姻为职业。婚姻既不建立在男女互爱基础上，企图以金钱来保障爱情与以爱情换取金钱，婚姻纠纷自然不断地产生，一夫一妻的制度无法巩固。及至感情破裂，女子为着生活为着子女，逆来顺受委曲求全不愿离婚，家庭悲剧因此而产生者举目皆是。广大的农村妇女，更谈不到婚姻自主，买卖式的不合理婚姻仍普遍地存在。农村破产，家庭经济崩溃，妇女失去其一部分或全部的作用，同时封建意识的残余势力，使夫权高于一切。多少妇女为着维持丈夫的生活，被抵押被租借被拍卖被逼卖淫，过着非人的生活。同时，妇女若非由其丈夫主持或默许而有不贞操行为，社会舆论的严厉，可使其无容身之地，丈夫更可以名正言顺地提出离异或加以种种虐待甚至处之以极刑。而丈夫对于其妻可以不负其贞操之义务，有人说若是要彻底执行刑法第二三九条："有配偶而与人通奸者，处一年以下有期徒刑，其相好者亦同。"则全国不知要多建筑若干监狱始能收容此种犯人，男女的双层道德标准，并未因有法律而失其效力。

在假装民主的政治下，一切民意机关，不过是政治上的装饰品。在名为法治实则人治的政治下，手谕命令可以代替法律，非法的拘捕与囚禁，可以随时随地举行。法律的尊严尽失，无法无天，人权毫无保障，妇女自然不会得到特殊的优待，一切口头上与文字上所保证的妇女权利，都不过是无法兑现的空头支票。多少女子遭受虐待，多少女子被人蹂躏，而法律从不过问与保护。

从以上的各方面来看，中国大多数的妇女还未得到解放，地位并未提高，生活不独未有改善，且日益恶劣化，形成严重的妇女问题。妇女地位的低落，固然由于妇女本身的不觉悟，然社会的解体，经济的崩溃，政治的腐化，使无数家庭陷于绝境，千千万万的妇女失去了生活的安全与保障。尤其是目前内战弥漫全国，军费浩大，通货膨胀，农村经济破产，工商业萎靡不振，生产减缩，失业现象遍及各职业部门，大多数人民的生存受到威胁。失学失业婚姻不自由，基本人权无保障，在今天不是妇女所独有的问题，而是大多数人民的问题，整个社会解体所反映出来的问题。因此要改善大多数妇女生活，要提高妇女的社会地位，主要的是集中力量改革社会。在腐化的封建社会，妇女不会有平等与自由的，只有社会经济政治问题得到合理的解决，妇女问题才能解决。然而改革社会，又赖乎社会大多数人民的觉悟，对于社会问题有共同的认识，群策群力，始能产生有组织的行动。因此，知识妇女本身应先团结，从团体生活中互相学习与研讨，对于妇女问题与社会问题有充分的了解，对于国家形势有明确的认识，然后在学习中加强自己充实自己，负起教育妇女群众之责任，从实际工作中认识社会，从集体工作中改造自己，配合其他团体组织，努力使经济平等与政治民主的社会早日实现。个人的问题，要妇女问题的合理解决才可完满解决，妇女平等地位的保证，自由与解放的获取，一定要在新的社会里才能成为事实。

（原载于天津《大公报》1948 年 3 月 8 日）

论 早 婚[①]

婚姻是人生大事之一，但是婚姻绝不是与社会无关的个人私事，婚姻是形成家庭的基础，而家庭是构成社会的基本细胞。所有男女到了一定年龄都要结婚，不结婚的人在社会上占很少数，青年男女应该什么时候结婚呢？我们婚姻法第四条规定："男二十岁，女十八岁，始得结婚。"（1981 年重新颁布婚姻法规定："男二十二岁，女二十岁，始得结婚。"）这就是国家根据人们生理发展规律，规定结婚的最低年龄，如果男的不到二十岁，女的不到十八岁结婚就违反婚姻法，国家是不容许的。婚姻法规定了结婚的最低年龄，目的是要纠正过去旧社会遗留下来的早婚坏风俗，以保证人民的健康和民族的健康。

但是，青年男女除了一定要达到合法婚龄才能结婚外，还必须考虑其他条件，这就是子女的养育和家庭生活的维持。因为婚姻不只是两个人情投意合共同生活的问题，婚姻自然产生新的生命，这就有重大的社会意义。抚养教育这新生幼苗就要具备物质条件和健康的家庭环境。社会主义国家密切地关怀人民的福利，随着生产的发展，改善人民生活，

---

① 这是在中国法学会一次会议上的讲话。

通过法律和具体措施，加强对母亲和儿童的保护，以巩固婚姻和家庭的关系；但是国家不能完全代替所有父母教养他们的子女和供应不断增长的家庭生活，因此青年男女结婚必须考虑自己是否有条件可以担负教养子女和维持家庭生活的职责。如果没有条件可以负起这些职责就急于结婚，虽然已经到了合法的结婚年龄，但是在社会条件上也可以说是早婚。过早的结婚不独影响双方的学习、工作和家庭幸福，而且为国家带来不少的社会问题。

目前有些男女青年还在学校学习时期就急于结婚，他们从未考虑到子女的教养和家庭的建设问题，等到女方怀孕才引起他们的焦虑，但事前毫无准备和计划，临时张罗，到处求援。各级妇联就收到不少这种求援的来信，要求指示人工流产方法或请求帮助代为解决孩子出生后的困难问题。女方直接担负生育子女职责，受累更重，往往因为子女无人照顾，不得不休学或退学，有些虽然决心坚持学习并兼照顾子女，双重任务，担负过重，学习不能专心钻研，而子女又得不到应有的照顾，本人与子女的健康都会受到损害；男方要负起丈夫和父亲的职责，当然不能袖手旁观，学习同样受到影响，难以专心致志钻研业务。有些青年将子女交与父母或亲属代为照顾，但是在学的青年经济上还不能独立自养，他们不依靠父母亲属就要依靠国家供养才能生活，有了子女不能抚养，必然增加父母亲属或国家的担负，或者由父母代为抚养，或者申请学校补助，只好将自己应负的责任完全加之于父母亲属或国家。

既为人父母，对子女不仅负有抚养的责任，而且负有教育的责任，但是一般在学的青年男女，知识基础还薄弱，社会生活经验还贫乏；他们既缺乏教育子女的物质条件，又缺乏教育子女的知识和经验。他们本身正在受着师长和家长的教育，智力体力品德性格都正在成长中，要他们负起教育子女的职责，有时难以胜任，往往不足为子女的榜样，或者过于溺爱，姑息放纵，放任不管，或者关怀照顾不到，甚至虐待遗弃，儿童身心都得不到健康的发展。青年男女如果能在职业岗位固定后才结婚，经济能独立，组织自己的家庭，物质条件比较具备，社会生活经验比较丰富，在这样有利条件下对子女进行家庭教育，儿童身心健康都会得到正常的发展，子女在安定环境中会从父母的比较丰富的知识和经验中获得良好的家庭教育，这就是为社会培养身心健康和德才兼备的社会主义建设人才奠定基础。

青年男女过早结婚，在双方共同生活中还要经常有意识地互相适应来巩固婚姻和家庭的关系。因为青年男女在学习时期，体力、智力、品德、性格、情趣，一切都在发展中，尚未定型，容易改变，职业还未固定，志趣和情感又容易变动。尤其是生育子女以后，家庭成员增加，婚姻和家庭关系更复杂化，过去只有夫妇关系须要互相适应，有了子女就产生父母子女的关系，这新的社会关系，增加了家庭的职能和任务。但有些青年男女对于子女的来临没有准备和计划，对于自己应负的责任没有清楚的认识，对于子女带来的问题没有条件解决，而他们双方对于这些问题又往往不能共同协商想出办法，互相谅解；反之，互相推诿，互相埋怨，因而影响夫妇间的感情，甚至走上了离婚的道路，有时甚至视子女为自己前途发展的绊脚石，对待子女，厌恶代替了爱护。结婚后生育子女，本来可以增加婚姻和家庭的快乐和幸福，密切和巩固婚姻和家庭的关系，但是由于过早地结婚，为父母的不能负起教养子女和维持家庭生活的职责，父母子女的问题不正常，子女的来临不独不能密切和巩固婚姻和家庭的关系，反而增加双方的苦闷和焦虑，家庭生活谈不到快乐和幸福。

早婚还会为国家带来不少的社会问题，早婚如不实行节育，必然产生人口繁多的大家庭，如果个人在经济上不能维持这人口繁多的家庭生活，势必要申请国家补助，增加国家的负担，影响国家的生产。如果个人在经济上能够勉强维持，必然要降低家庭生活水平。如果很多家庭人口迅速增加，超过社会生产的发展，国家在文化、教育、卫生、交通、基本建设各方面的具体措施，必然不能满足人民的要求，人民生活得不到迅速改善。因为人民生活的改善，必须服从社会生产的发展。早婚也必然会出现一些缺乏社会生活经验，不足为人师表的父母，他们不能负起教育子女的责任，因而社会上产生了很多身心行为发展不健康的儿童的问题。国家必须要设立很多儿童机关收容教养，不独增加国家的开支影响生产，而且影响后一代新生力量的培养与教育。如果因为年轻意志不定，以致影响婚姻和家庭关系的巩固，经常引起婚姻和家庭的纠纷，甚至走上离婚的道路，双方本人和子女都会受到不可估计的损害，尤其在精神上的损害，无法弥补，影响了双方的学习和工作情绪，从而影响国家的社会主义建设事业。

（1957 年 2 月 9 日）

婚姻与家庭问题①

各位同志、各位同学：

我没有准备作什么报告，主要是来参加社会学研究会年会的。今天来和各位见见面，同时就婚姻家庭问题，谈谈个人意见，供各位参考。

最近胡耀邦同志有个指示：家庭乃是我国社会的细胞，我们对婚姻家庭问题处理的好坏，直接影响我国社会发展。对婚姻家庭问题不但要有正确的法律去约束，还要靠正确的社会舆论去引导。社会舆论即社会的道德风尚的力量，比起法律来大得不可估量。建议妇联联合共青团、工会、文化团体、教育界把这件事情抓起来，抓它十来年，出现一个整个国家、整个民族家家和睦、人人相爱的新局面。婚姻家庭问题确实很重要，家庭是我们社会的细胞，社会、国家、家庭是紧密相联的，关系到我们千千万万人的幸福，涉及男女老少的切身利益，所以，正确处理婚姻家庭问题具有重要的意义。

什么是婚姻？什么是家庭？婚姻简单地说就是男女经过一个法律手续登记了，来共同生活，这就是婚姻。家庭就是包括血缘关系的一个社

---

① 雷洁琼是中国婚姻家庭研究会会长。这是在武汉华中工学院社会学研究班的讲话。

会生活的组织形式，婚姻是家庭的前提，是它的基础，通过婚姻成立家庭。家庭是由夫妻为基础并包括父母子女、兄弟姐妹等亲属在内的血缘关系组成的。可见，家庭不是一个业务的团体，即不是由共同职业或共同兴趣来组成的，家庭是建立在婚姻的基础上的。

家庭同社会的很多方面有密切关系。它同整个经济结构有关系，同整个社会制度要互相适应，同道德、法律等上层建筑有关系。社会的变动就会影响到家庭的结构和职能。因此，家庭的结构和职能是随着社会发展而改变的，不是永远一样的。在我国旧社会，家庭的结构是大家庭，三代同堂，四代同堂，甚至是五代同居。现在，由于工业化和都市化的影响，家庭结构起了变化，从大家庭趋向于小家庭，包括夫妇二人和未婚的子女的核心家庭，但是目前小家庭和直系家庭都共同存在。特别在城市，家庭变化的趋势是从大家庭变成小家庭，比在农村社会更为普遍。这是因为我们国家过去人民从事农业是主要的，家庭是一个生产单位，生产是依靠家庭成员协力合作的，个人和家庭的关系很密切，个人离开了家庭就很难生活。现在的家庭，特别是城市家庭是一个消费单位而不是生产单位。很多年轻人受了教育后，或到了一定年龄，就能够经济独立，因此，子女有一种独立的愿望，结婚后愿意和家庭分居，组成小家庭。这是经济的、心理的原因造成的。此外，社会存在婆媳不和的现象，很多青年妇女结婚后也不愿意和婆家住在一起，而愿意独立建立家庭。有些年轻人甚至在谈恋爱时就问对方是否有老人，以无老人作为结婚的条件，这是走向另一个极端。这是目前城市家庭结构从大家庭变成小家庭的趋势的社会因素，我们要分析这种趋势。

但同时还有些社会因素使大家庭制度仍保存着。三代同堂的直系家庭还相当普遍，这也是同经济的原因分不开的。第一，现在一般年轻人工资比较低，结婚要维持整个家庭生活有时还有困难。因此，父母工资稍为高的，还可以给他们津贴，虽然他们也有给父母饭费的，而不是把全部工资交给老人掌握。第二，是居住问题，目前，我国城市住房比较紧张，在大城市很多人结婚找不到房子，就只好住在父母的房子里。第三，是青年人结婚后，有了子女，家务事繁重，双职工就有困难，于是把老人请来管养小孩、管理家务。从老人的传统观念看，认为为自己的子女服务是应尽的义务，心安理得。孩子在经济上有困难，也应该帮助。这和美国人的心理是不一样的。这与社会风气、道德观念有关。在美国，孩子成年后，就得离开家庭，独立生活，为什么？社会舆论压力很大，孩子大了不离开家庭，会受到批评说没出息，这样大了还靠父母；另外，也会批评他们的父母，说他们教育不好，对孩子溺爱，所以使孩子没有独立的能力。美国是个发达的资本主义国家，它的哲学就是要靠个人奋斗，目标就是要成为一个不依靠他人的自给自立的人，从小就受到这种极端个人主义的教育。同时，在美国，父母有抚养子女的责任，但不要求子女赡养父母，而子女也没有要求赡养他们的父母。法律没有这种规定，道德也没有这种要求，家庭观念淡薄。我们的家庭结构现在的趋势是从大家庭逐步走向小家庭。美国现在则是从小家庭逐步走到单亲家庭。现在好多美国家庭都是一个母亲（或一个父亲）带着孩子。原因是他们离婚率很高。同时，因为社会风气的影响和税收制度等，很多青年就不实行合法结婚，同居而不办结婚法定手续。所谓同居，就是不合法的结婚，没有经过合法手续的结合。因此产生不少婚姻家庭问题，面临家庭崩溃危机。

过去我国家庭负有社会的物质生产和人口生产两大职能。现在，物质生产多转由社会进行，家庭物质生产的职能有所削弱。但是，家庭仍然承担人口生产的职能。家庭生男育女、教育孩子的职能仍然存在。孩子出生后是个生物人，经过家庭的社会化，才成为社会人。父母是孩子的第一个教师。每一个人的思想、信念的形成，在很大程度上取决于家庭教育。虽设有托儿所，但孩子出生的头三年家庭教育仍是很重要的。

父母的教育就是使孩子社会化，使之能适应社会生活，家庭的这个职能，是很重要的。现在青少年犯罪，很多是从破裂家庭出来的，即离婚的家庭，父或母死亡的家庭。父母不善于教育，使子女不适应于社会生活，产生了不少社会问题。父母对孩子的态度有三种情况：第一种是溺爱，特别是对独生子女；第二种是暴力，动不动就打；第三种是在子女小时候是溺爱，但等到孩子犯了法时，就采用暴力，打得孩子遍体鳞伤，从溺爱一百八十度转为暴力。这些都说明，怎样教育儿女，怎样使儿童社会化，现在还存在不少问题。人的道德品质的形成和家庭教育有着直接关系。所以，现在提倡父母对子女进行教育，使每个家庭真正负起教育孩子的责任来。

现在世界很多国家都面临人口老化问题，都有老人问题。子女同父母分开了，不赡养老人。因此，必须建立养老院、老人保险费、退休金等各种办法来解决老人问题。我国家庭有由现在的大家庭变为小家庭的趋势，因此就发生老人的赡养问题。近年来也建立了不少敬老院。北京差不多有一半的公社建立了敬老院以照顾老人。有条件的公社还建立了退休制度，老人享受退休金来养老。在农村没有实行经济责任制以前，家庭关系就没有实行经济责任制以后这样密切。因为过去是公社指挥生产，家庭不是一个关系密切的生产单位。实行经济责任制以后，家庭依靠成员协力合作搞好生产可以致富，因而家庭关系比实行责任制以前密切了。农民认为劳动致富还是靠劳动力，因此希望多生男孩子，冲击了计划生育的措施。有的公社过去对超计划生育实行罚款，现在罚款也没有用了。计划生育与家庭的结构和职能问题有密切的关系。传统的重男轻女的思想也起作用。我们要看到整个社会的趋势。随着社会的发展，家庭结构与职能已改变了，产生了新情况和新问题。

家庭关系和睦与团结问题。家庭的和睦团结有利于社会的安定团结。在旧社会，父权、夫权、家长权是三位一体的，子女被看成是父母的私产，家长权、夫权、父权高于一切。家庭财权的管理主要掌握在父母手里，子女只有服从，父母决定的事情，子女不能反对；丈夫决定的事情，妻子不能反对；家长对其家庭中的全体成员有至高的统治权利，甚至有生杀予夺之权。这种家长的至上权利是建立在封建的"孝"道的伦理思想的基础之上的。我们的婚姻法规定了父母子女的权利义务，但是，有些父母顽固地要维持他们的家长权不放，虐待子女，干涉子女婚姻，完全不考虑儿女的人格和感情，不考虑婚姻对儿女一生生活的影响。由于夫权思想的残存，歧视妇女，丈夫残酷虐待和杀害妻子的事还不断出现，违背社会主义倡导的婚姻自由和尊重男女的人格。我国婚姻法规定男女平等原则，不仅表现在结婚和离婚问题上，而且集中地表现在夫妻关系上。夫妻在家庭中的地位是平等的，人身关系和财产关系都是平等的。在我国现实生活中，夫权思想和歧视妇女等旧传统、旧思想还有一定的影响，有的人夫权思想严重，不能平等对待妻子，限制妻子参加社会活动，把家务劳动视为妇女的职责，甚至把妻子当作私有财产，任意打骂或虐待。这种违背男女平等原则的行为，是引起婚姻家庭纠纷的重要原因之一。

婚姻是家庭的基础。在旧社会，婚姻不是个人的事，而是家庭的事，婚姻是父母包办的。现在我国婚姻法规定婚姻自由，婚姻当事人有权按照本人的意愿决定自己的婚姻问题，不受任何人的强制和干涉。这就是说，结婚是由本人采取自主的原则，别人是不能干涉的。爱情应当是婚姻自由最主要的基础。倡导爱情婚姻首先要求做到男女的人格受到尊重，有正确的恋爱观、婚姻观和家庭观。现在有些人把婚姻看作是个人的私事，谈恋爱不讲爱情，只讲条件。还有些人将爱情与责任、婚姻与义务对立起来，追求那种不负责任、不尽义务、不讲道德的所谓纯粹爱情，对恋爱结婚采取玩世不恭态度。由于婚姻没有夫妻间爱情的基础，或者结婚后夫妻感情淡薄了，或者夫权思想严重，使家庭关系恶化，离婚的事件因而增多，形成社会问题。因为离婚意味着婚姻的终止、家庭的解体，子女将会丧失父母的共同关怀教育。这对男女双方、子女和社会安宁都有影响。在我国旧社会，作妻子的无论受到什么委屈、虐待和迫害，除了自杀，没有提出离婚的权利。但作为丈夫的，就有休妻的权利，又有娶妾的权利。现在我国婚姻法有对离婚的规定："如感情确已破裂，调解无效，应准予离婚。"实行婚姻自由，包括结婚自由和离婚自由两个方面。婚姻自由既以爱情为基础，如感情真正破裂，应允许其离婚。目的在于使感情确已破裂无法继续共同生活的夫妻通过法律程序解除名存实亡的婚姻，使双方摆脱痛苦，重建幸福美满的婚姻家庭生活，而不是为了迎新厌旧，破坏他人家庭提供"法律依据"。我们的婚姻法既保障离婚自由，又反对轻率离婚。但是，在现实生活中，有些人对于婚姻采取轻率态度，没有爱情基础，不讲志同道合，不看思想品德，单纯以貌取人，或者把爱情建立在金钱或权力的基础上。这种轻率结婚是离婚的重要原因之一，也有第三者插手问题。所谓第三者就是明知人家是有夫之妇或者有妇之夫，而为着满足自己个人的欲望，把自己幸福建立在他人的痛苦上，既违反婚姻法规定的一夫一妻的制度，也是不道德的。

婚姻家庭问题是社会问题，它影响到社会的安定团结，影响到国家的发展。它不是社会主义制度带来的问题，它是在社会的发展过程中，个人不适应家庭的变化，家庭不适应社会的变化，是在社会发展过程中出现的不协调情况。正确处理婚姻家庭问题，建立和睦团结幸福美满的婚姻家庭生活，有利于社会的安定团结，是建设社会主义现代化文明强国的必要条件。正确处理婚姻家庭问题，首先要正确理解和实行婚姻法的规定。实行婚姻自由、一夫一妻、男女平等的婚姻制度。"保护妇女、儿童和老人的合法权益，实行计划生育"这也是人们在婚姻家庭生活中必须遵守的道德准则。既反对封建婚姻道德也反对损人利己的资产阶级道德。要旗帜鲜明地提倡社会主义婚姻道德，要使每个人都懂得，在我们社会主义里，那种损人利己，喜新厌旧，充当第三者破坏他人家庭，把自己的幸福建立在他人的痛苦之上的思想行为，虐待遗弃子女、老人，是同社会主义婚姻家庭道德背道而驰的。

加强社会主义婚姻道德建设，使每个人都有正确的恋爱观、婚姻观和家庭观，在老年人中一般要着重肃清封建婚姻道德的残余思想，使父母能尊重儿女的婚姻自由权，从爱护子女出发做好参谋，提出建议，要使父母了解，自己对儿女的婚姻只有建议权，没有干涉权，更不允许包办买卖儿女的婚姻。对青年人，应该使他们了解自由恋爱是在社会主义道德约束下的自由，不是不负责任、不守道德规范、不受法律约束、放荡轻浮的自由。爱情和义务的统一构成社会主义婚姻道德的基础。婚姻关系一经缔结，就产生了对彼此、对子女和对双方老人以及对社会的法律责任和道德义务。夫妻之间的平等关系不受社会地位、文化程度、职业状况差别的影响。夫妻之间应保持性生活的专一，无论什么理由与第三者发生性关系都属不道德的行为，应受到社会舆论的谴责，如果因此而触犯了刑律，则应受到法律的制裁。夫妻之间在对方失去劳动能力和生活能力时，有法定的互相抚养的义务，不能抛弃和虐待对方。家庭中的所有成员有尽家庭义务的责任。父母有义务教育抚养子女，子女必须尊敬并赡养老人。肃清家长权、父权、夫权高于一切和重男轻女的封建残余思想，使家庭生活民主化，互相尊重，彼此关怀，才能建立和睦团结幸福美满的家庭。

正确处理婚姻家庭问题，必须进行婚姻家庭问题的调查研究，立足于当前婚姻家庭的现实情况，进行具体的分析，提高对婚姻家庭问题的认识，才能提出解决问题的措施。

（原载于《婚姻家庭研究动态》第 15 期，1984 年 1 月 3 日）

家庭伦理与精神文明建设①

一、精神文明建设是社会主义现代化经济建设的
重要组成部分

党的十一届三中全会以来，我国人民在中国共产党的领导下同心同德进行着伟大的社会主义现代化建设。在这个新的历史时期内，我们要通过自力更生、艰苦奋斗，逐步实现工业、农业、国防和科学技术现代化，把我国建设成为高度文明、高度民主的社会主义国家。这是壮丽的事业，是前无古人的事业，它反映了人民的要求，这一伟大目标唤起了我国亿万人民去奋斗、去创造。

社会主义现代化建设的首要任务是把社会主义现代化建设推向前进。几年来，通过经济体制改革和其他一系列改革，经过全国人民的共同努力，我国的社会主义经济建设事业获得了迅速发展，人民生活水平有了明显提高，我们的社会主义物质文明建设事业取得了举世公认的成功。

社会主义现代化建设还必须表现出我国人民社会主义精神文明程度的进一步提高。社会主义精神文明是社会主义社会的上层建筑，起到促

---

① 这是为中央人民广播电台"家庭、社会、伦理问题漫谈"专栏撰写的专稿。

进物质文明发展的重要作用，我们在建设高度物质文明的同时要努力建设高度的社会主义精神文明。党中央把它当作建设社会主义的一个战略方针，历史和现实都已证明并将继续证明这一战略方针的正确性。

社会主义精神文明建设分为文化建设和思想建设两个方面，而思想建设决定着我们的精神文明的社会主义性质。重要的是提高每一个社会成员的精神境界，使每一个人都做到有革命的理想、道德和纪律，同时要在全社会建立和发展体现社会主义精神文明的新型社会关系。

二、家庭、家庭伦理在社会主义精神文明建设中的作用

家庭是以婚姻关系为基础，以血缘关系为纽带的社会生活单位，是我国社会结构的重要组成部分。胡耀邦同志指出："家庭仍是我国社会的细胞。"这就清楚地说明了家庭在我国人民的社会生活中的地位。在家庭中人们按着一定的道德规范组织着家庭生活，从而使家庭成为一个整体。家庭不但作为一个生活单位整体，而且通过其成员的社会活动影响社会，这种影响表现了家庭、家庭伦理道德，在社会主义精神文明建设中的作用。这种作用主要表现为如下几个方面。

第一，家庭作为社会的细胞，它的整体状况如何会给整个社会的精神文明建设造成影响。在我国，现在条件下家庭是社会成员生活的主要组织形式。在城市，人们除了参加社会工作之外其他时间绝大部分是在家庭中度过的。在农村，不但日常生活，就是物质生产也是以家庭为单位进行的。家庭执行着成员的衣食住行消费的功能，人口再生产功能，抚育儿女和赡养老人的功能，以及休息娱乐的功能，农村家庭还执行着组织生产的功能。这些功能反映了我国社会生产力发展的水平和社会服务的完备程度，同时又是它们把家庭成员结合在一起，形成一个相对独立的社会生活单位。在这种情况下，家庭是作为一个整体——细胞体出现的。在某种意义上可以说，整个社会是由亿万个类似的和不同的家庭

组成的，活的细胞体结合成为社会有机体。这样，每一个家庭细胞的完好程度，它们的性质就对整个社会机体发生着或大或小，或者积极或者消极的影响。家庭的性质是由家庭关系的性质和家庭的目标决定的，而家庭关系和家庭目标又反映了人们遵循着一定的道德规范活动。一个家庭关系和谐、家庭目标与社会目标一致的家庭是健康的。在这种家庭中每一个家庭成员都遵循着社会主义和共产主义的道德参加家庭生活，他们互相关心、互相帮助、互相鼓励、互相支持去从事有利于社会的事业，为达到社会的目标而奋斗，这样，家庭就对整个社会机体发生着积极影响。这种家庭的存在使我们的社会充满活力，有利于社会的安定团结，有利于良好社会风气的形成，有利社会目标的达成。相反，如果家庭成员不能用社会主义道德约束自己，就不能形成社会主义的家庭关系，家庭成员之间就不会出现平等互助的局面，或者家庭关系就会失调。家庭生活不得安宁或者家庭目标与社会目标相背离，说明这个家庭在某种程度上发生了问题，不利于整个社会机体的发展，因为这时，家庭作为整个社会机体的一个组成部分不但没有对整个社会机体的健康成长作出自己应有的贡献，反而需要消耗社会的力量来医治这局部的痈疽。某些家庭内部不断发生纠纷，某些家庭甚至集体违反社会规范，这对社会的不良影响是显而易见的。因此，社会要求每个家庭的目标与社会目标要一致，要求全体社会成员，包括家庭成员为了这一目标而团结互助、共同前进，要求每一个家庭都有良好的家庭关系，也就要求每一个社会成员都要认同社会主义的家庭道德。

第二，家庭伦理道德影响着作为社会成员的家庭成员的活动，从而影响着社会主义精神文明的建设。家庭成员同时又是社会成员，他不仅要参加家庭生活，而且要参加更广泛的社会生活，他要与其他社会成员一道去担负起社会赋予他们的责任。在这种合作中他要与其他社会成员建立起融洽的、健康的同志关系，而家庭关系不融洽、不健康就会一定程度上影响着这种同志关系的建成。

夫妻关系是主要的家庭关系。这种关系影响着整个家庭的精神面貌，也影响着夫妻双方的精神状态，从而影响着他们的社会活动。社会主义类型的夫妻关系应该是夫妻互敬互爱、平等互助、共同前进和性生活专一，夫妻双方都对对方享有权利和承担义务。这种权利和义务的统一是人们应该遵守的道德规范。很明显，如果夫妻双方都能自觉地遵守这种道德规范，那么夫妻关系一定是美满的。在夫妻关系上能自愿保持平等关系的人在其他社会活动中对同志、对他人往往持平等互助态度。相反，那些不能正确理解夫妻之间的权利和义务，不能很好地遵守社会主义家庭道德规范的人则不会很好地处理与他人的关系，不会很好地遵守社会道德和社会行为规范。很难想象，一个夫权思想严重的人在工作中会正确地对待妇女同志；在家庭中固守男子治外、女子治内的原则，高高在上，不愿做一点家务的人很难会有正确的工作态度和劳动态度。

赡养老人是中华民族的美德。在我国的社会生产力不发达，社会福利事业不发展的情况下，老人基本上由其后代来赡养，尤其是在农村。应该指出，传统的孝道有一些糟粕应该剔除，但从感情上、物质上、生活上赡养老人却是应该遵守的社会主义道德。赡养老人不仅因为他们曾是后代的养育者，而且因为他们是社会财富的创造者，尊重他们就是尊重历史、尊重劳动。赡养好老年父母不但会使老人感到人间的幸福，使他们对明天充满希望，会增加他们心理上的安全感，而且也会陶冶赡养者的性格，以在广泛的社会活动中同他人建立起正常的关系。现实表明，对父母不能尽心赡养的人很难说是一个对人诚实，能够与朋友和同志保持正常、健康关系的人。

家庭对精神文明建设的影响还表现在它对年轻一代的成长产生重大影响。家长是儿童的第一位教师，家庭是儿童个性的养育所。事实表明，儿童、青少年知识的获得，思想品德的陶冶都与家庭教育直接有关。家长对子女进行何种教育和怎样进行这种教育影响着儿童、青少年的成长过程。青少年一代是祖国未来的建设者，为了下一代的成长，就要求为父母者应该具有共产主义道德观念，并且用共产主义道德观念去处理家庭成员之间的关系，包括父母和子女之间的关系，以言传和身教去影响子女，这样才有利于子女的健康成长，才有利于把他们培养成为社会主义的一代新人，才有利于社会主义精神文明的建设。

这就是说，家庭精神文明的建设是整个社会的精神文明建设的一个组成部分。坚持共产主义家庭道德不仅能带来美满的家庭生活，而且对整个社会的安定团结，对形成全体人民内部的团结一致、友爱互助、共同奋斗、共同前进的关系发挥着重要的作用。增强人们的共产主义家庭道德观念是建设社会主义精神文明的重要环节。

三、增强共产主义家庭伦理观念，促进社会主义精神文明建设

几年来，特别是新婚姻法颁布以来，共产主义家庭伦理道德在我国人民的社会生活中，在社会主义精神文明的建设中发挥着重要的促进作用。随着人民物质生活水平的不断提高，随着人们越来越自觉地贯彻婚姻法这个处理婚姻家庭关系的基本准则，自由婚姻和自主婚姻越来越成为婚姻的主要形式，爱情越来越成为婚姻的基础，男女平等、互爱共进越来越成为夫妻关系的主要类型。越来越多的人自觉承担起赡养父母的义务，父母更加注重子女智力水平的提高和培养他们与社会需要相一致的理想。所有这些都表明，我国绝大多数家庭是健康的，家庭生活是美好幸福的，这对社会主义物质文明和精神文明建设都起到了促进作用。同时我们也应该看到，家庭精神文明建设的发展是不平衡的。由于我国的物质文明水平还较低，由于旧的、封建主义家庭伦理道德观念的残余还存在，资产阶级个人主义伺机侵入家庭生活，由于某些单位、机关、部门、组织放松了社会主义精神文明的建设工作，不注意婚姻、家庭的

社会主义的伦理道德教育工作，我国在婚姻家庭方面还存在一些问题。比如，有些人把婚姻当作攫取个人利益的手段，草率结婚、轻率离婚的现象时有发生；干涉子女婚姻、父母再婚的现象还存在；"郎才女貌"还禁锢着某些青年的思想，"杯水主义"也毒害着某些青少年的灵魂；夫权思想还不同程度地存在，"气管炎"（妻管严）的现象也正引起人们的注意；有些青年人不愿赡养父母，有些父母生活不检点影响了子女的健康成长；还有一些人在婚姻问题上朝三暮四或充当第三者。所有这些都对个人生活、家庭生活和人们的社会生活发生了不利影响，都是与社会主义的婚姻家庭道德相矛盾，破坏社会主义精神文明的建设，与我国社会前进的总方向相背离。为了使我们的每一个社会成员都过上幸福的家庭生活，为了使每个家庭都充满幸福，我们必须在加快社会主义物质文明建设的同时加强家庭领域的社会主义精神文明建设，包括加强对人们进行社会主义婚姻家庭道德的教育。

用共产主义婚姻家庭道德武装每一个社会成员就要求每一个人都要正确理解自己在婚姻家庭问题上所享有的权利和所应承担的义务。既要克服封建主义婚姻家庭道德观念，又要反对资产阶级个人主义的腐蚀。在处理婚姻家庭关系时必须遵守婚姻法的基本原则，建立新型的家庭关系，以利于他人、利于家庭、利于社会。只要我们处理好权利和义务、个人和家庭、家庭和社会的相互关系，我们的精神文明建设就会取得更加巨大的成绩。同时，所有机关和社会团体都应该抓紧精神文明建设工作，形成强大的社会舆论并借助于法律保障人们家庭生活的幸福。辛勤的耕耘必将换来丰硕的成果。只要全国人民一致努力，我们的婚姻家庭生活一定会更加高尚和幸福，我国就一定会出现一个"整个国家、整个民族家家和睦、人人相爱的新局面"。

（1985 年 7 月）

建设好最小的民主体制

  家庭是一个历史范畴，是人类在社会中生存的主要环境，没有人能离开它而成长发展。它被人们重视，也被人们忽略。尤其是人们在注视政治经济大视野的时候，往往把家庭仅看作纯属个人的私事而忽略。然而，进入 20 世纪 80 年代以来，世界各国的家庭发生了许多深刻的变化，它给社会带来的某些危害越来越受到各国政府的重视。联合国第 44 届大会宣布 1994 年为"国际家庭年"并把"在社会核心建立最小的民主体制"定为它的铭词，这一举措，有着十分重要的意义。

  家庭是社会的细胞，亦即社会最小的体制。只有每个细胞都健康，作为肌体的社会才能蓬勃发展。而细胞何以健康？关键在于：在这最小的体制中，要树立起真正的民主之风。

  纵观历史的长河，中国有中国的传统。古人认为"家和万事兴"，主张夫妻相敬如宾，提倡尊老爱幼。其目的，是要稳定家庭，进而稳定社会，从这点讲，传统中确有可取之处。另一方面，根深蒂固的封建婚姻制度是以男尊女卑、家长制、漠视子女利益、重婚纳妾为主要特征的。说到底，即是婚姻与家庭中的不民主。从这个角度讲，封建的婚姻家庭制度必须坚决革除。几十年来，我国一直在致力于婚姻家庭方面的改革并成果显著。

然而，在中国广阔的大地上，城乡之间，发达地区与落后地区之间存在着相当大的差距。在一些偏远落后地区，包办买卖婚姻依然存在，城乡少数地方卖淫、嫖娼、拐卖妇女儿童的丑恶现象屡禁未绝；虐待、遗弃老人的事件时有发生。这些问题表明我国家庭领域中的民主建设仍然任重道远，忽视不得。

放眼改革开放15年，我国的婚姻家庭领域出现了许多新气象、新情况、新问题。在城市和相对发达地区，婚姻的质量大大提高，夫妻地位平等正在实现，男女共同分担家务已较为普遍，遍及城乡的五好家庭、文明家庭、美好家庭以及方兴未艾的家庭文化活动已成为我国家庭领域民主建设取得成果的重要标志。

但是，与此同时，在国门敞开之际，腐朽的东西也在趁机而入：一些人在择偶中只见金钱不见人，少数人醉心于婚外恋或插足他人家庭，轻率离婚的现象增多，父母离异后不少子女的利益得不到保障，极少数暴发户在有了钱财之后重婚纳妾，西方的性自由、性解放思潮受到少数人的青睐。

在中外文化激烈碰撞的今天，人们的头脑更应保持清醒。西方家庭领域中的自由与民主有其合理与符合本国国情的一面，但也有其存在问题的一面。始于二次世界大战之后的性自由、性解放思潮在几十年后的今天，已被越来越多的人所抛弃。人们从亲情淡化、离婚率过高、单身母亲剧增、儿童权益受损、老人问题严重、性病蔓延中深深感到了它的危害。一些西方学者疾呼稳定家庭，许多走过来的人又重新回归家庭。历史已经告诉我们：再重蹈那段覆辙是没有出路的。性自由、性解放并不是真正意义上的民主，恰恰是对家庭中应有的民主的破坏。

我们历来主张古为今用、洋为中用。传统的东西，不一定都要打倒；外来的东西，也不能统统兼收并蓄。吸收古代之精华，汲取外来之所长，从而建立起完美的符合中国特定环境的民主和睦之家，这才是我们之所求。

在婚姻家庭年和今后的日子里，让广大社会学、法学、心理学、妇女工作者和各界热心人士与政府一道，关心家庭问题、建设幸福家庭，让人人都有一个幸福温馨的家。

（原载于《婚姻与家庭》1994年第5期）

寄语女性

改造社会的目的，不外求人类之幸福。

人类出生，最初受教育，栖息最久的地方是家庭，关系最密切的人是在家庭之中。所以家庭完满与否，关系着一个人生活的各个方面。完满的家庭，可以帮助一个人获得成就与幸福。反之，一个人的才华会被家庭淹没。

完善家庭的构成，基于男女地位平等，能互相谅解与协助。男子除参加社会事业外，能协助家事的管理与子女的教育；女子除管理家事与养育子女外，能参加社会活动，建立事业。家庭对于第二代公民的教育与健康关系甚大，因此，妇女工作第一个作用，就是使家庭中的核心人物妇女有知识与能力。

也可以说，妇女工作直接是解放妇女，间接是增进家庭幸福。

整个社会的进化与幸福是与妇女工作分不开的。妇女没有机会参加社会进化事业，社会就损失了占人类之半数的力量，社会进化的速度也要少一半，进化之效果给人类的幸福也要少一半。若是妇女终生在悲惨、愚弱、病苦中度日，社会哪里有真正的幸福？和这样的妇女共同生活又哪里会有乐趣？所以，充实妇女的学识，增强妇女的能力，改善妇

女的生活，开展妇女社会活动与提高妇女社会地位等一系列工作，都在
妇女工作范围之中。

妇女解放乃民族解放的一环。妇女解放固然要在民族获得解放以
后，才有实现的可能，而真正的民族解放也必须在妇女解放达到后，才
算完成。因而，为改造社会，追求人类之幸福，在很早时我就提出过，
我们的妇女工作者必须要像使麦粉变成面包的酵母一样，深入妇女大众
中，在妇女中起发酵的作用，充分调动和发挥在妇女中潜伏着的伟大力
量。现在我欣慰地看到，勤劳善良的中国妇女在努力、勇敢地奋斗之
中……

（原载于《中国妇女》1997 年第 2 期）

永远不息地追求进步

　　我几乎生活了整个 20 世纪。如果有人问我：在这漫长的岁月里，你感受最深的是什么？

　　这问题好回答又很难简单回答清楚。

　　以我九十六年的人生体验，作为女性，我感到首先不能轻视自己的性别。最初当然需要有健康的环境。环境大至国家，实际更重要的是家庭。我庆幸我有一个开明的、主张男女平等的父亲。这样保证了我享有受教育的权利。但这权利最终能否兑现，还要靠自己的努力。我的少年时代，周围的女孩子很少能和男孩子一样受教育，我能读书，稚嫩的心里除感谢父亲就是暗暗发誓一定要珍惜，要发奋，将来要有作为。随年龄渐长，知识增多，我学习着观察和体验人民与社会，这使我懂得了不少道理。上世纪前半叶的中国，处处肆虐着黑暗。因为我懂了一些道理，这些反面的东西激发着我去追求光明与进步的热情与勇气，也掀开我真正的人生之页：无论在深入民众的实际生活还是在大学的校园里，我的心总是系在人民和国家的前途上。也因此，我要不断积蓄力量。而每当有成绩，会感到无限的欣慰与欢喜。

　　我永远感念的是，当我正值青春年华欲有所为时，我接触并受到了像周恩来、邓颖超等杰出的共产党员的指导和关怀，他们影响着直到现在我的人生六七十年。

其次，认准的目标不管遇到什么艰难险阻都不可动摇，更不能放弃，因为追求光明和进步本身就是去克服艰难险阻。作为一个女性知识分子想把自己的能力融入人民的事业中，锻炼自己的意志是第一位的。没有坚忍的意志，常常难达目的，有时还会遗恨无穷。我能算是幸运，是因为我有好领导和许多志同道合的伙伴始终指导着、支持着我。我只愿我这"一滴水"永远溶进"大海"中。我想，一个知识分子的幸福莫过于此了。

再次，我要说，我羡慕今天年轻的一代女性，她们生在大好时光，因为国家的进步与发展为我们女性发展提供了广阔的天地。我非常欣慰地看到，今天，无论在哪个岗位上的女性，只要自己肯努力都会有作为。我衷心祝福21世纪的中国女性，让祖国因着你们的努力而尽展光彩，早日实现现代化，跻入世界强国之林，为我们人类共有的家园作出应有的贡献。这也是我们国家几代革命先驱者的最大愿望。

也许我还没说清楚我的感受。那么，要简单回答呢，就是：作为女性，永远不息地追求进步，把20世纪的成果作为21世纪的起点。我虽已老迈，也当尽力。

（原载于柳明主编的《虹：女性世纪感怀》，中国妇女出版社2001年版）

第三辑

教师教育与高等教育

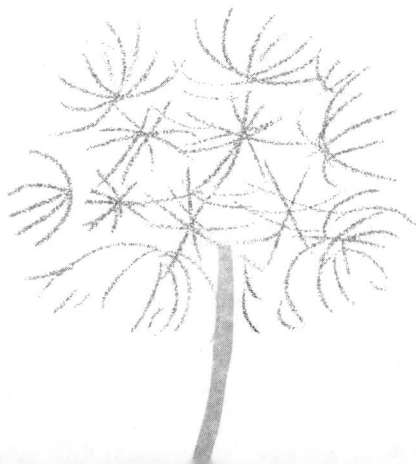

学习研究与服务

　　在新中国的建设过程中，大学毕业的同学的责任是非常重大的。大学是国家的最高学府，是培养人才的圣地。根据战前的统计，一万人中只有一个大学生，十万人中只有一个女大学生。由此可知能进大学的人数，实在不多，能在大学毕业不致中途退学的，更要打个折扣。因此以文化程度而论，以社会地位而论，大学毕业同学应当站在青年的前面，领导水准较低的人民大众，应当根据个人的所学，参加社会各种活动，协助改革政府向民主自由的新中国迈进。

　　但是大学毕业同学怎样才能领导民众负起建设民主自由新中国的责任呢？第一，要不断地学习研究。我们在大学所学的技术与学问，大多是闭门造车，与社会现实很少接触，等到入了社会，才知道自己所学的并不能立刻应用，即使能应用自己专门的研究，也还不足以应付，有时差得很远，因为大学的毕业，不过是教育过程中的一个阶段，大学教育所能贡献给我们的，也不过是研究的方法，至于研究的对象是无止境的，因此大学毕业以后入了社会，一面以其所学服务社会，一面也要随时随地努力学习与研究。

　　要是所学就是所用的，工作本身也就是学习，我们应当在积极的工作中训练自己，提高我们的工作技术，增加我们的学识与人生经验，使我们的学问经验与工作配合着前进，应用所学理论以解决实际困难问题，从实际经验体察理论的正确性；倘若不幸我们所从事的职业，是学非所用，我们应该充分地利用业余时间，从事一种学问一种科学的研究，世界很多大文豪大科学家，都是利用业余时间来学习研究，日积月累而成的；尤其是大学毕业的女同学，在现在社会制度之下，很多人结婚之后，因为家庭或其他原因，不能出来为社会服务，很可惜的，更应当尽量减少无谓的应酬，将家事布置得合理化，利用空闲时间学习一种技术，研究一种科学。社会是不断地改变，不断地进步，我们只有不断地学习，不断地研究，才能适应社会，才不会落在社会的后面，才能领导民众，负起建设新中国的伟大使命。

第二，我们要为实现人民福利而服务社会。我们知道目前政府的贪官污吏，很多是大学毕业生出身，抗战时期的汉奸伪官很多也是大学毕业生出身的；论起学问，他们在大学毕业的时候，也大多是出人头地的，但是他们为什么到后来丧尽廉耻丧尽天良，去做害国害民的勾当呢？因为他们对于社会未有清楚的认识，虚荣心太大，自私自利的观念埋没了天良。我们应当随时警惕，随时注意，当以国家民族的利益，绝对高于个人的利益为前提，克服浅薄虚荣的名利观念，要从深处着想，要向远处看去，以全国人民的福利为自己服务的唯一对象。

不为少数权贵做走狗，不为社会恶势力做爪牙，这样，工作的进展，也就是民族福利的推进，而这种工作一定能得到人民的拥护，得到人民的信仰，有人民信仰与拥护的工作，一定不会不成功的。

现阶段的中国，近看真是乱七八糟，但是远看却是光芒万丈，因为我们国家正在由旧的半殖民地半封建的社会，转变到独立自由民主富强的新中国。在这蜕变的时期，是不免混乱，不免有种种困难，但是历史的车轮是不断地迈进着，谁要想把车轮倒转着向后走，他们一定将被轧在历史车轮之下；我们倘若能一致努力，向着一个建国的大目标做去，则历史的车轮自然加速前进，因此现阶段领导民众的大学毕业同学的使命更加伟大，而工作困难也更多，我们只有不断地努力学习与研究，坚决地站在大多数人民的立场，为提高人民的生活与文化水准而服务于社会，新中国的建设必因我们的努力而早日完成。

（原载于圣约翰大学《校友通讯》第 2 期，1946 年 4 月 10 日）

争取民主政治挽救教育危机

　　目前教育随着政治的不安与经济的崩溃已面临严重危机，主要的有以下的现象。首先就是学校的衙门化。学校原为推行国家所规定的教育政策的机关，而教育政策必然由统治阶层来决定，他们需要什么样的教育，就决定什么样的教育政策，教育因此永远受着政治的支配。现在中国的政治仍是官僚政治，学校自然地也沾染了政府机关的风气。在抗战期中，政府当局虽然提出了"机关学校化，学校家庭化"的口号，希望学校如家庭，师生感情如父母子女兄弟姊妹般融洽来互相切磋互相研究。但实际呢，恰是背道而驰，机关不特没学校化，而学校已是机关化，且更进一步地衙门化了，"等因奉此"的公文呈转用到学校里来，最痛心的是作为官僚主义的裙带关系也沾染到学校来了，不但是行政人员非亲不用，连教员的任用也重视私人关系与个人背景。不独学生谈不到参与学校行政，教员也被视为当局的雇员，对于学校行政无权过问的。学校一切措施完全由学校当局自上而下地独断独行，财政不公开，学校行政与教员学生脱节。结果，学校当局与教员对立、学校当局与学生对立的现象到处发生，学校失去其社会效用，只做了统治阶层的宣传机关，附和腐败的政治而为它的应声虫，许多主办教育者未必满意现状，然为着保持个人的地位，维持学校的存在，默然俯顺。因此现代的学校教育，变成悠闲阶级的玩儿，脱离人民实际生活，因循敷衍，奴化人才。

其次就是教育经费的贫乏。抗战胜利后，政府当局喊出了一个口号，说今后建国时期"教育第一"，这是举国人民所拥护的口号。因为要建设民主自由的新中国，一方面要在短期内扫除文盲，一方面要普及教育，提高文化水准，培养各种建国人才。但这几个月的事实表现如何呢？教育的扩充，目前当然谈不到，就是教育的复员与补充，也进行得非常迟缓，全国教育经费只占整个国家总支出的百分之四点七。学校因经济拮据而设备简陋，不但简陋，甚至学校应有的设备都没有，据说许多学校连开水都不能为学生预备，桌椅要学生自己搬去，根本不成为学校；而最严重最迫切的，要算教育人员的生活问题，公私学校经费皆极拮据，教师待遇菲薄，一月所得，仰不足以事父母，俯不足以蓄妻子，生计维艰，以至大学教授中小学校同人等，罢教、怠教、总请假、请愿、发宣言等，弥漫全国。而政府对于教育人员的困苦以及因困苦而发生的影响，熟视无睹，充耳不闻，较之四行一局的职员怠工，当局马上注意，条件都尽量采纳，不可同日而语。一个国家不肯设法解决教师的生活，不愿保障教师的权利，谁能相信这个国家有重视教育的诚意，"教育第一"原不过是一个口号而已。结果，许多优良的教育人员，不能安于其位，纷纷离开本位，改行转业；至于不肯放弃岗位者，又因迫于生活不得不兼职兼差，专心研究学问的机会既没有，进修又无余暇，与学生谈话接触也只能限于上课时间。因之师资水准日低，学生程度日降，而希望学校培养大量杰出人才为建国的基础，真是"缘木求鱼"了。

再次就是党化教育的推行，教育的目的是使人们获得一种认识环境和进而改造环境的能力。教师对于学生，应该协助其多方面观察，切实地思考，而让他们自己得到了解；应该多多提供事实，贡献参考资料，指示思考的门径，开展学生的思想，学校应该是传授知识研究科学讨论真理的园地。但是目前在党化教育政策之下，教育成为党派宣传工具，教育的目的要使学生成为思想一致的党派干部人才，因之干涉学校，统制思想，学校有不准讲的学问，有禁止看的书报，注意信条的背诵，党规的朗读，窒塞学生的聪明，教师无讲学的自由，学生无学习的自由。还有，学生是被视为统治阶层的政治工具的，小学初中学生也被视为"群众"，为党政军当局作撑场面玩儿，党政军大员的迎送，庆祝会的举行，含有政治作用的追悼会与示威大游行，一律用直接或间接的命令让他们参加。要他们站在猛烈太阳之下，听他们所听不懂的训话；要他们饿着肚皮拥在人群中，看台上成人们表演莫名其妙的把戏；要他们不管日晒雨淋，混在成人的队伍中，步行数十里的路程；要他们盲从地随声附和呼他们不知所以然的口号。学校当局只知执行命令，效忠于少数人，对于儿童的兴趣与健康，毫不注意与关心。高中大学学生知识较高，辨别是非的能力较强，蒙骗与操纵不易，则不惜利用特务，侵入学校，监视与报告，为当局的耳目。学校有了这种特务性质的行动，就发生操纵和反操纵，拉拢和离间等明争暗斗的现象，有背景，在后台有特别津贴的学生，有恃无恐，挟枪上课，学校当局对之另眼看待，同学之间互相猜疑，教师无能加以约束，师道尊严，破坏无遗，学校败坏日趋严重，数月来各地学校所发生的怪现状可为证实。如广西大学学生为迁校事枪胁职员，索取巨款；重庆复旦大学学生公审同学罚跪判罚，棍打洪深教授；成都燕京大学因不参加罢课游行，校门被人捣毁，其他如领导武装同学扰乱会场，解散学生自治会，威迫女同学等等层出不穷；最近南通某中学学生因考试夹带被发觉，竟以手枪威吓教员，"事后先生就把经过向校长报告，校长想开除那学生，但是胆子小，诚恐得罪了他，要遭受不利，为了校方以及那位先生的安全，决定收回成命，恕他初次无罪"(《大公报》5月30日)。这是什么教育！神圣的学府，变成政客流氓暴徒的舞台，这真是目前中国教育莫大的危机。

要挽救目前中国教育的危机，必须政治民主化，教育离不开政治，我们要求政治上真民主，然后才有经济的民主，才会有教育的民主。在民主教育的政策下，学校行政才能民主化，全校行政方针，由全体教职员会议或校务会议决定之，学校经济公开，一切开支有预算有决算，并组织稽核委员会经常审查。搏节一切行政开支，尽量提高员工待遇，校长对于员工，予以充分之职业保障。校长教职员校工学生在生活上打成一片，精诚合作，密切地与家长联络，征求家长意见，共谋学校教育之改进与发展，并以学校为中心，推行社会教育，训导民众，达到教育的神圣任务。

内战完全停止，整军方案可立即实行，缩减庞大的军费，国家财政始能有办法。同时政治民主化，官僚资本无用武之地，经济危机才能挽救，国计民生的经济才能实施，教育经费始有提高之可能。学校经费充裕，图书仪器之设备，可以有计划地充实，教师教学研究，不致有"巧妇难为无米炊"之难。学生不必因为教师生活关系，沿门托钵，满街化缘，呼吁社会的救济。教师生活安定，能自由地研究，自由地讲学才能负起神圣的振聋发聩的重要任务，教育亦可随社会的需要而扩充，在短期内扫除百分之八十的文盲，普及教育，抢救失学儿童，提高文化水准。

民主政治的实现，党派的斗争，可以移到议会中去，国家财政没有党团经费的支出，党团的活动可以退出学校。青年男女能过一种自由自在的学校生活，接受现代科学知识，运用它来认识世界，认识国家，认识自己，自由地思考，自由地判断，而得到智慧的生长。乖张的学风得以遏止，师生的恐怖得以免除，这样才能谈到培养高尚的人格，养成良好的习惯。训导学生，才能采用民主方式，根据民主原则，拟定学生自治大纲,并促其实现。使学生有充分之机会,练习民权之运用,在学生自治组织活动中,培养干部人才,定期举行各种不同性质的集团活动,养成集体生活之习惯,鼓励并指导学生积极地参加各种适当的社会活动,为社会服务,为人民谋福利,成为对国家民族有贡献的干部人才。

但是,民主政治并非等候政府颁发一纸命令而能实行,要靠着我们人民的力量去争取的,民主的教育一定要有民主政治才能推行,同时教育也有推动政治的力量。办学的人应当认清楚教育的任务是把人类的文化当作一种历史遗产,传授下一代的青年,同时发扬光大这历史遗产,领导青年向更高的文明阶段迈进。教育是人类历史的推进机,因此主持教育的人应该顺应世界潮流,实行教育民主化,先从学校行政民主化开始。教员是教育的基本支持者,学生是教育的对象,办学应以他们的福利为根据,重视他们的需求,不要盲目地执行命令,只知效忠于少数的人。为国家民族前途着想,办学应该是培养人才,并不是为某人某派做势力,而教员学生应该尽各人之所能,扩大正义和民主的思想,启发民众智慧,唤起民众觉悟,改善民众生活,这样的教育就可以有促进民主政治早日实现的能力。从事教育的人应该努力使目前的教育成为政治改革的先锋,争取民主政治的早日降临,只有真民主政治实现,教育的危机才可以挽救。

(原载于《教师生活》第 5 期,1946 年 6 月 16 日)

教育工作者要积极参加贯彻
婚姻法运动①

　　婚姻法的基本精神，就是彻底废除包办强迫、男尊女卑、漠视子女利益的封建婚姻制度，实现男女婚姻自由，一夫一妻，男女权利平等，保护妇女和儿童的合法利益的新民主主义婚姻制度。婚姻法公布施行快三年了，认真执行婚姻法的地区，都能使人民群众从不合理婚姻的束缚及压迫之下解放出来，建立了很多民主和睦、团结互助、爱护子女、劳动生产的幸福家庭，充满着愉快与欢乐，社会呈现着新的气象，生产也迅速地增长。但是还有很多地区，婚姻法未有很好的宣传贯彻，包办买卖婚姻就仍很流行，婚姻自由受着各种无理干涉，乱加罪名，滥施刑罚，妇女受压迫受虐待，甚至遭受野蛮的迫害和残杀，生产受到严重的影响，妨害国家的建设，封建的婚姻制度确是我们国家建设发展道路上的一块很大的绊脚石。因此，中央人民政府决定3月为宣传贯彻婚姻法的运动月，准备大力开展一个规模壮阔贯彻婚姻法的群众运动。

　　贯彻婚姻法的运动，是一个反对封建残余的社会改革运动，它是关

----

① 当时雷洁琼是北京政法学院副教务长。

系到每个男女老少切身利益的事，它是关系我们国家建设和发展生产力的事。克服人们头脑中的封建思想，不能采取粗暴急躁的态度与阶级斗争的方法。主要是对人民群众进行宣传教育，使他们充分了解婚姻法的目的与基本精神，纠正他们对于婚姻法任何错误的和歪曲的认识与解释，如把婚姻法解释为"离婚法"或"妇女法"，"实行婚姻法会使天下大乱"等错误的论调。另一方面，批判干涉婚姻自由和重男轻女的封建思想与行为，使人民群众搞好家庭关系，积极生产，把不幸的家庭，变成幸福家庭，建立民主和睦劳动生产的新家庭。

我们教育工作者负有培养青年教育群众的职责，对于这个转变社会风气的贯彻婚姻法运动，应该积极地参加，起带头作用，起模范作用。我们不能眼看着很多青年，特别是妇女，由于争取婚姻自由遭受痛苦与迫害，甚至因此自杀与被杀，而熟视无睹，无动于衷。我们教育工作者应该关心青年的福利，关心人民群众的疾苦，关心国家的利益。因此，一定要在贯彻婚姻法运动中向周围群众进行宣传解释工作，不独向青年与妇女宣传，还要向中年人与老年人宣传。根据婚姻法条文，解决群众中的怀疑与具体思想问题，最好能举出本地的新旧婚姻对比的实例，划清封建婚姻制度与新民主主义婚姻制度的界限，进一步介绍和表扬那些婚姻自由家庭和睦的例子，与群众讨论如何贯彻执行婚姻法和实现民主和睦家庭。对于因婚姻不自由而造成家庭不和睦的现象，基本上应采取批评、教育、提高觉悟、改善与巩固夫妇关系的办法；对于虐待、杀害妇女的严重犯罪分子，则须按照法律予以应得的惩处。为了集中力量摧垮封建主义婚姻制度，我们必须在舆论上大力支持为婚姻自由而斗争的男女，特别是妇女，勇敢地揭露一切违法乱纪的坏人坏事，使贯彻婚姻法运动成为真正的群众性运动。

然而，要做好贯彻婚姻法的宣传工作，我们必须学习婚姻法，充分了解了婚姻法的基本精神，才能向人民群众宣传。婚姻法虽然公布快三年了，但是有些学校很多教职员工还没有看过一次婚姻法，更谈不到学习与讨论了。这些人对于婚姻法的不重视，往往由于对婚姻法的错误认识。有些人以为婚姻法是专为妇女而制定的，只有妇女才应该学习婚姻法；有些人以为婚姻法是解决有婚姻问题人们的法令，自己的婚姻无问题，婚姻法对自己就没有什么关系；有些人以为未结婚的人们学习婚姻法有所帮助，自己已经结婚，婚姻法对自己就没有什么作用。这种种片面的不正确的认识，都是由个人角度出发，都应该在这次贯彻婚姻法的运动中彻底纠正，从而端正我们学习婚姻法的态度，展开学习婚姻法的运动。

我们要结合思想实际来学习婚姻法，对自己的思想作一次深刻的检查。由于我们大多数是小资产阶级出身，由于我们长时期受着旧社会意识形态的影响，不能否认我们或多或少还存在着违反婚姻法的封建思想残余。从报纸揭露出来的事实来看，教育工作者，甚至是大学教授，打骂妻子虐待妇女的现象，仍然存在；至于轻视妇女，限制妇女参加社会活动，剥夺妇女权利，干涉婚姻自由的现象，更为普遍。这都是"夫权主义""大男子主义""重男轻女"的封建思想残余的表现。我们必须展开批评与自我批评，自我改造，扫除自己头脑的封建思想残余，纠正自己违反婚姻法的行为，才能成为人民群众的榜样，才能理直气壮地说服人民群众。

贯彻婚姻法的运动，是一个重大的社会改革运动。不要视为只是私人家务小事，不要以"清官难断家务事"的态度来应付它，我们一定要热烈地响应人民政府号召，积极参加，广泛深入宣传，务期做到家喻户晓，深入人心。一定要在这个大规模群众运动中，收到自我教育与教育群众的效果，扫除自己的与群众的封建思想残余，纠正干涉婚姻自由与虐待妇女的现象，破除包办买卖婚姻、早婚、童养媳等封建的坏习惯坏风俗，更进一步形成良好的社会风气，使一般人都愿意按照婚姻法办事，鼓励青年人为争取婚姻自由而斗争，从根本上摧垮封建主义的婚姻制度，实现新民主主义的婚姻制度。这样，千千万万人们将更热爱祖国，更大地发挥他们的积极性，参加生产，努力生产，从而，大大增加我们抗美援朝与国家建设的力量。

（原载于《教工通报》第 3、4 期合刊，1953 年 3 月 5 日）

参加全国文教工作会议的几点体会①

　　这次全国文教工作会议，着重地讨论了 1954 年文化教育工作的方针、任务和计划。会议通过了 1954 年全国文教工作计划，并对五年计划纲要，初步交换了意见。我不准备在本文中阐述关于会议本身的内容和成就，我只从一个教育工作者的角度谈一点我对于这次会议的体会。

　　经过这次会议，我们更加明确地认识到文化教育事业必须是跟随着经济建设事业的发展而向前发展，必须积极地为经济建设事业服务，必须为国家在过渡时期的总任务服务。文化教育工作是实现国家过渡时期的总路线的一个重要方面。根据国家在过渡时期的总路线所制订的第一个五年计划的基本任务，是集中主要力量发展重工业，建立国家工业化和国防现代化的基础；相应地培养建设人才，发展交通运输业、轻工业、农业和商业；有步骤地促进农业、手工业的合作化，继续进行对资本主义改造，同时正确地发挥个体农业、手工业和资本主义工商业的作用；保证国民经济中社会主义成分的稳步增长，保证在发展生产的基础上逐步提高人民的物质和文化生活水平。文化教育工作的首要任务是：

---

　　① 当时雷洁琼任政务院文教委员会委员。

大力培养国家建设人才，特别是有关工业建设的科学技术人才与管理人才，以适应经济建设特别是工业建设的迫切需要。教育工作者所担负的任务是光荣而又艰巨的，要培养为国家社会主义建设服务的、体格健全、热爱祖国和具有一定马列主义思想水平掌握先进科学技术的各项专门建设人才。我们必须贯彻学习苏联先进经验与中国实际相结合、理论联系实际的方针，认真地进行教学改革与思想改造，提高教学质量，提高社会主义觉悟，把建设伟大的社会主义祖国的精神逐步贯彻到教学工作中去，使之成为推动教学改革工作前进的动力。

经过这次会议，我们更加明确地认识到文化教育事业必须更有效地为国家经济建设服务，文化教育事业必须纳入国家计划建设的轨道。这就是说，文化教育指标必须与经济建设的需要维持正确的比例，按照国家计划所规定的任务进行工作。因此在文化教育事业中有它的重点事业，在各个文化教育部门工作中，又都各有其重点。培养国家建设人才，是文化教育工作的首要任务，也就是高等教育的基本任务。中学教育的任务，一方面为高等学校培养新生，另一方面为国家各项建设事业供应具有一定文化科学知识的劳动后备力量。我们教育工作者必须坚守工作岗位，做好岗位的工作，热爱自己的事业，保证这一重点事业的发展，完成国家计划所规定的任务。所谓重点工作，就是根据国家经济建设的需要，在文化教育事业有计划地按比例地发展中首先要办的事业。要保证重点事业发展，不是说非重点工作都是不重要的事业。因为各项文化教育事业，都是国家建设事业中必要的组成部分，现在不是重点的工作，将来要发展，今天要大发展的工作，将来可能要收缩。我们每个文化教育工作者，不论在什么岗位上都要强烈地意识到自己是为着总路线而工作，为着创造人类美好幸福生活而服务，而自己的工作又是这个伟大光荣事业的不可缺少的一部分。我们都要积极工作，对国家负责，以革命精神将工作办好，在整个国家建设的大机器中，能成为一个结实的有用的螺丝钉，就是我们最大的光荣。

经过这次会议，我们更深刻地体会到加强思想战线上的阶级斗争是文化教育工作者在国家过渡时期的首要任务，因为文化教育工作人员是思想战线上的战士。郭沫若同志指出："文化教育战线是一条广阔的思想战线，如果文化教育工作中失去了思想斗争的内容，就等于没有灵魂的躯体。在国家过渡时期中思想斗争的任务，不仅要进一步肃清封建的、买办的、法西斯的思想残余，而且特别要着重用工人阶级思想深刻地批判资产阶级思想。"在国家过渡时期，各种非社会主义思想影响，特别是资产阶级的思想影响，时时刻刻在侵袭着我们，要在我们头脑里占领阵地，我们每一个文化教育工作者都应当经常对自己进行思想斗争，用工人阶级的思想来战胜非社会主义的思想。只有对自己经常进行思想斗争的人，才能把自己锻炼得更好，才能担负得起光荣的文化教育工作的任务，尤其是各级教育工作者，直接担负培养青年的光荣任务，只有努力改造自己思想，才能做好工作。

目前资产阶级思想在我们工作中表现最突出的是个人主义，轻视劳动，自由主义和狭隘民族主义。这些思想如果不加以克服，就不可能培养忠实于社会主义事业的建设人才，将使我们国家建设的伟大任务，受到极不利的影响。因此，我们必须在思想战线上不断取得胜利，加强集体主义，劳动观点，爱国主义和国际主义思想，并将这些思想贯彻到教学中去，用社会主义的思想把青年武装起来。提高学生政治思想水平，教师有决定的关系，如果教师自己思想觉悟不高，就不可能影响同学，使他们获得提高，只有教师自己身体力行，不断提高自己的社会主义觉悟，才能保证学生社会主义觉悟的提高。教师的思想改造与教学改革是不可分的，因为教学改革是教学思想体系，即立场、观点、方法的根本转变。因此教学改革首先要在思想改造的基础上，系统地学习马列主义的立场、观点与方法，将这正确的与科学的立场、观点与方法贯彻到每一种课程中去，教学质量才可以逐步提高，教学内容才可以逐步改进，从而增强理论与实际的结合。

经过这次会议，我们更深刻地体会到加强知识分子的团结是胜利推进各项文化教育事业的基本保证。我们文化教育工作人员的队伍基本上是团结的，为了保证今后文化教育工作任务的更好完成，必须在党的领导下，进一步加强团结。我们的团结是有原则的。我们一定要在实现国家过渡时期总路线的目标下团结起来，我们要为建设社会主义的新中国而共同奋斗，只有在共同思想的基础上形成的团结，才是真正巩固的团结。因此，我们都要在自觉的基础上，开展批评与自我批评，逐步提高社会主义的觉悟。自我批评，是使思想改造深入的最有效的方法，必须加以发扬。为了加强团结，中共中央已不止一次地号召文教队伍中的共产党员，继续发扬与全体非党文化教育工作者团结奋斗的优良传统，切实执行中共中央对知识分子团结改造的政策。为了加强团结，我们民主党派文化教育工作者，更应该响应和贯彻中共中央对知识分子团结改造的政策。我们要正确认识我国知识分子的优点和弱点，也要认识当前社会环境的复杂性，反对和防止我们骄傲自大，文人相轻，进步包袱或顽固保守的思想与行为，主动地、自觉地进行自我改造，而不应该等待被人改造，主动地、自觉地加强团结工作，而不要等待别人来团结。团结是双方面的。依靠我们团结的加强，继续发扬文化教育工作者为人民服务的优良传统和艰苦奋斗的作风，发挥大家的积极性和创造性，一定可以胜利地推进各项文化教育事业，完成国家计划所规定的任务。

这次会议，对我个人来说，收获是很大的，在思想上受到了深刻的教育，获得了很多启发，我一定要在我的工作岗位上正确地去贯彻这次会议的精神，起一个有用的螺丝钉的作用。我也希望中国民主促进会中做文化教育工作的同志们，能够紧密地团结并带动我们所联系的群众，共同努力完成国家交给我们的任务，为逐步实现国家的社会主义工业化，逐步实现国家对农业、对手工业和对资本主义工商业的社会主义改造而奋斗。

（原载于《民进》1954年第23期）

教育工作者要积极参加宪法草案的 学习、讨论和宣传

　　中华人民共和国宪法草案已经公布了，全国各地现在正开展着群众性的讨论，我们教育工作者担负了培养国家建设人才和培养社会主义新人的任务，对宪法草案的学习和讨论，应该热情地参加。我国宪法草案不仅反映了我国人民革命的伟大胜利和新中国成立以来社会关系的伟大变革；而且明确地规定国家在过渡时期的总任务，实现社会主义的具体道路。通过对宪法草案的悉心学习和深入讨论，一定能加深我们对祖国的认识和热爱，提高社会主义觉悟，从而发扬爱国主义精神和社会主义的工作热情来教育青年一代，并在这次全民讨论宪法草案的高潮中，能发挥教育工作者的作用，积极地向全国人民进行宣传教育工作。因此，我们教育工作者必须深刻理解宪法草案的特点与实质，掌握宪法草案的基本精神和熟悉宪法草案的主要内容。

　　宪法是阶级斗争的总结和结果，它是由取得胜利而掌握政权的阶级所制定的，它是表现一个国家统治阶级的意志和巩固统治阶级专政的工具，所以我们研究宪法，首先要了解宪法的阶级本质。

　　资本主义类型的宪法，就是资产阶级在反对封建制度革命斗争取得

胜利的总结，任何资本主义国家的宪法，尽管形式上有所不同，实质上都是巩固资产阶级专政来镇压劳动人民的反抗和革命斗争，以维护资本主义的剥削制度为目的的。

社会主义类型的宪法，以苏联1936年的宪法为典范，它是无产阶级和其他劳动群众在社会主义革命斗争和社会主义建设中取得胜利的总结。因此苏维埃宪法明确规定了国家的权力是属于以工人阶级为领导的全体劳动人民，它反映出剥削阶级已彻底被消灭，它体现了在工人阶级领导下的全体劳动人民的意志。

我们的宪法草案是社会主义类型的，因为我国新民主主义革命，按其性质来说是属于世界无产阶级社会主义革命的一部分；革命胜利后所建立起来的人民民主国家，按其目的和其活动方针来说，是社会主义性质的国家。但是我们的宪法草案和苏联1936年的宪法也有一定程度的差别，因为苏联是社会主义已经胜利了的国家，而我们国家是正在建设社会主义的国家，因此在宪法草案上，就反映出经济的多成分性和剥削阶级还没有完全被消灭的过渡时期的特点，但在本质上我们的宪法草案和苏联宪法是一致的，而与资本主义宪法是根本不同的。

由于我们的宪法草案的阶级本质是社会主义类型的，宪法草案明确规定我国是工人阶级领导的以工农联盟为基础的人民民主国家。宪法草案被正式通过以后，对于我国社会主义经济基础的形成、巩固与发展，必然会发生巨大的积极作用，宪法草案庄严地宣布我国将通过和平的道路，逐步消灭剥削和贫困，建成繁荣幸福的社会主义社会。建设社会主义就是要逐步把一切非社会主义所有制改变成为社会主义所有制，宪法草案首先把全民所有制与集体所有制肯定下来，因为这是社会主义所有制的两种形式。对于全民所有制的国营经济，国家保证优先发展，国家保护合作社的财产，鼓励、指导和帮助合作社经济的发展，并且以发展生产合作社为改造个体农业和个体手工业的主要道路。只有大力发展国营经济，才能吸引、改组和代替资本主义工商业，才能用新的技术来改造个体农业和个体手工业，从而为实现社会主义改造创造物质基础。只有鼓励、指导和帮助合作社经济的发展，通过合作化的道路，才能把劳动农民和手工业劳动者的个人所有制逐步改造为集体所有制。

对非社会主义所有制，宪法草案指出具体改造的道路，国家一方面依照法律保护农民、手工业者和其他个体劳动者以及资本家的生产资料所有权和其他财产权，另一方面对于两种所有制采取不同的改造方针。对于个体劳动者，国家鼓励他们根据自愿的原则逐步走上合作化的道路，经过劳动群众部分集体所有制走向劳动群众集体所有制。对于资本主义工商业，国家采取利用、限制和改造的政策，并鼓励资本主义工商业逐步变成为各种不同形式的国家资本主义经济，逐步把它们变成为全民所有制的社会主义经济，对富农经济则采取限制和逐步消灭的政策。

宪法草案宣布了"矿藏、水流、由法律规定为国有的森林、荒地和其他资源，都属于全民所有"；"中华人民共和国的公共财产不可侵犯"。这些资源和公共财产都是国家的经济命脉，都是建设社会主义社会的基础，必须为国家所掌握，必须加以保护，防止一切敌人的侵害。国家禁止资本家危害公共利益、扰乱社会经济秩序、破坏国家经济计划的一切非法行为，国家禁止任何人利用私有财产破坏公共利益。这些规定都是限制着资产阶级唯利是图的本质对国计民生发生破坏的作用。

为了实现社会主义工业化以及对国民经济的社会主义改造，必须要求工农业等各种经济部门有计划按比例地进行生产，宪法草案中规定国家用经济计划来指导国民经济的发展和改造，使生产力不断提高，以改进人民的物质生活和文化生活，巩固国家的独立和安全。

为了不断提高生产力，需要全国人民发挥更大的劳动积极性和创造性，宪法草案规定劳动是我国一切有劳动能力的公民的光荣事情，国家鼓励公民在劳动中的积极性和创造性。

　　由此可见，即将通过的中华人民共和国宪法是中国人民建设社会主义的重要工具，因为它是建立和保护社会主义经济基础的主要武器，它是积极帮助社会主义经济基础巩固和发展的重要力量。全国人民遵守和执行宪法的各项规定，就能保证社会主义社会的实现。

　　宪法草案所规定的我国政治制度，是实现社会主义建设和社会主义改造的政治基础。宪法草案用各种规定来保证国家一切权力属于人民，人民的权力是由全国人民代表大会和地方各级人民代表大会来实现的，全国人民代表大会是最高国家权力机关，也是行使国家立法权的唯一机关。没有任何机关可以超越它或违反它的意志而行使国家权力。全国人民代表大会和地方各级人民代表大会的代表都是人民直接或间接选举出来的，他们都要受原选举单位的监督，原选举单位或选民还有权依照法律的程序随时撤换自己选出的代表，这就保证了我国人民掌握了国家权力，成了国家的主人。

　　国家行政机关、法院和检察机关由国家权力机关产生并向其负责和报告工作，并受国家权力机关的监督。国家的高级官员都由全国代表大会决定、选举和任命。宪法草案要求："一切国家机关必须依靠人民群众，经常保持同群众的密切联系，倾听群众的意见，接受群众的监督。""一切国家机关工作人员必须效忠人民民主制度，服从宪法和法律，努力为人民服务。"宪法草案还规定公民对于任何违法失职的国家机关工作人员，有向各级国家机关提出控诉的权利，由于机关工作人员侵犯公民权利而受到损失的人，有取得赔偿的权利。

　　此外，宪法草案还巩固了公民的民主权利和自由，并且还规定了逐步实现公民的权利与自由的物质保障，同时规定了公民也要履行一定的义务。在我们国家里，权利和义务是一件事情的两面，只有我们诚实地履行宪法草案所规定的义务，才能使我们民主权利和自由的范围以及享有这权利和自由的物质保障不断扩大。

宪法草案中所规定的各项民主制度和原则，保证了广大人民群众能经常参与管理国家工作与监督国家机构工作，享受经济、政治、教育等平等权利。从法律上巩固了国家的进一步民主化，也就必然会进一步发扬人民的积极性与创造性，对于实现我国社会主义工业化和完成对国民经济的社会主义改造，将发生巨大的积极作用。

宪法草案各个部分都贯彻着国内各民族平等友爱和互助的精神。只有工人阶级和共产党领导的国家，消灭了民族压迫，给各民族以完全平等的权利和地位，才能真正解决民族间的矛盾和冲突，实现各民族的巩固的团结合作，宪法草案规定各民族一律平等，禁止民族间的歧视和压迫，禁止破坏团结的行为。

同时宪法草案保障了国内各民族的平等权利，并且着重指出各民族都有保持或者改革自己的风俗习惯和宗教信仰的自由，都有发展自己的语言文字的自由，还有用本民族语言文字进行诉讼的权利。

宪法草案还规定国家机关充分保障各民族自治地方的自治机关行使自治权，帮助各民族发展政治、经济和文化的建设事业，同时还指出国家在经济建设和文化建设的过程中将照顾各民族的需要，而在社会主义改造的问题上将充分注意各民族发展的特点。这一切规定，必然加强各民族间的团结，保证了我国各民族在平等、友爱、互助的基础上，共同建设社会主义社会。

我们教育工作者必须在这次宪法草案的学习、讨论和宣传教育工作中，提高自己和群众的政治水平，进一步发挥劳动积极性，为建设我国成为繁荣幸福的社会主义国家而奋斗。

（原载于《教工通报》1954 年第 6 期）

回顾十年 展望未来

北京政法学院是在 1952 年全国高等学校进行院系调整中建立起来的。北京大学、清华大学、前燕京大学、前辅仁大学的政治学系、法律系和社会学系一部分师生虽然是我院建立时的组成部分，但是我院并不是旧大学政治学系和法律系的继承，而是一所新型的高等政法学院。因此在教育方针、培养目标、课程设置、教学内容和教学方法各方面，我院与旧大学政治学系和法律系就有根本的区别。

旧社会大学的政治学系和法律系所培养的学生是为反动的统治阶级服务的。学生毕业后无论出任外交官、当法官、当律师或其他职务，绝大多数都是为反动政权服务，直接或间接骑在人民头上，统治和压迫中国人民，绝大多数学生也抱着"学而优则仕"的志愿进入政治学系和法律系。当然，在旧社会毕业就是失业的情况下，不是每个人都能找到出路，志愿只是志愿，不能实现。相反的，我院在党领导下培养学生是为人民服务的，为我国社会主义革命和社会主义建设服务的。学生毕业后都有为社会贡献自己力量的机会，我院毕业生现在分布在全国二十八个省、市、自治区的公安、检察、法院和其他党和政府机关工作，无论分配到什么工作岗位，他们都能听党的话，成为人民的勤务员，效忠人民民主专政的制度，服从宪法和法律，努力为人民服务。

由于培养目标的根本不同，我院在课程设置、教学内容和教学方法各方面，根本改变了旧的政法教育脱离中国社会实际的情况。新的政法学院坚持社会主义方向，坚持理论与实际统一，政治理论课和政法专业课确立以毛主席思想为指导，将马克思列宁主义的普遍真理和我国的政法工作实际相结合，并强调师生的思想改造，培养他们能运用马克思列宁主义立场观点和方法解决中国政法工作中的实际问题。与此相反的，旧大学的政治学系和法律系所讲授的政治法律理论是资产阶级的政治法律理论，完全脱离当时中国半殖民地半封建社会的实际，甚至还有些学校原封不动地采用了资本主义国家高等学校的课本，实行奴化教育，为帝国主义服务。

在旧社会绝大多数学生看不起劳动人民，尤其是鄙视农民，轻视和厌恶劳动。我院不仅实现教育为无产阶级政治服务的原则，而且坚决贯彻教育与生产劳动相结合的方针，生产劳动在我院列为一门必修课程，使师生养成劳动习惯，向工农群众学习，同工农群众密切结合，培养工农感情，克服轻视体力劳动的观点。只有这样，他们才能很好地为人民服务。这与旧大学政治学系和法律系所要培养的人才是完全背道而驰的。

我院建校十年以来，在党的正确领导下，坚持社会主义方向，不断总结经验，摸索前进，取得显著的成绩，但要建立为我国社会主义革命和社会主义建设服务的政法科学体系，还要鼓足干劲，不断努力，进行很多工作。旧中国的反动"政法科学体系"不能继承，资产阶级的"政法科学体系"必须打碎，社会主义兄弟国家的政法科学体系不能原封不动地抄袭采用。要培养我国又红又专的合格政法干部，必须根据马克思列宁主义的普遍真理，总结我国革命和社会主义建设经验，逐步地建立适合我国需要的政法科学体系。在过去短短十年期间，我院在这方面已取得一些经验，奠定了继续前进的基础。今后我院还要进一步深入贯彻执行党的教育方针和教育部直属高等学校暂行工作条例（草案），全院师生还必须兢兢业业，刻苦钻研，加强马克思列宁主义、毛主席著作的学习，积极改造思想，大力开展科学研究，提高教学质量，为逐步建立我国政法科学体系，为培养合格的政法干部而加倍努力。回顾十年，展望将来，我以无比兴奋的心情庆祝我院光荣的十年大庆！

（原载于《北京政法学院十年校庆专刊》，1962 年 11 月）

充分发挥知识分子
在建设精神文明中的作用

中国共产党第十二次全国代表大会是七大以来的一次最重要的会议。十二大制定了全面开创社会主义现代化建设新局面的纲领，提出了到 20 世纪末在经济上要实现的战略目标、战略重点和战略步骤。这次大会必将在国内外产生深远的影响。七大把革命引向胜利，十二大必将把建设引向胜利。只要我们坚定地沿着十二大指引的方向前进，我们的奋斗目标一定能够达到。

十二大报告从理论和实践的结合上论述了建设社会主义精神文明的重要意义和具体内容，提出建设社会主义精神文明和建设社会主义物质文明的不可分割的辩证的关系。报告指出，社会主义精神文明建设，包括文化建设和思想建设两个方面，强调在建设精神文明中必须特别重视发挥知识分子的作用，要"努力落实党的知识分子政策，使全党和全社会认识知识分子同工人、农民一样是我们建设社会主义的依靠力量，并且决心尽可能创造条件，使广大知识分子能够心情舒畅、精神振奋地为人民贡献自己的力量"。报告中的这些话，使我们感到特别兴奋，这对广大知识分子是很大的鼓舞。

党中央历来强调，进行社会主义现代化建设，需要建立一支坚持社会主义道路的、具有专业知识和能力的宏大干部队伍。没有知识分子，就不可能进行现代化建设。知识分子的脑力劳动在现代化建设中能创造出巨大的价值。人类越进步，社会越发展，脑力劳动在整个社会劳动中的比重也就越大。这在科学技术领域里表现得尤为明显。科学成果和技术进步，对提高社会的劳动生产率有着重要作用。我们要根据马克思主义关于复杂劳动与简单劳动的原理以及按劳分配的原则，不断研究和解决脑力劳动者在工资待遇中存在的问题。

但是，长期以来，由于"左"的影响，那种轻视教育、科学、文化事业和歧视知识分子的错误观念还没有完全改变过来，落实知识分子政策的工作也还有各种阻力。不继续注意解决这个问题，就不能充分调动知识分子的积极性，最大限度地发挥知识分子的作用。

现在，中年知识分子问题已经引起党中央的关心和社会上的重视。党和国家决定采取切实措施，尽快改善他们的工作条件和生活待遇。中年知识分子是新中国成立后培养起来的，是各条战线的中坚力量，工作主要靠他们来做。中年知识分子是承上启下、继往开来的一代。解除中年知识分子的后顾之忧，使他们挑起重担，贡献才能，这是关系到实现四个现代化前途的重大问题。对此，我们必须有战略眼光。充分发挥中年知识分子的作用，也就为青年知识分子的成长开辟了道路，也可以说是基本上解决了整个知识分子的问题。所以，我们要把改善中年知识分子的工作、生活条件，看作是一项人才的基本建设。

在广大的知识分子队伍中，中小学教师是一支不可忽视的重要力量。党的十二大报告指出，全国要在1990年前基本实现初等教育的普及，中小学教师责任重大。"各级学校教师，特别是全国农村的小学教师，他们的工作十分艰苦，又十分崇高，他们的努力将决定我们下一代公民在德、智、体各方面的成长。我们必须使全社会普遍尊敬和大力支持他们的光荣劳动。"这段话，反映了党中央对广大教师的关怀和尊重，同样使我们感到欢欣鼓舞。我们民进成员和所联系的知识分子，大多数是教师。今年以来，我们配合党中央检查知识分子工作的要求，对落实知识分子政策的问题，作了一次普遍的调查研究。据我们了解，中小学教师人数多，工作任务特别繁重，而工作、学习和生活条件却比较差。继续协助有关部门落实党的政策，民主党派仍有大量工作要做。

更重要的是，今后如何根据党的十二大精神，进一步提高中小学和幼儿教师的政治地位和社会地位，仍是需要引起我们重视的问题。中小学教师是建设社会主义精神文明的重要力量，但是他们的社会地位和辛勤劳动在一些地方往往得不到应有的重视和尊重，甚至凌辱、殴打教师的事件时有发生，这是令人不能容忍的。还有某些学校对非党的行政领导干部政治上不能一视同仁，信任不够。有的应当看到的文件，没有让非党干部看。有的非党校长有丰富的教学经验，却让他去分管一些清洁卫生等工作。有的教师学非所用，随便改行，让音乐教师去搞计划生育，不能发挥他们的专长等等。

不少中小学教师、幼儿教师的生活条件、工作条件，也是比较差的。其中住房困难更是突出问题，需要有关部门注意解决。当然，现在国家还有困难，中小学教师的生活状况不可能一下子得到根本改变，我们应当体谅国家困难，为国分忧。但是，只要各级党政领导认真贯彻党中央的方针政策，同知识分子真正做到以诚相见，克服"左"的思想影响，政策就能得到进一步的落实，问题也会逐步得到解决，知识分子的积极性就能进一步发挥出来。

我们民进是从事教育文化出版工作的知识分子为主的一个民主党

派，我们一定要在党的十二大精神鼓舞下，继续协助党落实知识分子的政策，不断地调动广大会员和所联系的知识分子的积极性，推动他们在全面开创社会主义现代化建设新局面的伟大历史使命中，为建设社会主义精神文明作出新的贡献！

（原载于《北京日报》1982 年 11 月 2 日）

知识分子是依靠力量①

一、新宪法明确写上知识分子和工人、农民一样，是依靠力量；赵总理的报告肯定了知识分子是推进技术进步的力量，要充分发挥科学技术对经济建设的促进作用，对蒋筑英、罗健夫两位同志给予高度评价，号召各界群众向他们学习。最近工农代表座谈，许多劳动模范都表示一定要爱护和依靠自己的知识分子，团结一致，共同建设祖国。今天报上发表聂帅谈话，肯定没有知识分子就不可能有四个现代化，知识分子的地位和作用已经引起社会的重视。我们知识分子受到很大鼓舞和鞭策。我们一定要以主人翁态度对待工作。

二、当前落实知识分子政策，重点是中年知识分子。赵总理说："希望一切有知识分子的单位，能进一步端正对知识分子的认识，认真落实政策，充分信任和保护他们，使广大知识分子能够心情舒畅、精神振奋地为人民贡献自己的力量，让他们放手施展建设社会主义祖国的抱负。"知识分子中，中小学教师是一支很大的队伍，担负培养一代新人的重大任务，同样应引起社会的重视。落实政策首先要创造条件，从思

---

① 这是在全国政协五届五次会议上的发言要点。

想上端正认识，提高教师的社会地位和政治地位，改善工作条件和生活待遇，发挥他们的专长。

三、新宪法和赵总理的报告都提到要普及小学义务教育，扫除中青年中的文盲，是非常正确的。今天的中小学生到本世纪末就是建设"四化"的主力军。为着完成这个迫切的任务，我建议制定义务教育法，使各级政府、社会各方面、家长都能正确认识受教育是公民的权利和义务，要在全社会造成普遍重视教育工作，尊敬教师的风气，使人人都认识办好教育是我国现代化建设的根本基础，知识分子是社会主义现代化建设的基本力量。

（1982 年 11 月）

教育工作者要积极参加清除精神污染

在党的十二届二中全会上，邓小平同志严肃地提出当前思想战线要坚决清除和防止精神污染的问题。我完全拥护邓小平同志这个讲话，完全拥护党中央所作的英明决策。教育工作者作为人类灵魂的工程师和社会主义精神文明的建设者，理所当然地应该响应党中央的号召，积极参加清除精神污染的工作。

清除精神污染是关系到亿万青少年健康成长的大事情，也是关系到国家前途和民族命运的大事情。

由于我国实行了对外开放政策，资本主义思想和资产阶级的生活方式不可避免地要渗进来，同时，在国内仍然存在着资产阶级和封建思想的影响，再加上我们前一阶段的政治思想工作相对地还有些软弱涣散，对精神污染没有做到有效的清除和制止，不少青少年深受其害。少数青少年甚至在政治上道德上堕落，走上了犯罪的道路。青少年正处于长身体、长思想、长知识的时期，他们勤奋好学，但往往"饥"不择"食"。他们追求真理，但往往不辨良莠。他们不安于现状，但往往思想偏激，易走极端。他们好奇心强，勇于探索，但往往掌握不好尺度和方向。他们缺少生活经验，思想方法有一定的片面性，对新旧社会制度的好坏，缺乏比较和鉴别的能力。因此，他们容易上当受骗。如果我们的教育工作对于他们缺乏足够的正面引导，他们往往会被资产阶级思想所俘虏。

我们必须看到，社会上一些低级、庸俗、下流、淫秽的书刊和画片，一些宣扬资产阶级人性论、自由主义、个性解放、个人奋斗的文艺作品，一些资本主义的靡靡之音，已经渗入到学生的生活中，腐蚀着青少年的灵魂，使一些青少年精神萎靡不振，丧失了崇高的理想和进取心。这种严重的情况必须引起我们教育界同志的严重警惕。

要清除精神污染，教育工作者必须加强学习，要学好《邓小平文选》和中央的有关文件，掌握批判的理论武器，成为一个思想战线上自觉的战士。教育行政部门要加强对这一工作的政治领导，认真组织学习，克服软弱无力的领导状况。学校的政治思想工作者，要加强对青少年的政治思想工作，加强正面的引导，目前特别要加强爱国主义和共产主义思想教育。各学科的老师要教书育人，结合本学科的教学内容，联系实际，有针对性地开展教育工作。总而言之，要加强正面引导，正面教育，要搞得有吸引力，要注重质量，不要死气沉沉，不要大轰大嗡。文艺工作者和出版部门要向学生供应好精神食粮，推荐一些优秀的鼓舞人向上的文艺作品给青少年。教育部门、学校要和家庭、社会配合起来，互相通气，堵死精神污染的渠道。只要各方面协同工作，加强教育，就一定能有效地抵制精神污染。

现在党中央已经发出了号召，我们教育工作者，必须旗帜鲜明地投身到清除精神污染的工作中去，并在实践中锻炼自己。我们要坚定不移地把这项工作做好。

（原载于《教育研究》1984 年第 1 期）

为少数民族地区培养师资做贡献

　　日前，我参加中共中央统战部和国家民委牵线搭桥召开的民革、民盟、民进、农工、九三学社等五个民主党派为边疆少数民族地区四化建设服务的挂钩会议，听了边疆少数民族地区热烈欢迎我们前去共同为四化建设服务的发言，深为感动，深受教育。

　　民进会员大多数是师范院校和中小学教育工作者。1981年，民进中央为了进一步调动会员中的特级教师和先进工作者为四化建设作贡献的积极性，曾组织了几位特级教师和先进工作者去延安、西安参观学习，同时进行一些教育、教学经验交流的活动。随后，他们中的三位同志应甘肃、宁夏民进组织和教育厅局的邀请，前去兰州、银川、石嘴山三市继续交流经验，观摩教学，受到当地党政领导的重视和广大教育工作者的欢迎。三个地方参加这些活动的共万余人，有的是从几百里之外赶来参加的，有的为了听一堂观摩教学争取坐在前排，天不亮就等在会场门口。座谈会上，有的老师说：我们相距千里，党的教育事业把我们的心连在一起了。情深意挚，十分感人。当地党政领导对这一活动给予了很高的评价，说这是对边疆少数民族地区教育事业的关怀，加强了民族团结。这对当时去的同志和我们是极大的鼓舞。从那以后，相互之间的确建立了联系，加深了感情。

为少数民族地区培养师资做贡献

1982 年，我们又应内蒙古教育厅局的邀请，组织了几位同志去内蒙古讲学和交流经验，同样受到欢迎。当时举行观摩教学时，五百人的会场也不够用，连走道和窗台都挤满了人。有的因为能够听到一堂观摩教学，感动得流了泪。这既是对我们去的同志的信任和支持，也反映了党的十一届三中全会以来，广大教育工作者要为党的教育事业多作贡献的迫切心情。今年，我们原已准备再组织一些同志到云南、贵州去。这次挂钩会议，为我们到边疆去服务提出了新的要求，赋予了新的内容，更增强了我们做好这一工作的责任感和信心。

实现四化，科技是关键，教育是基础。中小学教育是教育这个基础的基础。当前，普及小学和初中教育是全国教育战线的一个十分繁重、艰巨而又十分迫切的任务。这次挂钩会议上，许多地方提出了提高师资水平的问题。这是发展我国教育事业的一个十分重要的工作，我们有责任与少数民族地区的教育工作者，携起手来，共同为这个艰巨而又光荣的工作尽自己的力量。在我来参加挂钩会议之前，民进会员中的师范院校和中小幼教工作者，许多人都报名为边疆少数民族地区四化建设服务，我们一定要很好地组织他们，分赴各个边疆少数民族地区，承担这个任务，向各少数民族地区广大教育工作者学习，共同做好这个工作。此外，民进会员中还有许多大专院校的教授和专家、医卫工作者、文化出版和编辑工作者，也积极报名参加这一工作。有的地方已点名民进一些会员前去讲学，我们也一定做好组织工作，满足各地的要求。

民主党派走向社会，走向边疆，为少数民族地区四化建设服务，这是一个新课题，也是为民主党派工作开创新局面的渠道。我们一定要向少数民族地区的同志学习，勇于创新，敢于实践，积极地、扎扎实实地迈开第一步，并在实践中不断总结经验、改进工作，讲求实效，持续前进，共同为发展教育事业，为社会主义现代化建设，为民族团结竭尽自己的力量。

（原载于《中国民族》1983 年第 4 期）

"一二·九" 运动回忆

我是 1931 年 9 月来到燕京大学社会学系的，授课还不到两星期，"九一八"事变爆发，日本帝国主义向我国东北大举进攻，蒋介石对日本侵略者采取坚决不抵抗的卖国投降政策。东北三省——祖国两百多万平方公里的大好河山断送了。日本侵略者仍在步步进逼。1935 年，严峻的形势向每一个爱国者提出挽救祖国危亡的问题，北平爱国学生悲愤地喊出："华北之大，已经安放不下一张平静书桌了。"

在北平各大学中有个华北文化界救国会的组织，专门在教授中间开展工作，负责人是马叙伦、许德珩、徐冰、齐燕铭。严景耀同志和其他进步教授也参加了救国会的活动。当时我和严景耀尚未结婚，但往来亲密，严景耀对我也有影响，通过他对党的方针、政策的宣传，使我的思想不断进步。救国会的活动对"一二·九"运动也起了推动作用。

国民党政府定于 12 月 9 日在北平成立"冀察政务委员会"，实现"华北特殊化"。中国共产党作出决定在 12 月 9 日发动一次抗日救国学生示威游行，以示抗议。燕大进步同学将北平学联这个决定传达给严景耀。严景耀即时将这个消息传给我。出于朴实的爱国义愤，我决定参加燕大学生组织的游行队伍，当时燕大教职员参加"一二·九"游行的仅我一人。

12月9日,古城严冬,千里冰封,北风呼号。黎明,燕大爱国青年五百余人的游行队伍浩浩荡荡地出发了。我们的队伍走出校门不久,便受到国民党大批警察的阻拦。我们向警察晓以大义,高呼:"中国人不打中国人!"爱国青年以勇敢、团结、战斗的精神,冲破了沿途军警的阻拦,我们到达西直门时,城门已被关闭。同学们含着热泪高喊:"中国人的城门不许中国人进了!"并召开群众大会。"打倒日本帝国主义!""中国人民团结起来!"的愤怒口号响彻云霄。同学们顶着严冬风沙,站在冰冻的土地上和军警说理斗争,已持续六个多小时。他们的爱国热诚,使我十分感动。我看到同学们饥寒交迫,担心有些体弱的同学支持不住,便匆匆返校,请学校派人到西直门给同学们送饮食。学校请美籍进步教授夏仁德(Randolph Sailer)和我乘学校大卡车将馒头和菜分给同学吃。同学们对我们表示十分感谢。有些同学对军警不开城门,极为愤慨,以绝食表示抗议。我和夏仁德竭力劝说:绝食损害健康,对斗争不利。并说服几个体质虚弱的女同学乘校车返校。同学们对军警斗争和对群众宣传持续到傍晚时分才决定返校。我也随游行队伍徒步返校。同学们的爱国赤诚给予我很大的激励,我感到和爱国青年的心贴近了。

"一二·九"运动后,军警封锁各高等院校,压制学生运动,逮捕爱国学生。爱国青年通过"一二·九"运动,斗志更坚强了,各校积极开展抗日救亡工作。12月16日,是宋哲元"冀察政务委员会"粉墨登场的日子。北平市大中学校爱国学生发动了"一二·一六"第二次声势浩大的示威游行。燕大、清华两校分别派先遣队伍在15日晚进城。社会学系王龙宝、赵志萱、靳淑娟和新闻学系龚维航(龚澎)参加了"敢死队"。"敢死队"由王汝梅(黄华)带领于15日晚进城。在"一二·九"运动中,我亲眼看到国民党顽固派对爱国学生抗日救亡的压制,看到爱国青年英勇斗争的精神,启发我的爱国主义思想,使我更坚强地投入"一二·一六"学生游行队伍。12 月 16 日凌晨，燕大、清华等校游行队伍首先奔向西直门，城门关闭，队伍转向阜成门，城门关闭被阻，再奔西便门，城门依然关闭。这时二千余爱国青年被激怒了。他们决心撞开铁门。十多个青年抬着一根大木棒，在"一、二、三，冲呀"的呼喊声中，团结一致勇猛地向城门撞去，他们的爱国热诚，化为一股巨大的力量，高大坚固的铁门被撞开了。城门楼上的军警慌乱了，他们向天空鸣枪威胁，向城门下的学生扔石头，学生不畏强暴，在一片欢呼声中，以豪迈的气概涌进城门。这时同学们关切地劝我先回校休息，不要进城参加游行了，我徒步走了三个小时回到学校。

国民党顽固派对示威游行的爱国青年进行残暴的血腥镇压，不少人在国民党顽固派的大刀、水龙、皮鞭下受伤了，被捕了。但爱国学生英勇的斗争，强有力地打击了反动派卖国投降活动。"冀察政务委员会"被迫延期成立。

"一二·九"和"一二·一六"运动以后，为了将已发展起来的爱国学生运动引向深入，扩大影响，中共及时发出指示：青年学生必须到工、农群众中去，走与工、农相结合的道路。平津学联立即响应号召，组成平津学生南下扩大宣传团，燕大学生编为第三团第二大队，参加宣传团的进步同学有王汝梅（黄华）、陈翰伯、梁思懿、赵志萱等四十八人。1936 年 1 月上旬，正当隆冬严寒季节，平津学生南下扩大宣传团出发了。他们沿平汉铁路南下，到农村去，向广大农民宣传抗日救亡。

南下扩大宣传团出发不久，燕大突然谣传：在清华大学一个废纸篓中发现一个纸条，上面写着"共产党将在固安县暴动"。这是国民党反动派制造的一个阴谋，妄图恫吓南下宣传团，阻挠学生到农村宣传抗日救亡。燕大校长立即召开紧急会议，为了学生的安全，决定指派注册课课长韩景濂、美籍教授毕文（Beven）和我去追寻宣传团，要求学生立即返校，但学生是否遵照学校指示，则由学生自行决定。我对南下宣传团是支持的，也急欲前往探望这些爱国青年。当晚我们三人冒着漫天飞扬的鹅毛大雪乘平汉铁路慢车南下，每到一站即下车探询学生队伍踪迹，最后来到琉璃河站，才找到学校队伍，此时已是深夜，我们住进一个四面通风的小店，次日天蒙蒙亮，便匆匆找到学生住的一个小学校。这时，风仍在呼号，大雪还在飘扬，同学们看到三位老师在大风雪中来临，十分惊喜，十分感动。但一致表示要在农村宣传抗日救亡，决定不返校。我看到这些爱国青年离开舒适的书斋生活，深入贫困山村，住在破庙里，吃着冰冷的大饼，为了抗日救亡，甘愿栉风浴雪。我对学生的坚强意志和爱国热情十分钦佩。

1936 年 3 月 31 日，北平学联在北京大学为爱国青年学生郭清被严刑拷打，惨死狱中举行追悼大会，会后抬棺游行，军警将游行队伍冲散，许多学生被捕，燕大同学有数人被捕，其中有一女生在狱中病倒，我和女生部校医纳丁（Nutting）受学校委派到陆军监狱探视被捕同学。我们和监狱负责人交涉，将患病女生和另一受伤同学保释出狱。

1936 年暑假时期，北平国民党当局排挤进步教授，他们通过各种办法挤走这些教授，北大校长动员马叙伦去南方休息，燕大社会系有个杨开道教授当时为国民党办《人物》杂志，他"劝说"严景耀离开北平，说"你在燕京没有前途"等等。严被迫动身到上海去了。清华大学挤走了涂长望。但文化教育界仍进行抗日活动，1936 年 10 月，我们联合签名，发表了《平津文化界对时局的宣言》，宣传抗日救亡，反对华北沦为第二个"满洲国"，在宣言上签名的有一百〇四人，这个宣言在社会上产生了深远的影响。

1937 年 7 月 3 日，学校放暑假的时候，我回到故乡广东。几天后，"卢沟桥事变"发生，我就不愿意回到沦陷区工作，应朋友的约请到江西从事抗日救亡活动。

（原载于《文史资料选编》，1984 年）

尊师重教是我们共同的责任

　　全国人大常委会第九次会议通过了建立教师节的议案，广大教师盼望已久的愿望终于实现，无不感到欢欣鼓舞。建立教师节是党和国家为提高教师的社会地位，形成尊师重教的社会风尚的一项重大措施，我们坚决拥护，并愿担负起共同的责任，为落实这个措施作出最大的努力。

　　尊师重教是一件带有战略意义的大事。众所周知，教育是经济发展的战略重点之一。现在世界各国经济竞争激烈，这种竞争在很大程度上，决定于智力的竞争。哪个国家的智力开发得好，教育事业发达，哪个国家的科学技术就会先进，经济就能腾飞。所以，今天的教育就是明天的生产力。我们要实现四化，就非把教育搞上去不可。而要把教育搞上去，很重要的一点就是要提高师资水平。稳定教师队伍，就要使全社会都来尊重教师的劳动，形成尊师重教的风尚，使教师工作真正成为社会上最受人尊敬、最值得羡慕的职业之一。

　　尊师重教也可以说是衡量一个国家是否文明的标志之一，当今世界上好些国家已经形成尊重教师的良好风气，使教师有一种光荣感和自豪感。例如，日本人认为教师是为全社会作出自我牺牲的职业，教师到处受到社会尊敬。法国人把教师看成是"人类智慧的天使"，对当教师的人有特殊的好感，有很多尊师的风俗习惯。教师在朝鲜也是备受尊重的，优先照顾教师已成为良好的社会风尚。我国历来也有尊师的优良传统，古人很注重"尊师养士"，过去就有"天地君亲师"的排列。近几年来，党中央领导同志一再强调要尊重知识，尊重人才，提高教师的地位和待遇，有些地方领导也开始注意这个问题。但由于长期受"左"的影响，社会上还相当普遍地存在着轻视知识、不尊重教师的现象；甚至侮辱教师、殴打教师的不法行为也时有发生。如今国家决定从今年元旦起，较大幅度地提高教师的工资，又决定每年9月10日为我国的教师节。我们相信，随着教师社会地位的提高和物质待遇的改善，必将改变那种瞧不起教师职业的社会心理，必将改变不尊重教师劳动的陈旧观念，从而有利于教师队伍的建设，有利于社会主义教育事业的发展。

要把党的政策真正落到实处，要在全社会真正形成尊师重教的新风尚，还会遇到各种阻力，并不是轻而易举的。这就需要党内党外的共同努力，需要社会各方面的大声呼吁，并由有关方面制订出具体的措施付诸实施。我们希望法定的教师节能够真正成为尊重教师的节日，而不至于流于形式。每年教师节都要开展有内容的尊师活动，高级领导干部要带头尊师。我们要表彰教师的先进事迹，慰问教师的辛勤劳动，各行业都要办些优惠教师的实事，使教师真正感到当人民教师的光荣和自豪。同时，我们还要通过多种渠道，帮助广大教师不断提高政治觉悟和业务能力，真正成为建设社会主义精神文明的表率。

我们认为，尊师重教要做到经常化，不仅是教师节要开展尊师活动，而且要持久地贯彻到实际生活中去。我们中国民主促进会的会员绝大多数是文教工作者，其中中小学教师占百分之七十左右。对尊师重教是责无旁贷、义不容辞的。今后我们将一如既往，推动各级组织和全体会员，团结广大教师在当前有领导有步骤地进行的教育改革中，积极参加教育改革的行列，为实现教育要面向现代化、面向世界、面向未来献计献策，兴办各类学校和开展智力支边，培养人才，培育和提高普通教育和幼儿教育的师资，并继续协助党和政府落实知识分子的政策，代表广大教师的合法利益，竭力为帮助改善广大教师的工作条件的生活待遇，维护他们的人身权利多办实事，贡献我们的最大力量。

（1985 年 1 月 21 日）

在庆祝教师节大会上的讲话

同志们：

今天，我们在这里隆重集会，庆祝第一个教师节的到来。我有机会来上海参加这个大会感到十分高兴。请允许我代表民进中央向到会的全体同志，并通过你们向上海市广大人民教师致以热烈的祝贺和亲切的问候。

半年以前，全国人大常委会第九次会议决定每年9月10日为教师节，这是党和国家为提高教师的社会地位，形成尊师重教社会风尚的一项重大措施，现在盼望已久的第一个教师节即将到来，我们今天提前召开这样的庆祝大会也是尊师重教的实际行动，是有重大意义的。

四化需要人才，人才需要教育，教育需要教师。广大人民教师为文化建设培养了大批人才，他们的劳动是光荣的，也是十分艰苦的，理应受到人们的特殊尊重。但是，长期以来"左"的错误影响所造成的教师社会地位低、经济待遇低、工作条件差的状况，至今还没有根本改变，教师在工作上和生活上还有许多困难亟待解决。尽管如此，我们广大人民教师还是"以高度的主人翁精神和责任感，先天下之忧而忧，后天下之乐而乐"，奋斗在教育第一线上，为建设有中国特色的社会主义教育事业，作出了重大的贡献。很多同志坚持改革、勇于创新，在学校管理体制和教学改革中做出显著成绩；很多同志探索教育教学规律，针对教育上存在的弊端，端正教学思想，改进教学方法；很多同志以甘当人梯的精神，几十年如一日，教书育人，为培养德、智、体全面发展的一代新人，付出了辛勤劳动。还有很多退休老教师总结经验，著书立说，为培养师资、带好徒弟，发挥了自己的余热。我们广大人民教师既有坚定的共产主义理想，又有可贵的求实精神，他们无论经历什么风雨，无论生活如何清苦，都始终坚定不移地信靠中国共产党的领导，热爱社会主义祖国，忠于人民教育事业。他们不求名利，不计得失，长期默默无闻地耕耘在教育园地上，不愧为人师表，受人崇敬。

近年以来，由于党中央一再强调要尊重知识、尊重人才，提倡全社会都来尊师重教，已经引起了社会上的热烈的响应。诸多地区、许多部门已开始在切切实实地为教师办好事，以实际行动来尊师重教的社会新风尚已经形成。我们相信，通过全国广泛地开展庆祝第一个教师节的活动，各方面都为教师多办实事，这种尊师重教的新风必将进一步得到发扬光大，使教师工作真正成为社会上最受尊敬的职业之一。同时，也必将进一步激励广大人民教师为发展社会主义教育事业而奋斗不懈。

不久以前，全国教育工作会议的召开标志着把我国社会主义教育事业推向一个更加蓬勃发展的新阶段。现在《中共中央关于教育体制改革的决定》已经公布，这是一个指明教育体制改革方向、发展我国教育事业的纲领性文件。摆在我们面前的任务，就是要认真学习、积极贯彻这个决定。《决定》指出："改革教育体制要调动各方面的积极性，最重要的是调动教师的积极性。在教育体制改革中，必须紧紧地依靠教师，认真听取他们的意见，充分发挥他们的作用。"这是党中央对广大教师的莫大信任和殷切期望。我们知道，教育体制改革的根本目的是提高民族素质，多出人才，出好人才。人才问题是实现四化建设的成败。没有足够数量的、坚持社会主义方向的具有现代科学技术知识的人才大军，就不可能建设好高度文明的、高度民主的、现代化的社会主义强国。人才主要依靠教育来培养，因此，我们广大人民教师的责任是非常重大的。教师面临的任务，就是要为培养有理想、有道德、有文化、有纪律的各级各类合格人才而贡献自己的聪明才智，做到言教和身教相结合，真正成为青少年的表率。在庆祝第一个教师节的时候，我们希望广大人民教师更加"自学、自强、自爱"，用高标准严格要求，在政治上要坚持四项基本原则，更加忠诚于人民教育事业，热爱自己的事业，躬身力行，切实做到五讲四美，为人师表。在业务上要不断更新知识，开拓创新，努力使自己成为学识渊博、专业精深的人民教师，在当前教育体制改革中做促进派，为国家培养出一批又一批的四化建设合格人才。

我们民进是团结广大人民教师的政党，我们过去为尊师重教做了不少工作。今后在尊师重教活动中，我们仍要继续向社会大力宣传尊师重教的重大意义，表彰优良教育工作者的先进事迹，推动全社尊师重教。我们还要积极维护人民教师的合法权益，向有关部门反映广大教师的呼声和要求，尽可能帮助教师解决一些具体问题。我们要发扬实干精神，力求通过扎扎实实的工作，为尊重知识、尊重人才、尊重教师做出新的成绩，以这样的实际行动来庆祝第一个教师节的到来。

祝人民教师们工作顺利，身体健康，家庭幸福！

谢谢大家。

（1985年6月3日）

北京协和医学院与燕京大学[①]

　　北京协和医学院和燕京大学的关系是很密切的。因为协和很多医生和护士是先在燕大读了三年医预系或护预系，然后升入协和的。

　　燕大规定医预系和护预系的学生选修课程中必须要修一门社会科学。医护预系主任博林女士很重视社会学，她提倡学生选修社会学的课程，这样由燕大升入协和读书的医生和护士，不少人都学过社会学。我从一九三一年起到燕京大学社会系任教，教过一年级的社会学概论，所以认识了不少协和的医生和护士。协和医学院还有个特点，它从一九二一年起，就建立了社会服务部的组织，这是一个使医院和社会发生密切联系的组织。病人到医院来看病后不是简单地看完病就走了，医院应该了解病人家庭经济状况有没有困难？能不能交费？病人能不能和医生配合好？他相信不相信医生？吃不吃药？只有了解了这些情况医院才能取得比较理想的治疗效果。不然有些病人由于不信任医生，给他药，也许扔掉不吃，也就治不好病。医院了解病人的家庭情况后，对一些经济上有困难的病人，可以根据实际情况适当减免一些费用。对有疑虑的病人

―――――――――――

　　① 这是北京市文史资料委员会编印的《话说老协和》一书的代序。

做好思想工作，使他们接受医生的治疗方案。这种沟通医院和病人家庭关系的做法是当时协和医学院的一大特点，进行这项工作的就是社会服务部。由于社会服务部发挥了作用，病人一般都和医院建立了良好的关系。在协和社会服务部里工作的成员不少是燕京社会学系的毕业生，每年燕京社会学系至少要送一二名毕业生到协和医学院社会服务部去工作，像当过社会服务部副主任和主任的于汝麒和张中常就是燕大社会学系毕业的，于汝麒由于工作努力，在协和医学院同仁心目中还很有威信。燕京大学社会学系每年还请协和社会服务部的主任浦爱德女士教授个案调查的课程，使学生了解进行社会服务工作的理论和方法；每年也都派学生到协和社会服务部去实习，以便他们从实践中了解协和医学院的情况。浦爱德女士出生在我国山东，她不仅为开创中国医院的社会服务工作做过努力，而且在抗战期间还热情地为北京近郊的游击队、八路军输送医疗器械和药品。她同情并支持中国革命，她的家里曾掩护过一位共产党的干部，她本人还到解放区参加"工业合作运动"。新中国成立后，在中美尚未建交的情况下，她取道英国，两次来中国访问。这位中国人民的真诚朋友已于一九八五年九月在美国菲拉德尔菲亚逝世，终年九十六岁。

大约是一九三三年或一九三四年，燕大、清华的社会学系与协和医学院附属的北平市第一卫生事务所三个单位共同发起开展节制生育的工作。我们在《晨报》出版副刊，每周一次，宣传节制生育，由清华大学的陈达教授主编。他工作很努力。第一卫生事务所设立了有关节育的门诊部，由杨崇瑞医师任技术指导，为妇女具体解决做节育手术等一些技术问题。这是北京最早提倡计划生育，从事宣传和实行技术指导的尝试。

协和医学院是中国有名的医科大学，它所附属的协和医院在亚洲乃至全世界也是有名的。美国用洛克菲勒基金在亚洲立起来的十三个医学院中，以协和医学院为最有名，其他地区都来向它学习，协和的经验甚至反馈到美国。为什么协和医学院能够享有盛名呢？因为它确实拥有一批医学专家，有严格的教学制度，又注意临床经验，代代相传，相沿成风。七十年来，它培育了大批专门人才，成为我国医务界的骨干。拿北京来说，解放以后几个著名医院的院长都是聘请协和毕业的专家来担任的，像阜外胸外科医院的吴英恺、儿童医院的诸福棠、皮肤性病研究所的胡传揆（已故）、妇产医院的林巧稚（已故）、积水潭医院的孟继懋（已故）等。很多著名医学专家也是协和医学院毕业的，像泌尿外科专家吴阶平、外科专家吴蔚然、热带病专家钟惠澜（已故）、儿少卫生专家叶恭绍、我国第一个获得国际南丁格尔护士奖金的王琇瑛等都是协和毕业的。近年来以热心为病人服务获得模范共产党员称号、曾任协和医院副院长的方圻同志也是协和毕业的。这些协和培养出来的大夫都以精湛的医术、崇高的医德、优良的工作作风受到了人民的称赞。我们要向他们学习，进一步搞好首都的医疗卫生事业。

（1987 年 3 月）

燕京大学社会服务工作三十年

　　北京燕京大学社会学系创始于 1922 年，学系分为理论社会学和应用社会学两个学科。社会学系自 1922 年创立，至 1952 年（高等院校调整）撤销，三十年来，在我国缺乏社会服务专业人才的情况下，燕京大学应用社会学科在各个历史时期为协助各机关团体，开展社会福利事业及社会救济工作以及为其培训和输送社会服务专业人才作出了积极的贡献。

　　燕京大学社会服务工作的发展过程可分为三个时期：一、燕京大学社会服务工作的创办及发展；二、抗战时期燕京大学在成都的社会服务工作；三、抗战胜利燕京大学复校后的社会服务工作。

一、燕京大学社会服务工作的创办及发展

　　20 世纪 30 年代，社会服务工作作为一门科学和专业在美国已经有了很大的发展，燕京大学社会学系创办于 1922 年，由美国普林斯顿大学（Princeton University）驻华同学会步济时（J.S. Burgess）、艾德敷（D.W.Edward）倡议发起。当时他们在燕京大学创办社会学系的目的，是为美国在中国设立的社会团体及社会福利设施培训社会服务工作的专

业人才。美国教会在中国各地设立基督教男、女青年会，并兴办了一些社会福利设施，如盲童学校、聋哑学校和各大医院的社会服务部，但均缺乏社会服务工作的专业人员。燕大社会学系初建时即注重培训社会服务专业人才，讲授课程着重于社会服务及社会调查。当时学系有美籍教师六人，步济时任系主任，专任教师一人，兼任教师五人。1925年社会学系改称为社会学与社会服务学系，增加了社会学理论研究及社会调查课程。但办学的目的仍侧重于实际应用方面。由于我国社会福利和救济工作的开展，主修这一学系的学生日益增加，为适应形势的要求，学科组织也随之扩大。1927年学系分为九科：即社会学系本科、社会学研究科、社会服务本科、社会服务研究科、社会服务专修科、学系与宗教学院联合开办宗教社会服务专修科、宗教社会服务研究科、宗教服务速成科及社会服务函授科。社会服务函授科是专为社会服务机关团体在职人员而设的。华义侠（J.S.Ward）任函授科主任。1928年后由洛氏基金会津贴，学系与政治、经济两系联合，成立应用社会科学院。1930年许士廉任学系主任，提出办学方针："在社会服务工作方面，提出培养高等社会服务专门人才，设立速成社会服务科，培训在社会服务机关工作的在职人员，特别注重社会调查，使学生明了中国现时社会情况，掌握搜集科学材料的方法，教育上强调以结合本国实际为主。"这时开始增聘教师，增加社会服务课程。先后聘请我国著名教授和学者多人，专任教师有李景汉、杨开道、言心哲、倪逢吉、张鸿钧、严景耀、关瑞梧、朱熹、雷洁琼，兼任教师有朱友渔、陶孟和、朱积中和章元善等，此外还聘请外籍教师牛卫华（J.Well）、华义侠、普鲁特。开设了十二门社会服务专业课程——农村社区、都市社区、儿童与社会、妇女与社会、社会解组、社会行政、社会机关行政、个案工作、集团工作、监狱服务工作、精神健康社会工作及社会服务实习。社会服务工作课程充实了，提高了教学质量。主修社会服务工作的学生，在四年学习期间必须实习一年，满十六学分，才能毕业。

社会服务工作教学注重参观、访问、实地调查，指导学生走出课堂，深入社会，接触实际，在社会实践中，发现社会问题，学习社会服务工作方法，锻炼社会服务工作能力。

社会服务除课堂教学外分为以下三个方面：

（一）参观、访问、实地调查

中华人民共和国成立前，军阀混战，政权腐朽，城市劳动人民生活贫困，统治阶级为了粉饰其摇摇欲坠的政权，打着"济世扶贫"的旗号，开办了一些施舍性的"慈善事业"，如施粥厂、育婴堂等，此外有些社会贤达出于怜悯同情或宗教信仰观念，对贫苦劳动人民给予慈善性质的施舍。学系教师率领学生参观访问这些施舍性慈善机构，认识它所反映的社会问题。对北平天桥贫民窟、监狱犯人及娼妓院妓女进行参观、访问、调查后，在课堂上，师生联系实际，共同分析探讨这些社会问题产生的根源及其对社会的影响，提高到社会学理论上分析。访问、调查每周一次，共计一年。

燕京大学由于学费高，学生大多出身于上、中层经济富裕的家庭，他们对旧中国基层社会情况、劳苦大众生活不接触、不了解。走出"象牙塔"，看到旧社会的真实面貌，使学生扩大知识面，从活生生的现实中认识社会问题，以提高学生学习兴趣及走向社会、服务社会的愿望和能力。有一个学生说："我考入大学后，有一个时期思想上感到彷徨，怀疑大学毕业后有什么出路？有什么作用？通过'社会调查'及'社会服务实习'课程，到监狱、妓院、煤窑进行访问、调查，认识监狱的犯人、妓院的妓女、煤窑的工人，都是生活在社会底层的劳苦大众，他们过着苦难的生活，大学毕业后，我们走上社会有责任用自己所学的知识和能力帮助劳苦大众减少痛苦。"学生根据调查、访问的资料，写出毕业论文多篇，如《北京的慈善机关》《北平粥厂之研究》《娼妓制度之研究》等。

（二）社会服务个案工作方法实习

社会服务个案工作是社会服务的主要方法之一，学生的实习单位有协和医院社会服务部、基督教男女青年会、华洋义赈会、北京监狱、精神病院、地方服务联合会、北平怀幼会和香山慈幼院，多数学生到协和医院社会服务部实习，学习应用个案工作方法。该院社会服务部成立于1921年，由社会服务部主任浦爱德和副主任于汝麒指导学生实习个案工作方法，浦爱德是社会学系的兼职教授，讲授社会服务个案工作课程。社会服务部是医生和病人的桥梁，"见病也见人"，对疾病应进行综合治理。"社会治疗"是进行综合治理的一个方面。社会服务部社工人员的任务是协助病人与医生合作，例如有的病人由于经济困难，不能支付医疗费，医生将病人介绍给社会服务部，社工人员对病人进行个案调查，登记"病人社会历史记录表"，走访病人家庭，通过访问、调查，社工人员根据实际情况，提出意见，供医生参考。实习时间规定为半年。有些实习学生毕业后即应聘为医院社会服务部社工人员。在监狱和儿童福利机关团体实习的学生对犯人和儿童进行个案调查，访问他们的家庭，了解犯人犯罪原因及儿童问题，在基督教男女青年会实习学生应用集体活动工作方法，开展各项活动，不少学生毕业后被聘为该会干事。学生的毕业论文有《社会个案服务与中国》《医院社会服务之功用》《北平怀幼会的研究》《北平犯罪之社会分析》《北京拐犯的研究》及《中国监狱问题》等。

1928年燕大成立"服务团体救济联合会"，学校各服务团体联合救济附近地区贫困户，联合会下设个案服务部，由社会学系教师张鸿钧、于恩德、卡德指导学生进行社会服务个案工作实习。

（三）培训农村社会服务人员

1. 开办清河试验区、培训社区研究和服务人员

1928 年燕大社会学系接受美国洛氏基金会的资助，由杨开道教授主持，组织学生到北平郊区清河镇开展农村社区的社会调查，建立乡村服务实习基地。1930 年成立清河试验区，1932 年试验区设立了调查研究、农村经济、农村卫生及农村社会教育四股。开办家庭工艺厂、花生酱厂、毛织工厂、补习学校和医院。此外还开展儿童福利工作、职业训练、公共卫生、文化学习、公共娱乐及体育活动，并根据当地需要组织信用合作社、消费合作社和小本贷款等。学系教师每年带领学生到"试验区"实习一个月，教师根据"试验区"调查材料写出的调查报告和学术论文有：1930 年许士廉著《清河，一个社会学分析》（英文本），1931 年杨开道、许士廉、步济时等合著《清河——一个社会学的分析》（英文本），1933 年燕大社会学系著《清河社会试验》，1936 年王贺宸著《燕大在清河的乡建试验工作》，1938 年黄迪著《清河村镇社区》。

2. 参加定县平民教育实验区社会调查

中华平民教育促进会总会于 1926 年以河北省定县为实验研究中心，成立定县平民教育实验区。实行"愚、穷、弱、私"四项教育，燕大社会学系教师领导学生到定县实验区实习，开展农村社会实地调查，进行四项教育（愚、穷、弱、私）。1933 年至 1934 年社会学系师生对定县社会、经济、教育、生活情况进行了全面的调查，编写出版论文多篇，如李景汉著《定县社会概况调查》及《定县经济调查》等。

30 年代我国农村受帝国主义、封建主义及官僚资本主义三座大山的压榨，经济破产，农民生活贫困，国民党统治阶级为缓和农村阶级矛盾，提出"改良农村""建设农村"的口号。这时美国洛氏基金会也把对中国的援助转移到乡村建设方面，拨专款并指定燕大教务长司徒雷登

出面组织华北乡村建设委员会。当时燕大参加了这项工作。1934年洛氏基金会批准授予定县平民教育促进会、燕京大学、南开大学、金陵大学、协和医院及华北工业协进会六个合作单位一百万美金，由六单位联合培训农村建设人才。

3. 参加华北农村改造协进会培训工作

1936年4月华北农村改造协进会在北平成立，由洛氏基金会支付经费，平教会、清华大学、南开大学、燕京大学、金陵大学及协和医院六个单位相互配合，培训改造农村工作人员。平教会负责农村改进工作及平民文学，清华大学负责工程，南开大学负责经济及地方行政，燕京大学负责教育及社会行政，协和医院负责社会卫生，金陵大学负责农业。由燕大张鸿钧教授主持培训农村工作人员，分别在定县及山东济宁两地进行。1937年抗日战争爆发，原定计划未能实现。

1934年以后随着我国经济衰退，农村破产，学系社会服务课程也逐渐转到农村问题的调查研究方面。

二、抗战时期燕京大学在成都的社会服务工作

1941年太平洋战争爆发后，燕京大学暂时南迁成都，由华西大学社会系主任李安宅兼任本校社会学系主任，1943年由林耀华代理学系主任。为适应抗战时期社会服务及社会救济的需求，学系社会服务增设专为训练社会救济人才及盲人福利事业人才的课程，这些课程有社会行政、社会机关管理、农村社区、善后救济、个案工作、集团工作、精神健康工作、儿童福利问题、托儿所及特殊教育等。以上这些课程由社会服务教师关瑞梧、周励秋、廖泰初、徐益棠、徐雍舜分别讲授。

当时成都正处于抗战时期，当地社会福利及救济机关团体有些已迁移郊区，有些已陷于停顿状态，燕大社会服务工作根据战时形势，分为边疆社区调查、城市社会服务及农村社会服务三个方面：

（一）边疆社区调查

吴文藻教授考察了新疆民族，倡导社区研究，对开展边疆社会调查研究作出了贡献。吴文藻认为社区调查研究，对深入了解中国社会的作用较大。社会学系李安宅和林耀华组成边疆研究所，率领学生深入西南边疆进行少数民族地区的调查研究，李安宅前往甘肃夏河县拉卜楞寺，研究藏族宗教，并在藏族其他地区进行宗教语言调查，取得了成就。1943年林耀华带领学生组成边疆考察团，深入大小凉山彝族区、康北藏民区及四川嘉成区进行考察，对非汉民族地区、小社区不同部落的宗教制度和土司制度的宗教、政治、文化及风俗习惯作调查，著有《凉山彝家》一书，客观地反映了社区民族的生活状态，有一些学生毕业后被聘任职于中国边疆服务部。

（二）城市社会服务

成都中国盲民促进会为培育特殊教育人才，委托燕大社会学系协助开办残疾救济及盲民福利培训班，学生实习单位有成都盲童学校、嘉定五通桥盲人院、永兴街孤儿院、保育院、成都战时儿童保育会、难民救济所、荣誉军人习艺所、军人监狱、明声聋哑学校、成都孤儿院、普通医院、精神病院及基督教男女青年会，学生在这些机关团体实习，从残疾人、盲聋哑人、难民、难童及荣誉军人生活的各方面进行调查，探索他们反映的社会问题。

（三）农村社会服务

燕大法学院接受洛氏基金会经费补助，在成都崇义桥成立农村研究服务处，服务工作分为社会调查及社会服务两个方面，法学院师生对当地政治、经济、社会情况进行深入调查，写调查报告和学术论文《哥老会》《私塾》《中医偏方》《学徒制》等多篇。

农村研究服务处举办多种社会服务工作，有农民补习学校、半日学校、失学儿童识字班，为农民代笔写信，开办小农借贷，编辑出版农民消息月刊，举行农业科学知识展览，开办花生酱工厂及成立初中青年集中训练班。学生二十余人参加各项社会服务活动，为当地农民群众作了大量服务工作，赢得了普遍的赞誉。

三、抗战胜利燕京大学在北平复校后的社会服务工作

1946 年燕京大学由成都迁返北平复校，抗战时期北平原有的一些慈善、救济设施大都迁移或停办。经过八年战乱，儿童问题比较突出，这时期社会学系社会服务工作实习单位有北平市社会局托儿所、北平市儿童福利委员会儿童福利站、香山慈幼院、育婴堂、中山公园儿童康乐部、清华教职员子弟暑期托儿所（本校同学在清华大学开办）、天津儿童福利委员会儿童福利站、天津中央医院托儿所和社会服务部，基督教女青年会附设贫民诊所，上海女青年会劳工妇女工作及伤残重建服务处。

1947 年美国善后救济总署拨专款聘任燕大社会学系教授雷洁琼主持开设儿童福利专业课程，社会学系与家政系、教育系联合成立儿童福利专业。在海淀区开办儿童福利站，作为学生实习园地，儿童福利站下设儿童营养站、幼儿园、医疗保健室及儿童教育游乐园。营养站供应附近地区贫苦儿童及孕妇奶粉。儿童每日到供应站饮奶，不能来站的婴幼儿，由营养站发给奶粉，并对儿童家长给予婴幼儿哺育指导。来福利站实习的学生对来站饮奶和领奶粉的儿童进行家庭访问，用个案工作方法，调查儿童家庭经济情况及健康情况，以决定发给奶粉的数量。医疗保健室设专任护士一人，并由燕大附属医院调医师一人，为附近地区缺医少药的贫苦儿童实施简易治疗。家政系实习学生负责幼儿园保教工

作。教育系实习学生为儿童教育娱乐园开办的失学儿童半日识字班担任教师，识字班运用中华平民教育促进会晏阳初创办的学生传习制，在福利站周围地区设立传习处，由福利站识字班少年儿童任各传习处"小先生"。福利站还为儿童家长介绍工作，对家长进行家庭教育。

儿童福利站成立两年来为增进儿童健康，推行儿童教育作出一定的成绩。学生通过社会调查，接触社会实际，在社会实践中认识到抗战时期，在日本军国主义统治下农村社会问题的严重性，在各项活动中学习运用理论联系实际的社会服务工作方法，培育儿童福利专业人才。

1947年3月社会学系于圆明园北树村及南苑华美庄开展乡村调查，陈永龄领导社会调查班学生与村民共同生活一个多月。雷洁琼领导调查班学生在北树村进行社会学理论与实践配合的研究。

燕大于北平复校后，由于一般青年对抗战后出现的社会问题表示关注，社会学系学生剧增，但学系教师缺乏。1946年秋雷洁琼教授由沪返校后，先后开设多门课程，有社会解组、社会建设政策与法令、家庭关系、妇女儿童与社会、个案工作及社会服务与实习等。在讲授"社会解组"课时，联系学生参加社会实践——参观、访问、调查、分析我国在抗日战争胜利后，社会处于"解组"动荡状况的根源，宣传民主政治，加强青年学生革命必然取得胜利的信念，鼓励学生积极参加民主运动，这是深受燕大进步学生欢迎的课程之一。

燕京大学社会服务工作（1922年创办，至1952年撤销）经过三十年历程，学生在各个时期实习过程中，通过参加社会实践，本身得到了锻炼，培养了适应各方面的服务工作能力，扩大了视野，充实了知识面。燕大社会学系为我国各地机关团体培育、输送大量社会服务工作专业人才，毕业生走上社会，服务范围广泛，他们分布在全国各城市医院社会服务部，基督教男女青年会以及各地社会救济事业及社会福利、儿童福利机关团体，他们经过高级社会服务专业训练，在各工作岗位，发挥专业才能，作出了成就。

　　党的十一届三中全会以后，中断了三十年的社会学系已先后在各大学恢复建立。近年来，随着我国改革、开放方针的实行，商品经济日益发展，人们对社会福利及社会保障事业的需要也日趋强烈。在当前全面深化改革的新形势下，为适应广泛开展的社会福利及社会保障事业的需求，培训高等及中等社会服务工作专业人才，是各大学社会学系和有关部门的一项重大而迫切的任务。目前我国老一辈社会学者正协同新一代社会学者积极为社会学及社会服务工作的建设开拓前进。

　　　　　　（原载于《社会学与社会调查》1989 年第 1 期，与水世琤合撰）

在燕京大学建校七十周年
纪念大会上的讲话

各位来宾、各位校友：

　　燕京大学建立于五四运动兴起的 1919 年，至今已是七十年了。

　　燕大的诞生、成长与发展进程，最初是由外国教会在中国办的大学，发展为研究中西文化的教育机构。它的校训是"因真理、得自由、以服务"，它的办学宗旨是以研究学术为目的，使学生在"德、智、体"三方面得到全面发展，成为国家的有用人才，以服务于国家和社会的建设事业。

　　（一）燕京大学在中西学术交流中发挥了桥梁作用。燕大许多教师是学贯中西的学者，同时与国外交换学者、教授，交流学术研究成果。每年选送优秀毕业生前往外国攻读进修，学成归来充实燕大教师队伍，建立了对中国文化和西方文化有研究能力的队伍。因此，燕大同国外许多有名的大学和学术机构建立了联系。同时燕大为外国留学生研究中国历史和文化创造条件。曾与哈佛大学成立哈佛燕京学社，在燕大协助下哈佛大学将中文馆藏书增加了四倍，建成了仅次于美国国会图书馆的第二大图书馆，哈佛大学已成为美国研究中国问题的中心。

（二）燕京大学在中华人民共和国成立前三十三年培养了不少人才。在国内外，在科学、教育、政治、外交、经济和文化等方面，都有燕大校友。今天，有近千名从遥远的各地，回到燕园参加母校七十周年校庆纪念大会。大家欢聚一堂，齐声高唱校歌，充分显示了校友们引为自豪的燕京精神。

（三）根据海内外校友的倡议，美国、香港地区和北京三个燕大校友会决定联合发起召开第一次燕京大学世界校友代表会议，在临湖轩举行会议两天。各地校友会代表在怀念燕京精神的激奋精神中，热烈讨论我国目前形势和教育改革的方针政策，并对复校问题进行了有益的探讨。会议作了两个决议，将由美国校友会会长谢国振和香港校友会副会长郑介初宣读。

我们希望发动校友和社会各方面人士，群策群力，为建设一个新的燕京大学，发扬燕京精神而共同努力。

最后，我代表大会向今天到会的来宾表示敬意！向一贯给予燕大校友会以各方面支持的北京大学领导以及全体师生表示敬意！

（1989 年 4 月 16 日）

在民进中央教师节座谈会上的讲话

同志们：

今天，我们在京的教育界民进同志欢聚一堂，迎接教师节的到来。首先，我代表民进中央向参加今天座谈会的国家教委、中央统战部和全国政协的领导同志，表示热烈的欢迎。向在座的大学、中学、小学和幼儿园的老师们，并通过你们向在教育战线辛勤工作的老师们致以节日的祝贺和亲切的慰问！

自从 1985 年我们国家建立教师节以来，今年是第五个庆祝我们教师自己的节日。在过去的几年里，我们高兴地看到，我国教育事业得到进一步的发展，教育体制改革已经在许多方面展开，九年制义务教育正在有步骤地实施。现在越来越多的人，认识到要把教育放在经济发展战略首位，开始懂得办好教育与发展经济的关系，教育与社会主义建设严重不适应的状况有了明显的改变。但是，教育方面存在的问题还是不少。在这次国家经历了一场政治风波之后，反思教育工作，最根本的一条是政治方向问题。邓小平同志说过，十年来最大的失误是教育方面的失误，其主要精神也是讲政治思想教育的失误。所以，对学校来说，必须进一步端正教育思想，坚持为社会主义现代化建设服务的办学方向，贯彻德、智、体全面发展的方针。要继续反对片面追求升学率，要为全国提高未来公民素质打好基础，把学生培养成为合格的社会主义公民。一位日本学者说：中国现在的教育是"尖子教育"，即只有重视少数尖子的教育，忽视了提高绝大多数国民的文化和教养的大众教育。

教书育人是我们每一个老师的天职。近几年来，由于资产阶级自由化思潮的泛滥，由于社会上多种腐败现象的影响，那种描写色情、暴力的黄色书刊，以及赌博、吸烟等不良习气，严重地毒害着青少年的心灵。最近，政府在全国开展扫黄工作，这正是我们广大人民教师所盼望的好事。当前，我们当教师的必须认真贯彻落实《中共中央关于改革和加强中小学教育工作的通知》精神。要十分重视对学生进行爱国主义教育、社会主义教育、国情教育和艰苦奋斗的教育。我们当家长的必须同学校紧密配合，搞好家庭教育，从小做起，使儿童养成良好的习惯，树立正确的人生观。总之，要全社会都来关心青少年的健康成长。

教育者必先受教育。这是毛泽东同志早在50年代就说过的话。我们民进的同志一向是坚持四项基本原则，拥护改革开放的。在这次政治动乱风波中，不论是在高等院校还是中小学任教的民进同志，都经受了一次严峻的考验。在当前，我们要认真学习邓小平同志的重要讲话，学习中共十三届四中全会文件精神。通过学习，我们要进一步提高认识，统一思想，振奋精神，增强信心，在新学年里，把教书育人工作做得更好。

最后我向各位报告一件事，我们民进中央最近成立了尊师重教基金理事会，发起尊师重教一元钱奉献运动，希望我们民进的各级组织，广大会员和社会人士积极响应，宣传推广，奉献一元钱表示要促进社会改善各级教师生活待遇，提高教师工资及社会地位，主张通过法律，采取措施，制止学龄儿童在校流失，推动全社会尊师重教风尚，使全国重视教育，蔚然成风，这就是我们发起一元钱奉献活动的意义。当然自愿多奉献的，我们也表示欢迎，到目前为止，我们已收到将近两万元，奉献基金如何使用，当征求各级组织的建议后，再作决定。

（1989 年 9 月）

发挥教师的潜力

"北京教育丛书"在短短的三年多时间中，编辑出版了五十种，这是一件非常有意义的事，我衷心地向作者、编者、出版发行者表示祝贺和感谢。

全国人民代表大会七届四次全会审议通过的我国《国民经济和社会发展十年规划和第八个五年计划纲要》，为我们确定了实现社会主义现代化建设的宏伟目标，今后十年是实现第二步战略目标，达到国民生产总值翻两番的关键十年。科技是第一生产力，教育是科技的基础，兴国先育才，成就千秋大业要靠人才。没有发达的教育就没有发达的经济，国力的强大，国家的兴盛在很大程度上要靠教育的发展。纲要不仅为我国基础教育展示了一个灿烂的前景，也向教育界的同志们提出了艰巨而光荣的任务。

"七五"期间我国基础教育取得了显著成绩，但距社会主义经济发展需求还有相当距离。纲要提出"八五"期间普教工作的重点要放在深化改革、提高质量等方面上来，这是基础教育极其重要和紧迫的任务。现在在校的中小学生是跨世纪的一代，他们肩负振兴中华、实现祖国现代化的历史任务。同时又面临着两方面挑战，一个是国际反社会主义势力推行"和平演变"的挑战,一个是世界新技术革命的挑战。因此必须从少年儿童时期就抓紧对他们的教育,为把他们培养成有理想、有道德、有文化、有纪律的一代新人打下良好的基础。

提高教育质量是一项复杂的系统工程,核心的一环是不断提高教师队伍的整体素质,全面贯彻教育方针,这不仅需要教育部门的努力,也需要全社会的关怀与支持,要从多方面、多渠道为提高教师素质创造条件。北京市委、市政府决定为中小学教师出版一套"北京教育丛书",总结普教系统优秀教师教书育人的先进教育思想和教学经验,并拨专款、组织专人实施落实,成为出版教师专著的强有力后盾,这是为广大教师办了一件实实在在的好事。一方面优秀教师通过整理总结多年积累的教书育人经验,并把它上升到一定的理论高度,写成专著,是他们自我充实、自我提高的过程;另一方面将这些经验编辑、出版、传播开来,可以更好地调动广大教师钻研业务、积累经验、做好教学工作的积极性,也是提高教师政治、业务素质的有效途径,同时对建设具有中国特色的教育科学也是贡献。所以说这是一件很有意义、很有价值的好事。

我希望在大家共同努力下,"北京教育丛书"越办越好。

(1991 年 9 月 7 日)

在第三届优秀教师会员赴京
参观活动中的讲话

各位民进会员的老师们和教育工作者们：

我很高兴今天能与我会教师会员欢聚一堂。你们从全国各省来到北京，请允许我代表民进中央表示热烈欢迎。参加这次活动的共有 25 位同志，都是在教育、教学第一线工作的，在教书育人方面，做出优异成绩。会中央尊师重教基金会理事会组织这次活动，既是对大家辛勤工作的慰问，也是一种表彰先进的形式，同时可以互相交流经验。

北京是一座文明古城，历史上留下了很多名胜古迹，作为祖国的首都，城市建设发生了日新月异的变化，我相信你们通过这几天的参观、游览，不仅会受到历史文化的影响，而且感受到改革开放以来我们国家日益昌盛的大好形势。

同志们，当前举国上下，各行各业，都在认真学习党的社会主义现代化建设时期的基本路线，都积极地贯彻邓小平的南方谈话精神，邓小平同志重要谈话的核心是要坚持一个中心，两个基本点，以经济建设为中心。作为教育工作者，我们应该树立教育必须为经济建设服务的思想，努力培养与社会主义现代化建设相适应的人才。中小学教育是基础教育，是为培养人才打基础的教育。义务教育法施行以来，我国教育事业有了进一步发展，教育体制改革已逐步深入到各个方面，九年制义务教育正在有计划、有步骤地推进，社会上越来越多的人认识到教育与经济发展的关系，尊师重教的新风尚正在社会发扬。但是，不可否认在教育方面，也还有不少问题，例如教师队伍的建设问题，教师的社会地位和待遇问题，教师的合法权益保障问题，片面追求升学率问题等。

教育要更好地为经济建设服务，就必须重视培养什么样的人的问题。邓小平同志讲，革命是解放生产力，改革也是解放生产力，经济建设要发展就必须坚持改革，同样，教育要适应经济建设的发展也必须坚持改革。教育改革，我认为首先是教育观的改革，现在仍然存在着不少与时代极不适应的陈旧的教育观念，严重地阻碍着教育事业的发展和教育质量的提高。邓小平同志南方谈话就是要求我们进行改革要进一步解放思想，摆脱束缚，锐意创新，开拓前进。所谓解放思想就是要勇于冲破落后的传统观念的束缚，善于从实际出发，努力去开拓进取，就是要坚持实事求是的思想路线，这就是一切从实际出发，具体情况具体分析，离开了对实际情况的了解就谈不上求得正确的认识；就是要大力提倡善于创新的精神。正如邓小平同志所说的"在党和人民群众中，肯动脑筋，肯想问题的人越多，对我们的事业就越有利"。

各位同志长期在教育、教学第一线工作，对于教育必须改革的重大意义有着深刻的体会，也有许多来自实践的改革经验，希望你们利用这个机会解放思想，对教育改革有什么意见和建议，提出来交流经验和意见。如果今天没有机会谈，待回去后可以将意见和建议寄来，能进行调查研究更好，使民进中央通过你们了解各地区情况，也可以向中央提出建议。

最后，祝你们身体健康，工作愉快，劳逸结合。

（1992 年 7 月 23 日）

教师最为辛苦 工资不容拖欠①

　　教师是最光荣、最辛苦的职业，他们为祖国培养人才，他们的基本生活费用必须得到保证。任何拖欠、挪用教师工资的行为，都应当按照我国法律和财经纪律严肃查处，公开交代。我对国家教委、人事部、财政部要求各地迅速采取措施，保证拖欠教师工资按时发放的通知完全拥护。春节前应当尽快补发拖欠工资，今后也要杜绝类似事件。

　　　　　　　　　　　　　　（原载于《光明日报》1993 年 1 月 13 日）

---

　　① 1993 年 1 月 11 日《光明日报》发表了关于拖欠教师工资的报道。雷洁琼在当天民进中央的集会上就这一问题发表了谈话。这是谈话节录。

尊重教师就是关心未来

——祝贺《中华人民共和国教师法》通过并公布

自 1986 年开始起草，历时七年之久，《中华人民共和国教师法》已经全国人大常委会通过，江泽民主席公布，并将于 1994 年 1 月 1 日起施行。教师法是继《中华人民共和国义务教育法》之后的又一部教育大法。百年大计，教育为本。振兴民族的希望在教育，振兴教育的希望在教师。教师法的颁行不仅是教育事业的一件大事，更是关系民族前途，国家命运的大事。实施教师法，为建设具有良好思想品德修养和业务素质的教师队伍，促进社会主义教育事业的发展提供了法律保证。广泛宣传、认真学习、严格执行教师法，是全社会特别是各级政府的职责，是今后普法教育的一项重要内容。

我们的党和政府历来重视教师队伍的培养和建设。特别是中共十一届三中全会以来，各级政府通过增加教育经费、改善办学条件、提高福利待遇、设立教师节以及大力发展师范教育和师资培训事业等一系列政策措施，使得我国教师的社会地位和经济待遇有所提高，教师素质有所加强，教师队伍不断壮大，基本形成了一支适应教育事业发展的师资队伍。与此同时，尊师重教的良好社会风尚得到提倡，一个有利于调动广大教师积极性的社会环境正在逐步形成。但是我们也必须看到，从总体上说，教师对于社会所作的实际贡献，远远没有在他们所获取的报酬中得到公平的体现。在我国国民经济十二个行业中，教师的工资收入已由1991年排位第九，降至去年排位第十。教师平均工资收入，比全民所有制单位职工低百分之八点二。更有甚者，近一二年，拖欠教师工资的现象日趋严重。从各地情况来看，一是拖欠面广，不仅拖欠民办教师的补助费，而且拖欠公办教师工资，全国二十多个省、市都存在着程度不同的拖欠现象；二是拖欠数额大，据1992年统计，拖欠教师工资共十四亿多人民币；三是拖欠时间长，拖欠三五个月是常事，甚至有长达六年的。拖欠教师工资如此严重，是新中国成立以来从未有过的。此外，医疗费报销难、住房难、子女就业难是目前教师普遍面临着的困境。教师队伍严重不稳，骨干教师、青年教师大量流失，师范院校生源严重不足，招生质量逐年下降。教师后继乏人，已经给正常的教育、教学工作带来了极大的障碍。教师问题的症结何在？关键在于对"百年大计，教育为本""把教育摆在优先发展的战略地位"的思想认识不到位，造成政策不到位，措施不到位。尊师重教需要思想教育，更需要法制保护。教师法的第一条明确规定了本法制定的目的，即"为了保障教师的合法权益，建设具有良好思想品德修养和业务素质的教师队伍，促进社会主义教育事业的发展"。要真正达到这个目的，就要认真、全面贯彻教师法。

首先，各级政府要带头执法。教师法规定，各级政府有责任采取措施，"加强教师的思想政治教育和业务培训，改善教师的工作条件和生活条件，保障教师的合法权益，提高教师的社会地位"。教师应享受的权利，如"按时获取工资报酬，享受国家规定的福利待遇""参加进修和其他方式的培训"以及教师应获得的工资、住房、医疗诸方面的待遇，也必须由人民政府制定相应政策，采取有效措施才能得以实现。同时，政府及其职能部门有责任依法加强教师管理工作，使他们自觉地履行法律规定的义务。对于损害教师合法权益的违法行为要依法惩处，严重者应追究其刑事责任。对于大案要案要公之于众，以案释法。

其次，要依法创造一个尊师重教的良好社会环境。全社会各行各业、方方面面都要知法执法。实施教师法，就要形成尊重知识、尊重人才的社会风气。早在1978年，邓小平同志就指出，"人民教师是培养革命后代的园丁，他们的创造性劳动，应当受到党和人民的尊重"，又说，"整个社会都应该尊重教师"。人民教师是人类社会文明的建设者和传播者；当今世界，离开了教师的工作，任何继承、发展、创新都不存在。尊重教师就是尊重知识、尊重人才，就是关心国家的未来。我们宣传教师法，不仅要宣讲法律条款，更要向我们的干部、群众讲清这个道理，让它深入人心，家喻户晓。

要使教师普遍受到社会的尊重，就要使教师享有与其地位和贡献相适应的待遇。从世界各国来看，凡是教师社会地位较高，受到尊重的国家，都在法律中明确规定了教师优先或优惠于社会平均水平的较高经济、福利待遇。我国《中国教育改革和发展纲要》也提出了"教师的工资水平与全民所有制企业同类人员大体持平""在住房和其他社会福利方面实行优待教师"的政策。在社会主义市场经济的条件下，大力改善教师的工作、学习和生活条件，努力使教师成为最受人尊重的职业，更是当前稳定教师队伍，调动教师积极性的关键措施。要做到这一点，除前面所讲的各级政府应负的职责外，还需要全社会的理解和支持，对改善教师的工作、学习和生活条件给予更多的关注和支援。

教师法的颁行，对于广大教师是极大的鼓舞和鞭策，充分体现了党和国家对教师的重视和关怀，同时也对教师寄予殷切的期望。教师既要学会运用法律来维护自身的合法权益，又要认真履行应尽的职责。"为人师表是教师的全部工作"，依法尽职，才能做到为人师表。人们习惯用"春蚕""蜡烛"比喻教师，无私奉献的精神是教师的优良传统，也是这个职业的特点。在教师的社会地位和福利待遇还不尽如人意的情况下，在社会主义市场经济的建立过程中，忠诚人民教育事业的奉献精神不是过时了，而是更需要教师们发扬提倡，身体力行。唯有这样，教师才能赢得社会的尊重，也才值得社会的尊重。

期盼已久的教师法已经通过。我们相信，只要各级领导和各行各业都能严格执法，依法办事，全面贯彻教师法必将有利于建设一支高素质、高水平的教师队伍，把我国的教育事业推向新阶段。

（原载于《团结报》1993 年 11 月 3 日）

在全国老、少、边、穷地区
优秀教师经验交流会开幕式上的讲话

各位老师、各位同志：

今天，全国老、少、边、穷地区优秀教师经验交流会在这里隆重开幕了，来自全国 22 个省和自治区的贫困地区 50 位优秀教师会聚一堂，交流经验，互相学习。我谨代表中国民主促进会向各位辛勤培育桃李，默默奉献的光荣人民教师致以亲切地慰问和崇高的敬意！

1994 年，在邓小平同志建设有中国特色社会主义理论和党的基本路线指引下，全国各族人民团结在以江泽民同志为核心的中共中央领导下，奋勇前进，改革开放和社会主义现代化建设取得了巨大的成就，全国呈现一派欣欣向荣的大好形势。1994 年也是我国教育事业蓬勃发展的一年，《中华人民共和国教师法》《国务院关于〈中国教育改革和发展纲要〉的实施意见》及《中共中央关于加强和改进学校德育工作的若干意见》，先后发布实施，党和国家对教育事业的重视以及对广大教师的关怀和期望，使广大教育工作者受到极大的鼓舞。但同时，我们也应看到要实现教育改革和教育发展的宏伟目标还要克服不少困难，做许多艰苦的工作，相信广大教育工作者在党的领导下，一定会团结一致，努力奋斗，克服前进中的阻力和困难。

各位老师，你们在各贫困地区极其艰苦的条件下，如同春蚕蜡烛一样，把你们的全部心血奉献给家乡的教育事业，把文化知识辛勤地传授给青少年，你们不辞辛苦，为改变家乡贫困面貌作出了巨大成就，受到党和国家以及全社会的敬重和赞扬。

在这次大会上，大家将开展各项学习交流和参观活动。老师们将通过这些活动开阔视野，相互学习，相互勉励，充实自己，在各自的教育岗位上再创新成绩，再作新贡献。

在 1995 年，新的一年即将来临的时刻，特向你们，并通过你们向全国贫困地区的广大教师们致以新春的祝贺！祝老师们新年好！

（1994 年 9 月 14 日）

在"百名博士百村行"活动表彰报告会上的讲话

同志们、同学们：

我很高兴今天参加由民政部《乡镇论坛》杂志社与北京大学、中国人民大学、清华大学、北京师范大学和社科院研究生院等"四校一院"联合发起并组织的"百名博士百村行"活动的表彰报告会。我认为，这次以"爱我中华、兴我农村"为主题的农村调研与服务活动是一次富有创造性的、很有意义的活动。这次活动的意义不仅仅在于，它是新中国成立以来首次以博士生为主体，以农村、农业和农民为主要对象的大规模的社会调研与服务活动，而且在于它代表了一个新的方向，代表了一个新的趋势。这一活动把现代科技知识与农民对这些知识的需要结合了起来，把理论与实际结合了起来，把青年知识分子同农民群众结合了起来，是新时期青年知识分子成长与成材的一条新道路。

这次"百名博士百村行"活动，就是一次深入实际、了解民情、了解国情的大行动，你们在座的广大博士生们通过深入细致、严谨科学的调查研究，发现了农村改革与发展中存在的许多新问题，并提出了相应的政策性建议，这对制定农业和农村政策，推动农村经济、社会的发展具有很大的积极作用，很有意义，希望你们能坚持下去。

我国是一个农业大国，农业和农村的发展，需要一代有理想、有热情、有献身精神的青年知识分子的参与。同时青年知识分子只有积极同人民群众相结合，积极同时代发展的需要相结合才能真正有所作为。参加此次活动的博士生为广大青年知识分子做了一个表率，你们的行动将带动和激励更多的青年知识分子积极地投身到为农民服务的各项活动中去，积极地投身到为农村物质文明建设和精神文明建设服务的工作中去。祝愿你们在农村这一广阔天地中做出一番无愧于你们光荣称号的伟大的事业。

江泽民总书记最近在给 20 名青年农民的回信中提出：要时刻把农业放在心上，希望有志青年再接再厉，自强不息，带动更多的青年献身农业。

（原载于《乡镇论坛》1996 年第 12 期）

千秋伟业　教育为本

在我国第十二个教师节来到的时候，我怀着喜悦的心情，通过《中华英才》半月刊，衷心祝愿辛勤工作在教育战线的广大教职员工节日愉快！

十年树木，百年树人，千秋伟业，教育为本。教育是一个国家和民族的希望所在，实现社会主义现代化建设事业的基础是教育。教师是人类灵魂的工程师，教师是国家的宝贵财富。

改革开放后，很多东西都可以引进，唯有人的素质不能引进。人的素质最终要靠教师来培养，所以，教师的工作直接关系到国家与民族发展的未来，教师的责任十分重要。

新中国成立后，我国的教育事业取得了令世人瞩目的成就。尤其是党的十一届三中全会后，邓小平同志提出"教育要面向现代化，面向世界，面向未来"的正确指导思想，党和国家高度重视教育事业，中共中央于1985年制定了关于教育体制改革的决定，1993年颁布了《中国教育改革与发展纲要》，提出"教育必须为社会主义建设服务，社会主义建设必须依靠教育"的方针，实施"科教兴国"的战略已经成为全民族的自觉意识和行动，尊师重教的良好风尚已经深入人心。

　　贯彻落实《中国教育改革与发展纲要》是我国教育事业的中心任务，也是一项艰巨而复杂的任务。只有紧紧依靠各级政府和社会各界力量的共同努力，才能最终完成这项光荣的使命。

　　教育发展的根本希望在教师。要采取切实的措施，提高我国教师队伍的素质，进一步提高教师的政治社会地位和经济地位，根本改善教师的工作条件、学习条件、生活条件，以确保教师队伍的稳定与壮大。

　　在推进社会主义民主和法制建设的进程中，教育的立法工作得到了高度重视。1995 年 3 月 18 日，八届人大三次会议审议通过了《中华人民共和国教育法》，同年 9 月 1 日教育法正式实施。这不仅是教育界的一件大事，更是关系到民族前途、国家命运的大事。广泛宣传、认真学习、严格贯彻教育法是全社会特别是各级政府责无旁贷的职责，也是今后全民普法教育的一项重要内容。教育法实施两年来已收到了很好的成效，广大教师的正当权益依法得到了保护，这是令人深感欣慰的。

　　随着改革开放和社会主义经济建设的深入发展，"科教兴国"的发展战略已得到全面实施。"科教兴国"，基础在教育。要真正落实教育优先发展的战略，很重要的一点是要按照教育法的规定，确保对教育事业的投入足额到位，并稳步增长，应努力改变对教育投入不足的状况。教育法实施以来，各级政府对教育的投入已发生了可喜的变化，有了较大幅度的增长。其中，国家给贫困地区"普九工程"专项拨款"九五"规划已达 39 亿元，加上地方投入 70 多亿元，达 100 多亿元。从全国人大执法检查组的检查结果看，各地在教育投入执法方面也是很有成绩的，广东、黑龙江等地还在教育经费拨款体制方面依法进行了可贵的探索，这些都是教育法实施后收到的良好的成效。

　　教育要面向 21 世纪，还要进一步加快教育立法的步伐，加大监督执法的力度，这方面全国人大及政府相关部门做了大量卓有成效的工作。如为配合教育法的实施，全国人大及政府部门相继审议通过并颁布实施了高等教育法、职业教育法、《教师资格条例》、《教育督导条例》、《中外合作办学暂行规定》等配套性的法律法规，这些配套性法律法规的颁布实施，为全面贯彻《教育法》发挥了积极的作用。

华夏民族是有着悠久历史和文化传统的民族，在我们这个古老文明的国度，一直有着尊师重教的优良传统。在 21 世纪，中华民族要实现社会主义现代化建设事业，屹立于世界强国之林，就必须以振兴、繁荣民族的教育事业为先导，它已成为一项功在当代、利在千秋的宏伟事业。

在教师节到来之际，我以一个老教师的名义，祝愿所有献身祖国教育事业的园丁，以国家民族的前途为己任，继续保持发扬教育工作者辛勤耕耘、无私奉献的可贵精神，紧密团结在以江泽民同志为核心的中共中央周围，在深化教育改革，推进全民族整体素质提高的进程中，大胆探索，勇于实践，用自己的智慧和劳动，教书育人，谱写跨世纪千秋伟业的崭新篇章。

（原载于《中华英才》1997 年第 17 期）

发展学术　以昌国运

——谈发扬北京大学的传统

　　从上个世纪末京师大学堂建立至今，北京大学已走过了她的第一个百年，过去的一百年也是中国曲折坎坷，进而自立奋进的百年，在这一过程中北京大学扮演着重要的角色。从我接受北京大学的影响到加入北京大学成为为其使命奋斗之一员的实践中，我认为它为民族昌盛而奋斗的社会责任感以及为发展学术而孜孜以求的精神是值得发扬的。

　　北京大学作为我国的最高学府是让人羡慕的。同时，北京大学所富有的朝气，那种为国运而忧虑和献身的精神也是为世人敬仰的。80年之前，当我还是一名中学生时，五四运动爆发了。北京大学师生那种昌国运的新思想和大无畏的革命精神真正鼓舞了我们青年一代。于是，远在南国的我也被卷进这革新的浪潮。当时，作为学生运动积极分子的我很想到北京大学参加这场运动，可惜未能成行。但是，北京大学师生倡导并为之实践的为民族昌盛而奋斗的精神却一直鼓舞着我。因为我认为那是真正的民族精神，是将科学同社会进步结合起来的务实精神。

　　1971年，我有幸进入北京大学，先在国际政治系，后转入社会学系。在从事科学研究，指导研究生及与同行进行学术交流的过程中，我时时感到北京大学那追求科学，提倡学术民主的精神。北京大学是重学术的，但他们绝不是为自己的偏好进行自我陶醉地研究，而是把学术同社会的发展和进步联系起来。据我所知，改革开放以来北京大学的学术空气相当活跃，越是改革开放中出现的重点问题，越能引起广大师生的深入探索和激烈争论，同学之间争论不休，同事之间各抒己见。大家一方面力图深入认识中国所面临的这场史无前例的社会变迁；另一方面则试图提出更好地推进我国改革和社会进步的建议。这里反映的仍然是北京大学师生的拳拳报国心。

关注和贴近研究现实问题绝不是北京大学师生的即兴之作，在每一项研究开始之前，知识和理论的准备是必要的，因此那些对于现实社会问题的研究是以科学为基础的，即使是很具现实性的题目，人们也不只是以提出对策或建议为目的，验证已有的科学理论和发展新的理论常常成为北京大学师生的更深层次的追求。在此中不乏对已有理论的批评、修正和补充，这正是社会学本土化的过程。北京大学的师生在这方面是相当自觉的，也取得了一些成绩。回想 60 年前燕京大学社会学系提出"社会学的中国化"的任务，看到今天北京大学在这方面所取得的成绩，令我感慨不已。

科学是离不开实际的。北京大学学术的发展也是其科学精神与变迁中的社会相结合的结果。在我国进入新的发展时期，社会变迁更加迅速和复杂的情况，北京大学将会以自己不变之传统去研究不断变迁的社会和问题，同时也一定会结出学术发展和推进社会进步的丰硕果实，这是北京大学的神圣责任，也是它的未来。

（1998 年 3 月 27 日）

在纪念五四运动八十周年座谈会上的讲话

同志们、青年朋友们：

今年是光辉的五四运动 80 周年。五四运动是彻底地不妥协地反帝反封建的爱国革命运动，它高举起"民主和科学"的大旗，向帝国主义和封建传统发起猛烈进攻，为马列主义在中国的传播开辟了道路，为中国共产党的成立准备了条件。五四运动揭开了新民主主义革命的序幕，对于中国人民的解放事业具有极其深刻的影响。80 年来，在中国共产党领导下，中国人民沿着五四运动所开辟的道路前进，进行了新民主主义革命和社会主义革命，使灾难深重的旧中国变成了社会主义的欣欣向荣的新中国。

五四运动又是前所未有的思想解放运动和新文化运动，它唤醒了一代青年。对此，我也有切身的体会。五四运动对我的一生影响很大，五四精神是照亮我的人生道路的一盏明灯。80 年前，我在广州省立女子师范读书，那年我 14 岁。五四运动爆发的消息传到广州，广州的学界立即沸腾了。广东的岭南大学、高等师范大学、法政大学以及我校的许多学生加入了这次学生运动的行列。同学们组织起来，集会游行，声援北平学生。当时我担任了本校学生联合会的宣传部长，带领同学上街演讲，发传单，痛斥日本帝国主义，痛斥北洋政府的卖国罪行。不久，许多同学北上，到北平参加学生运动，其中就有比我高一班的许广平同志。随着不断地参加社会活动，我逐渐懂得了一些革命道理，把朴素的忧国忧民的情感转化为振兴中华的理想，选择了跟共产党走的政治方向。五四时代的革命青年发挥了先锋和桥梁的作用，形成了解放思想、追求真理、矢志报国、彻底革命和与工农相结合的传统。我们要继承和发扬五四运动的光荣传统，把社会主义现代化建设事业推向前进。

改革开放 20 年来，我们取得了举世瞩目的成就，这雄辩地证明，建设有中国特色社会主义的道路是振兴中华的成功之路。我们的事业是前无古人的事业，事业的成功要靠全国人民的共同努力。青年是新世纪的主人。我们更寄希望于青年一代。一切有志青年都要学习五四革命青年的榜样，高举马列主义、毛泽东思想、邓小平理论伟大旗帜，紧密地团结在以江泽民同志为核心的党中央周围，自觉地肩负历史使命，坚持初级阶段的基本路线不动摇，面对改革攻坚的困难不动摇，面对国内外敌对势力的兴风作浪不动摇，努力为中华民族再创辉煌发挥先锋和桥梁作用。

"沉舟侧畔千帆过，病树前头万木春"。我们的事业具有无比的生命力，我们的宏伟蓝图一定能够实现。

谢谢！

（1999 年 5 月 7 日）

给重庆社会工作职业学院的贺信

重庆社会工作职业学院：

欣闻重庆社会工作职业学院正式挂牌成立，请允许我向学院的全体师生员工表示诚挚而热烈的祝贺！

社会工作是帮助人们解决困难，增进社会福利的活动。从微观上来说，它能增进人们的生活幸福，从宏观上来说，它利于社会的稳定。我国目前正处于社会转型和体制转轨的关键时期，贫困问题，老龄化问题，社区建设问题等比较突出，社会工作教育的发展，将会对解决这些现实的社会问题，维护社会稳定，促进社会进步，有着重大的意义。

重庆社会工作职业学院是国内第一所以专业社会工作教育为使命的学校，填补了国内没有社工院校的空白，这是国内社会工作教育的一个重大的进步。

重庆社会工作职业学院的前身——民政部重庆民政学校自成立以来，已为国内尤其是西部地区培养了大量的社会工作专业人才，为各地社会经济发展作出了大量的贡献。希望你们在原有的基础上，继续肩负起社会工作教育的使命，不断提高教育和科研水平，培养高素质的专业社会工作者，为解决社会问题，增进社会福利，推动社会进步作出新的贡献。

祝愿重庆社会工作职业学院蒸蒸日上!

祝愿社会工作教育事业欣欣向荣!

(2001 年 4 月 28 日)

第四辑

教育序言与教育人物论

《犯罪心理学》序

　　犯罪学是研究犯罪问题的。犯罪问题是社会问题。社会的存在必须确保相当的团结、互助和共同意志。社会对组成的个人是有制约的。个人违背习俗、道德规范都被看作是对团结一致的削弱，社会为了维护团结一致，对此类行动采取坚决措施，并以法律制裁来加强对社会成员的制约。犯罪就是个人违反社会对成员的法律制裁。但是，不同的社会有不同的习俗、道德和法律，因此，犯罪的概念也因之而有差别。在有些史前的部族社会，杀死老年人和戮婴并且把他们吃掉，在很大程度上是从公众福利的需要出发的。在现代社会，如果杀死自己的子女、自己年老的双亲，不仅被视为不道德的，而且是法律所不许，将受到极刑。在旧中国重视家庭的团结，为报杀父之仇而杀人，被人表扬为孝子，也被认为是合法的。男子嫖妓、纳妾，都未法定为犯罪。现在我国已法定重婚为犯罪了。但是，"叛逆"在任何地区、任何时间、任何社会都一致被认为必须予以惩罚的犯罪行为。这是因为"叛逆"对于任何集体和统治阶级，对于维持团结一致和集体的安全都是有害的。因此，为了了解犯罪的原因，必须了解产生犯罪的社会背景和情况。犯罪案件的增加，往往是在社会变动时期。

　　研究中国犯罪问题必须了解当前中国社会的情况。我们是社会主义国家，根据《中华人民共和国刑法》的规定，在我国"一切危害国家主权和领土完整，危害无产阶级专政制度，破坏社会主义革命和社会主义建设，破坏社会秩序，侵犯全民所有的财产或者劳动群众集体所有的财产，侵犯公民私人所有的合法财产，侵犯公民的人身权利、民主权利和其他权利，以及其他危害社会的行为，依照法律应当受刑罚处罚的，都是犯罪"。犯罪的概念是明确的，但是我们要了解在什么情况下发生犯罪，犯罪者本人和受害者的感受和态度，个人犯罪后社会和人们如何对待他，就要调查了解犯罪者是如何成为一个罪犯的过程。形成犯罪的过程是复杂的。犯不同类型的罪行，不同的犯罪者可能是经过相似的过程的，不同的人，因不同的背景，对相同的社会情况的影响，也会有不同的反应。一般来说，许多犯罪者是在社会环境迅速改变中失去适应能力而形成的。有些人认识到他们的行为是错误的和非法的，但是社会压力的存在，使他们犯法成为难以避免。当然，有人明显地对社会采取敌视的态度，认为他们受到社会的不公正的待遇，企图报复。另外，也有少数属于与现存的社会相敌对的集体中的、反对现存社会主义制度的、反对政府的反革命分子。

犯罪心理学研究犯罪行为的心理实质和心理活动规律，以及犯罪心理与行为的关系。犯罪行为是犯罪者在其头脑的支配下，在其一系列心理活动的支配下发生的。犯罪行为是犯罪心理的外部表现，是犯罪心理外化为行动。但是，客观存在决定人的心理、意识。人的心理、意识能动地反作用于客观存在。因此，正确认识影响和决定犯罪心理和犯罪行为的社会背景和情况的社会因素，对于犯罪心理学研究的发展具有重要意义。

编写这本《犯罪心理学》是为政法学院和大学法律系开设犯罪心理学课程提供试用教材或参考书。我对于犯罪心理学没有研究，只能对犯罪问题发表一点浅薄意见，作为本书的介绍，供犯罪心理学专家们研究、讨论。

（1982 年 7 月）

向伯昕同志学习

一九八四年三月二十七日凌晨三时二十七分，我们长期共事的老战友徐伯昕同志与世长辞了。中国共产党失去了一个优秀的党员，出版界失去了一个杰出的老前辈，爱国统一战线失去了一个忠诚的战士，中国民主促进会失去了一个卓越的领导人。

伯昕同志是我国革命文化出版事业的开拓者之一。早在抗日战争前，他同邹韬奋同志一起创办生活书店，负责书店的经营管理，是韬奋的亲密战友，为发行进步书刊，传播革命思想，作出了重要的贡献。

在国民党统治区，伯昕同志长期以书店"老板"的公开身份团结文化出版界的知识分子，进行党的统一战线工作。一九四五年，他被选为中国人民救国会第一届中央执行委员和民主建国会监事，积极参加爱国民主运动。日本投降后，为实现中国共产党提出的和平民主团结的建国方针，他与郑振铎等同志创办《民主》周刊，并与在上海的进步知识分子紧密联系，共同战斗，推动他们在《民主》《周报》等革命刊物上发表文章，反对内战独裁，鼓吹民主和平。后来，伯昕同志又与马叙伦、王绍鏊等同志一起筹建中国民主促进会，成为民进的创始人之一。

一九四七年后，国民党反动派掀起全面内战，在上海实行白色恐怖，解散社会人民团体，迫害爱国民主人士。同年七月，伯昕同志奉命将生活书店的中心转移到香港，并在香港参加筹建三联书店（读书、新知、生活书店）总管理处，被选为总经理。同时与香港的民进同志一起筹建民进港九分会，继续进行反内战、争民主、求和平的斗争。马叙伦、王绍鏊同志离开香港后，由伯昕同志具体负责港九分会的领导工作，直到他前来北京。

中华人民共和国成立前夕，伯昕同志从香港来到北京，参加新政协的筹备工作，并以民进代表身份参加中国人民政治协商会议第一届全体会议，其后连任历届全国政协委员、第四至六届常务委员、第二至五届副秘书长，还当选为第一、二、三、五届全国人大代表。

建国初期，伯昕同志担任出版总署办公厅副主任、发行局局长兼新华书店总经理等职，为发展新中国的文化出版事业辛勤工作，同时兼任人民政协和民进的工作。以后，他的主要精力放在全国政协和民进的工作上，为发展爱国统一战线，活跃人民政协和民进工作，呕心沥血，奋斗不懈。

伯昕同志是党的统一战线的忠诚战士。他常常勉励民进的同志要学习周恩来同志那种广阔胸怀，远大眼光，革命气魄，以及平等待人，严于律己和善于团结同志的高贵品德和优良作风，做好统战工作。他自己就是以周恩来同志为榜样努力去实践的。

一九七八年，民主党派恢复活动后，伯昕同志是民进中央常务副主席，主持民进中央的日常工作。我们在长期与伯昕同志的交往接触中，深深感到他具有共产党人的高尚品德和优良作风，有很多优点值得我们学习。

第一，伯昕同志能够正确地贯彻党的十一届三中全会的精神，坚定地执行党的统战政策。回想一九七九年初，民主党派恢复活动不久，统一战线在十年内乱期间被林彪、江青反革命集团搞得七零八落，民主党派成员的心灵受到严重创伤，面临在新的历史时期如何开展工作的问题。是年三月，伯昕同志主持召开了民进全国工作座谈会，并作了重要讲话。他指出新时期民进的工作重点，应转移到为四化建设服务上来，政治思想工作要结合业务实践，开展各种专业性活动。他提出"胸怀四化，思想领先，深入实际，昂首向前"四句话作为那时候的工作方针，要求大家解放思想，开动脑筋，团结起来向前看，善于学习，勤于思考，敢于探索，勇于创新，阔步前进。这次讲话，对推进民进工作有很大指导意义。一九八〇年，伯昕同志提出要抓两件大事，一是对教育工作献计献策，二是开全国性的经验交流会。这两件事对调动会员群众的积极性，促进各地民进组织工作的进展，起到了很好的作用。一九八一年，伯昕同志又提出对文化出版工作献计献策，并主张发挥民进的优势，组织一些特级教师、专家、学者到西北去讲学交流经验，帮助教育落后的边远地方的中小学教师提高教育、教学质量。一九八二年，他又积极推动和支持民进各地方组织广开学路，以多种形式办学。一九八三年，他常带病为筹备民进五代大会，出了很多主意。他一再主张，在新时期做民主党派工作要一心为四化，大胆设想，大胆工作，坚持四项基本原则，坚持实事求是，坚持群众路线，善于抓问题，抓建议，抓典型，抓成果。要加强调查研究，认真总结经验，甘当无名英雄，加强团结协商。

第二，伯昕同志十分关心知识分子和广大中小学教师的疾苦。在近几年的历次会议讲话和日常工作中，他总是强调要把落实知识分子政策的工作，作为民进的一项重要任务来抓紧抓好。一九八〇年初，他看到胡耀邦同志在政协简报上对落实政策的一段批语，就马上拿到民进会刊上转载，组织大家学习贯彻。他要求对于能够为知识分子解决的问题，一定要抓住不放，一竿子到底，务必抓出结果来。他认为民进虽是协助有关部门进行落实政策的工作，但不能仅仅停留在反映问题上，而是要提出具体的建议，经常去了解和催询，尽力做到件件有着落，对会员负责。

对广大中小学教师的社会地位不受重视，工作生活条件差，伯昕同志也时刻挂在心上。他提出民进组织要急会员之所急，想会员之所想，做会员的贴心人。民进中央机关应成为会员的服务站、后勤部，实实在在地为会员办几件好事。民进中央举办的流通图书馆，就是在伯昕同志的倡导下，为帮助解决中小学教师会员寻找教学资料和购买图书的困难而创办起来的。这个图书馆办得很有成效，深受会内外教师的好评。在历次政协会议上，伯昕同志曾多次为提高教师地位，增加教育经费，改善教师待遇呼吁。他常说民进要敢于代表会员的合法利益，替广大中小学教师说话。一九八二年举行五届政协五次会议时，伯昕同志因病未能出席，但他还是写了三份有关中小学教育问题的提案。在他的倡议下，近几年来民进中央还多次与政协教育组和中国教育学会一起举办活动，如请教育部领导和专家作报告，办讲座，搞专题调查，在重大节日组织联欢活动。所有这些，都是为广大中小学教师办的好事。

第三，伯昕同志十分注重解决民进领导班子的老化问题，爱护和培养中青年干部。早在几年前，他就开始考虑这个问题。为了替民进中央物色比较年富力强的领导干部，他奔走联系，花了很大的力气。民进五大再次选他为副主席，他并不同意。他在医院对人说，自己年近八旬，应该退居二线，当个顾问就行了。他对机关干部从政治到生活都关怀备至。对前两年机关新调来的一些中青年干部，他提出要放手使用，大胆提拔，在实际中培养提高。他平易近人，身体较好时，经常来机关办公，接触群众，找人谈心，传授工作经验，虚心听取意见。为了解决一个女干部的长期两地分居问题，他亲自向有关方面联系，使他们一家得到团聚。他还为解决机关干部的宿舍问题，向有关部门交涉。机关干部反映他待人真诚，毫无官架子，都认为他是一位和蔼可亲、令人尊敬的长者。他用人坚持按组织原则办事，不开后门，主张择优录用，从来不介绍亲友到民进机关来。

第四，伯昕同志善于团结同志，很尊重党外人士，经常要求民进干部做工作一定要有统战观点，特别是共产党员决不能指手画脚，自以为是，要虚心听取党外同志的意见。他与社会上各界人士有广泛的联系。十分注意发现人才和推荐人才。有些非党知识分子就是经他的推荐被安排为全国政协委员和担任民进部门负责人的。

即使很细小的地方，伯昕同志也很注意。记得有一次发表民进会议的消息，他看报道的民进领导人只有几位党员同志的名字，就不以为然。他对工作同志说，民主党派的会议消息，应当多报道党外同志的名字，为什么只登几位党员领导人呢？很多重要会议或政治活动，他总是要非党的领导人多出面，虽然他既是共产党员又是民进会员，但不愿自己出头露面。开会要他讲话，他总是说以参加会议的一分子身份发言，从不以领导人自居，表现出他的谦虚谨慎态度。

第五，伯昕同志自奉甚俭，生活非常简朴。拿几件小事来说，他对机关工作的批示，常常用会议通知或过时文件的背面来书写，他把旧信封翻过来亲自粘贴继续使用。他从来不因私事用公家汽车，有时陪家人看病坐车，坚持要付汽油费。司机去接他开会办公时，他总是准时站在家门口等候，从不误时。有的朋友送给他的土产食品，他拿到机关分给大家共享。"于细微处见精神"，凡此小事也可看出他处处严格要求自己，始终保持艰苦朴素的革命传统。前年，他还把自己的工资积蓄三千元捐给民进作为文教基金。

天不假年，不治之症夺去了伯昕同志的宝贵生命。他的一生是革命的一生，为统战工作奋斗的一生。他为党为人民鞠躬尽瘁，无私地贡献了自己毕生的精力。他对我国人民革命事业，对爱国统一战线，对中国民主促进会建立的功绩是我们永远忘不了的。我们沉痛地悼念伯昕同志，要学习他的革命精神和高尚品质，为努力开创民进工作的新局面，为在完成我国人民八十年代以至九十年代的三大任务中发挥民进的积极作用而奋斗不息。

（原载于《人民日报》1984 年 7 月 1 日，与葛志成合作）

深切悼念周建老

　　周建人同志是受人爱戴和尊敬的革命长者。他的逝世，使我国又失去了一位德高望重的老一辈优秀知识分子，不能不使人感到悲痛。现在，他虽然离开了我们，但是，他的革命气节和高尚品德，永远是我们学习的好榜样，激励着我们前进。

　　周建老在人世间度过了九十六个春秋，经历了从清朝到新中国的不同时代。他在漫长曲折的人生道路上，深刻体验到只有中国共产党才能救中国，中国革命只有走俄国十月革命道路才能成功。他从 20 年代结识瞿秋白等共产党人后，就追随胞兄鲁迅先生，跟着中国共产党走，把毕生精力献身于人民革命事业，终于从一个积极的民主主义革命者转变为忠诚的共产主义战士。

　　我同周建老是抗日战争胜利后在上海认识的。记得 1945 年秋天，我在上海东吴大学教书，当时，我国正面临两个前途、两种命运的大决战局势。中国共产党代表广大人民利益，主张在和平、民主、团结的基础上，实现全国的统一，建设独立、自由与富强的新中国；而国民党却代表大地主、大资产阶级的利益，不惜出卖国家主权，依靠美帝国主义，积极准备内战，实行独裁统治，妄图使我国继续处于半殖民地、半封建社会的悲惨境地。我们这些具有进步思想的爱国知识分子，对国民党的所作所为，极为愤慨，积极投身到爱国民主运动中去。那时候，周建老同马叙伦、林汉达、许广平、傅雷、李平心、柯灵、严景耀等同志常在上海进步人士所创办的《周报》《民主》等政治性刊物上撰文揭露国民党的反动政策，宣扬民主与和平。为了不断研究时局，商讨斗争策略，周建老和马叙伦同志等又定期在一家私营银行旧址，聚会座谈、共商国是。我和爱人严景耀也经常参加这个座谈会，我们就这样认识了周建老。后来，周建老、马叙伦等同志又与王绍鏊、徐伯昕等同志一道发起创办了中国民主促进会，我们就成为民主党派的同志，来往也逐渐密切了。

周建老那时年近六旬，由于思想进步，而被商务印书馆解雇，生活很清苦。但他不计个人安危，一心投入民主运动的洪流中，他深入群众，到学校、团体、工厂去演讲。他演讲很像鲁迅，语言幽默，分析深刻，深入浅出，很有吸引力。有一次，在上海八仙桥青年会举行的欢迎沈钧儒先生大会上，一群青年学生见到周建老就一拥而上，要他讲话。他非常爽快，马上答应下来。他先让大家提问题，然后谈自己的意见。那天他讲的主要是揭露国民党反动派搞假和平的阴谋，讲得非常透彻，非常通俗，对青年有很大的教育。

周建老在那时候还写了大量的政论文章，发表在很多进步报刊上，他文笔犀利，立场鲜明，说理有力，深受读者喜爱。每逢重大政治事件发生或反动当局提出不得人心的措施时，周建老立即写文支持正义，批判邪恶，在广大群众中很有影响，对制造革命舆论起了重大的作用。

1946 年 6 月，上海各界人民团体为反对国民党发动全面内战的阴谋，在中共上海局的领导下，组织十万群众举行集会游行、欢送马叙伦等和平代表去南京呼吁和平，当时周建老积极参与了筹划和组织工作。游行开始后，周建老和王绍鏊、陶行知、林汉达等各界知名人士一起，走在队伍的最前列，手里举着小旗子，一路高喊口号，从北站走到法国公园（现在的复兴公园），行程数十里，历时五小时。周建老那天情绪激昂，他说平生没有走过这么多路，但同广大群众一起，却不感到怎么疲劳。走到终途，大家都很饥饿，一位女工送给周建老一块糕吃，他吃得很有味，同那位女工边吃边谈，还和许多工人学生相见，宣传时局，他平易近人，同群众打成一片。那天，我们和平代表在南京下关车站受到国民党特务的殴打，发生轰动一时的"下关惨案"，周建老又同大家一起拿笔战斗，控诉特务暴行，要求惩办凶手，切实保障人民的基本自由权利。以后，在多次的反蒋斗争中，周建老总是同民进其他领导人团结一致，并肩战斗，为新民主主义革命，作出了积极的贡献。

1947年后，国民党反动派挑起全面内战，上海的白色恐怖日益严重。许多爱国民主人士被迫离开上海。到1948年秋，周建老也辗转到了华北解放区中共中央所在地河北平山县，我那时已回到北平燕京大学教书。1949年年初，我从北平到西柏坡去见毛主席和周恩来同志等中共领导人，在李家庄与周建老相遇，喜出望外，非常高兴。一起学习毛主席写的《将革命进行到底》这篇新年献词，当时周建老正在那里改编旧的教科书，为开展新中国的教育工作做准备。等到北平和平解放后，我们同周建老一起坐着大卡车在齐燕铭同志率领下回到北京。以后，我同周建老都是民进成员，常在一起学习座谈国家大事，共同负责民进的会务工作，见面和交往就更多了。

我同周建老几十年的交往中，深深感到他坚信马克思列宁主义和毛泽东思想，对党忠心耿耿，一贯按照共产党员的准则严格要求自己。早在20年代，周建老就勤奋学习马列主义著作。那时候，他在上海商务印书馆工作。鲁迅在住处不远租了一间小屋，秘密藏有大量马列主义和其他进步书刊，周建老就常到这间小屋里去学习，吸收共产主义思想。他还帮助鲁迅主编《语丝》，担任鲁迅与瞿秋白等共产党人的通信联系工作，并常常掩护党的干部。周建老在学习马列主义活动中，致力于唯物辩证法的研究，造诣很深。新中国成立后，我多次听到他在民进会上谈论认识与实践的关系，存在与思维的关系，也看到他写的通俗地解释马克思主义哲学的文章。例如他写的关于"一分为二"的短文，就受到毛主席的称赞。1960年各民主党派开中央全会，毛主席在怀仁堂接见各党派负责人时，就说过："建老，您的'两点论'写得很好，以后还要多写呀。"周建老勤于学习、勇于思考是一向如此的。到了晚年，他不顾年老体衰，目力不济，每天还是坚持学习，马恩列斯全集、《毛泽东选集》看了好多遍。近两年眼睛看不见了，就叫别人读报读文件。他常对人说，学习要温故而知新，读一次有一次的体会。他的唯物辩证法的笔记足足写了两大本。粉碎"四人帮"以后，他已年近九秩，几年来还给报刊写了几十篇文章，谈科学思想，谈反对迷信，谈尊重教师，谈思想革命，对宣传社会主义精神文明的建设，起了积极的作用。

周建老写这类文章都是有的放矢，有感而发。他在家里天天思考问题，但思考的都是国家大事和人民疾苦问题，从来不考虑家里的事情。近几年他考虑最多的是社会主义精神文明的建设问题。他认为搞四化建设不能放松思想革命。由于封建主义在中国统治时期很长，社会上封建主义思想影响根深蒂固，同时由于对外开放，西方文明带来的资产阶级思想也有市场，那种崇洋媚外和追求资产阶级生活方式的腐朽思想又泛滥起来，不用社会主义思想去占领阵地，建设四化就很难成功。因此，周建老就常常写文章，提醒大家重视。1981年纪念鲁迅一百周年诞辰，周建老就写了专文，主张学习鲁迅就要像鲁迅那样坚持思想革命，扫荡一切旧的思想，创立符合新时代的意识形态。在今天四化建设中，一定要进行改革，破除一切旧的思想和习俗，不安于现状，才能促使社会进步。

周建老不但是一位知名的社会活动家，而且也是一位杰出的科学工作者。他对普及自然科学作出的贡献也是人们所称道的。周建老早年没有进过正规的大学，完全靠自学成才。辛亥革命后，周建老在绍兴城内当小学教员，他一面教书，一面自学英语、植物学、动物学和生理学。鲁迅从日本回来又给他带来很多自学的书籍，使他对研究生物学发生兴趣。1919年周建老到北京大学旁听科学总论、英语、哲学等课程。两年后他在上海商务印书馆担任编辑，编写中小学动植物教科书，自然科学小丛书和编辑《自然科学》杂志。1923年应瞿秋白的邀请到上海大学担任生物学教授，讲授进化论。在此期间，他研究达尔文学说，同别人一起翻译《物种起源》，创作《科学杂谈》，他写过大量的科学小品，为普及科学知识，破除迷信思想，做了有益的工作。

我还记得周建老也是非常关心妇女运动的。他早年在浙江女子师范学校教过书，在商务印书馆编过《妇女杂志》，还到松江女子中学去演讲，一向提倡妇女解放运动，主张男女平等、婚姻自由，在封建礼教严重束缚人们思想的旧时代，周建老这样做是很不平凡的。直到晚年，他依然关心妇女的合法权益。前几年报上刊登东北有一个厂长身为共产党员见到坏人强奸妇女而不救，他非常气愤，第二天就给党中央写信，建议一定要把这样的人开除出党，予以严惩。他听到社会上还有拐卖妇女和流氓污辱少女这类坏事，也深恶痛绝，就在各种场合宣扬要健全社会主义法制，要坚决打击这类坏人坏事。去年5月，周建老接到四川重庆几个民进会员的来信，揭露长寿县一起毒打侮辱女教师的事件，周建老对此事极为重视，当即致函《光明日报》总编辑，要求报上披露这起严重事件，并与叶圣陶同志联名向党中央书记处反映。在周建老的关注下，终于使这件事得到了严肃的处理。周建老这种主持正义、疾恶如仇的革命精神，深刻铭记在人们的心中。

周建老的一生是革命的一生，是忠于党和人民的一生。鲁迅先生说过："横眉冷对千夫指，俯首甘为孺子牛。"这两句诗也是周建老一生的真实写照。他被人们歌颂的高风美德很多，我这里说的只不过是一个梗概，以此来寄托我的哀思，表达我对周建老的崇敬心情。

（原载于《人民日报》1984 年 10 月 5 日）

《燕京大学社会学系三十年》序

《燕京大学社会学系三十年》一文是 1982 年中国社会科学院社会研究所在武汉召开的中国社会学研究会第一次年会的论文。当时社会学正在开始重建，对社会学发展的历史，很需要从不同角度介绍中国社会学发展的来龙去脉。中华人民共和国成立前，社会学有马克思主义社会学理论研究的历史，也有高等院校社会学研究与教学活动的历史。作者选择了有代表性的燕京大学社会学系为典型，用解剖麻雀的办法，剖析了该学系建系三十年的成长历程，借以透视中国社会学在高等院校进行研究和教学活动发展的历史。

燕京大学社会学系，创建于 20 世纪 20 年代初，许仕廉是担任系主任的第一个中国人，他极力主张开展实地调查，利用本国资料为讲授教材。随着中国社会的变迁，提倡社会学应为中国社会改良和改革服务。在理论方面引进了欧美各学派的不同论证，为解决中国的社会问题的理论根据。在 30 年代吴文藻主持系时，就系统地引进功能学派的理论和方法，开展社区调查研究，对中国社会学的发展有深刻影响。1941年太平洋战争爆发以后，燕大迁校成都，社会学系的师生就深入当地农村和边疆少数民族地区进行调查研究，培训了社会调查人才，了解了农村与少数民族的情况，使"社会学中国化"和"民族学中国化"。同时由吴文藻创办了燕京大学和云南大学合作的实地调查工作站，后由费孝通主持该站工作，在艰苦的条件下坚持实地调查研究并培养了青年社会学工作者。

燕京大学社会学系对中国社会学的发展起了积极的推动作用，同时随着中国社会学的发展不断前进。燕京大学社会学系在中国社会学学史上具有重要地位，它的成长过程是中国社会学发展的一个缩影。

傅愫冬是40年代末期燕京大学社会学系的学生，她根据大量史实，从发展的观点结合中国的政治社会变迁分阶段地、系统地、实事求是地综述了燕京大学社会学系各时期的教师队伍变化、课程设置、教学方针和科研规划及成果。同时对教师著作、刊物出版和历届毕业生的论文都作了分析整理和编目。她撰写的这篇文章是对研究中国社会学史的有一定价值的参考文献。

（1987 年 5 月）

深切怀念林汉达同志

林汉达同志逝世已经十五周年了。

我和林汉达同志是 1943 年在上海"孤岛"时期相识的，当时我们同在华东大学执教，为了推动上海教育界抗日救亡运动，我们时常在一起讨论抗日战争的形势和任务，我们还一同到各大、中、小学校向学生进行抗日救亡宣传。记得一次我们同到一个大学参加学生举行的抗日宣传大会，林汉达被邀请在大会上讲话，他说："有人对我说，你不要被人利用。"他又理直气壮地说："我作为一个教师，不被学生利用，被谁利用?"这时会场上掌声雷动，林汉达大义凛然的气魄博得了学生热烈的欢迎。抗日战争胜利后，1945 年 12 月中国民主促进会在上海成立，我们都是该会的发起人。多年来，在抗日救亡和民主革命运动中，我们共同战斗，结下了战斗友谊，林汉达同志的爱国和革命精神，给我留下极为深刻的印象。

林汉达是一位卓越的反帝、爱国的民主战士。1945 年抗日战争胜利后，蒋介石政权疯狂发动内战，实行反共、反人民的独裁政策，使我国家、我民族重新陷于危难之中，当年 12 月林汉达和马叙伦、王绍鏊、周建人、郑振铎等上海一些具有进步思想的爱国民主人士和知识分子共同发起成立中国民主促进会，林汉达在反内战、要和平，反独裁、要民主的反蒋爱国民主运动中发挥了积极作用。

林汉达是上海享有盛誉的进步教授，1946年春，在上海学生争取民主的斗争中，林汉达按照地下党的指示，策动学生进行民主革命的宣传活动，他到各大、中学校发表演讲，揭露蒋政权假和平、真备战欺骗人民的政策，他坚决支持学生爱国民主革命运动，热情营救被捕学生，对革命作出可贵的贡献。

1946年6月23日上海人民团体联合会在中国共产党领导下，发动十万人民群众举行欢送我们赴南京请愿代表团的群众大会，林汉达是大会执行主席之一。他在大会上发表了激动人心的讲话，引起极大的反响，会后他和主席团成员带领十万群众举行示威大游行，遭到国民党反动派的注意，在火车站上挂着两条大标语，一条是"打倒马叙伦"，一条是"打倒林汉达"。在这次欢送大会后，上海租界贴满了对林汉达的通缉令。林汉达在上海地下党的帮助下，被迫于8月底由上海经山东进入解放区，以后又转赴大连，在此期间他对大连中、小学教师和文教界知识分子宣传革命道理，揭露蒋管区法西斯统治。

1949年北平解放后，林汉达来到北京，我和他都参加筹备并出席中国人民政治协商会议第一届全体会议。

新中国成立以后，林汉达经燕京大学法学院代理院长严景耀教授介绍应聘在燕大任教务长兼教育学系教授，讲授"教育学"和"新文字学"等课程。解放初期，我国学习苏联的热情很高，但当时缺乏有关苏联教育方面的教材，林先生以他个人渊博的知识，介绍了苏联教育情况。在新文字学的讲课中，他对文字改革的沿革，对旧文字改革的必要性、重要性，拼音文字的可行性、优越性以及对新旧文字改革的对比作了精确的阐述。他在教学上，不仅坚持辩证唯物主义及历史唯物主义的立场、观点、方法，并阐明自己独到的见解。林先生理论联系实际的讲课，受到学生一致的赞誉和爱戴。

1954 年林汉达先生被任命为教育部副部长，他是我国老一辈著名学者、教育家，他为人民教育事业奋斗终生。在我国全面开展扫盲工作时期，他多次到基层视察，总结经验，为广大工农群众学习文化付出了辛勤的劳动。在简化汉字、推广普通话，普及历史知识以及外语教材建设方面都作出了积极的贡献。

林汉达为普及中国历史知识，编写出版通俗历史故事读物，如《东周列国故事新编》《春秋故事》《战国故事》《春秋五霸》《西汉故事》《东汉故事》等，赢得了广大读者一致的好评。在英语教材方面，他也是有建树的，他编辑了《标准初中英语课本》和《标准高中英语读本》各三册，为许多学校所采用，他编的英语词典，获得很高的声誉。

林汉达先生热爱党，热爱祖国，热爱人民，他一生追求真理，兢兢业业，勤奋好学，刚强正直，平易近人的风范，是我们学习的楷模。我们永远怀念他。

（原载于《民进》1987 年第 8 期）

一代师表 风范长存

——深切悼念叶圣陶同志

2月16日那天，正是农历丁卯年大除夕。上午，民进的同志来电话告诉我，深受民进会员尊敬和爱戴的叶老在早晨八点二十分同我们永别了。这个不幸的消息传来，我独坐家中惘然若失，心中十分悲痛。

叶老在漫长的人生道路上，走完了九十四年旅程。他一生经历几个时代，饱受人间沧桑，但他始终和人民一起站在时代的前列，同时代一起前进。早在青年时代，叶老就同共产党人杨贤江、瞿秋白等相交甚深，接受革命的进步思想影响。从中国共产党成立时起，他就追随共产党，拥护党的政治主张。他的一生言行证明，他是同中国共产党长期合作，风雨同舟，肝胆相照的亲密朋友，也是我国老一辈知识分子中具有中华民族传统美德和社会主义精神文明崇高品格的典范。叶老是誉满中外的著名教育家、文学家、出版家和社会活动家，他对国家、对人民、对社会作出重大贡献，称之为一代师表、民族精英是当之无愧的。我对叶老始终怀着敬佩的心情，他的逝世是我国知识界无法弥补的损失，他遗留给社会的精神财富，极其宝贵，永远值得我们学习继承和发扬光大。

我同叶老是抗日战争胜利之后在上海相识的。1945 年底，国民党反动派抢夺抗战胜利果实，发动内战的阴谋逐渐暴露，上海人民反内战反独裁的爱国民主运动方兴未艾，中国民主促进会就是在那时候成立的。叶老自 1946 年 2 月由重庆乘木船回到上海，就积极投身爱国民主运动激流之中，直到 1949 年 1 月，因被国民党反动派列入黑名单而离开上海进入解放区。那时候，叶老还不是民进成员，但与民进的马叙伦、周建人、赵朴初、许广平和我常有来往，经常参加民进的政治活动，同我们建立了革命的战斗友谊。在这三年间，叶老在上海任开明书店编辑，同时主持中华全国文艺界协会的日常工作。他奋不顾身地坚持斗争，编辑杂志、撰写文章、发表演讲、参加集会、广交朋友。以他犀利的笔锋和雄辩的口才，无情地揭露国民党反动统治的种种罪恶行径，痛快地说出人民群众的心里话，在争和平、争民主、争自由的一次次斗争中，表现了一个民主斗士大无畏的革命精神。当时，叶老言行一致的坚贞不屈的革命立场，爱憎分明的民族气节，给我留下深刻的印象，至今难忘。

1963 年 12 月，叶老参加了中国民主促进会，以后又担任了民进的副主席、主席，我同他的接触机会更多了，对他的了解也更深了。叶老具有高度的政治热情，渊博的文化知识。他对工作一丝不苟，极端负责，他严以律己，宽以待人，平易可亲，敦于友情，这些高风亮节都是众所称道的。

记得 1975 年，我同叶老一起去沈阳、大连参观，当时我们下去是接受工农兵"再教育"的，有些劳动模范做报告，尽说大话，甚至弄虚作假。叶老一听就觉得不真实，很不以为然。1978 年 5 月，全国政协组织参观团到四川考察，我又和叶老同行。在这两次参观访问中，叶老观察事物精细，分析问题深刻，他关心别人的集体主义精神，使我非常感动。去四川那天，叶老上火车后就觉得腹中疼痛，但他不愿惊动同行的人，忍痛不说。以后病情加重，也只在途中进行了一些治疗，仍坚持参观访问。每到一地，他总是仔细听取情况介绍，还做笔录，同基层干部亲切交谈，了解问题，发表意见。6月26日回到北京，他腹痛加剧，经医院检查是胆结石症。那年叶老已是八十三岁高龄，医生对是否动手术犹豫不决，但叶老闻知后，不但没有思想顾虑，而且风趣地说，开刀破肚皮，究竟啥滋味，试一试也挺好，就欣然同意开刀。结果手术很成功，住了三个月就出院了。不过终究年事已高，经过这次手术后，叶老健康不如以前，目不明、耳不聪了。但叶老依然用老花镜加放大镜读书看报写文章，毫不懈怠，并尽力参加社会活动。叶老一生献身教育事业，在耄耋之年，尽管目不明、耳不聪，还是满腔热情地关心教育改革，重视精神文明的建设。他作为全国人大代表和政协委员，总是认真行使民主权利。每次开会他常与接近的朋友，就文教事业和改变社会风气等重大问题交换意见，在会上反映民意，提出兴利除弊的建议，以人民公仆和共产党诤友的形象活跃在政治舞台上。他作为中国民主促进会的主要领导人，对会务认真负责，关心同志们的进步，经常思考问题，在民进的历次会议上，发表精辟的见解。他发表讲话，撰写文章，从不要别人代笔，总是亲自动手。他竭力反对说空话套话的表态，写陈词滥调的文件，谆谆告诫民进同志要少说空话，多干实事。1980年，中共中央发表十一届五中全会公报，公报指出要提前召开十二大，确定教育计划和教育体制，使之适合国民经济发展的需要。叶老读了公报十分兴奋，认为教育事业跟国民经济之间关系非常密切，教育是发展经济建设的基础，只有办好教育，造就千千万万合格的人才，才能保证国民经济的顺利发展。民进的成员绝大多数是教育工作者，有责任对发展教育事业贡献力量。因此，叶老倡导民进组织要积极响应党的五中全会的号召，要为教育计划和教育体制开展献计献策活动。他要求民进成员把中小学教育和幼儿教育、大学教育放在一道通盘考虑。后来，民进就发动全会对教育结构、课程编排、教材教法等方面，向中共中央提出了一份比较完整的建议，作为对党的十二大献礼，受到中央的重视。1981年11月，叶老针对社会上片面追求高考升学率的倾向十分严重的状况，在报上发表辞意恳切的《我呼吁》一文，要求教育界和社会各方面一起来纠正这种背离社会主义教育方针的不良风气。这篇文章在社会上引起强烈的反响。国务院在向五届人大四次会议的《政府工作报告》中，高度评价了叶老的这个意见，要社会各方面引起注意，并切实加以改正。同时，叶老又提出了减轻学生和教师负担的建议。他认为学生和教师的负担之所以这样重，一方面由于片面追求高考升学率，另一方面是教学方法不得其当，结果是劳而少功，甚至劳而无功。要减轻负担，必须从端正教育思想和改正教育方法两方面入手。叶老要求民进的同志要从我做起，从现在做起，当教育改革的促进派。

叶老在长期的教育实践中，形成了他一整套的教育思想。他一贯提倡启发式的教学方法，主张基础教育的重点在于"育"，也就是培养良好的习惯。德育是培养学生优良的品德和行为的好习惯；智育是培养学生有不断探求知识的好习惯；体育是培养学生注意卫生和锻炼身体的好习惯。教学、教学，就是"教"学生"学"，主要不是把知识灌给学生死记硬背，而是把学习方法教给学生融会贯通，使学生有自我提高的能力，就可以受用一辈子。叶老有句精辟的名言："教是为了达到不需要教。"叶老经常对民进会员和广大教师讲这些道理，已经众口传诵，对提高大家的教育、教学水平起了很大的作用。

叶老一生从事教育和文学工作，也是我国新文学运动的前驱。他写了大量小说、童话、散文，编过不少文学刊物。叶老曾说编辑是他的第一职业，他善于发现人才，乐于支持新作者，像巴金、丁玲、戴望舒等好些成名作家的处女作，都是他经手发表的。中华人民共和国成立后，他为扶持和鼓励青年作家也做了许多事情，热情地向广大读者推荐新作品，像叶老这样嘉惠后学、慧眼识英才的文学家是很罕见的，他为我国文化出版界作出了杰出榜样。

叶老最后一次在民进的讲话，也是令人难忘的。去年 6 月，民进召开全国代表会议。九十三岁的叶老，行动已极不方便。但他还是坚持在家人搀扶下来到会场，在一次全体大会上同与会代表见面，并发表意义深长的简短讲话。他郑重地说，这几年眼看不清，耳听不明，通向外界的这两个窗口几乎关闭，作为主席不能参加民进的活动，是不能容许的"失职"，恳切要求辞去主席职务。他用"有诸己而后求诸人，无诸己而后非诸人"这两句古语，表达了自己有生之年的愿望，并以此勉励大家。这两句话的意思是，自己做到的，才能够要求别人做到，自己没有这样的缺点，才能批评别人的类似缺点。这可说是叶老对广大民进会员最后的教诲，也是对一切有志振兴祖国、服务人民的人的金玉良言。我希望民进同志要按照叶老的教诲去身体力行，严格要求自己，为祖国、为人民不断作出有益的贡献。这是我们化悲痛为力量，对敬爱的叶老最实际的悼念。

（原载于《人民日报》1988 年 2 月 24 日）

晏阳初——平民教育运动的开拓者^①

晏阳初先生是享誉国内外著名的平民教育家，乡村改造运动的倡导者和实践家，是一位爱国知识分子。20 世纪 20 年代至 40 年代，他将毕生精力献给平民教育和乡村建设事业，作出了杰出的贡献。他的平民教育理论和实践不仅在我国，也在亚非拉等世界各地产生广泛的影响。"晏氏教育法"至今仍在美国备受推崇。1943 年他被推选为世界上对社会贡献最大的十大名人之一。

晏阳初早年留学美国，获博士学位。在第一次世界大战期间，中国参加协约国向德国宣战，在华北招募了二十万华工到法国战地。他这时刚在美国耶鲁大学毕业，1918 年毅然应募到法国为华工服务。在这里他发现百分之九十的华工目不识丁，他自编千字课本，创办华工识字班和《华工周报》，华工在国外受侮辱欺凌的苦难，激发了他的民族自尊感。他说："这时我开始认识真正的中国。""赴美国求学时，脑海中没有'平民'二字。这些人由于没有机会受教育，受到外国人牛马般待遇，激起我的义愤，誓愿为'苦力'献身，同时想到中国未受教育者

---

① 本文是《晏阳初全集》序。

何止这二十万华工。我决定回国后不上政治舞台,不做大学教授,而去教育广大平民。"

1920 年他由美返国,受到五四新文化思潮的进步思想影响,走知识分子与工农相结合的道路,他不辞辛劳,先后到华中、华北和华西地区十九个省进行调查,宣传"除文盲,作新民"的平民教育,推动城市平民识字运动。1922 年中华平民教育促进会成立,1929 年平教会在河北定县成立"定县实验区"。在定县对农村社会进行全面深入的调查研究中,晏阳初探索出:"中国农村的主要问题集中表现为'愚、贫、弱、私',即文盲、贫穷、疾病、恶政。"针对四大问题,他推动平民教育、平民生计、平民健康、平民政府四大教育,进行乡村改造,在实践中倡导以学校、社会、家庭三位一体的连环教育方式。

他号召知识分子从象牙塔走出来,从书本中走出来,从课堂中走出来,深入民间。当时一批又一批留学生、大学生、教授、学者和医务人员由各大城市纷纷奔赴农村,参加"定量实验"工作。他们通过社会实践,走上知识分子与工农大众相结合的道路。自 1931 年至 1937 年,我在燕京大学社会学系任教时,每年带领学生前往定县实验区实习,在农村进行调查、访问,很多大学毕业生参加定县实验区工作,推动扫盲及技术指导等四大教育,密切了和农民大众的联系,认识了中国农村社会问题,对我国当时农村建设起了促进作用。定县实验区正是运用科学的理论联系实际的方法开展工作。晏阳初目睹我国县一级——我们国家基础政府贪污腐化状况,认为基层政权和人民大众生活密切相关。被称为"父母官"的县长,实际上是"暴君"。他冲破农村旧势力的阻挠,在湖南、江西、四川等地举办县长训练班,培训人才,分配到各县政府,灌输新血液,组建新政府。1938 年抗日战争期间,我在江西省妇女指导处工作,江西遂川县成立了妇女指导处,当时遂川县县长参加了县长训练班。遂川县虽未用实验县名义,但具有研究实验的任务。

1950 年以后，晏阳初担任国际平民教育委员会主席和联合国教科文组织顾问，致力于国际，特别是第三世界国家平民教育和乡村建设事业，提出："除天下文盲，做世界新民。" 1960 年，他为菲律宾创办了"国际乡村改造学院"。他还协助印度、泰国、加纳以及一些中美、南美国家建立了乡村改造促进会，晏阳初成为国际乡村改造运动及平民教育运动的奠基人。

晏阳初在 20 年代至 40 年代推行的大规模的农村教育改革和乡村建设运动，为提高广大农民文化水平，建设农村，培养大量农村工作人才作出了可贵的贡献。在今天我国进行深化教育改革时，要以实事求是的科学态度对晏阳初在当时推动的平民教育和乡村改革运动以及他的教育思想进行探讨和研究，吸取有益的经验，以促进我国教育和农村改革的深入发展。

（原载于《人民日报》海外版 1989 年 7 月 14 日）

在叶圣陶研究会成立会上的讲话

各位同志：

今天是叶圣陶先生诞辰九十五周年纪念日。中国民主促进会和叶老的朋友们发起的叶圣陶研究会在这里宣告成立。我代表民进中央对这个研究会的成立，表示热烈的祝贺！

叶老是我国当代著名的文学家、教育家、出版家和社会活动家。叶老是我国文化教育界的巨匠，是中国知识分子的楷模，是一代师表。叶老留给我们的精神财富，极为宝贵，永远值得我们学习继承和发扬光大。

我同叶老相识是在 1946 年 2 月，叶老从重庆回到上海之后。那时候，上海人民的爱国民主运动正在蓬勃展开，中国民主促进会已经在上海成立。叶老虽不是民进的创始人，但经常与民进同志来往，一起参加反蒋斗争，同我们建立了深厚的革命友谊。叶老以犀利的笔锋和雄辩的口才，在反蒋斗争中口诛笔伐，表现了一个民主斗士的大无畏革命精神。他的坚贞不屈的革命立场，爱憎分明的民族气节，给我留下很深刻的印象。60 年代，叶老加入民进组织，先后担任民进中央副主席、主席、名誉主席等职。他积极参加国家的重大政治活动，重视民进的自身建设，关心民进成员的进步，深受广大民进会员的爱戴和尊敬。他是中国共产党的亲密战友。

叶老具有高度的政治热情，渊博的文化知识和崇高的道德品质。他一生的成就是多方面的，其中文学创作、教育改革、编辑出版是他一生社会实践中的主要领域。叶老经历过几个时代，但他总是站在人民一边，同时代一起前进。在他的实践活动中，始终贯穿着改革创新的精神。

叶老是我国卓越的文学家。他早年就以一个革新者的姿态步入文坛。民国初期，叶老开始写文言小说，他一反当时流行的"鸳鸯蝴蝶派"的格调，写了许多反映中国社会民生疾苦和世态人情的小说，在创作思想上体现了符合时代进步潮流的革新精神。五四新文化运动掀起以后，叶老即用白话文创作了大量的新诗、新散文、新小说、新童话，成为新文化运动的先锋。他的著名长篇小说《倪焕之》，就是反映富有革命性的小资产阶级知识分子从埋头教育走向群众运动的过程，是我国较早的现实主义文学作品。他的著名童话集《稻草人》是我国第一个童话作品，鲁迅曾称赞这部作品"给中国的儿童开了一条自己创作的路"。叶老不愧是我国新文化运动的前驱。

叶老的教育思想也体现了改革创新的精神。他早年在苏州当小学教员时，就针对旧教育制度的弊端，开始自编课本，进行教育革新的实验，发表教育革新的论文。叶老一贯提倡启发式的教育方法，主张基础教育的重点在"育"字，要诱导学生主动地学习，培养他们自己发现问题和解决问题的能力。他认为老师应该像教幼儿学走路那样，先是牵着他们走，鼓励他们走，最后要放手让他们走。老师不能跟学生一辈子，所以必须让他们学会独立地工作、学习和生活的本领，要明白教最后是达到不需要教的目的。"教是为了达到不需要教"这句话可说是叶老教育思想的精髓。

叶老直到晚年，始终关心国家教育事业的改革，他针对社会上片面追求升学率的错误教育风气，再三呼吁必须从端正教育思想和改进教学方法两方面入手来推进教育改革的发展。

叶老在编辑出版工作中，同样体现了改革创新的精神。他从事编辑出版工作四十余年，始终把出版事业看成是整个社会教育事业的一个重要组成部分，认为编辑出版工作者是"无声的教员"，力图革新出版事业来推动社会的进步。他一生编辑过大量的书籍杂志和课本，其中《中学生》杂志是很受读者欢迎的读物，对青年学生思想影响很大。叶老长期主持编辑工作的开明书店，出版读物注重教育效果和社会效益，对传播进步思想，介绍科学知识起了很大的作用。

当前，我国正处在改革的时代，各项改革正在深化。不久以前中共中央总书记江泽民同志在国庆四十周年的长篇讲话中，重申我国的改革开放要坚持社会主义物质文明和精神文明一起抓的基本方针。他强调要深刻吸取近几年来物质文明和精神文明一手硬一手软的教训，在努力发展物质文明的同时，切实抓好精神文明建设。社会主义精神文明建设包括文化教育建设和思想道德建设两个方面，而叶老一生的社会实践，都离不开这两个方面。他的言行都是符合社会主义精神文明建设的要求的。他生前对推行精神文明建设，身体力行，矢志不渝，堪为促进社会主义精神文明建设的表率。现在社会各界的一些知名人士和我们民进共同发起成立叶圣陶学术研究会，认真地学习、研究、整理、宣传、推广叶老在各方面的理论建树和实践经验，对深化教育文化事业的改革，促进社会主义精神文明的建设，必将起到积极的影响。

我记得叶老生前常说做人要"少说空话，多做实事"。叶老一贯认真的工作态度也是我们大家所称道的。我衷心希望参加研究会的同志，互相切磋，集思广益，发扬叶老的务实精神，共同进行研究工作，使叶老的精神遗产成为社会的共同精神财富。

我预祝叶圣陶学术研究工作，不断取得成效。

谢谢大家。

（1989 年 10 月 28 日）

《江西师范大学校史》序

　　江西师范大学的前身国立中正大学，创办于 1940 年，至今已是半个世纪。在学校五十周年大庆之际，编辑出版了《江西师范大学校史》。温故知新，继往开来，这是值得祝贺的。

　　国立中正大学是在抗日战争时期创建的。1940 年夏，中正大学筹备委员会于江西省泰和县杏岭正式成立。筹委会委员有邱椿、马博庵、蔡方荫、许德珩、罗隆基、王造时、王有兰、肖纯锦、朱有璬先生等，我是筹委会委员之一。我曾在该校政治系任教。1941 年我就离校了。1988 年，我因公赴南昌，与江西师大领导同志会晤，听了几位同志介绍师大建设、改革的情况和成就，十分欣慰。是年秋，"中正大学南昌大学校友会"成立，我被推选为校友会名誉会长。自 1940 年我担任中正大学筹委会委员，至今任校友会名誉会长，已是五十个春秋。正是"别时青丝满，相逢白发生"。从中正大学到江西师范大学，在半个世纪的发展过程中，经历了两个历史时代（半封建半殖民地时代、社会主义时代）和四个发展时期（中正大学时期、南昌大学时期、江西师范学院时期、江西师范大学时期）。

　　今天，在全国深化改革大潮的推动下，江西师大在办学思想、师资队伍、教学水平、科研水平及校风建设等各个方面都有了显著的进展，为我国培育师范人才作出了贡献。江西师大已进入了一个历史发展的新阶段。

实现四化，振兴中华，是我国亿万人民的奋斗目标。建设有中国特色的社会主义需要人才，人才需要教育。"百年大计，教育为本"，师范教育是整个教育事业的"工作母机"。作为培育师范人才的摇篮和教育科学研究阵地的江西师范大学，任重而道远。

《江西师范大学校史》全面而系统地记述了江西师大建校以来近半个世纪发展的历程和成就，科学地总结办学的经验教训，探索高师教育规律，使江西师大逐步建成为全省师范教育中心和教育科学研究中心。校史将发挥多种功能。

祝贺《江西师范大学校史》问世！祝贺江西师范大学建校五十周年：春华秋实，桃李芬芳；任重道远，鹏程无量！

（1990 年 5 月）

深切怀念人民教育家陶行知先生

今天是伟大的人民教育家陶行知先生诞辰一百周年，我们在这里隆重集会，纪念他的伟绩，缅怀他的精神。

毛泽东主席称赞陶行知先生是"伟大的人民教育家"。纵观陶先生的一生，他确实无愧于这个称号。陶行知先生只活到五十五岁，但是他在长达三十年的教育生涯中怀着热爱祖国的赤诚，勤奋耕耘，追求真理，锐意创新，给后人留下了丰富的思想遗产。他的许多教育主张和教育实践，不仅对于当时的教育进步起到了促进的作用，在近代中国与世界教育思想发展史上具有十分重要的地位，而且对于今天社会主义教育事业的改革和发展，同样是值得认真学习、研究和继承的。

陶行知先生深切认识到人民大众需要教育，教育应当为人民大众服务。他说："空气是人人需要，人人不可少，教育也是人人需要，人人不可缺少的。"他主张通过教育把知识"普遍的广及于人民大众"，从而"增加大众以新的生命活力"。陶行知先生尤其重视农民的教育。他认为中国农民占人口绝大多数。他是中国最早认识农民教育重要性的教育家，最早提出"教育必须下乡，知识必须给予农民"。陶先生不仅这样说，而且身体力行地这样做。他是一位留美学生，曾经担任高等学校的教授、校长，但是为了中国的乡村教育，他毅然脱去西装革履，穿上布衣草鞋，到南京郊外创办了著名的晓庄师范，探索培养"有农夫的身手，科学的头脑，改造社会的精神"的乡村教师的途径。他还办了不少所小学、幼稚园和民众学校，在农村进行普及民众教育。

陶行知先生十分重视教师的地位和作用。他说，当一名小学教员"初看起来是何等一件小事"，实则不然。小而言之，老百姓送孩子入学，"便是不知不觉地把整个家运交付给小学教员"；大而言之，"全民族的命运都操在小学教员手里"。"小学教师之好坏，简直可以影响国家的存亡和世运之治乱"。陶先生十分关心教师们的疾苦。抗战期间他发表文章呼吁"小学教师在大后方要算是最苦的斗士了"。指出"小学教师待遇太苦对于整个国民教育之影响是很严重的"。与此同时，他对广大教师也寄予殷切的期望。他特别重视教师的品德修养，认为"道德是做人的根本。根本一坏，即使你有一些学问和本领，也无甚用处"。"没有道德的人，学问和本领愈大，就能为非作恶愈大"。人们常说，人民教师是太阳底下最神圣的职业，陶先生认为从事教师事业的人都应当具有崇高的师德，为人师表。

在旧中国，陶行知先生关于教育的种种主张不但无法实现，而且被视为异端邪说，横遭迫害。中华人民共和国成立后，社会主义制度的建立，为陶先生的主张和理想提供了最根本的保证。1986 年颁布了《中华人民共和国义务教育法》，我国的国民教育得到法律上的保障，开始走上以法治教的轨道。我们相信，在共产党和政府的正确领导下经过全国人民的共同努力，到 20 世纪末在我国基本实现普及九年制义务教育的目标一定能够达到。重视农民教育、重视师资培养，陶先生终身追求的理想都将会成为现实。

陶行知先生是一位不计个人得失安危，敢于斗争，绝不向黑暗势力屈服的民主战士。他为争取国家的光明和进步进行了长期的顽强斗争，多次遭到反动势力的通缉，不得不流离颠簸，以至避居海外。抗日战争胜利后他又为反对内战，争取民主与和平同国民党反动派进行斗争。也是在这个时期，我与陶行知先生相识，并在与反动势力的共同斗争中增进了相互之间的友谊。陶行知先生逝世时，周恩来同志悼念他说"十年来，一直跟着毛泽东同志为代表的党的正确路线走，是一个无保留追随党的党外布尔什维克"。

早在1930年，陶行知先生为新安小学题写一副对联——"捧着一颗心来，不带半根草去"。这是他严于律己的座右铭，也是他光辉一生的真实写照。陶行知先生有一颗全心全意为人民服务的赤诚之心。他为人民教育事业甘愿献身的精神，成为我国教育工作者的光辉楷模，永远值得我们敬佩和学习。

（原载于《陶行知研究基金会会讯》第 51 期，1991 年 11 月 6 日）

《许崇清文集》序

    许崇清先生是我国现代著名教育家和教育哲学家，曾任广东省副省长，广州中山大学校长及中国民主促进会广州市分会主任理事等职。

    许先生是一位学术造诣很深的教育理论家，他把毕生精力奉献给祖国的教育事业，在教育理论与实践两方面都取得了丰硕的成就，对社会主义教育科学事业作出了卓越的贡献。自 1917 年至 1969 年，五十余年来，许先生发表了有关教育学、教育与哲学、教育与社会学以及教育工作等专著和论文一百余篇。其中不少论著是他在长期的教育实践中，根据我国国情，提出对教育事业和教育科学发展的独到见解。他对马克思教育哲学作出深刻的研究和探索。他根据马克思主义关于人的本质的研究和生产力标准的观点，阐述教育的本质，他认为："人的本质是劳动。""教育是人的实践的一个形态。"他积极贯彻党的教育方针政策，努力推动教育与生产劳动相结合的方针。他认为："教育与生产劳动相结合是实现体力和脑力统一发展的重要手段，将学校与政治、理论与实践相结合，才能保证青年一代脑力劳动和体力劳动的统一发展，才能把青年培养成为社会主义事业的接班人。"他说："人的全面发展是智育和体育、综合技术教育、德育和美育的统一。"他认为：培养青年一代，必须将教育和教学的每一步骤与社会主义的发展密切联系起来，同时要从人的生理、心理和社会生活的相互作用中，来了解人的整个发展。他重视发展科技教育，强调教育要为提高生产力服务，要以教育和科技来促进社会经济的发展。他的这些见解虽然发表在半个多世纪以前，至今仍富有现实意义。

许先生是中山大学的奠基人之一，他曾三次出任中大校长，前后共计二十年，第三次任中大校长是在 1951 年 1 月至 1969 年 3 月，直到逝世。十八年来许先生坚决拥护中国共产党领导，认真贯彻党的教育方针政策，兢兢业业整顿学校，在院系调整、改革教学等各方面都做了大量工作。他首倡一年一度举办科学讨论会，率先作学术报告，推动学校学术研究工作，使中大转变校风，出现新面貌，受到广大师生的崇敬和爱戴。许先生二十年来辛勤治校的成就，为中山大学的发展打下了基础。

1953 年 2 月中国民主促进会广州市分会成立，许先生当选为主任理事。当时党提出过渡时期总路线，许先生积极发动会员，响应党的号召，努力学习，投入运动，对民进的发展作出了成绩。

许崇清先生一生追求真理，勇于开拓创新。他的教育理论和实践经验，是值得我们学习的。

（1991 年 12 月 24 日）

在陈鹤琴先生诞辰一百周年
纪念会上的讲话

陈鹤琴先生是享誉中外的著名教育家，是我国现代幼儿教育的开拓者，他的教育思想和实践经验在国内外有着广泛的影响。他对我国教育事业，尤其是儿童教育作出了杰出的贡献。

陈鹤琴先生的盛名，我早已知晓，他的著作我也早已拜读，但我与陈先生相识是在抗日战争时期。1937 年"七七事变"发生后，我离开燕京大学，到江西参加抗日救亡及妇女工作，1940 年，我在江西泰和中正大学任教时和陈先生结识。当时陈先生因在上海从事抗日救亡运动，遭到汪伪特务的威胁，1939 年被迫离开上海，应江西省政府教育厅之聘，到泰和创办幼稚师范教育。我曾两次到泰和文江村参观陈先生创办的江西省立实验幼稚师范学校以及附设幼稚园、幼稚教育专修科。

幼师建立在文江村的一片荒山上，抗战时期，泰和办学条件极为艰苦。我第一次去参观时，看到陈先生亲自带领学校教职员工和学生开辟荒山，砍伐毛竹，建造校舍，为了解决师生饮水困难，陈先生率领师生在荒山上遍找水源。在抗日战火弥漫的艰苦岁月里，陈先生坚持教育必须适合中国国情，主张办学要平民化和中国化。我对陈先生艰苦创业的献身精神，十分敬佩。

我第二次到文江村参观时，幼师已建设完成，荒山已变成美丽的校园。幼师的教学楼、宿舍楼、大礼堂的造型朴实、精巧。我参观了幼师教学情况。幼师上课形式与一般学校不同，课室内摆几个小桌，六七个学生围坐一桌，每桌有一个小组长，老师讲课后，学生分小组讨论。陈先生提倡活教育，要求教师教活书，活教书；要求学生读活书，活读书；大社会、大自然是活教材。学校开办了农场和工场，推行做中学，做中教，手脑并用的教学原则。陈先生倡导的理论联系实际的教学原则，是我们今天办学的宝贵经验，值得我们研究和学习的。

陈鹤琴先生也是一位爱国民主人士。1938年，上海沦为孤岛时期，上海各界人士在中共领导下，以各种方式开展抗日救亡运动。"民社"是一个对外不公开的爱国组织，也称"星六聚餐会"，成员有吴耀宗、沈体兰、陈鹤琴、严景耀、郑振铎、王任叔、杨怀僧、孙瑞璜、胡咏祺、张宗麟等十余位知名人士。"民社"曾为新四军征募医药和物资，陈先生是"民社"起领导作用的成员。

我们今天纪念陈鹤琴先生，要继承和发扬陈先生的教育思想和经验。学习他热爱党，热爱社会主义，热爱儿童的崇高品德；学习他追求真理，追求进步，为教育事业奋斗终生鞠躬尽瘁的奉献精神；学习他改革创新的教育思想，为我国现在深化教育改革，开创社会主义教育新局面而奋斗。

（1992 年 2 月 28 日）

纪念熊希龄先生^①

熊希龄先生是我国近代史上著名的教育家、社会活动家和慈善家，也是一位杰出的爱国主义者。他在旧中国奋斗了半个世纪。他的一生是救国救民的一生，是追求光明与进步的一生。

熊希龄先生早年积极倡导变法维新，主张教育救国，实业救国，并竭尽全力，身体力行，在天灾人祸不断的旧中国，他倾其家产，大力兴办教育事业、社会慈善事业和福利事业，在连年水、旱、兵灾的旧社会，他刻苦创办了国内外闻名的北京香山慈幼院。这是一所包括婴幼儿教育、小学教育、中等教育以及融合家庭、学校和社会于一体的实验学园。慈幼院贯彻教、学、做的教学方针，在当时的历史条件下，这是具有重要意义的教学改革。三十余年来，慈幼院收容教养了数千苦难儿童，为国家培育了大量优秀人才，这些贫苦学生学习一技之长，到社会上能自食其力，有些人还升入高等学府深造，他们在祖国各条战线上做出了可贵的成就。香山慈幼院为发展平民教育事业作出卓越的贡献，在国内外产生广泛的影响。

---

① 这是在熊希龄先生骨灰迎接仪式上的讲话。

熊希龄先生晚年投身于反对帝国主义的抗日救亡运动，为了挽救祖国危难，他不顾年老体弱，南北奔走呼吁，救死扶伤，他热爱祖国，热爱人民的实际行动，受到人民的崇敬和爱戴。

今天我们纪念熊希龄先生，要弘扬他的爱国主义精神，吸取他兴办教育事业的有益经验，以促进当前我国教育改革的深入发展。

（1992 年 5 月 17 日）

在张志公语言和语文教育思想
研讨会上的讲话

  在举国欢庆中共十四大胜利闭幕，认真学习和贯彻十四大精神的时候，张志公语言和语文教育思想研讨会今天正式开幕。请允许我代表中国民主促进会对研讨会的召开表示热烈的祝贺；向研讨会的主办单位和在筹备中付出辛勤努力的同志表示由衷的敬意。

  张志公先生是一位语言学家，在汉语语法学、汉语辞章学等方面的研究颇有建树；他也是一位语文教育专家，特别是在长期从事语文教育工作中，为探索建立一条适合中国国情的语文教育、教学新路作出了自己的贡献。志公先生研究语文教育具有强烈的改革意识。他主张："语文教学要面对当前的和今后的社会需要，既要继承传统的好经验，更要清醒地看到并且坚定勇敢地革除传统遗留下来的积弊，要使语文教学朝着科学化、高效率的方向前进，成为培养新的建设人才的基础工程的重要组成部分。"志公先生不断地发表演讲和撰写文章来丰富这个"语文教育要改革"的主张。他不仅对中学语文教学改革提出许多真知灼见，而且关心小学乃至幼儿的语言教育；不仅重视学校的语文教育，而且关注语言教育的社会环境。从改革陈腐的语文教学目的、不甚合理的课程设置，到改革教材内容和教学方法，志公先生都提出过许多有益的建议。志公先生研究语文教育的另一个特点，是注重实践，强调理论研究必须与教学实践相结合。他历来认为，语文教育改革的主力军是从事语文教学实际工作的广大教师，没有他们的热忱和努力，建立科学的、现代化的语文教育体系只能是一句永远实现不了的空洞口号。为此，志公先生十分重视到教学第一线去，与那里的老师、学生交朋友，了解情况、倾听意见，并通过座谈、讲学等各种形式宣传自己的改革主张，鼓励广大师生勇于改革，锐意探索。几十年来，尤其是中共十一届三中全会以来，志公先生不顾工作繁忙，年迈体弱，到全国各地去跑，去看，去听，去讲。他的足迹遍于除西藏、台湾以外的省、自治区、直辖市。志公先生不仅跑的地方多，而且跑得深入。只要有机会，他甚至坐在村办小学的课堂里一丝不苟地听乡村民办教师讲课。正是由于这种讲求实际的学术作风，使得志公先生的研究成果极少夸夸其谈。

张志公先生于 50 年代初参加中国民主促进会，长期以来担任我会中央常委和教育委员会主任的职务。他以极大的政治热情参与我会各项参政议政工作。他曾经多次主持我会对教育的调查研究工作，应许多地方组织的邀请到边远地区、少数民族地区去讲学，深受广大会员的敬重和欢迎。

江泽民总书记在中共十四大报告中指出，"我们必须把教育摆在优先发展的战略地位"。教育要发展，出路在改革，不仅要改革现有的教育体制，而且要坚持包括改革教育思想、教育内容和教育方法的微观改革。我们相信，专家学者和教育工作者共同来研讨张志公先生的学术思想，一定会进一步促进语文教育改革的理论研究和教学实践的开展。

(1992 年 10 月 24 日)

学习杨东莼 为振兴中华而奋斗

各位同志，各位朋友：

今天，杨东莼学术思想研讨会在桂林召开，这是很有意义的事情。我代表民进中央对组织这次研讨会的广西师范大学等几个单位，表示诚挚的感谢，对杨东莼同志表示深切的怀念。

杨东莼同志是湖南省醴陵县人。早在青年时代，杨东莼同志就追求真理，投入革命。1919 年，他求学于北京大学，是李大钊先生的学生，与革命先烈邓中夏友谊深厚，受他的思想影响很大；并曾与刘仁静等共同发起创立马克思学说研究会。中国劳动组合书记部成立后，他深入工人群众，在长辛店开展铁路工人的组织和教育工作。大革命时期，他到长沙长郡中学任教，与郭亮一起从事工人运动，担任总工会宣传部长兼工人日报社社长，出席了全国第四次劳动代表大会。1927 年，大革命失败后，他东渡日本留学，研究唯物论，翻译进步书籍，译有恩格斯的《费尔巴哈论》和摩尔根的《古代社会》等著作。1930 年回国后，仍从事教育和翻译工作，曾任中山大学教授、广西师范专科学校校长、广西地方干部建设学校教务长等职。1934 年，杨东莼同志在上海与沈钧儒、陶行知、邹韬奋等同志发起组织救国会，积极投身于抗日民族统一战线的救亡活动。他与国民党桂系的关系比较密切，1936 年桂系与蒋介石发生矛盾。当时国难当头，为共赴国难，他提出"和蒋抗日"的主张，得到桂系的采纳，避免了与蒋介石发生武装冲突，对团结抗日起了积极的作用。

杨东莼同志出任广西师专校长后，聘请了一批进步学者来校授课，公开讲授马克思主义，提倡劳动建校和军事训练。1939 年，广西省政府主席黄旭初创办广西地方建设干部学校，邀请杨东莼担任教务长。杨东莼吸收延安"抗大"的办学经验，又从延安请来中共党员担任学校教员和干部，使学校充满革命精神和民主气氛，声名大震，被称为"广西的抗大"。这两个学校培养出来的学生，不少人在抗日战争和解放战争中走向革命阵营，成了骨干力量。

1941 年 1 月，"皖南事变"发生，广西的形势剧变，进步人士受到迫害，杨东莼同志不得不秘密离开广西去香港，担任达德学院代理院长、香港大公报顾问等职并继续从事救国会的工作。以后又到重庆、武汉、厦门等地，一面在大学教书，一面参加革命活动。杨东莼同志交友广泛，密切联系各阶层人士，在争取团结桂系上层和知识界上层人士开展爱国民主运动中，作出了积极的贡献。

新中国成立后，杨东莼同志历任第一至四届全国人大代表，四届全国人大常委；第三届全国政协委员，第四、五届全国政协常委；中南军政委员会委员、中南行政委员会委员、广西大学校长、华中师范学院院长、国务院副秘书长、中央文史馆馆长等职。1952 年，杨东莼同志加入中国民主促进会。1957 年，他到民进中央担任秘书长，后来被选为民进中央副主席，主持日常工作。杨东莼同志到民进中央以后，正确地执行了党的知识分子政策，善于团结同志，了解知识分子的心理，及时抓住知识界的思想动向，做报告，写文章，解决知识分子的思想问题。1957 年，他在人大会议上，作了知识分子何去何从的发言，受到周恩来总理的好评。1962 年夏，他在北京市民进作报告，从理论到实践，详细地阐述了毛主席的统一战线思想、"长期共存，互相监督"的方针以及红与专的辩证关系等，对大家提高思想认识，起了很大的作用。

"文革"期间，"四人帮"歪曲马列主义和毛泽东思想，在报刊上大批"唯生产力论"，杨东莼同志曾几次写信批评《人民日报》的歪曲宣传，又在政协学习会上作专题发言，驳斥了"四人帮"。可是在当时极"左"路线之下，他受到了错误的批判。粉碎"四人帮"后，杨东莼同志欢欣鼓舞，他虽然身患重病，但仍坚持抱病参加重大政治活动，直到 1979 年因心脏衰竭而离开人世。

杨东莼同志的一生，是革命的一生，追求真理的一生。他的政治水平很高，教育经验丰富，学识渊博，治学严谨，一生好学不倦，勤奋著书立说。他热爱中国共产党，热爱社会主义，热爱民进组织，为革命事业献出了毕生的精力。

杨东莼同志离开我们已经 13 年了。今天，我们祖国正处于加快改革开放，建设有中国特色社会主义的新时期，政通人和，经济繁荣，社会稳定，形势喜人。我们纪念东莼同志，就要学习他为革命奋斗终生的精神；学习他勤奋好学的优良作风，为发展爱国统一战线，为统一祖国，振兴中华而共同奋斗。

（1992 年 10 月）

《俞庆棠教育论著选》前言

俞庆棠先生是我国的人民教育家。她一生热爱祖国、热爱劳动人民，对劳动人民的教育事业，作出了卓越的贡献。

俞庆棠先生祖籍江苏太仓，1897 年生于上海，1922 年与唐庆诒教授结婚，定居无锡。

俞先生在中学求学时，就积极从事青年工作。当时，第一次世界大战结束，她受到民主主义思想的影响，认识到应该鞭笞君皇，鞭笞霸权；歌颂人民，歌颂自由平等。她更认识到国际形势的严峻，关心国家、民族的兴亡，提出普及教育的主张。

五四运动中，她被选为上海圣玛利亚书院学生会主席，并代表上海学联出席全国学联会议。她领导同学游行宣传，还创办夜校，每晚前往授课，开始接触到纯朴的劳动人民。她指出，当时"中国的教育，只顾到一部分学龄儿童。踏进学校大门的，在城市大都是中产以上的子弟；在乡村大都是地主的子弟。至于劳动大众和他们的子女，绝大多数被拒于学校大门之外"。

1919 年，俞先生到美国哥伦比亚大学师范学院留学，1922 年毕业回国后，任上海大夏大学等校教授。当时，美国著名教育家杜威的"教育即生活""教育是经验不断的改造"的学说，风靡世界，被奉为教育经典。但俞先生说："杜威'教育即生活'的学说，仅表现于学校之中，所谓以学校为社会生活的雏形而已。可是，学校生活不过是生活的一个阶段，'经验继续不断的改造'，决不限于学校时期。现行学校教育，绝不能代表终身的过程。教育的最大功能，只有将整个生活，继续地予以指导。"因此，她认为应是"生活即教育"。社会生活与个人教育密切相关，所以在很宽泛的意义上说，社会生活的参与，在社会环境中的长进，即是个人的教育了。

1927年，她被聘担任第四中山大学（后改名为中央大学）教授兼扩充教育处处长。她提出大力推行民众教育的主张。她说："民众教育是失学的儿童、青年、成人的基础教育，也是已受基础教育的儿童、青年、成人的继续教育和进修。"又说："民众教育要披露经济危机的事实和民众疾苦的真相，这就要引起大家的觉悟，集合大众的智慧、热情、意志和努力，以促成整个国家经济制度的改造，这是教育领域里的一个重大改革。"为了培养民众教育师资，1928年3月，她在苏州创立了中央大学区民众教育学校，亲自拟订学校章程并兼任校长。是年下半年，该校迁到无锡，改名为江苏省立民众教育院，又创设劳农学院，后两院合并，改名为江苏省立教育学院，以贯彻理论联系实际，学做合一，走向社会，结合工农为办学方针。她改任该院教授兼研究实验部主任，在无锡先后创设黄巷民众教育实验区、丽新路工人教育实验区、江阴巷民众图书馆、高长岸农民教育馆、南门民众教育馆、汉昌路民众学校、惠北实验区、北夏实验区等实验单位。凡实验单位里工农群众集会的时候，她常亲往指导，和工农群众在一起，亲如家人。她常说："群众的天才是无穷的，人民的力量是伟大的。"又说："教育可给予人们以新的生命和新的力量，是最美好的东西。最美好的东西，应该给予最大多数的人民。"她把实验单位里的实验结果，推广到全国各地。她不断地总结实验工作的经验教训，研究各家对民众教育的主张、外国的成人教育概况，特别是她于 1933 年亲赴欧洲考察丹麦、荷兰、英、德、法、奥、意等国的成人教育，为学院学生讲授"民众教育"课程，使民众教育有了一整套的理论与实施办法。

她曾亲自校订《民众读本》，成为全国扫除文盲的主要教材。她主持编辑《教育与民众》月刊，被认为是国内社会教育的权威刊物。她还为我国著名的报纸《申报》主编"农村生活丛谈"专栏，报道各地农民生活的困苦、吏治的腐败和地租捐税的繁重等情况，以唤起国人重视。她认为我国百分之八十的人民居于农村，民众教育的事业应趋重于农村。

1931 年九一八事变后，人民群众的抗日救亡运动蓬勃发展。江苏省立教育学院的学生，也投入了去南京向国民党政府请愿斗争的洪流。俞先生亲自到车站为学生送行。可是学生请愿归来以后，学院当即召开大会，强令学生公开悔过，带头者要开除。俞先生走上讲台，十分激动地说："请愿学生没有什么可悔过的，如果说要悔过，倒是首先要求别人悔过的人应该悔过。"她还大声反问，要求抗日有什么错？难道甘心当亡国奴吗！她一面讲话，一面痛哭，会场上一片哭声，这样，大会只好草草收场。（见郭影秋著《往事漫忆》）

1932 年，她联合全国社会教育人员，成立中国社会教育社，有一千余社员，分布于全国二十一个省、市与欧、美、日本等国。她被选为常务理事兼总干事，先后在杭州、济南、开封、广州等地举行年会，创设了河南洛阳、广东花县两个实验区。由于俞先生的倡导，民众教育首先在江苏省开展，继而向全国推行，所以她被誉为"民众教育的保姆"。

1935 年，在民族危机日益加深的形势下，中国共产党领导北平爱国学生发动了伟大的"一二·九"爱国运动。当上海学生赴南京请愿团被阻在无锡时（12 月 27 日），俞先生率领一部分学生携带食品去火车站慰问，并写了一封给上海学生赴南京请愿团的公开信，发表在邹韬奋主编的《大众生活》第九期上，满怀激情地赞扬学生的爱国主义精神，谴责宪兵强押学生回沪的反动勾当，提出"民族解放运动要真正成功，必须建筑在大众基础之上"，"希望学生组织严密"，"永远站在大众利益的立场上，从事救国的事业"。她还指导教育学院电化教育专修科的师生摄制抗日电影《五十六年痛史》，到各地巡回放映。她所主持编辑的《民众抗日救国读本》，被各地民校采为进行抗战教育的教材。

1936 年 10 月 19 日，鲁迅先生逝世，国民党当局密令各地禁止举行追悼活动，俞先生冲破重重障碍，在无锡参加共产党所领导的追悼会筹备工作，并于 11 月 11 日参加追悼大会。在会场的鲁迅先生遗像两旁，挂着她撰写的挽联："不做空头文学家，死者是用了铁笔铁肩，挑过解放民族的担子；要做真心革命者，活人应拿出赤心赤血，赶走压迫中华的敌人。"

是年，她又在《申报周刊》上发表《现阶段中国所需的教育》一文。文章说："中国目前最严重的问题是民族的独立问题。我们在这民族的生死关头，只有努力民族解放运动，才是唯一的生路。教育不能离开民族而存在，教育是要以民族的生命为生命的。所以现阶段的整个教育，应该负起历史所赋予的伟大使命，努力国难教育的实施。"

抗日战争爆发后，俞先生偕同教育学院师生迁校桂林，后只身至汉口，参加难童保育与妇女救济工作。这期间，她应邀对湖北省民众教育工作人员讲演，号召"努力推行民众教育，加强抗战力量"。是年五月，她应邀参加庐山妇女谈话会，在会上作开展后方妇女生产工作的发言，认为必须发动妇女参加生产工作，以支援前线战事，并应特别照顾抗战士兵的家属，以解决她们的生活困难。会后，她担任了妇女指导委员会生产事业组组长，到重庆开展妇女生产工作，提出"前线兄弟流血杀敌，后方姐妹挥汗做工"的口号。同年8月，她在四川松溉创办了纺织实验区，先后有一千多农村妇女，一面学习文化，一面参加生产，使教育与生产劳动相结合；以后又在四川乐山创办蚕丝实验区。

抗战胜利后，俞先生怀着推进民众教育的满腔热情，担任了上海市教育局社会教育处处长。她一面在短期内恢复上海原有的社会教育事业，一面创办了几十所民众学校，后增加到百余所；特别是创办了一所实验民众学校（现为上海市静安区职工业余大学），并亲任校长。她认为民众教育的范围不限于成人，凡被摈于现在教育圈子以外的群众、儿童、青年都是民众教育的对象。所以，该校上午设儿童班，下午设妇少班，晚上设成人班，共有学生一千七百余人，又在沪西余姚路、金家巷劳动人民集居的棚户区设立教育区。在该校师生中，有的是共产党员和革命青年，他们积极进行革命活动，这就引起了国民党当局的惊恐。1947年1月，国民党上海市参议会竟然提出撤销实验民众学校的议案。她在共产党地下组织以及社会各界人士和学生家长的支持下，团结全校师生进行护校运动，终于保留了这所学校。

1947年，俞先生担任联合国教科文组织中国委员会委员；1948年又任联合国远东基本教育会议中国代表团顾问，同年十月赴美考察教育。

1949年夏，她接到祖国给她的电报，邀请她回国参加开国大典。她激动得彻夜不眠，不顾一切艰辛，独自一人回国，被选为教育界代表参加中国人民政治协商会议第一届全体会议和开国大典。会后，周恩来总理亲自接见她。中央人民政府政务院任命她为教育部社会教育司司长。接着，她主持草拟1950年社会教育规划，准备开展全国规模的社会教育事业。但由于辛劳过度，不幸于1949年12月4日患脑溢血逝世，终年五十二岁。

是年12月15日，中央教育部举行追悼大会，政务院文化教育委员会给追悼会送了挽联："吃野草下去，流鲜血出来，点滴都付与人民，人民群众之保姆；把任务完成，置生命不顾，死生全为了教育，教育工作的典型。"对她的一生工作，给予崇高的赞誉。

1985 年，无锡市在茹经堂成立"俞庆棠先生纪念室"，上海市在静安区职工业余大学校园建立"俞庆棠先生塑像纪念碑"；1987 年太仓县在博物馆成立"俞庆棠先生纪念室"。全国政协主席邓颖超同志特亲笔题词："纪念人民教育家俞庆棠先生"。

茅仲英、唐孝纯两同志把俞先生的一些教育著述编成本书。字里行间，可以看到俞先生孜孜矻矻，为劳动人民教育事业而竭尽心力。本书也可以说是我国民众教育事业的萌芽与滋长的史实，为我国近现代教育史上的重要文献。

（原载于茅仲英、唐孝纯编：《俞庆棠教育论著选》，人民教育出版社 1992 年版）

在"叶圣陶与时代"研讨会上的讲话

各位领导，

各位来宾，各位专家、学者，

同志们、朋友们：

今天，我们在这里聚会，举行"叶圣陶与时代"研讨会，作为我们对著名文学家、教育家、出版家和社会活动家，深受大家尊敬和爱戴的叶圣陶先生诞辰100周年的一项纪念活动，十分有意义。首先，请允许我代表民进中央，向前来参加会议的各位专家学者、同志们，表示热烈的欢迎；向与我们一起举办这次会议的苏州市政协，表示诚挚的谢意；这里我还要特别向中共苏州市委、苏州市政府，表示我们由衷的敬意，感谢他们作为东道主对我们这次会议所给予的热情支持和周到安排。

叶老的一生，为我们留下了极其丰富宝贵的精神遗产。他一千多万字的深刻反映时代生活和时代特征的文学作品和书简笔记，他闪烁着智慧和体现着时代要求的教育思想和教育理论，经他手编辑出版的大量书籍杂志和课本，不仅是他个人长达近一个世纪战斗生涯的记录和结晶，也是他对社会、对人民所作巨大贡献的标志和明证。尤为重要的是，叶老一生的经历，他在平凡岗位上做出不平凡业绩的人生足迹，他的为人处事，道德文章，为我们树立了怎样做人，怎样做一个对国家、对社会、对人民有用的人的光辉典范。叶老一生的精神遗产是丰富多彩的。我觉得，叶老留给我们的最宝贵的遗产，他一生给我们最大的启示，就是他始终紧跟时代，自觉追随代表时代前进方向的共产党，不断追求真理，为人民立德、立功、立言，无私奉献自己的一切。

今天我们在这里就 "叶圣陶与时代" 这样一个题目进行研究讨论，是十分有意义的，这不仅是对叶老的纪念，更是对他的学习和继承。我同时还认为，叶老与时代的关系，不仅仅体现在他的文学作品，他的教育思想之中，而且贯串于他的一生，贯串于他的全部工作、学习和处事、为人之中。

这里我举几件我所知道的事情说明这一点。1946 年叶老从四川返回上海后，目睹国民党的种种倒行逆施，义愤填膺，立即义无反顾地投身到爱国民主运动中去。我就是在那时与叶老相识的。他在报纸杂志上撰写文章，到工人学生中去发表演讲，揭露国民党发动内战的罪行，热情宣传共产党和平民主团结统一的建国总方针，在群众中享有极高的声望。6 月 23 日，中共上海地下党组织 10 万群众举行反内战大会，当时叶老已年过半百，也斗志高昂地参加了大会。我和马叙伦一行 9 人在南京下关车站遭到国民党特务暴徒围攻、毒打，被殴重伤的消息传到上海后，叶老马上连续在报端发表文章，痛斥国民党政府的无耻行径，给了我们精神和道义上的极大支持，使我永志不忘。叶老在艰苦的斗争环境中表现了一位民主战士的坚强性格。

党的十一届三中全会后，叶老已是耄耋之年，身体也不太好，但他仍时刻关心着国家大事，关心着我们国家、民族的将来，依然紧紧地跟着时代前进。那时他经常参加国家的一些重要会议。每次开会前，他总要找他熟悉的同志朋友，就国家的文教事业、社会风气、精神文明建设等重大问题交换意见，在会上提出兴利除弊的意见和建议。1981年他针对片面追求升学率这一不良倾向，在报上发表了《我呼吁》的重要文章，在全社会引起强烈反响，也引起了党和政府的高度重视。在进入新的历史时期后，全国人民、各条战线都围绕经济建设这个中心开展工作，扎扎实实多干实事就成了时代的要求。80年代初，叶老就及时地向全体民进同志提出了"少说空话、多干实事"的要求。不久，他又让民进的同志认真思考在新形势下，我们知识分子、党派成员"将何以自处"的问题，希望大家要正确对待自己，不断充实自己，以实实在在的工作为社会、为人民、为四个现代化作出贡献。最让人感动的是，在叶老生命的最后阶段，在"耳失其聪，眼失其明"的困难之际，他牵挂、关心的仍是国家的大事、我们的将来。当他得知国家教委正在讨论制定各科新的教学大纲，中央统战部召集党派负责人研究贯彻党的十三大精神、进一步搞好统战工作这两件事后，叶老异常明确、郑重地对叶至善同志说：编定各科的教育大纲，一定要想到义务教育不是为了升学，教育大纲要适合农村，普及义务教育重点在农村。他又说："要分清楚，我们的民主党派，不同于国外的政党。"这是何等重要，何等诚恳的叮嘱啊！

叶老是我国老一辈知识分子中具有中华民族传统美德和社会主义精神文明崇高品格的杰出代表。我上面举的几件事，说明叶老的追求，他的为人处事，始终都与时代脉搏紧紧相连，始终都紧跟共产党，始终都与人民的利益紧紧结合在一起，直至他生命的最后一息。我想这大概就是叶老为什么能在平凡的工作中做出不平凡的业绩，为什么能够成为中国知识分子一代师表最根本的原因了。

最后，我祝研讨会开得圆满成功！

谢谢大家。

（1994年10月16日）

《金陵女儿》序

　　我怀着对我的同时代人、民进故友吴贻芳的崇敬心情，和对金陵女子文理学院及其莘莘学子的良好印象，提笔为《金陵女儿》一书写序。

　　这本书不厚，总共不过三十万字。

　　这本书不是名家之作，没有流溢出光华四射的文采。

　　但是，它以朴实亲切的文笔，讲述了一个个"金陵女儿"成长和奉献的故事，折射出不同时代和人生的色彩，吸引你读下去，并为之感动。

　　这些"金陵女儿"，是在创建于八十年前的金陵女子文理学院受过教育的一群女大学生，如今年龄在六十到八十之间。她们，不论有没有拿到过学院的毕业文凭；不论离校后的成就是大是小，名望是高是低；不论在书中是自己写自己，还是由别人写自己，你都能看到学校对她们的影响。她们称自己为"金陵女儿"，正表达了眷恋母校之深情。那里，是她们走向生活的起点；燃烧在那里的青春，是不会被时光掩埋的。

　　尽管，当年的金陵女子文理学院在 1952 年全国院系调整后已不复存在，但这所学校，以扎实的教学，以"厚生"的校训，培养出了一批又一批如书中所写的，具有真才实学和敬业精神的新女性。其中还有不少，在自己所从事的工作领域卓有成就，饮誉华夏，甚至名扬四海。这所学校，对我国的女子教育事业和女性人才培养，是功不可没的。而为办学，二十三年如一日，呕心沥血、鞠躬尽瘁的吴贻芳校长，更当名垂史册！

这本书，出版在该校建校八十周年之际，又适逢第四次世界妇女大会在京召开。它不仅表达了"金陵女儿"对母校和老校长的敬意和怀念，对如今正在新的金陵女子学院学习的后来人的期待，也表达了她们对亿万妇女同胞和国际友人的良好祝愿——书中所记的那些成功者的足迹，将会给每个人以启迪。

（原载于《金陵女儿》，江苏教育出版社 1995 年版）

祝《安徒生童话全集》新译本出版

——在《安徒生童话全集》新译本出版座谈会上的发言

安徒生用童话呼唤真善美，呼唤社会公平和进步。安徒生是伟大的人道主义者。安徒生属于全人类，属于人类历史，属于人类文明，属于未来。安徒生精神是不朽的。

希望我们的作家和出版社更多地关注童话和少儿读物，为我们的少年儿童提供更多更好的精神食粮和智力营养。在我们社会主义中国，"卖火柴的小姑娘"应该有更好的命运。"丑小鸭"应该得到更多的理解和关怀。说破"皇帝的新衣"的，应该不仅是孩子。

祝贺《安徒生童话故事全集》（新译本）出版！感谢译者林桦同志和中国少年儿童出版社！

雷洁琼　楚庄

（1995 年 10 月）

《雷沛鸿传》序言①

　　鸦片战争以后，清朝政府向外国侵略者割地赔款，丧权辱国，知识分子普遍存在一种忧患意识，中国向何处去？大家都在苦苦地思考，苦苦地探索。这当中，有一批人在经历了无数次失败的教训后逐步走进了武装斗争、以革命推翻三座大山的行列；而有另一批人，则漂洋过海，寻求救国救民的真理，这批人后来大多走上了科技兴国、教育救国的道路，他们从西方列强重视发展教育、人口素质高、经济发达的事实中得到感悟：中国要富强，只有发展教育，提高国民素质，走科技兴国的道路。从中国近现代史发展的实际情形看，无论是前者还是后者，他们都是出于对祖国和人民的热爱，出于救国救民的理想而选择不同的人生道路。而且，当武装斗争在中国取得胜利，中国需要大批各级各类专业建设人才时，后者义不容辞地负起了传播西方先进科技、知识与文明，及培养人才的历史使命，终于使一个强大的新中国屹立于世界民族之林。应该说，无论是前者还是后者，虽然道路不同，但最终殊途而同归，中华民族的独立富强、繁荣昌盛，都与老一辈的革命家和广大知识分子的

---

① 本文是雷洁琼 1996 年 1 月在北京为《雷沛鸿传》所写的序言。

艰苦探索和无私奉献分不开。

雷沛鸿先生的青年时代正是国家积贫积弱、人民处于三座大山重压下呻吟的特定历史时期。作为一个热血青年,雷先生始而追随孙中山参加辛亥革命,失败后出国,先后留学英美近10年,"深感今后革命建国,必须多方用力,而教育为建国大业之根本要图,个人甚欲在教育方面,为此一代、后一代、后数代国民身心之发展而尽其绵力"。事实上,雷沛鸿先生是这样想的,也是这样做的。在他回国后的数十年当中,全身心地投入教育事业,在开启民智、振兴国力方面做了许多有益的工作。他利用李宗仁先生的开明政治,对国内外各种教育流派兼收并蓄,在广西掀起了轰轰烈烈的普及国民基础教育运动,从国民基础学校、国民中学到国民大学,逐步构建一个符合国情、符合民众需要的民族教育体系。与此同时,雷沛鸿把教育与救亡、救穷紧密地结合起来,宣传和动员民众,参加神圣的抗日战争。他的教育实践是多层次推进的,内涵很丰富,无论是民众教育、基础教育、中等教育还是高等教育,都有所建树;而他的教育理论,尤其博大精深,涉及现代教育科学的诸多方面,他是国内最早传播和系统介绍成人教育学科理论的教育家,其他如教育管理学、教育社会学、教育经济学、教育文化学、教育哲学、教育法学、民族教育学、比较教育学等等,都有相当丰富的理论阐述。雷沛鸿的教育理论与实践,在20世纪三四十年代,为国内外教育界所瞩目,并一度掀起学习、研究和推广的热潮。

历史是一面最好的镜子,评价一个历史人物的功过是非,首先要看他对祖国、对人民的态度,然后看他在事业上和学科理论上的贡献。在这些方面,雷沛鸿先生都交上了一份完满的答案。中国共产党十一届三中全会以后,雷沛鸿研究迅速升温,历史的天平表明,他是中华民族的一位优秀儿子,他的杰出贡献无愧于祖国、无愧于人民。

雷沛鸿先生的理论和观点,至今仍有很强的现实意义,我们研究雷

沛鸿，应该做到理论联系实际，着力解决当前教育改革与发展中遇到的
困难和问题。雷坚女士新著《雷沛鸿传》，资料丰富，评点适当，对于
了解雷沛鸿先生的光辉一生，从中吸取精神营养颇有益处，值得推介，
是为序。

（原载于雷坚编著：《雷沛鸿传》，广西人民出版社 1997 年版）

周恩来教育思想是我国教育工作者应当学习、研究和继承的宝贵财富[①]

周恩来同志是伟大的无产阶级革命家，卓越的马克思主义者，深受中国人民爱戴的好总理，世界人民景仰的杰出政治家。他和毛泽东等老一辈革命家一起，创建了中国共产党、中国人民解放军和中华人民共和国，成功地领导了中国人民的革命事业和建设事业，立下了不朽的功勋。周恩来同志不仅在参与领导我国革命和建设的实践中作出了巨大贡献，而且在政治、经济、军事、外交、统战、文化、教育、科技及党的建设等方面都有许多重要的思想、理论建树，为促进马克思主义在中国的发展，为丰富毛泽东思想宝库作出了宝贵的贡献。

中华人民共和国成立后，周恩来同志长期担任国家总理。在全面领导国家建设的实践中，他高瞻远瞩，深感人才和培养人才的教育事业在国家建设中具有决定性作用，对我国的教育工作特别关心，几乎对所有重大的教育问题都发表过重要而精辟的看法和意见，对一些教育问题还作过深刻的论述，形成了比较完整的教育思想体系。这是中国人民的宝

---

① 本文是为《周恩来教育思想研究》一书所写的序言。

贵财富，更是我国教育工作者应当学习、研究、继承和发扬的宝贵遗产。

周恩来同志的许多教育思想、主张都具有长远的指导意义，即使在几十年后的今天，仍然可以看出它们的理论意义和思想光辉，仍然是指导新时期教育改革和建设的重要指针。

中华人民共和国成立后不久，他就指出：我国最大的不足是知识分子不足，建设中最大的困难是人才缺乏的困难。因而提出"人才、干部是国家建设的决定性因素"，"培养人才是我们国家最中心的问题"；要求对教育的投资要超过任何一个工业部门；提出宁可少搞一些工业建设项目也要多办一些学校，发展教育事业。

20世纪50年代初，在国家财力不足的情况下，为了尽快发展我国教育事业，以适应国家建设对人才的需求，他提出要采取灵活多样的办学体制，动员各方面的积极性，采取多种形式去办好教育；主张运用全社会的力量，包括发动工矿、企业和人民团体办学，允许私人办学。

在谈到各类各级教育的地位和作用时，他特别重视小学、中学在整个教育事业中的重大作用，提出"小学教育是教育建设的基础"，批评教育工作中的"大大，小小"，即只重视大学而忽视中小学的倾向。他强调师范教育在培养人才方面的"母机"作用和对教育全局的影响。强调高等、中等专业教育在培养建设急需的高、中级专业人才、直接服务于国家建设方面的重要作用。他重视城乡的职业教育，指出我国"光有普通教育没有职业教育是不行的"，"必须努力办好职业教育"；还提出普通中小学要增加职业教育的比重，对普通中学进行结构性改革。在主张大力发展普通教育、从青少年中培养人才的同时，还提出要改变教育观念，"把成人教育置于同其他教育同等重要的地位"，努力提高现有劳动者素质，以适应不断发展的科学技术革命的需要。

在普及小学教育问题上，他强调要从中国的实际出发，根据各地的不同情况，采取多种形式，提出不同要求来发展小学教育，切忌一刀切，切忌不区别情况的一律要求，指出："要求全国小学整齐划一，那是做不到的。"

在谈到教育方针时，他提出要培养有社会主义觉悟、有文化、身体健康的劳动者，强调"身体是工作和学习的基础"，要十分重视减轻学生过重的各种负担，改善他们的卫生状况，对他们进行生理卫生教育、性知识教育，增强他们的体质；并提出要把一代又一代青少年的健康成长看作关系国家前途和命运的大事认真抓好。在谈及学生的政治方向时，他强调学生都要力求全面发展，又红又专，并注意在艰苦环境下锻炼成才，做一个体脑结合的新型知识分子。

对教育改革，他提出既要坚决、积极，又要慎重、稳妥。首先要坚决改革那些不适应新形势的旧教育思想、教育制度、教育内容和教育方法，不能用种种借口拖延改革；同时在改革中又要谨慎从事，不要鲁莽，不要急于求成，更不能"企图用粗暴的方法进行改革"。

在论及发展科学技术同发展教育的关系时，他几次提出，实现国家工业、农业、国防和科学技术的现代化，关键是科学技术的现代化，发展科学技术关键在人才；而培养建设人才首先是工业技术人才和科学研究人才，则是教育部门的首要任务；只有把发展教育同发展科学技术紧密结合起来，才能把知识形态的生产力转化为现实的生产力。

周恩来同志是中国共产党正确的知识分子政策的主要制定者和模范执行者。他一贯信任、尊重、关怀知识分子，是我国知识分子最亲近、最可信赖的朋友。从50年代初期起，他就多次做有关知识分子问题的报告。1956年年初，首次提出"知识分子是工人阶级的一部分"的科学论断；60年代初又多次重申这一论点，提出"如果还把他们看作是资产阶级知识分子，显然是不对的"；并对歪曲、干扰、破坏知识分子政策的言行进行严厉的批评。教育领域是知识分子最集中的地方，周恩来同志对教育界的知识分子尤其关注。他十分关心他们的学习和进步，在同他们谈心、做报告时，总是把自己摆进去，平易近人，现身说法，诚恳耐心地帮助他们提高认识，从不疾言厉色，居高临下。他多次提出要改善教师的政治待遇和工作、生活条件，并提出了许多具体措施督促有关部门落实。他特别关心小学教师，指示教育部门要坚决制止排斥、打击小学教师的言行，而且切实关心他们的生活困难。50 年代就提出：要设特级教师职务，设教龄津贴，公私立小学、民办小学教师都应享受公费医疗待遇。"文革"中，他保护了一些教授和教育界其他知识分子，并且坚决反对江青一伙对教育的两个反动"估计"，反对在教育问题上和对待知识分子方面的极"左"思潮。

周恩来同志有关教育问题的谈话、讲话、报告、文章、指示、书信以及由他主持起草或审批签发的文件是十分丰富的、多方面的，他对教育工作的关心，在党和国家领导人中是突出的。在这些论著中反映出来的思想、主张全面而深刻，不仅当时正确，而且在几十年后的今天，当我们已进入社会主义现代化建设新时期后，仍然具有重要的现实指导意义。

中共十一届三中全会后，邓小平同志关于教育问题的许多论述，同周恩来同志的教育思想是一脉相承的，而且又有新的发展。当前，我国的教育工作者正在努力学习邓小平同志建设有中国特色的社会主义理论及其教育论著。这个时候，把学习老一辈革命家的教育论著结合起来，认真学习、研究周恩来同志的教育思想，对我们深入学习具有中国特色的社会主义的理论，更好地运用老一辈革命家们的教育思想去指导当前的教育改革和建设，为建立有中国特色的教育体系和教育理论体系作贡献，将是一个有力的推动。

周恩来同志离开我们 20 年了。每当我想起他的教导时，怀念、崇敬之情不禁油然而生。作为一个老教育工作者，在新中国成立前的民主运动中，我就有幸同周恩来同志多次接触，亲聆他的谈话、讲话和报告。新中国成立后，又不止一次地亲聆他的教诲。他同邓颖超大姐的革命精神、崇高品德、高尚人格都让我衷心敬佩。周恩来同志深邃的思想、远大的眼光、卓越的见解也让我终生难忘。《周恩来教育思想研究》一书中辑录和阐述的一些有关教育的谈话、讲话、报告，就是我亲自听过而且至今记忆犹新的。因此，看到这本专著出版，不禁使我产生一种亲切感。作为一个一生从事教育工作的人员，我衷心希望我国教育界的同志们珍视周恩来同志给我们留下的这份宝贵遗产，努力学习、研究他的教育论著，并把他的一些重要的思想运用到当前的教育教学实践中去。这是我们这些他生前深为关怀的中国教育工作者对他的最好纪念。

（原载于《教育研究》1996年第1期）

在《中国公民读本》出版座谈会上的讲话

各位来宾、各位同志：

《中国公民读本》由李沛瑶同志担任主编，民革中央宣传部组织编写，由人民出版社正式出版发行，这是社会主义精神文明建设中的一件大好事，是民革作为参政党为两个文明建设服务所取得的一项新成果，也是沛瑶同志生前对我国公民教育所作的一个新贡献。我衷心祝贺《中国公民读本》的出版发行，祝愿这本书在精神文明建设和培育"四有"公民的宏伟事业中发挥应有的作用！

同志们！我国目前正处于社会关系变动的时期，对社会主义精神文明建设提出了新的要求。能否搞好精神文明建设，关系我国社会主义事业的兴衰成败，关系我们把一个什么样的中国带入 21 世纪。在这样的形势下，《中国公民读本》的出版发行，就显得十分必要和及时。作为本书顾问，我高兴地看到，本书编者遵循江泽民同志"要积极探索在市场经济条件下，搞好精神文明建设的新思路、新办法"的指示精神，在精神文明建设载体上有很大的创新。《中国公民读本》在内容上涵盖了一个普通公民所及的全部生活领域，并区分不同层次，创造性地把公民教育的渐进性要求和广泛性要求相结合，把政治思想教育和行为规范养成相结合，把政治思想教育、法律法规教育、道德行为规范教育等内容有机地结合起来，渗透到公民的各个基本生活领域，使读者能十分明确而具体地了解到一个合格公民应该具备的素质和行为方式，以及如何努力成为一个有理想、有道德、有文化、有纪律的社会主义公民。我相信，每位公民读者都能从本书中得到很大的益处。

最后，我希望《中国公民读本》能宣传好、发行好，还希望同志们对本书提出宝贵意见和建设，使本书在再版时能够继续完善和提高。

我的话完了，谢谢大家。

（1996 年 3 月 2 日）

在《徐特立文存》首发式的讲话

同志们！朋友们！

首先让我代表全国人大常委会，对《徐特立文存》的出版发行表示衷心的祝贺！

伟大的共产主义战士、杰出的无产阶级教育家徐特立同志是一位德高望重的革命前辈。他经历了清朝末年、戊戌维新、辛亥革命、五四运动以及中国共产党领导的新民主主义革命、社会主义革命和建设。他从18岁开始执教，曾先后考察过西方各国以及日本的教育，在70多年的革命生涯中，孜孜不倦地探索振兴我国教育事业的道路，他既是改革旧教育的先驱，也是新中国教育事业的开拓者和奠基人。他一生献身教育，全心全意教书育人，为国家培养了几代栋梁，不仅老一辈无产阶级革命家中有许多人是他的学生，现在的一代领导人也有不少是他的学生。周恩来同志曾赞誉他是"人民之光，我党之荣"。

徐老一生追求真理，追求科学，坚持不懈地学习各种知识。他学识渊博，对中外教育了解很多、很深，更兼几十年来他勇于把马克思主义的教育理论和中国的教育实践相结合，积累了非常丰富的教育经验。他的一生对中国的教育理论建树甚多，如早年倡导女子教育和平民教育；

开民主治校、学生参加学校管理之先河；首创"教育、科研、经济"三位一体的办学模式，重视教育对推动科学研究和发展经济的作用，以及他关于师范教育、教材建设、学生品德教育和教育要中国化、科学化、社会化、多样化的思想，至今仍闪烁着真理的光辉。他的具有中国特色的教育思想和丰富的教育实践经验，是他留给我们和后人的一笔宝贵的财富。

《徐特立文存》的出版，对我们继续学习、研究和借鉴徐老的教育思想和经验做了一件大好事。我们要继承徐老的精神财富，认真贯彻中央科教兴国的方针，大力振兴我国的教育事业，为加快我国四个现代化建设作出新的贡献。

（1996 年 4 月 7 日）

《希望之路——赵安中传》序言

我虽然与赵安中先生迄未谋面，但当我得知他的事迹以后，是很受感动的。特别是先生的晚年，以将届耄耋之身，不避寒暑，无数次地仆仆于道途，跋涉于高山海岛之间，将极大的精力和财力倾注于家乡的基础教育，被浙江省和宁波市政府分别授予"爱乡楷模"和"荣誉市民"称号。赵先生捐资办学、造福桑梓的义举深受家乡人民的爱戴，可敬可佩。

现在，由宁波市组织撰写的赵安中传记即将出版发行，这是一桩非常有意义的事情，可喜可贺。

"君子虽在他乡，不忘父母之国。"赵安中先生事业成功之后，热心教育，报效祖国，造福桑梓，继承发扬了中华民族的传统美德。管仲有云："一年之计，莫如树谷；十年之计，莫如树木；终身之计，莫如树人。"宁波虽属沿海经济发达地区，但还有四明山这样比较贫困的革命老区。赵安中先生把捐资的方向放在基础教育上，尤其是贫困山乡的兴教办学上，是极具远见卓识的。据粗略统计，迄今为止，赵先生捐助公益事业已达 3 000 万人民币以上，其中用在家乡的占三分之二以上。而他在家乡宁波等地捐赠助建的七十几个项目中，十分之九在贫困山乡和偏远海岛。这种雪中送炭、扶贫济困的义举深得群众赞扬。他曾经多次说过：宁波人"如欲再度辉煌，端赖现在学中之同学"。赤子之心，拳拳之忱，溢于言表。

本书生动翔实地反映了赵安中先生的爱国爱乡的高尚情怀。这种精神对包括直接身受其惠的数以万计、十万计的莘莘学子在内的所有青少年，都是一份珍贵的爱国主义教材。

赵安中先生的捐资义举，除了直接帮助一些贫困地区改善教育条件以外，还极大地推动了当地干部、群众和社会各界尊师重教的风气。赵安中先生一再说，自己在香港是最小最小的老板，对祖国和家乡只是尽一点绵薄之力，求得"心之所安"而已。这种"好德乐善而无求"的无私精神，使他的捐赠事业的意义远远超越了金钱和物质的范围。据说在他所捐赠的地区，常常可以听到这样的说法："赵先生与我们非亲非故，尚且慷慨解囊，我们各级领导怎么办？我们厂长经理怎么办？我们广大群众怎么办？"于是，社会集资办学在宁波蔚然成风。

"懿德茂行，可以励俗。"赵安中先生这种无私奉献的美德，对于匡正社会风气，促进社会主义精神文明建设，是非常有意义的。

我非常乐意向读者诸君介绍、推荐这本好书，同时也非常希望大家都来学习赵安中先生，推进"希望工程"，推进科教兴国，把我们伟大祖国早日建设成为社会主义现代化的美丽家园！

（原载于王耀成著：《希望之路：赵安中传》，北京大学出版社 1997年版）

在《周恩来教育思想研究》一书
座谈会上的发言

  周恩来同志担任中华人民共和国总理长达 26 年。在他担任总理期间，始终把提高全民族素质和为国家培养建设人才的教育事业，摆在突出的地位。他十分重视和关心我国的教育事业，在指导我国教育改革和建设的实践中，对许多重大的教育问题都发表过十分精辟的意见，提出了系统的主张，形成了有自己特点的教育思想体系。周恩来有关教育的思想、理论和实践，不仅当时对我国教育工作发挥了重大指导作用，而且在当前和今后仍具有现实和深远的指导意义。这是我国人民，特别是我国教育工作者应当认真继承和发扬的宝贵财富。作为教育工作者，新中国成立后，我曾在周恩来同志领导下工作，亲聆了他的许多亲切教诲。他对教育问题的一些指示和讲话，我至今记忆犹新。因此，总希望教育界的同志对周恩来同志的教育论著进行系统研究。但据我所知，直到去年以前，还没有一本较全面、系统地阐述他的教育思想并附有较翔实的文献资料的著作问世。福建教育出版社能适时地出版《周恩来教育思想研究》一书，为我国教育工作者提供一本学习、研究周恩来教育思想的参考著述，做了一件大好事，实在可喜可贺。

　　《周恩来教育思想研究》是全国教育科学规划"八五"期间国家教委级重点课题的研究成果。这部专著共分 10 章，就 10 个方面比较系统地阐述了周恩来同志有关教育的主要思想、主张；并且较深入地分析了这些思想产生的现实和理论依据、哲学基础及其特点，有相当深度。可贵的是，本书还附有比较丰富、翔实的文献、史料和资料，将周恩来同志的精辟论述和他关心教育工作的事迹，编辑成《周恩来关于教育论述的专题摘编》《"周恩来与新中国教育"大事年表》。前者着重从理论方面，后者着重从实践方面为读者提供学习和进一步研究周恩来教育思想、实践的参考文献和资料。我认为，它们的作用不亚于前面作者自己的研究心得。因为这些文献、资料，可以吸引和帮助更多的同志一起来研究周恩来的教育论著和实践，从而使这一研究更加广泛、深入地开展起来。

　　我衷心希望教育界、学术界的同志们重视对周恩来教育思想的学习和研究，用以指导当前的教育工作，把新时期的教育改革和建设推向前进，为实现我国"四化"建设的第二步、第三步战略目标，作出更大的贡献。

（1997 年 4 月 30 日）

在杨石先百年诞辰纪念会上的讲话

各位来宾、各位代表、同志们、朋友们：

今天杨石先同志百年诞辰纪念会隆重举行。杨石先同志是我国著名的教育家、科学家，他为我国的科教事业建立了不朽的业绩。同时杨石先同志也是我会杰出的领导干部，他为我们民进工作作出了重大贡献。我谨代表中国民主促进会对杨石先同志表示深切的怀念，并向杨石先同志的家属以及南开大学的广大师生员工致以亲切的问候！

杨石先同志是我国化学界的泰斗，也是我国教育界的一代宗师，他将自己的毕生精力献给了我国的科教事业。早在1923年杨石先同志就开始执教于天津南开大学，从事化学的教学科研工作60余年，在教学上，他治学严谨、务实求新，为我国培育了数以千计的教育工作者和科学技术人才。现在活跃在我国化学以及农、医领域内的许多知名专家、学者曾沐其教泽，其中十余人被选为中国科学院学部院士。在科学研究方面，他开创了我国农药化学和磷有机化学的研究工作，成为我国这方面研究的先驱，为我国农药化学和磷有机化学的发展奠定了基础，作出了重大贡献。

杨石先同志一生热爱祖国，追求进步，始终不渝。他在青年时代曾三次出国留学，学习美国的先进技术和教育。在中华民族危难的岁月里，他在自己的岗位上为祖国的复兴而无畏地战斗，将全部精力投入到教育救国的工作中去。新中国成立后，杨石先同志作为教育界的代表出席了第一次全国人民政治协商会议，商讨建国大计。杨石先同志曾当选第一至第五届全国人大代表及第五、第六届全国政协常委，为社会主义建设事业贡献了自己的力量。

杨石先同志坚决拥护中国共产党的领导，积极参加统一战线和民主党派的工作。1953 年他加入中国民主促进会，并先后担任民进天津市第一任主任委员，民进第四届中央委员、第六届中央常委和第七届中央委员会顾问。作为天津民进的主要领导人，杨石先同志为巩固和发展爱国统一战线，为坚持和完善中国共产党领导的多党合作和政治协商制度，为团结带领天津民进广大成员发挥参政议政、民主监督作用，做了大量的工作，为天津民进广大成员接受党的领导做出了表率。杨石先同志坚持"立会为公"，十分注重会内的思想建设和组织建设，为民进在天津的发展作出了积极的贡献。我们为我会有杨石先同志这样杰出的知识分子而感到骄傲和自豪！

今天我们在这里召开纪念会，隆重纪念杨石先同志一百周年诞辰，缅怀杨石先同志的光辉业绩，就是要认真学习他将毕生精力奉献给祖国、奉献给人民的爱国主义精神，学习他一步一个脚印，踏实勤奋，在自己的工作岗位上创造出不平凡的业绩的作风，学习他正直无私、以国家的需要为己任的态度，学习他学而不厌、诲人不倦、春风育人的高尚品德，我们每一位中华儿女，都要像杨石先同志那样，把自己的一生奉献给我们伟大的祖国，为建设有中国特色的社会主义作出我们应有的贡献。

谢谢大家！

（1997 年 5 月 23 日）

《新世纪中学生百科全书》前言

人类即将跨入 21 世纪。

21 世纪是信息世纪，是人、环境、社会协调的世纪，是全球合作和竞争的世纪。一个国家、一个民族要在 21 世纪不落伍，自立于世界之林，关键是要拥有深厚的人才资源。综合国力的竞争归根结底是人才的竞争、民族素质的竞争。中学是长身体、长知识的时期，是人的素质全面打基础的时期，是未来 21 世纪国家的栋梁。今天，我欣喜地看到中国大百科全书出版社专门为中学生跨入 21 世纪，提供了一本德智体美劳全面发展的基础知识和技能的综合性百科全书——《新世纪中学生百科全书》。

21 世纪是科学技术飞速发展的世纪，是终身教育的世纪。中学生仅具有一定的基础知识和技能是不够的，还应培养有浓厚的学习兴趣、旺盛的求知欲，以及相应的自学能力。为此，《新世纪中学生百科全书》以中学教学大纲为基准，适度地向外扩展，以帮助中学生巩固课本知识，获取课外新知识，开阔视野，培养观察和认识世界的兴趣和能力，激发学习积极性，使学生在浏览中增学识、长才干。本书还设置有条目分类目录等 5 种检索渠道，帮助中学生学会使用工具书，提高自学能力，使学生能从不同角度迅速查找到所需的知识，达到解疑释惑的目的。

《新世纪中学生百科全书》知识新、资料新。全书自然科学技术知识与人文社会科学知识并重；史、地等门类反映了八九十年代的一系列新变化、新发展；科学技术部分则着重介绍了八九十年代涌现的一系列新成果、新趋势。

《新世纪中学生百科全书》共收近 2 000 个条目、近万个知识主题，图片近千幅，全书 200 多万字。它以中学生为主要读者对象，兼顾各类中专、职业学校学生。同时，也是一部供老师、家长和学校图书馆使用的基础知识和素质教育兼备的综合性百科全书。

《新世纪中学生百科全书》的编纂工作，是在数十位北京市重点中学的特级教师、高级教师、优秀中青年教师和中国大百科全书出版社编辑人员的积极参与下进行的，并且得到国家教委、北京市一些重点中学及北京市教育局教育研究部的鼎力相助。在此我向他们表示衷心的感谢。

同学们，世界是你们的，21 世纪是你们的。我希望本书能成为你们的好伴侣，能为你们在新世纪建功立业铺路。

（原载于《新世纪中学生百科全书》，中国大百科全书出版社 1997 年版）

《中小学素质教育论集》序

在共和国 50 华诞之际，三卷本，200 余万字的《中小学素质教育论集》出版了，这是件令人非常高兴的事情。应本书主编邹时炎同志之约，为本书作序深感欣慰。

中小学全面实施素质教育，全面提高基础教育质量，是当前教育界的热门话题。那么，什么是素质教育？怎样实施素质教育？我以为，素质教育是为实现教育方针规定的目标，着眼于受教育者群体和社会长远发展的要求，以面向全体学生、全面提高学生的基本素质为根本目的，以注重开发受教育者的潜能、促进受教育者德智体美诸方面生动活泼地发展为基本特征的教育。应该看到，在我国基础教育事业蓬勃发展的同时，仍有一部分地区和学校不同程度地存在着"应试教育"的倾向，这严重地影响了党的教育方针的全面贯彻落实，困扰着中小学教育健康的发展。所谓"应试教育"的倾向，是单纯的应付考试，争取高分和片面追求升学率的一种倾向。这种教育倾向，不利于教育事业的发展，不利于教育为社会主义现代化建设服务，它受到社会各方面的关注和批评。为了克服这种倾向所造成的弊端，广大教育工作者长期致力于理论的研究和实践的探索。正是在这样的基础上，国家教育行政部门才明确提出，在基础教育中必须实施素质教育。

全面实施素质教育，也是迎接 21 世纪挑战的重大举措。大家知道，到下世纪中叶，我国将基本实现社会主义现代化。为此，我们必须实施"科教兴国"和"可持续发展"战略，增强综合国力，迎接新世纪国际竞争的挑战。我国现代化建设的战略目标能否如期实现，中华民族在 21 世纪能否以富强、文明之邦屹立于世界民族之林，归根到底取决于我们的教育能否培训出高素质的劳动者和高素质的专门人才。江泽民总书记在党的十五大报告中强调指出："发展教育和科学，是文化建设的基础工程。培养同现代化要求相适应的数以亿计高素质的劳动者和数以千万计的专门人才，发挥我国巨大人力资源的优势，关系 21 世纪社会主义事业的全局。"因此，我们必须站在全局的高度，按照素质教育的要求，建设高质量的基础教育。

既然如此，又该如何抓好素质教育？我认为，在实施素质教育的实践中，首先必须注意处理好这样几种关系：

素质教育与全面发展的关系。素质教育其实质就是全面发展的教育。正是因为全面发展的教育方针受到"应试教育"的干扰，才提出素质教育，目的在于克服"应试教育"的弊端，更好地贯彻全面发展的教育方针。同时，素质教育既体现一种教育思想，又表现为一种实践模式；素质教育不仅强调全面性，而且强调全体性、基础性和发展性。

素质教育与考试的关系。实施素质教育并不排除考试，考试是一种教育手段，是评价、检查学习效果的一种方法，也是选择人才的一种好方式。运用得法可以促进、激励学生努力学习。但是，如果把考试这种手段当作目的，以应付考试为目的，或者把考试作为教育评价的唯一手段，这就是大错了。

素质教育与因材施教的关系。有人担心素质教育强调面向全体学生，就会忽视学生的差异和个性发展，其实这是一种误解。就学生个性而言，指的是"一般发展"与"特殊发展"的统一；就群体而言，指的是"共同发展"与"差别发展"的统一。因此，真正实施素质教育，一定会非常注意因材施教，重视学生的个性发展。

素质教育与课外活动的关系。在实施素质教育时，一些学校不是在课堂教学上下功夫，而是大搞课外活动，并把课外活动也排在课表中，名之为"活动课程"。结果形成学科课程（课堂教学）是"应试教育"，活动课程（课外活动）是"素质教育"。实施素质教育首先要改革"应试教育"的课堂教学模式，让学生学得生动活泼主动，从而提高素质。而课外活动是课堂教学的重要补充，是学生获取知识和培养能力、满足其特殊的兴趣和爱好的另一渠道。因此，这两者不能等同，不能代替。

实施素质教育，是我国基础教育领域里的一场深刻变革，是一项社会系统工程，改革的难度很大，需要进行长期坚忍不拔的努力。然而我坚信，在党中央、国务院的正确领导下，在各级教育行政部门和广大基础教育工作者的共同努力下，实施素质教育的目标一定会实现，我国基础教育必定会迈向一个新的发展阶段。

《中小学素质教育论集》是由来自全国各地中小学教育工作者的论文而集成，据说收到来稿 1 300 余篇，这是从中选的 500 余篇，并经过编者精心加工归纳为七部分，即：基础理论篇，教学改革篇，教材改革篇，学生引导篇，队伍建设篇，管理改革篇和实验报告篇。可以深信，这套书的出版对基础教育实施素质教育必将是一个有力推动。

（1999 年 4 月）

缅怀钱昌照先生

今年11月2日是钱昌照先生诞生100周年。新中国成立前，钱先生长期从事工业建设，我和他彼此并不熟悉。1949年5月，钱先生应周恩来同志的邀请，从香港回到北平，和我一起参加了新政协的筹备工作和会议。钱先生并在大会上以特邀代表的身份发了言。我们共同参加制定了共同纲领，协商决定了国旗、国歌、国徽，选举了第一届中央人民政府。10月1日，我们又一同登上了天安门，迎接和见证了举世瞩目万众欢腾的新中国的诞生。

50年代中叶，钱先生住在北兵马司17号，离我居住的南锣鼓巷政法学院宿舍只有咫尺之遥，相互走动就比较多了。钱先生每天下午都有外出散步的习惯，常顺便来我家小坐，谈谈当时的政治形势和国内外大事，彼此就更加熟悉起来。

十一届三中全会以后，钱先生以80高龄出任全国政协副主席，他对改革开放的大好形势感到无比振奋，积极参政议政，热心于各种社会活动和公益事业。

钱先生在新中国成立前，曾出任国民政府教育部常务次长，以后在国防设计委员会和资源委员会担任领导工作10多年。这两个机构培养造就了一批科技和工业建设人才，很多人后来成为海峡两岸和国外著名的专家、学者和企业家。钱先生从切身工作中体会到培养人才对国民经济建设的重要性。新中国成立后，他多次上书中央，建议召开全国教育工作会议，建议增拨教育经费，他反对在中小学设立重点，大力提倡扫除文盲和发展职业教育。

钱先生在海外有诸多亲友，他千方百计和他们取得联系，盼望港、澳、台能早日回归，期盼着祖国的统一。他和我都参加了香港特别行政区基本法起草委员会，认真参加"草委"举行的会议，积极发表意见。钱先生写有大量诗词，其中不少篇幅是有关祖国统一和寄语海外亲朋旧友的。

钱先生晚年又把目光转向了海南的开发。海南建省前，1985 年钱先生率全国政协考察团遍历海南，回京后写出了一整套有关开发矿产、兴修水利、发展交通等方面的意见书。他给中央领导写信，建议中央和广东共同拨款，解决了海南中小学危房改造的问题。他组织了北京市的优秀教师前往海南示范教学，并把海南的教师组织来京培训……海南建省后，他更是欢欣鼓舞，朋友会晤，几乎言必谈海南，他准备再次赴琼岛考察，并邀请我同行，可惜不久病魔就夺走了他的生命。

值钱先生百年诞辰之际，书此短文，以兹缅怀。

（原收录于《纪念钱昌照专辑》，中国文史出版社 1999 年版）

《创造奇葩——陶行知的弟子们》序

适逢千禧之年，欣悉记述中国伟大的人民教育家陶行知先生历代弟子的人物集《创造奇葩——陶行知的弟子们》即将出版，这无论对于研究陶行知教育学说，抑或研究如何培养新世纪人才，都是极为有益的。

我与陶行知先生结识迄今已半个多世纪。1946年6月23日，他冒着生命危险亲自到上海火车站欢送马叙伦先生及我等赴南京呼吁反内战、要和平的请愿代表团。他在10万人群众大会上震撼人心的呐喊，至今仍萦绕耳际。他逝世时，我含泪加入了悲壮地为他送行的队伍。我敬重陶行知先生崇高的人品与渊博的学识。他虽然只活了55岁，却在长达30年的教育生涯中，怀着热爱祖国的赤诚，勤奋耕耘，追求真理，锐意创新，给后人遗下了丰富的思想遗产。他的许多教育主张和实践，不仅对于当时的教育进步起到了促进的作用，在近代中国与世界教育思想发展史上具有十分重要的地位，而且对于今天社会主义教育事业的改革与发展，同样具有值得认真学习、研究和继承的价值。

1999年6月15日中共中央、国务院在北京召开的全国教育工作会议上，江泽民主席指出："必须坚定不移地实施科教兴国的战略，大力提高全民族的思想道德和科学文化素质，提高知识创新和技术创新能力，密切教育与经济、科技的结合，加快实现经济增长方式和经济体制的根本转变。这是全面推进我国现代化事业的必然选择，也是中华民族自立于世界民族之林的根本保证。"在中央领导人指明新世纪中国教育改革方向的历史时刻，我们借鉴陶行知先生的"生活教育"学说，重温他关于"教育立国""政富教合一""教育要与农业、科技携手"等论述，景仰他的崇高人格与研究他的德育观，学习他的创造教育理论，特别是研究他丰富的办学实践，对于落实江泽民主席的上述重要讲话，实在有着十分重要的意义。

这本书囊括了陶行知先生担任东南大学教授时期、创办晓庄师范时期以及创立工学团与育才学校时期的 57 名英才，他们成就卓著，在国内外有广泛的影响，而这些人或者原是有志报国而无门可入的青年，或者是出身寒微的苦儿、孤儿、难童，他们在陶行知教育思想的熏陶、培育下，在与陶先生甘苦与共的名师的教导下，培育了热爱祖国、报效人民的远大志向，在书本、在专业实践与社会实践中求知，学会终身自学，学会创造。于是，他们之中，有些像陶先生那样，为探索中华民族的出路与教育的出路奋斗终生，有些为新中国献身成为烈士，有些成为国家领导群体中的一员，有些成为新中国教育事业的开拓者，有些成为名传中外的音乐家、文学家、舞蹈家、自然科学家……编著者是陶行知先生的学生，既从事新闻出版工作数十年又从事陶行知研究近 20 年，他们编撰的文章，以大量生动的事实、流畅的笔墨，描述陶行知思想浇灌幼苗成才的历程，以及这些陶氏弟子对社会的贡献。

实践是检验真理的唯一标准。这本书所记述的人物佐证了陶行知教育思想的成功。是故，我愿为之序。望广大教育工作者从中得到启迪，以有助于在中国教育改革与发展道路上创新，为新世纪培养创造型的人才。望广大青年学子读之，能效成才之长者那样，在新的历史条件下，把自己塑造成一个具有崇高品格与无限创造能力的现代化所需要的优秀人才。

（原载于周毅、金成林编著：《创造奇葩——陶行知的弟子们》，四川教育出版社 2001 年版）

雷洁琼著述年表

1931 年

1.《A Study of American Born and American Reared Chinese in Los Angeles》(《对生长于美国的华人的一项研究》)，美国南加州大学社会学系硕士学位论文，1 月。

1933 年

2.《社会服务与节制生育运动》，《北平晨报·人口》12 月 30 日。

1934 年

3.《大学女生的修养问题》，《燕大旬刊》第 3 期。

1935 年

4.《平绥沿线天主教会概况》，《北平晨报·社会研究》3 月 13 日。

5.《儿童福利问题》，天津《大公报》4 月 4 日。

6.《女大学生的地位》（在清华大学"中国妇女青年社"举行的"女大学生问题讨论会"上的讲话），《盛京时报》4 月 26 日。

7.《农村妇孺工作研究会：技术演讲讲词摘要：农村妇女与社会改进》，《农村服务通讯》第 3 期。

1936 年

8.《山额夫人与节育运动》,《北平晨报·人口》3 月 8 日。

9.《中国家庭问题研究》,《北平晨报·社会研究周刊》第 101—128 期

10.《中国家庭问题研究讨论》,燕京大学《社会学界》第 9 卷。

1939 年

11.《江西怎样组训农村妇女》,《江西妇女》创刊号,3 月 8 日。

12.《两年来之妇女运动》,《江西妇女》第 5 期。

13.《农村妇女地位研究》,《江西妇女》第 6 期。

14.《欢迎二十县妇女指导处主任》,《江西妇女》第 2 卷第 1 期。

15.《妇干班三个月的简报》,《江西妇女·妇干特刊》。

16.《妇女问题讲座》,连载于《江西妇女》1939 年—1940 年。

1940 年

17.《女学生与妇女工作》,《江西妇女》第 2 卷第 6 期。

18.《纪念"三八"应有的认识》,《江西妇女》第 3 卷第 1 期。

19.《抗战中的农村妇女》,《江西妇女》第 3 卷第 2 期。

20.《论抗战中妇女职业问题》,《江西妇女》第 4 卷第 4 期。

21.《对于妇女工作应有的认识》,《地方政治周刊》第 9 期。

1941 年

22.《三十年来中国妇女运动的总检讨》,陆续载于《江西妇女》。

1944 年

23.《儿童福利面面观》,《中华基督教卫理公会通讯》(1944 年复刊)第 20 期。

1945 年

24.《肃清汉奸与实行民主》,《平论半月刊》11 月。

25.《妇女与新中国的建设》,《妇女》杂志《庆祝胜利特刊》。

1946 年

26.《民主运动与妇女解放》,《平论半月刊》2 月。

27.《为中国的儿童而呼吁》,《人民世纪》第 4 期。

28.《关于"美援"和"和谈"》(在上海六教授座谈会上的发言节录),3 月。

29.《学习研究与服务》,圣约翰大学《校友通讯》第 2 期。

30.《反对内战 争取民主与自由》,《文汇报》5 月 7 日。

31.《争取民主政治 挽救教育危机》,《教师生活》第 5 期。

32.《下关被殴》,《周报》第 44 期。

33.《经济民主建设与妇女解放》,《经济周报》第 2 卷第 9、10 期合刊。

1947 年

34.《挽救中国儿童的厄运》,《知识与生活（北平）》第 5 期。

35.《分析教育当局对于男女分校的用意》,《现代妇女》第 9 卷第 5 期。

36.《儿童福利人才训练在燕京》,《儿童福利通讯》第 6 期。

37.《三十六年来的妇女运动》,天津《大公报》12 月 23 日和 1948 年 1 月 6 日连载。

38.《论现阶段的妇女运动》,《燕京新闻》。

1948 年

39.《中国妇女之出路》,天津《大公报》3 月 8 日。

40.《每周专论：纪念"三八"谈中国妇女之出路》,《燕京新闻》第 14 卷第 18 期。

1949 年

41.《中国妇女第一次全国代表大会闭幕词》,4 月 3 日。

42.《论教育工作者思想改造》,《新建设》第 3 期。

43.《一年来的妇女运动》,《新建设》第 10 期。

1950 年

44.《婚姻法与儿童保护》,天津《进步日报》6 月 1 日。

45.《从司徒雷登看美帝文化侵略》,《世界知识》第 24 期。

1951 年

46.《从朝鲜前线归来》,6 月。

1953 年

47.《英、美资产阶级思想对于旧高等教育的影响》,《新建设》第 3 期。

48.《教育工作者要积极参加贯彻婚姻法运动》,《教工通报》第 3、4 期合刊。

49.《为什么今年要召开人民代表大会》,《文汇报》5 月 14 日。

1954 年

50.《参加全国文教工作会议的几点体会》,《民进》第 23 期。

51.《我衷心拥护这个代表人民意志和利益的宪法草案》,《光明日报》6 月 23 日。

52.《宪法草案以共同纲领为基础,又是共同纲领的发展》,《文汇报》6 月 26 日。

53.《教育工作者要积极参加宪法草案的学习、讨论和宣传》,《教工通报》第 6 期。

54.《向社会主义迈进的中华人民共和国》,8 月。

1955 年

55.《祖国沿着社会主义的道路加速前进》(为中国新闻社撰写的专稿),10 月。

1956 年

56.《1956 年妇女文化代表团访意传达报告》，7 月 7 日。

57.《关于在法学界贯彻"百家争鸣"方针的问题：年老和年轻的教师应该互相合作，取长补短》，《政法研究》第 5 期。

1957 年

58.《民进北京市分会第三届理事会工作报告》，1 月 5 日。

59.《论早婚》，2 月 9 日。

60.《和年轻人谈婚事》，《中国妇女》第 4 期。

61.《关于社会研究的对象和内容（座谈记录摘要）：从实际生活中发现矛盾、分析矛盾》，《新建设》第 7 期。

1959 年

62.《投帝国主义所好是误国自误》(雷洁琼等代表的联合发言)，《新华》半月刊第 11 期。

1962 年

63.《粤闽参观杂记》，3 月。

64.《回顾十年　展望未来》，《北京政法学院十年校庆专刊》，11 月。

1975 年

65.《我们国家是大有希望的》(在辽宁省座谈会上的讲话)，6 月。

1976 年

66.《悼念毛泽东主席》，10 月 1 日。

1977 年

67.《敬爱的周总理，亿万人民永远怀念您》，1 月 4 日。

1978 年

68.《加强监察》(发言提纲)，3 月 15 日。

69.《在妇联联欢会上的讲话》(12 月 27 日),后收入《中国妇女》1997 年第 1 期。

1979 年

70.《分清行动上的敌人和思想上的论敌》,《民主与法制》第 1 期。

71.《人民是国家的主人》,《民主与法制》第 1 期。

72.《深入社会实际调查研究社会问题,建立社会学》(在有关社会学座谈会上的讲话),3 月。

73.《有关社会学的几点意见》(在第一期社会学讲习班上的讲话),7 月 9 日。

74.《略谈社会主义民主与法制》,《民进通讯》第 3 期。

75.《保护妇女权利》,《中国妇女》第 8 期。

76.《论社会主义民主》,9 月。

1980 年

77.《在爱国主义的旗帜下团结起来　为实现祖国统一而努力》,1 月 4 日。

78.《在民进中央迎春茶话会上的讲话》,2 月。

79.《坚持四项基本原则,在新长征的大道上奋勇前进》(在民进北京市第四次代表大会上的报告),2 月 8 日。

80.《民主·改革·团结——参加五届人大和五届政协第三次会议的感受》,9 月 15 日。

81.《中国社会学科教育之现状》(在新泽西教育协会大会上所做的讲话),11 月 14 日。

1981 年

82.《公正的判决　法治的胜利》,《民进通讯》第 1 期。

83.《党领导爱国民主运动的一次重大事件——回忆"六·二三"

下关事件》,《民进通讯》第 5 期。

84.《党引导我不断走向进步》,7 月 3 日。

85.《在北京市 1980 年度归国华侨劳模、先进生产(工作)者表彰大会上的讲话》,7 月 15 日。

86.《用社会学的观点来研究教育问题》,《教育研究》第 3 期。

87.《在北京市社会学学会成立大会上的讲话》,8 月。

88.《在民进中央、民进北京市委员会举行的鲁迅诞辰一百周年报告会上的讲话》,9 月 21 日。

89.《重视社会问题的调查研究》,《社会》创刊号。

1982 年

90.《对解放前社会学状况的一点估计》(在北京大学社会学专业迎新会上的讲话摘要),2 月。

91.《在北京市社会学学会第二次理事会上的讲话》,2 月 28 日。

92.《让我们的光和热充分发挥》,《北京科技报》3 月 5 日。

93.《宪法草案合乎国情,适应四化需要》,《光明日报》5 月 12 日。

94.《中国社会学研究会 1982 年年会闭幕词》,5 月 26 日。

95.《要正确宣传、理解和执行新婚姻法——答〈长江日报〉记者问》,5 月。

96.《民进六届二中全会闭幕词》,6 月 16 日。

97.《坚决拥护宪法保护妇女的有关规定》(在全国政协座谈会上的发言),6 月 21 日。

98.《〈犯罪心理学〉序》,7 月。

99.《打开民主党派工作的新局面》,《人民日报》9 月 16 日。

100.《充分发挥知识分子在建设精神文明中的作用》,《北京日报》11 月 2 日。

101.《知识分子是依靠力量》(在全国政协五届五次会议上的发言要

点），11月。

102.《学习新宪法的体会》(在中国法学会召开的座谈会上的讲话要点），12月14日。

103.《在北京大学社会学社成立大会上的讲话》，12月17日。

104.《血溅金陵忆当年——1946年"下关事件"亲历记》，《文史资料选编》第16辑（后又收入《文史集萃》1986年第1辑）。

1983 年

105.《谈谈宪法的实施保证问题》，《民进》第2期。

116.《在民进中央学习组座谈〈邓小平文选〉中的发言》，《民进》第8期。

107.《在民政工作理论讨论会上的报告》，1月。

108.《在民进中央迎春茶话会上的讲话》，2月4日。

109.《在四川省社会学学会成立大会和省青年研究会1983年年会上的讲话》，《天府新论》第3期。

110.《社会学与民政工作——在首次民政工作理论讨论会上的讲话》，《民政工作（北京）》第3期。

111.《在1983年民进全国工作座谈会开幕会上的讲话》，3月19日。

112.《在1983年民进全国工作座谈会闭幕式上的讲话》，3月28日。

113.《为少数民族地区培养师资作贡献》，《中国民族》第4期。

114.《"六五"规划与社会学建设》(在全国社会学"六五"规划会议闭幕式上的讲话节录)，4月8日。

115.《中国妇女第五次全国代表大会开幕词》，9月2日。

116.《"民进会史展览"和"民进会员书画展览"开幕词》，11月7日。

117.《团结奋斗，自强不息，全面开创民进工作的新局面》(民进第五次全国代表大会上的工作报告)，11月9日。

118.《教育工作者要积极参加清除精神污染》，《教育研究》第1期。

119.《坚持四项基本原则　坚决清除精神污染》，《民主与法制》第11期。

1984 年

120.《一次难忘的幸福会见》，《民进》第1期。

121.《社会主义祖国万岁》，《民进》第9期。

122.《民进中央副主席雷洁琼就中英联合声明的草签发表谈话》，《民进》第10期。

123.《解放思想，发挥优势，开发智力，培育人才——学习党的十二届三中全会文件的一点体会》，《民进》第11期。

124.《新年展望》，《北京民进》第1期。

125.《社会学在前进》，《北京社联通讯》第6期。

126.《婚姻与家庭问题》，《婚姻家庭研究动态》第15期。

127.《向伯昕同志学习》，《人民日报》7月1日。

128.《深切悼念周建老》，《人民日报》10月5日。

129.《"一二·九"运动回忆》，《文史资料选编》。

130.《在全国政协新年茶话会上的发言》，1月1日。

131.《中国民主促进会北京市第五次代表大会开幕词》，1月25日。

132.《北京市社会学学会工作报告》，4月14日。

133.《在全国工作会议结束时的讲话》，4月29日。

134.《在民进七届中常会二次会议上的讲话》，5月29日。

135.《〈中国少数民族婚姻家庭〉序》，6月30日。

136.《在燕京大学校友会成立大会上的讲话》，7月。

137.《在欢迎新会员和干部集中学习大会上的讲话》，7 月 13 日。

138.《非常值得庆贺的历史事件》，9 月 28 日。

139.《中国民主促进会第七届中央常务委员会工作报告》，12 月 18 日。

140.《在土耳其妇女获得政治权利五十周年庆典上的讲话》，12 月。

1985 年

141.《〈中国城市家庭——五城市家庭调查报告及资料汇编〉前言》，收录于五城市家庭研究项目组编：《中国城市家庭——五城市家庭调查报告及资料汇编》，济南：山东人民出版社。

142.《严景耀和他的博士论文》，收录于严景耀著、吴桢译：《中国的犯罪问题与社会变迁的关系》，北京：北京大学出版社。

143.《中国的婚姻家庭问题》(在中国社会科学院研究生院新闻系在职研究生班上讲的心理学课)，收录于《社会学与社会心理学》，北京：工人出版社。

144.《〈费孝通传〉序》，收录于（美）大卫·阿古什著、董天民译：《费孝通传》，北京：时事出版社。

145.《在访问阿富汗难民营时的讲话》。

146.《尊师重教是我们共同的责任》，1 月 21 日。

147.《生活方式研究漫谈》，2 月 2 日。

148.《保护妇女儿童合法权益　发挥妇女的积极性》，《法学杂志》第 3 期。

149.《忠贞的民主革命战士——纪念马叙伦同志一百周年诞辰》(在民进中央 4 月 27 日召开的马叙伦同志诞辰一百周年纪念会上的讲话)，《人民日报》4 月 25 日。

150.《抗战初期的江西妇女运动》，《人民日报》8 月 21 日。

151.《全国人大法律委员会对〈中华人民共和国计量法（草案）〉

审议结果的报告》,《中华人民共和国全国人民代表大会常务委员会公报》第 5 期。

152.《关于〈计量法(草案)〉(修改稿)修改意见的汇报》,《中华人民共和国全国人民代表大会常务委员会公报》第 5 期。

153.《就独生子女和大龄青年问题答记者问》,《今晚报》6 月 29 日。

154.《在庆祝教师节大会上的讲话》,6 月 3 日。

155.《家庭伦理与精神文明建设》(为中央人民广播电台"家庭、社会、伦理问题漫谈"专栏撰写的专稿),7 月。

156.《做好基层工作》(在民进北京市委会基层干部学习会上的讲话节录),8 月 17 日。

157.《祝愿和期望》,《民进》第 8 期。

158.《抗战初期我在南昌活动的片断回忆》(根据南昌市妇联易清、袁新妹两同志访问雷洁琼同志的谈话记录整理,后收入中国人民政治协商会议江西省南昌市委员会文史资料研究委员会编《纪念抗日战争胜利四十周年专辑》),《南昌文史资料选辑》(第 3 辑),9 月。

159.《在中国儿童发展中心召开的中外专家研讨会开幕时的发言》,11 月 5 日。

160.《在中国民主促进会成立四十周年纪念会上的讲话》,12 月 30 日。

161.《发刊词》,《婚姻与家庭(北京)》创刊号。

1986 年

162.《〈当今日本社会〉序》,收录于(日)福武直昌、董天民译:《当今日本社会》,北京:国际文化出版公司。

163.《纪念董老 学习董老》(为董必武同志百年诞辰纪念而作),3 月。

164.《愿千万家庭幸福美满》,《家庭》第 3 期。

165.《老龄问题及其对社会发展的影响》(在北京市政协举办的报告会上的讲话),收录于北京市老龄问题委员会编:《老年学及老龄工作讲座汇编》,4 月。

166.《中国社会学研究会 1986 年年会闭幕词》,4 月。

167.《要体现婚姻自由的原则》,4 月。

168.《深入调查研究是制订人口老龄化对策的基础》,《首都老龄战略问题研究》,5 月。

169.《运用社会学理论研究民政工作》,《社会保障报》5 月 8 日。

170.《祝酒词》(在欢迎史夫根主席率领的土耳其大国民议会土—中友好小组代表团访问中国的宴会上的祝酒词),8 月 3 日。

171.《切实改善党与非党合作共事关系》,《群言》第 10 期。

172.《积极发挥政治协商民主监督的作用——纪念"长期共存、互相监督"方针提出三十周年》,《民进》第 8 期。

173.《发扬民主是政治体制改革的关键》,10 月 13 日。

174.《离婚是社会问题》,10 月 24 日。

175.《发展职业教育　加强职业道德建设》,11 月 12 日。

1987 年

176. 雷洁琼、关世雄等著:《老年社会生活与心理变化》,北京:北京师范学院出版社。

177.《〈中国城市婚姻与家庭〉前言》,收录于潘允康主编:《中国城市婚姻与家庭》,济南:山东人民出版社。

178.《北京协和医学院与燕京大学》,收录于北京市文史资料委员会编:《话说老协和》,北京:中国文史出版社。

179.《〈中国婚姻家庭研究〉前言》,收录于刘英、薛素珍主编:

《中国婚姻家庭研究》，北京：社会科学文献出版社。

180.《我参加一届政协的回忆》，收录于石光树编：《迎来曙光的盛会——新政治协商会议亲历记》，北京：中国文史出版社。

181.《社会学与社会改革》，《社会学与社会调查》第 1 期。

182.《在民进第七届中常会第十一次会议结束时的讲话》，1 月 11 日。

183.《今后研究离婚问题的方向》，《婚姻与家庭（北京）》第 1 期。

184.《离婚问题的探索》，《民主与法制》第 2 期。

185.《在纪念"三八"国际劳动妇女节会上的讲话》，3 月。

186.《与泰国民族党代表团座谈时的讲话》，4 月。

187.《〈燕京大学社会学系三十年〉序》，5 月。

188.《会见泰国蓬·沙拉信副总理时的谈话》，5 月 25 日。

189.《加强自身建设，担负起当前形势下民进的任务》(在 1987 年民进全国代表会议上的工作报告)，6 月 5 日。

190.《深切怀念林汉达同志》，《民进》第 8 期。

191.《老年人再婚问题的探索》，《中国老年》第 9 期。

192.《向天津市教育工作者祝贺教师节的电视讲话》，8 月 30 日。

193.《在民进专职干部学习班结业式上的讲话》，9 月 26 日。

194.《在政协常委会第 16 次会议上的发言》，11 月 20 日。

195.《在民进北京市委会学习座谈会上的发言》，12 月。

1988 年

196.《中国婚姻家庭问题》，收录于雷洁琼、田森等著：《婚姻、家庭问题研究》，北京：中国展望出版社。

197.《〈婚姻家庭大辞典〉序言》，收录于彭立荣主编：《婚姻家庭大辞典》，上海：上海社会科学院出版社。

198.《不断追求　无私奉献——纪念王绍鏊同志一百周年诞辰》，

《人民日报》1月21日。

199.《一代师表 风范长存——深切悼念叶圣陶同志》，《人民日报》2月24日。

200.《桃李不言 下自成蹊——写在周建人同志百岁诞辰》，《人民日报》11月10日。

201.《在民进第七届中常会第十五次会议上的讲话》，《民进》第1期。

202.《在王绍鏊同志诞辰一百周年纪念会上的讲话》，《民进》第2期。

203.《第二次全国婚姻家庭学术讨论会开幕词》，雷洁琼《婚姻与家庭（北京）》第2期。

204.《新中国建立以来婚姻家庭制度的变革》，《北大学报》第3期。

205.《在已故燕京大学和西南联大社会学教授学术成就研讨会上的讲话》，《社会研究》第4期。

206.《在叶圣陶追思会上的发言》，2月27日。

207.《在赵紫宸先生百年诞辰纪念会上的讲话》，4月。

208.《在中外记者招待会上的发言》，4月8日。

209.《在民进江西省第二次代表大会上的讲话》，5月。

210.《纪念吴景超教授》(在吴景超教授学术思想讨论会上的讲话)，5月14日。

211.《在妇女统计国家讲习班开幕会上的讲话》，6月1日。

212.《致"社会主义初级阶段理论与社会学学术讨论会"的贺信》，7月29日。

213.《在民进1988年工作会议上的讲话》，8月3日。

214.《给中国妇女第六次全国代表大会主席团的信》，8月24日。

215.《在教师节联欢会上的讲话》，9月。

216.《在宁夏回族自治区民族团结进步表彰大会上的讲话》，《宁夏日报》9月23日。

217.《为〈燕大文史资料·建校七十周年特辑〉而作》，11月。

218.《致中国致公党第九次全国代表大会贺词》，12月12日。

219.《社会保障体制的建立和改革》(在中国当代社会研究中心主办的有关社会保障问题的座谈会上的发言)，12月26日。

1989 年

220.《坚决跟着中国共产党　坚持走社会主义道路》，《党建》第4期。

221.《燕京大学社会服务工作三十年》，《社会学与社会调查》第1期，署雷洁琼、水世琤作。

222.《怀念许地山先生》，收录于周俟松、杜汝淼编：《许地山研究集》，南京：南京大学出版社。

223.《在元旦茶话会上的讲话》(在全国政协元旦茶话会上的讲话)，1月3日。

224.《我的幸福观》，《幸福》第2期。

225.《在燕京大学建校七十周年纪念大会上的讲话》，4月16日。

226.《在中国法律史国际学术讨论会上的讲话》，4月19日。

227.《晏阳初——平民教育运动的开拓者》(本文是《晏阳初全集》序)，《人民日报》(海外版) 7月14日。

228.《"一唱雄鸡天下白"——从北平解放到第一届政协》，《人民政协报》7月14日。

229.《各民主党派负责人迎春笔谈》，《瞭望》第6—7期。

230.《寄希望于〈民主〉》，《民主》创刊号，8月。

231.《在民进中央教师节座谈会上的讲话》，9月。

232.《在〈中华人民共和国四十年成就事典〉首发会上的讲话》，9月21日。

233.《在中央统战部座谈会上的发言》，9月27日。

234.《祝贺〈藏族宗教史之实地研究〉出版》，9月。

235.《三点希望》，10月。

236.《在民进中央庆祝中华人民共和国成立四十周年招待会上的讲话》，10月。

237.《在叶圣陶研究会成立会上的讲话》，10月28日。

238.《九十年代的祝愿》，12月。

239.《致〈妇女研究〉创刊一周年的贺词》，12月4日。

1990 年

240.《怀念杨崇瑞医师》，收录于《杨崇瑞博士诞辰百年纪念》，北京：北京医科大学、中国协和医科大学联合出版社。

241.《〈大庆精神和经验荟萃〉序言》，收录于蔡家祥、姚振甫主编：《大庆精神和经验荟萃》，北京：开明出版社。

242.《我国推进社会主义民主建设和深化政治体制改革的一件大事》，《人民日报》2月10日。

243.《深切悼念中国妇女运动先驱——蔡畅大姐》，《人民日报》9月20日。

244.《指导民主党派工作的纲领性文件》，《民主》第2期。

245.《在中国管理科学研究院新闻文化研究所和中国新闻文化促进会年会上的讲话》，3月11日。

246.《在中国妇女出版社读者、作者、编者座谈会上的讲话》，3月15日。

247.《在中国社会科学院社会学研究所成立十周年大会上的讲话》，3月17日。

248.《在中共中央召开的民主协商会上的发言》，3 月 19 日。

249.《亚太地区"家庭未来"国际学术讨论会总结》，4 月。

250.《在救助贫困地区失学少年实施希望工程座谈会上的讲话》，4 月 18 日。

251.《在北京市社会学学会第二届年会上的讲话》，4 月 21 日。

252.《在乡镇企业发展方向研讨会上的讲话》，4 月 23 日。

253.《在民进华东区工作交流研讨会上的讲话》，5 月 5 日。

254.《在"叶圣陶生平展览"开幕式上的讲话》，5 月 22 日。

255.《在"晏阳初平民教育与乡村改造思想国际学术讨论会"上的讲话》，5 月 25 日。

256.《庆祝北京大学国际政治系建系三十周年讲话》，5 月 26 日。

257.《在设立冰心儿童图书奖会上的讲话》，5 月 26 日。

258.《〈江西师范大学校史〉序》，5 月。

259.《参加香港基本法起草工作有感二首》，6 月。

260.《在中国琥珀、古生物、煤精工艺展开幕式上的讲话》，7 月 16 日。

261.《在〈民主〉创刊一周年座谈会上的讲话》，8 月 25 日。

262.《在庆祝民进北京市委会成立四十周年暨教师节大会上的讲话》，9 月 6 日。

263.《庆祝中华人民共和国成立四十一周年》，9 月 5 日。

264.《为更好地发挥我会参政党作用而努力前进》(在民进八届三中全会上的报告)，12 月 5 日。

265.《在中国民主促进会成立四十五周年纪念会上的讲话》，12 月。

1991 年

266.《贺信》(5 月)，收录于徐经泽主编：《社会学中国化——中国大陆学者的讨论》，济南：山东大学出版社。

267.《珍藏在记忆深处的往事》，收入社会主义学院编：《风雨同舟》。

268.《新中国建立后婚姻与家庭制度的变革》(7 月 4 日发表，为 1985 年 11 月举行的香港第二届现代化与中国文化国际研讨会所作的论文)，后收入乔健主编：《中国家庭及其变迁》，香港中文大学社会科学院暨香港亚太研究所。

269.《在纪念著名社会学家吴景超教授学术思想讨论会上的讲话》，收录于吴景超著、筑生译：《唐人街：共生与同化》，天津：天津人民出版社。

270.《宏伟蓝图兴中华》，《民进》第 2 期。

271.《回顾与展望——党引导我走向进步的历程》，《民进》第 4 期。

272.《要充分发挥人大代表作用》，《人民日报》5 月 3 日。

273.《深切怀念董纯才同志》，《人民日报》6 月 2 日。

274.《党引导我走向进步》，《人民日报》6 月 23 日。

275.《在民进中央新春联谊会上的讲话》，2 月 1 日。

276.《在推进社会发展与进步座谈会上的讲话》，《中国社会报》3 月 29 日。

277.《在叶圣陶研究会第一次研讨会上的讲话》，4 月。

278.《在社会学会年会开幕式上的讲话》，5 月 14 日。

279.《在民进八届九次中常会扩大会议开幕时的讲话》，6 月。

280.《质量问题应当引起全社会的高度重视》(在全国质量责任制学术研讨会上的讲话节录)，6 月 3 日。

281.《在民进全国社会服务工作会议上的讲话》，6 月 4 日。

282.《在全国质量责任制学术研讨会上的讲话》，6 月 13 日。

283.《在辽宁出版界迎接建党七十周年献礼图书出版座谈会上的讲

话》，6 月 20 日。

284.《在民进庆祝中国共产党成立七十周年座谈会上的讲话》，6 月 21 日。

285.《在中国社会工作者协会成立大会上的讲话》，7 月 5 日。

286.《在中国社会学研究国际讨论会上的讲话》，7 月 22 日。

287.《肝胆相照五十年》，《民主》第 7 期。

288.《沉痛悼念张明养同志》，《人民政协报》9 月 3 日。

289.《在全国政协庆祝教师节座谈会上的讲话》，9 月 4 日。

290.《在〈中国中学教学百科全书〉首发式暨赠书仪式上的讲话》，9 月 4 日。

291.《在〈钱端升学术论著自选集〉首发式上的讲话》，9 月 6 日。

292.《发挥教师的潜力》，9 月 7 日。

293.《共享社会文明的成果》，10 月。

294.《在全国政协举行的纪念辛亥革命八十周年大会上的讲话》，10 月 8 日。

295.《民进会员先进事迹经验交流会开幕词》，10 月 13 日。

296.《在第二届"冰心儿童图书奖"颁奖大会上的讲话》，10 月 24 日。

297.《深切怀念人民教育家陶行知先生》，《陶行知研究基金会会讯》第 51 期。

298.《在民进中央八届四中全会上的讲话》，12 月。

299.《在首都女科技工作者与新闻记者座谈会上的讲话》，12 月 3 日。

300.《在纪念西安事变五十五周年座谈会上的讲话》，12 月 11 日。

301.《在民进八届四中全会上的工作报告》，12 月 17 日。

302.《〈许崇清文集〉序》，12 月 24 日。

303.《在庆祝北京市社会学学会成立十周年大会上的讲话》，12 月
27 日。

1992 年

304.（印）纳·卡维拉吉著，雷洁琼译：《一七八三年孟加拉的农
民起义》，北京：时事出版社。

305.《〈犯罪学通论〉序》，收录于康树华主编：《犯罪学通论》，
北京：北京大学出版社。

306.《〈俞庆棠教育论著选〉前言》，收录于茅仲英、唐孝纯编：
《俞庆棠教育论著选》，北京：人民教育出版社。

307.《人民民主制度是人权的根本保证》，《人民日报》1 月 12 日。

308.《坚定不移地沿着有中国特色的社会主义道路前进》，《人民日
报》5 月 25 日。

309.《珍贵的友谊》，《民主》第 8 期。

310.《沿着改革开放的强国之路胜利前进》，《民主》第 11 期。

311.《北京社会学学会第三届年会部分发言》，《社会学与社会调
查》第 1 期。

312.《增强中华民族凝聚力 促进中华民族新崛起》(此为 12 月 4
日在增强中华民族凝聚力第二次学术讨论会暨广东中华民族凝聚力研究
会成立大会上的讲话节录)，《南方日报》1 月 27 日。

313.《在陈鹤琴先生诞辰一百周年纪念会上的讲话》，2 月 28 日。

314.《电唁德国艾伯特基金会会长屈恩先生逝世》，3 月 18 日。

315.《在民进中央举行的全国人大代表、全国政协委员茶话会上的
讲话》，3 月 20 日。

316.《在一九九二年社会学年会上的书面发言》，3 月 23 日。

317.《在中国音乐剧研究会成立大会上的讲话》，4 月 4 日。

318.《要进一步加强犯罪学理论研究》,《法学杂志》第 4 期。

319.《纪念熊希龄先生》(在熊希龄先生骨灰迎接仪式上的讲话),5 月 17 日。

320.《中国译协第二次全国代表会议在北京召开　雷洁琼同志在开幕式上的讲话》,《中国翻译》第 4 期。

321.《在庆祝北京大学社会学系成立十周年暨社会学与人类学研究所成立七周年会上的讲话》,6 月 22 日。

322.《会见布隆迪全国团结进步党代表团时的谈话》,7 月 11 日。

323.《在民进北京市第七次代表大会上的讲话》,7 月 15 日。

324.《在第三届优秀教师会员赴京参观活动中的讲话》,7 月 23 日。

325.《〈中华人民共和国环境保护法释义〉序》,9 月。

326.《在民进八届十二次中常会开始时的讲话》,9 月 22 日。

327.《在张志公语言和语文教育思想研讨会上的讲话》,10 月 24 日。

328.《学习杨东莼　为振兴中华而奋斗》,10 月。

329.《基础教育要先行必须落到实处》,10 月。

330.《在叶圣陶文学创作研讨会上的讲话》,11 月 1 日。

331.《纪念陈达教授》(在陈达教授一百周年诞辰纪念会上的讲话),12 月 6 日

332.《解放思想,实事求是,为建设有中国特色社会主义多作贡献(民进第七次全国代表大会的报告),12 月 11 日。

333.《在全国科技实业家创业奖颁奖大会上的讲话》,12 月 12 日。

334.《在 1992 年圣诞慰问国际友人联谊会上的讲话》,12 月 15 日。

1993 年

335.《新春贺词》,1 月。

336.《教师最为辛苦　工资不容拖欠》(1993 年 1 月 11 日《光明日

报》发表了关于拖欠教师工资的报道，雷洁琼在当天民进中央的集会上就这一问题发表了谈话），《光明日报》1 月 13 日。

337.《加强法制建设　促进效益提高》（1993 年 8 月 18 日在中国经济效益纵深行座谈会上的发言，节录），《光明日报》9 月 10 日。

338.《社会主义现代化建设事业的基础是教育》，3 月 11 日。

339.《怀念顾颉刚先生》，4 月。

340.《致中国社会学会 1993 年年会贺词》，4 月 3 日。

341.《坚持"三个面向"　培育中华英才》（1993 年 4 月 22 日为纪念邓小平同志"三个面向"题词十周年而作），《未来与教育》第 9 期。

342.《给申纪兰同志的信》，4 月 27 日。

343.《发扬爱国主义传统　加强爱国主义教育》，4 月。

344.《加强爱国主义教育，弘扬爱国主义精神：中宣部爱国主义教育座谈会发言摘要》，《中国青年报》5 月 1 日。

345.《在纪念顾颉刚先生诞辰一百周年学术研讨会上的讲话》，5 月 7 日。

346.《学习和了解祖国历史　增强民族自豪感和凝聚力》，5 月 21 日。

347.《试论经济与社会的协调发展》（为《中国社会学年鉴》作），6 月 13 日。

348.《在王铁崖八十寿诞上的贺词》，6 月 26 日。

349.《在民进第九届中央常务委员会第三次会议开幕时的讲话》，7 月 6 日。

350.《在〈中国教育改革和发展纲要〉座谈会上的发言》，7 月 28 日。

351.《祝贺第六届国际出版学研讨会圆满成功》，8 月 26 日。

352.《庆祝第九个教师节大会上的讲话》，8 月 31 日。

353.《在北京市机械工业技工学校开学典礼上的讲话》，9月3日。

354.《尊重教师就是关心未来——祝贺〈中华人民共和国教师法〉通过并公布》(10月)，《团结报》11月3日。

355.《在北京大学老龄问题研究中心成立大会上的讲话》，10月16日。

356.《建设适应社会主义教育事业的教师队伍》，《人民日报》11月8日。

357.《难忘的回忆——纪念毛泽东同志一百周年诞辰》(10月22日)，《人民政协报》11月16日。

358.《新年献辞》，12月2日。

359.《在民进中央向中共中央献送叶圣陶同志手抄毛主席语录本仪式上的讲话》，12月13日。

360.《民进第九届中央常务委员会向二中全会作的工作报告》(12月21日通过)。

1994 年

361. 雷洁琼主编：《改革以来中国农村婚姻家庭的新变化》，北京：北京大学出版社。

362.《〈当代中国家庭大变动〉前言》，收录于潘允康、柳明主编：《当代中国家庭大变动》，广州：广东人民出版社。

363.《〈中国现代社会科学家大辞典〉序言》，收录于高增德主编：《中国现代社会科学家大辞典》，太原：书海出版社。

364.《致1993年全国高校社会学系主任联席会的信》(1993年10月16日)，《社会学研究》第1期。

365.《在民主党派、工商联、无党派领导干部理论研讨班开学典礼上的讲话》，1月4日。

366.《在庆祝国家外国专家局和美中教育服务机构友好合作十周年大会上的讲话》，1月12日。

367.《严格实施〈教师法〉，振兴教育、振兴中华》，3月1日。

368.《欢迎参加"两会"民进同志茶话会上的讲话》，3月19日。

369.《在人民大学举行的"澳门与澳门基本法报告会"上的讲话》，3月30日。

370.《纪念董老　学习董老》(在大型画册《董必武》正式出版发行时的发言)，4月1日。

371.《在民进第九届中央常务委员会第六次会议上的讲话》，《民进》第3期。

372.《在民进"参政议政工作研讨会"开幕式上的讲话》(5月26日)，《民进》第4期。

373.《贯彻〈教师法〉维护教师合法权益——庆祝第10个教师节》，《民进》第5期。

374.《建设好最小的民主体制》，《婚姻家庭》第5期。

375.《社会学的任务就是分析和解决社会问题》(5月7日在中国社会学会1994年年会上的讲话)，《中南民族学院学报（哲学社会科学版)》第5期。

376.《在民进九届七次中常会开幕式时的讲话》，6月23日。

377.《在民进全国妇女工作研讨会开幕式上的讲话》，6月23日。

378.《第三次全国统战理论会议暨中国统战理论研究会第二次理事会议开幕会上的发言》，7月5日。

379.《在"中华圣陶杯"中学生作文大赛和中青年教师论文大赛活动中的讲话》，8月4日。

380.《在河北省遵化市庆祝教师节大会上的讲话》，9月8日。

381.《同舟共济四十五年》，9月11日。

382.《在民进全国宣传工作会议开幕时的讲话》，9月13日。

383.《在民进北京市委庆祝新中国成立四十五周年暨第十届教师节联欢会上的讲话》，9月14日。

384.《在人民政协成立四十五周年座谈会上的发言》，9月21日。

385.《在"叶圣陶与时代"研讨会上的讲话》，10月16日。

386.《难忘的时刻——回忆共和国开国大典》，《诤友》第10期。

387.《在叶圣陶先生诞辰一百周年纪念座谈会上讲话》，10月。

388.《在民进办学工作同志座谈会上的讲话》，10月29日。

389.《在"全国青少年犯罪研究先进集体表彰大会"上的讲话》，11月1日。

390.《〈雷洁琼文集〉（上下册）出版座谈会上的讲话》，11月。

391.《中国知识分子的楷模》，《民主》第11期。

392.《人的素质是经济社会发展的重要因素》，《光明日报》12月。

393.《在中共中央在中南海召开新春座谈会时的发言》，12月28日。

394.《在全国老、少、边、穷地区优秀教师经验交流会开幕式上的讲话》，12月28日。

1995年

395. 雷洁琼主编：《站在世纪之交的思考——中国市场经济与社会发展丛书》，哈尔滨：黑龙江人民出版社。

396.《〈金陵女儿〉序》，收录于《金陵女儿》编写组编：《金陵女儿》，南京：江苏教育出版社。

397.《〈经济体制改革和中国农村的家庭与婚姻〉序》，收录于杨善华著：《经济体制改革和中国农村的家庭与婚姻》，北京：北京大学出版社。

398.《〈严景耀论文集〉序》，收录于民进中央宣传部编：《严景耀论文集》，北京：开明出版社。

399.《〈当代中国城市家庭研究〉序言》，收录于沈崇麟、杨善华主编：《当代中国城市家庭研究》，北京：中国社会科学出版社。

400.《在抗战的峥嵘岁月》，收录于魏久明主编：《烽火忆抗战》，北京：人民出版社。

401.《民进第九届中央常务委员会向三中全会作的工作报告》(1994年12月6日)，《民进》第1期。

402.《春节祝词》，1月27日。

403.《在出席"两会"民进会员茶话会上的讲话》，3月7日。

404.《做祖国和平统一的促进派》，《民主》第3期。

405.《在香港基本法颁布五周年座谈会上的讲话》，4月3日。

406.《在〈世界政党大全〉首发式上的讲活》，4月14日。

407.《在缅甸驻华大使举行的庆祝中缅建交四十五周年招待会上的讲话》，6月8日。

408.《在民进九届十一次中常会开幕时的讲话》，6月13日。

409.《毕生心力为公瘁：怀念葛志成同志》，《人民日报》6月24日。

410.《在"社会学方法高级研讨班"开幕式上的讲话》，7月11日。

411.《在朝鲜使馆国庆宴会上的讲话》，9月8日。

412.《在北京影视研究学院成立大会上的讲话》，9月26日。

413.《祝〈安徒生童话全集〉新译本出版》(在《安徒生童话全集》新译本出版座谈会上的发言)，10月。

414.《在中国民主促进会北京市委员会庆祝会庆暨表彰先进大会上的讲话》，10月14日。

415.《致孤独症研讨会的贺词》，10月30日。

416.《在民进会员为社会主义现代化建设服务经验交流会上的开幕词》，10月31日。

417.《在〈京剧经典大观〉出版座谈会上的讲话》，12月6日。

1996 年

418.《〈中国城市社区建设〉序》，收录于吴德隆、谷迎春主编：《中国城市社区建设》，北京：知识出版社。

419.《〈希望之路——赵安中传〉序言》，收录于王耀成著：《希望之路——赵安中传》，北京：北京大学出版社。

420.《在庆祝中国民主促进会成立五十周年大会上的讲话》(1995 年12月12日)，《民主》第1期。

421.《在〈中国乡镇企业报〉创办十五周年座谈会上的讲话》，1月6日。

422.《周恩来教育思想是我国教育工作者应当学习、研究和继承的宝贵财富》(为《周恩来教育思想研究》一书所写的序言)，《教育研究》年第1期。

423.《崇高的品德 光辉的形象》，《求是》第1期。

424.《致第六届亚洲社会学大会的祝词》，《社会学研究》第1期。

425.《新春献辞》，《民进》第2期。

426.《与社会各界携手，共建精神文明——在沈阳市精神文明建设发展战略研究成果论证会上的讲话》，《民进》第6期。

427.《在党中央召开的党外人士座谈会上的讲话》，2月16日。

428.《怀念董老 学习董老》(《董必武》画册出版暨纪念董必武同志诞辰110周年座谈会上的发言)，3月1日。

429.《在〈中国公民读本〉出版座谈会上的讲话》，3月2日。

430.《在〈徐特立文存〉首发式的讲话》，4月7日。

431.《民主促进会的创始人之一——严景耀》，《团结报》4月10日。

432.《在纪念〈义务教育法〉颁布十周年座谈会上的讲话》，4月15日。

433.《站在世纪之交的思考——〈中国市场经济与社会发展丛书〉序言》，《光明日报》4月18日。

434.《在李陆大星命名会上的讲话》，4月。

435.《在对外友协授予韩素音女士"人民友好使者"仪式上的讲话》，5月10日。

436.《在十卷本〈中国革命史话〉首发式上的讲话》，5月15日。

437.《在民进九届十四次中常会扩大会议开幕时的讲话》，6月15日。

438.《靠近改革实际　开展社会学研究》(为1993年全国高校社会学系主任联席会写的祝词)，《社会研究》第7期。

439.《在中国国际人才交流与开发研究会'96年会暨研讨会上的讲话》，9月12日。

440.《在中共中央召开的党外人士座谈会上的讲话》，9月13日。

441.《在隆重纪念中国侨联成立四十周年座谈会上的讲话稿》，9月17日。

442.《就〈职业教育法〉颁布答记者问》，《教育与职业》第9期。

443.《在庆祝中央社会主义学院建院四十周年大会上代表各民主党派中央、全国工商联致辞》，10月11日。

444.《在欢迎来中央社院学习的民进会员座谈会上的讲话》，《中央社会主义学院学报》第6期。

445.《在当代中国治理犯罪研讨会上的讲话》，10月18日。

446.《致全国青少年毒品问题学术研讨会的贺信》，10月29日。

447.《给"'自立自强　奋发成才'座谈会暨首批济困助学扶助结对仪式"的信》，11月14日。

448.《纪念吴文藻先生诞辰九十五周年》，11月19日。

449.《在全国首届伯乐奖颁奖大会上的讲话》，11月19日。

450.《在"百名博士百村行"活动表彰报告会上的讲话》，11月28日。

451.《中国民主促进会第九届中央委员会第五次全体会议开幕词》，12月17日。

452.《在出席第六次全国文代会和第五次全国作代会部分民进会员座谈会上的讲话》，12月18日。

453.《"晨星"赞》(雷洁琼等给陆璀同志的信，1月12日)，《中流》第12期。

1997 年

454.《〈雷沛鸿传〉序言》，收录于雷坚编著：《雷沛鸿传》，南宁：广西人民出版社。

455.《〈枫叶之国恳亲行〉序》，收录于刘文乔著：《枫叶之国恳亲行》，北京：中国民主法制出版社。

456.《充满信心迎接香港回归》，收录于季羡林主编：《中国的声音：香港回归抒怀》，北京：北京大学出版社。

457.《建设有中国特色的社会保障理论》，收录于郑功成著：《论中国特色的社会保障道路》，武汉：武汉大学出版社。

458.《〈新世纪中学生百科全书〉前言》，收录于《新世纪中学生百科全书》编辑委员会编：《新世纪中学生百科全书》，北京：中国大百科全书出版社。

459.《怀念新闻战线优秀战士——浦熙修同志》，收录于《忆浦熙修》编辑组编：《忆浦熙修》，上海：文汇出版社。

460.《省部级干部统一战线和多党合作专题研究班开学典礼致辞》，1月6日。

461.《寄语女性》,《中国妇女》第 2 期。

462.《在香港基本法起草七周年宣传活动上的讲话》,3 月。

463.《在民进九届十六次中央常委会上的讲话》,3 月 9 日。

464.《在〈周恩来教育思想研究〉一书座谈会上的发言》,4 月 30 日。

465.《致中国社会学会 1997 年学术年会的贺词》,《社会学研究》第 5 期。

466.《热烈祝贺"出版之家"建成》,5 月 12 日。

467.《致同济大学建校九十周年的贺信》,5 月 14 日。

468.《在纪念胡子昂先生一百周年诞辰座谈会上的讲话》,5 月 20 日。

469.《在杨石先百年诞辰纪念会上的讲话》,5 月 23 日。

470.《在中国犯罪学研究会会员代表会议暨第六届学术研讨会上的讲话》,5 月 26 日。

471.《贺宋庆龄基金会成立五十周年》,5 月 29 日。

472.《在〈中国的声音:香港回归抒怀〉新闻发布暨"我们都是中国人"座谈会上的讲话》,6 月。

473.《在民主党派全国工商联中华海外联谊会喜迎香港回归歌咏大会上的讲话》,6 月。

474.《遵守基本法 贯彻基本法》(在各民主党派庆回归座谈会上的发言稿),《人民日报》(海外版) 6 月 22 日。

475.《欢迎香港回到祖国怀抱》,6 月。

476.《我对香港有深厚的感情》,《香港商报》7 月。

477.《我对中华民族充满信心》,《中国妇运》第 7 期。

478.《妇女工作是社会改造之基点》,《中国妇运》第 7 期。

479.《〈龙泉青瓷邮票纪念册〉序》,9 月 5 日。

480.《千秋伟业　教育为本》,《中华英才》第 17 期。

481.《在人口、水资源与发展会议上的讲话》,9 月 9 日。

482.《在中共十五届中央政治局常委会会见党外人士时的讲话》,9 月 28 日。

483.《学习初级阶段理论　做好参政党的工作》,9 月 30 日。

484.《〈民进 1993—1997 年参政议政成果选编〉序言》,10 月。

485.《紧密团结在共产党的周围向新世纪迈进》,《人民论坛》10 月号。

486.《忆杨刚》(在首都女记协举办纪念中国著名女记者、作家、革命家杨刚同志逝世 40 周年纪念会上的讲话),10 月 7 日。

487.《中国民主促进会第八次全国代表大会开幕词》,《民进》第 6 期。

488.《在京九沿线地区经济合作与社会发展研讨会开幕式上的致辞》,12 月。

489.《在"中国人口与环境研究学术讨论会"上的致辞》,12 月 15 日。

1998 年

490.《〈哈尔滨人口变迁〉序》,收录于薛连举著:《哈尔滨人口变迁》,哈尔滨:黑龙江人民出版社。

491.《〈大洋洲探秘——澳新社会透视〉序》,收录于田森著:《大洋洲探秘——澳新社会透视》,杭州:浙江人民出版社。

492.《中国教育改革和发展的一面旗帜》,收录于童大林、贺鸿琛主编:《教育要面向现代化,面向世界,面向未来:邓小平题词发表十五周年纪念文集》,北京:人民教育出版社。

493.《纪念许广平先生》(1998 年 1 月 16 日,在许广平诞辰 100 周年纪念会上的书面发言),《民主》第 2 期。

494.《丰碑永树我心中——纪念周恩来总理百年诞辰》,《民主》第3期。

495.《在"迎新春外交官联谊会"上的发言》,1月23日。

496.《在全国政协纪念周恩来同志诞辰一百周年座谈会上的讲话》,2月。

497.《在〈孙中山的历程——一个伟人和他的未竟事业〉首发式上的讲话》,2月15日。

498.《在宣传贯彻〈中华人民共和国防震减灾法〉电视电话会议上的讲话》,2月16日。

499.《在纪念叶圣陶先生座谈会上的讲话》,2月17日。

500.《在雷沛鸿诞辰一百一十周年纪念会上的讲话》(收入《雷沛鸿纪念文集》第2卷),3月。

501.《发展学术 以昌国运——谈发扬北京大学的传统》,3月27日。

502.《在统一战线和多党合作理论与实践研究班开学典礼上的致辞》,3月30日。

503.《在现代中国城乡家庭研究调查员培训班上的讲话》,4月24日。

504.《贺词——纪念北京大学社会学系建系十五周年》,《社会研究》第8期。

505.《〈张应春纪念集〉序》,8月。

506.《在各民主党派响应中共中央"五一"口号为建立新中国而奋斗发表五十周年纪念座谈会上的发言》,9月22日。

507.《"三个面向"——我国教育改革和发展的一面旗帜》(为北京景山学校出版《在"三个面向"旗帜下》所写的文章),《中国教育报》10月3日。

508.《珍藏的记忆　深切的体会——在"风雨同舟、继往开来"纪念活动上的讲话》，10 月 6 日。

509.《在"学习邓小平精神文明建设理论、江总书记〈关于讲政治〉讲话"研讨会开幕时的讲话》，10 月 21 日。

510.《对中央电视台记者的谈话》，10 月。

1999 年

511. 雷洁琼著：《对生长于美国的华人的一项研究》，北京：开明出版社。

512.《〈当代西方社会学理论〉序》，收录于杨善华编：《当代西方社会学理论》，北京：北京大学出版社。

513.《建设符合我国国情的社会保障制度》，雷洁琼主编：《中国社会保障体系的建构》，太原：山西人民出版社。

514.《记少年时代》，收录于邓九平主编：《晚霞落日觅童年》，北京：中国和平出版社。

515.《〈澳门归程〉序》，收录于中共广东省委党史研究室编：《澳门归程》，广州：广东人民出版社。

516.《缅怀钱昌照先生》，收录于张家港政协学习和文史委员会编：《纪念钱昌照专辑》，北京：中国文史出版社。

517.《给"北京特殊教育研究会家长表彰会"的贺信》，1 月 25 日。

518.《雷洁琼的世纪追求——雷老答记者问》，《大地》第 2 期。

519.《在迎新春座谈会上的讲话》，2 月 12 日。

520.《寄语女性》，《羊城晚报》(《百年中国》专栏)，3 月 7 日。

521.《冰心，我的骄傲》，《光明日报》3 月 29 日。

522.《在天津市和平区新兴街道社区服务志愿者活动论证会上的讲话》，3 月 17 日。

523.《新中国五十年成就的丰碑——评〈中华人民共和国五十年成就事典〉》，4月20日。

524.《〈中小学素质教育论集〉序》，4月。

525.《燕京大学的历史风采——纪念燕京大学建校八十周年》，《香港之窗》(《燕大专题》栏目第31、32期)，4月。

526.《在纪念五四运动八十周年座谈会上的讲话》，5月7日。

527.《接受海峡之声广播电台记者采访时的谈话》，5月。

528.《给民进上海市委会的贺信》，6月。

529.《为张挂民进成立旧址纪念牌的贺信》，6月。

530.《为了中华民族综合国力的强大》，9月。

531.《〈世纪之交的城乡家庭〉序》，9月。

532.《多党合作五十载　共创伟业谱新篇——全国政协一届全体会议代表雷洁琼访谈》，《民主》第9期。

533.《喜迎澳门回归　祈盼祖国统一》，《民主》第12期。

534.《为提高综合国力而努力奋斗——为中国经济效益纵深行、中国服务质量大写真、中国社会效益工程优秀案例、优秀纪实、优秀论文征评工作而作》，12月7日。

535.《在中国政法大学"庆澳门回归暨澳门五大法典简体中文本发行仪式"上的讲话》，12月21日。

536.《〈台山五百年〉序》，12月28日。

2000 年

537.《纪念钱端升先生》(在纪念钱端升先生百年诞辰学术会议上的讲话)，收录于中国政法大学科研处编：《钱端升先生纪念文集》，北京：中国政法大学出版社。

538.《〈李静涵教授诞辰一百周年纪念文集〉序言》，1月。

539.《新世纪寄语〈家庭〉杂志》，《家庭》第1期。

540.《为提高综合国力而努力奋斗：为经济效益纵深行、服务质量大写真、社会效益工程而作》，《理论前沿》第 2 期。

541.《〈中国法制文明的演进〉序》，3 月。

542.《庆祝中国社会科学院社会学研究所建所二十周年大会贺词》，3 月 21 日。

543.《朴初，我的挚友》，《光明日报》6 月 2 日。

544.《寄语新世纪》，《光明日报》12 月 27 日。

545.《电唁柯灵同志》，6 月 20 日。

546.《家庭社会学二十年》，《社会学研究》第 6 期。

547.《怀念老友柯灵》，《文汇报》9 月 4 日。

548.《缅怀林汉达先生》，《民主》第 9 期。

549.《为了中华民族综合国力的强大——致"中国经济效益纵深行"组委会的函》，《科技智囊》第 9 期。

550.《给中国社会学会 2000 年年会的贺词》，9 月。

551.《致台山报社社长函》，12 月。

2001 年

552. 雷洁琼主编：《转型中的城市基层社区组织：北京市基层社区组织与社区发展研究》，北京：北京大学出版社出版。

553.《〈创造奇葩——陶行知的弟子们〉序》，收录于周毅、金成林编著：《创造奇葩——陶行知的弟子们》，成都：四川教育出版社。

554.《〈家庭社会学〉序一》，收录于潘允康著：《家庭社会学》，北京：中国审计出版社。

555.《〈巴人先生纪念集〉序》，收录于上海鲁迅纪念馆编：《巴人先生纪念集》，北京：人民文学出版社。

556.《给中国人民大学的贺信》，3 月 1 日。

557.《〈蛰伏与绵延——当代华北村落家族的生长历程〉序言》，收录于唐军著：《蛰伏与绵延——当代华北村落家族的生长历程》，北京：中国社会科学出版社。

558.《永远不息地追求进步》，《虹·女性世纪感怀》，4月。

559.《给重庆社会工作职业学院的贺信》，4月28日。

560.《怀念朴老》，《民主》第6期。

561.《心声：中国共产党成立八十周年感言》，《民主》第7期。

562.《没有共产党就没有新中国是真理》，《光明日报》6月12日。

563.《统一战线纪念中国共产党成立八十周年"同心千秋"文艺晚会雷老对记者的讲话稿》，6月16日。

564.《给北京市的小朋友们的贺信》，6月19日。

565.《天翻地覆八十年——中国共产党成立八十周年感言》，《人民政协报》6月27日。

566.《发言稿》(中央电视台记者对雷洁琼学习江泽民同志的"七一"重要讲话的采访)，8月31日。

567.《怀念周建老》(1999年10月)，《上海鲁迅研究》9月。

568.《在第十二届冰心奖颁奖大会上的讲话稿》，10月6日。

569.《怀念吴文藻先生——纪念吴文藻先生诞辰100周年》，12月12日。

2002 年

570.《〈苏联剧变的再思考〉序》，4月16日。

571.《学校的发展要不断创新——祝贺中国政法大学建校五十周年》，4月16日。

572.《会见民进中央机关全体共青团员时的讲话》，4月26日。

573.《致中国政法大学建校五十周年的贺信》，4月27日。

574.《致中国社会学会2002年年会的贺信》，7月23日。

575.《给中国老教授协会的贺信》，9月12日。

576.《在第十三届冰心奖颁奖大会上的发言》，10月。

577.《在北京大学社会学系建系二十周年庆祝会上的祝词——脚踏实地地推进社会学学科建设》，11月1日。

578.《致首届中国社会保障论坛会议的贺信》，11月12日。

579.《怀念郝诒纯同志》，11月21日。

580.《为冰心奖陈列室书写的前言》，11月22日。

581.《致民进第九次全国代表大会贺词》，12月16日。

2003年

582.《我参加第一届政协会议的回忆》，收录于全国政协文史资料委员会编：《中国人民政治协商会议第一届全体会议亲历记》，北京：中国文史出版社。

583.《发展社会工作　促进社会进步》，《社会工作》复刊号。

584.《纪念夏仁德先生诞辰一〇五周年的书面讲话》(2003年4月8日)，《燕大校友通讯》第38期。

585.《唯有素质不能引进——答〈光明日报〉记者孙献韬问》，《光明日报》7月。

586.《致中国老教授协会的贺信》，9月20日。

587.《庆中国政法大学校友总会成立的贺信》，10月9日。

588.《致2003年社会学年会的信》，10月21日。

589.《致李岚清同志的信》，12月15日。

2004年

590.《纪念燕京大学建校八十五周年的书面讲话》，4月24日。

2005年

591.《民进一定会再立新功》，《民主》第12期。

2007 年

592.《肝胆相照　同心千秋》，7 月。

593.《只有中国共产党才能领导民族振兴》，《中国监察》第 13 期。

2008 年

594.《贺〈中华儿女〉创刊二十周年》，9 月 8 日。

2009 年

595.《贺燕京大学建校九十周年》，4 月 15 日。

596.《我参加新政治协商会议的回忆》，《民主》第 9 期。

2010 年

597.《致北京大学社会学系系友会成立的贺信》，12 月 12 日。

后　记

　　利用中秋、国庆的双节长假，终于将《为中国儿童而呼吁——雷洁琼教育文选》杀青定稿。

　　这本书本来是"开明教育书系"（第三辑）的出版计划，主要是我对雷洁琼先生的教育思想不是很熟悉，总以为她是一位社会学家，对于教育问题的论述可能不会太丰富，收集整理资料也不会太顺利。没有想到，在通读完先生的文集之后，发现先生撰写的第一篇论文就是教育社会学的硕士研究生论文，在教育方面的文献还比较丰富，而且关于教育的理论和实践探索都很有价值。

　　这本书的顺利出版，首先要感谢民进中央主席蔡达峰同志。蔡主席对"开明教育书系"的编辑出版工作非常关心，高度重视，亲自为书系撰写了序言，勉励我们系统收集和整理民进会员的教育论著和教育贡献，认为这是民进教育前辈的"宝贵财富"，是民进的"自豪和骄傲"。

　　其次，要感谢高友东副主席以及民进中央研究室的朱一多主任和吴宏英同志。朱一多主任在高友东副主席的统筹领导下，把编辑出版开明教育书系作为会史研究的重要内容，纳入研究室的工作计划，亲自推动此项工作，安排专人深度参与。吴宏英同志作为我的工作助手，协助我编辑雷洁琼教育文选，她在工作之余阅读了大量雷洁琼先生的文章、书信、著作、传记等，为我做了大量的基础性工作，尤其是整理了文选的基本资料，撰写了雷洁琼的著述年表等。

我曾经要求民进中央机关的年轻人要加强学习，注重积累，成为某一个领域的"小专家"。从这一次吴宏英同志的工作经历来看，证明是完全可以做到的。她虽然知道这本书是第三辑的出版计划，但一直没有松懈。在我提出抓紧工作，力争在第二辑中出版的情况下，她更是快马加鞭，利用业余时间努力工作，按照我的思路和结构收集资料，整理文献，保质保量地完成了交给她的任务。我想，如果她继续努力，深入研究，假以时日，相信她在雷洁琼研究方面完全可能成为真正的"小专家"，写出雷洁琼传记等一批有影响力的著作。

在此，还要衷心感谢开明出版社的陈滨滨社长和项目负责人卓玥，没有他们高效严谨的工作，这本书是很难如期顺利出版的。

在策划编辑出版"开明教育书系"的时候，我给自己一个任务，就是尽可能由我自己来编选民进主要领导人的教育文选，强迫自己沉下心来认真阅读民进前辈的著作，学习他们爱国爱会、学问报国的情怀和情系教育、爱岗敬业的精神。现在，第一辑中的周建人主席和叶圣陶主席的教育文选已经于2023年初顺利出版，第二辑中雷洁琼主席和林汉达副主席的教育文选也已经完成交出版社，目前正在阅读马叙伦先生的文献，争取在第三辑中正式出版。

在这本书即将付梓的时候，不禁想起了我和雷洁琼先生的四次见面。

记得第一次见到雷老，是在1995年参加民进中央表彰为社会主义建设做出贡献的人物的会议上。虽然雷老曾经在东吴大学做过8年的老师，与我算是名副其实的校友，但我作为年轻的会员，难以有近距离接触雷老的机会，只能够远远地望着这位尊敬的长者。

第二次见到雷老，是在苏州太仓。1998年，雷老带领中国社会科学院的社会学家一行到苏州调研农村与农民问题。94岁的雷老行走矫健，思维敏捷，精神抖擞，让我们非常敬佩。雷老慈爱的笑容，让所有见到她的人，都会感到亲切自然，周围的人都亲切地叫她"雷大姐"。

当时，我刚刚担任苏州市人民政府副市长，雷老告诉我，她74岁的时候才担任北京市的副市长，只要用心去做，全力以赴，秉公办事，在党的领导下开展工作，一定能够做好。刚刚卸任民进中央主席的雷老，仍然心系民进，教导我在做好本职工作的同时，不要忘记自己是民进的一员，要积极参政议政，学会调查研究，学会建言献策。我向雷老报告了自己在教育上的一些思考和研究心得，雷老勉励我不要放弃学术研究，她说，如果处理得好，行政工作、学术研究、参政议政，是可以相得益彰，彼此促进的。应该说，是雷老给我上了一堂如何做好市长的课。

更让我感动的是，雷老在苏州期间，还亲自发展会员。当时担任吴县市副市长的府采芹同志，工作有声有色，给雷老留下了深刻印象。当得知她是无党派人士的时候，雷老就为她介绍民进的历史，讲民主党派的责任。不久以后，在雷老的亲自介绍下，府采芹同志成为民进的会员。后来，府采芹同志成为苏州卫生局局长，与我一起合作共事，我们先后建立了苏州市区域卫生规划和卫生发展专家咨询委员会、苏州市110与120联网系统，建设了苏州市中心血站、苏州市母婴保健中心等，苏州市无偿献血的比例也从13%上升到几乎100%。在我离开苏州以后，府采芹同志接替我成为苏州民进的主委。在她的领导下，民进工作更上一层楼，获得了民进全国先进基层组织的光荣称号。应该说，她没有辜负雷老的期望。

第三次见到雷老，是我担任民进中央副主席以后。2008年12月6日上午10点20分，我随同全国人大常委会副委员长、民进中央主席严隽琪，全国政协副主席、民进中央常务副主席罗富和等中央领导一起去红霞公寓雷老的家中看望这位世纪老人。

这是我第一次到雷老家。洁净简朴的居室里，摆放着鲜花、鼠年吉祥物、大红的中国结，散发着浓浓的年节气氛，也表达着社会各界以及亲朋故友对雷老的深深敬意和祝福。墙上有两幅民进第一任主席马叙伦先生的书法，记录着民进前辈之间的友谊。

雷老那段时间一直在北京医院调养身体，刚刚回到家中，尚不宜经常下床活动。身穿红色毛衣的雷老端坐在床上，气色很好。一缕冬日的暖阳从窗户照进来，墙角的兰花显得更加娇艳，室内透出一丝暖融融的春意。面对着这位满头银丝的 104 岁的老人，心头涌起无限的崇敬之意。我不禁想，面前这位瘦小的老人，从某种意义上说，已经是中国民主促进会的精神象征。创建中国民主促进会、1946 年亲历"下关惨案"、解放前夕代表民进中央在西柏坡与毛泽东同志会晤、参加全国政协第一次会议、新中国开国大典、第一届全国人民代表大会、党的十一届三中全会、香港回归仪式……她亲身经历了一个个重大历史时刻，她的一生，是一个时代的缩影，她是中国民主制度的重要见证人和参与者，也是中国革命、建设、改革事业的见证人和参与者。

听工作人员讲，作为民进的创始人和卓越领导人，雷洁琼非常关心民进的工作，每次收到民进中央的机关刊物《民主》及《民进会讯》后，总要秘书高志芬挑选一些文章念给她听。民进中央的领导同志每次去看望她时，她不仅认真听取汇报，而且多次嘱咐，民进要发扬优良传统，立会为公，参政为民。

让我特别亲切的是，雷老一生与教育有缘。从 1931 年留学归来，雷老先后执教燕京大学、东吴大学、北京大学、中国政法大学等高校，伴随着时代的风风雨雨，一直孜孜不倦地为中国的教育事业辛勤耕耘。雷老曾说过："说到底我只是一名老教师，在所有称呼中，我最喜欢教授这个头衔。虽然做过一些社会工作，但我一直也没离开过讲台。"民进是以教育、文化、出版为主要界别的参政党，尤其是教育界人士最多。马叙伦、周建人、叶圣陶、雷洁琼、许嘉璐、严隽琪、蔡达峰，民进的历任主席全部都做过教师，而且对教育事业充满感情，无限热爱。

他们虽然后来都身居高位，公务繁忙，但都没有离开教育战线。民进作为参政党，一直在为中国教育事业的发展调查研究、建言献策，多方呼吁，尽心竭力。我想，对教育的感情，大概已经渗透进了民进的骨髓里，是民进永恒的主题之一。

到雷老的休息时间了，我们只好依依不舍地和雷老告别。临出门前，高志芬秘书简单向我们介绍了摆放在客厅里的一些物品。其中有两张照片，一张是南加州大学校长到家中为雷老颁发该校最高荣誉奖，另一张是 2005 年 9 月 6 日胡锦涛同志到家中看望雷老。当时雷老说："感谢总书记，感谢党中央，希望国家更好"。"希望国家更好"，这是一位百岁老人一生的期盼，更是每一个民进人的奋斗目标，也是每个中华儿女的梦想。

第四次，则是 2011 年 1 月 9 日。当天下午，得知雷老病危抢救无效，17 点 38 分永远离开了我们。身为民进中央副主席兼秘书长的我，与严隽琪主席和罗富和常务副主席等赶到了雷老家中，送别她老人家。看着护送雷老遗体的抢救车离开红霞公寓，我的眼睛一片模糊。1 月 10 日，民进中央召开主席会议，缅怀雷老的光辉一生。潘贵玉副主席讲了一句让大家共鸣的话："我感觉雷老还活着!"雷老虽然走了，但她永远活在我们的心里。

对于我来说，走进民进前辈的教育世界，本身就是一次洗礼，一次熏陶，一次成长。也期待更多的民进会员和教育界同仁与我一样，从中汲取前行的智慧与力量。

朱永新

2023 年国庆写于北京滴石斋

开明教育书系（第一辑）

不安故常
——俞子夷教育文选
俞子夷著　丁道勇选编
定价：85.00 元

新人的产生
——周建人教育文选
周建人著　朱永新 周慧梅选编
定价：75.00 元

造就女界领袖
——吴贻芳教育文选
吴贻芳著　吴贤友选编
定价：50.00 元

教是为了不需要教
——叶圣陶教育文选
叶圣陶著　朱永新选编
定价：130.00 元（全二册）

教育要配合实践
——车向忱教育文选
车向忱著　车红选编
定价：70.00 元

谋求适合中国国情的教育
——杨东莼教育文选
杨东莼著　周洪宇选编
定价：65.00 元

改造我们的教育
——董纯才教育文选
董纯才著　姚宏杰 王玲选编
定价：85.00 元

教学是最渊博最复杂的艺术
——傅任敢教育文选
傅任敢著　李燕选编
定价：65.00 元

教育必须是科学的
——陈一百教育文选
陈一百著　裴云选编
定价：60.00 元

生命·生活·生态
——顾黄初教育文选
顾黄初著　梁好选编
定价：75.00 元

图书在版编目（CIP）数据

教育发展的希望在教师：雷洁琼教育文选／雷洁琼著；
朱永新，吴宏英选编. --北京：开明出版社，2024.5
（开明教育书系／蔡达峰主编）
ISBN 978-7-5131-8696-4

Ⅰ.①教… Ⅱ.①雷… ②朱… ③吴… Ⅲ.①教育–文集
Ⅳ.①G4–53

中国国家版本馆 CIP 数据核字（2024）第 010494 号

出 版 人：陈滨滨
责任编辑：卓　玥　程　刚

教育发展的希望在教师：雷洁琼教育文选
JIAOYUFAZHANDEXIWANGZAIJIAOSHI：LEIJIEQIONGJIAOYUWENXUAN

出　　版：开明出版社
　　　　　（北京海淀区西三环北路 25 号　邮编 100089）
印　　刷：保定市中画美凯印刷有限公司
开　　本：710mm×1000mm　1/16
印　　张：31.25
字　　数：403 千字
版　　次：2024 年 5 月第 1 版
印　　次：2024 年 5 月第 1 次印刷
定　　价：98.00 元

印刷、装订质量问题，出版社负责调换。联系电话：（010）88817647